L'INSTINCT DE MORT

JACQUES MESRINE

L'INSTINCT
DE
MORT

Flammarion
Québec

Catalogage avant publication de Bibliothèque et Archives nationales du
Québec et Bibliothèque et Archives Canada

Mesrine, Jacques, 1936-1979

L'instinct de mort

Autobiographie.

ISBN 978-2-89077-350-9

1. Mesrine, Jacques, 1936-1979. 2. Criminels - France - Biographies. I. Titre.

HV6248.M487A3 2008   364.1092   C2008-941773-9

La première édition de *L'Instinct de mort* a été publié
par les Éditions Jean-Claude Lattès (Paris, 1977),
la seconde par les Éditions Champ Libre (Paris, 1984).
Pour l'édition canadienne :
© Flammarion Québec, 2008
ISBN : 978-2-89077-350-9
Imprimé en France

Seigneur, protège-moi de mes amis...
mes ennemis je m'en charge.

à JANOU... *la Femme*
à GENEVIÈVE AICHE... *le Maître*
à MARTINE MALINBAUM... *l'Espoir*
à FRANCINE... *l'Amie*
à LIZON
JOYCE
MARTINE... *le Courage*
et à toi, l'Ami qui te reconnaîtra.

« À quoi sert de pleurer le soleil,
Tes larmes t'empêcheront de voir les étoiles. »

Paris, le 16 décembre 1975.

Maison d'arrêt de la Santé. La nuit vient d'étendre son voile sur les souffrances du monde carcéral. Il fait froid, c'est l'hiver. Les lumières se sont éteintes. L'ombre des barreaux se reflète sur les murs délavés des cellules comme pour y emprisonner la seule évasion que représente le rêve. Chaque cellule dans sa noirceur renferme une histoire, un drame, une douleur, un homme et sa solitude, que la nuit apaisera ou rendra encore plus pesante.

Tino, le petit escroc, entame sa dernière nuit en se jurant de ne plus revenir. Demain il sera libre, du moins le croit-il ! Le maton du greffe lui dira ironiquement : « À la prochaine ! » Il l'a déjà vu revenir six fois. C'est un habitué ; comme tant d'autres que l'on rejette à la rue, sans travail, sans fric, sans domicile, sans espoir de pouvoir s'en sortir un jour et qui n'ont pour tout avenir que la prison à vie payée par mensualités.

Les murs épais de sa cellule ne lui permettent pas d'entendre les sanglots et les insultes que gueule son voisin. « Salope..., maudite salope ! » Une photo de femme gît sur le sol. La lettre qu'il a reçue ce soir lui a appris que sa môme le plaquait. Hier encore, dans une précédente lettre, elle lui parlait d'amour. Il l'a comparée avec son certificat de cocufiage et dégueule sa rancœur. Les lumières se sont éteintes sur cette constatation. Peut-être souffre-t-il vraiment dans son amour trahi, sinon son orgueil. Un cocu libre, ça peut faire sourire ; un cocu encagé, c'est toujours dramatique. Il peut pleurer, personne ne le regarde ; peut-être pleure-t-il sur lui-même. « Après ce que j'ai fait pour elle, me faire ça à moi..., la salope ! » Il sait qu'il est de mauvaise foi. Sa femme, il l'a aimée entre deux casses minables. À chaque cuite il l'a caressée à coups de savate pour lui faire voir qu'il était un dur ! Il l'a entretenue des promesses de ses richesses futures et illusoires. Deux fois elle l'a attendu, espérant le voir changer. Puis, usée par des parloirs sans vie, elle lui a écrit qu'elle n'en pouvait plus ; cette fois, elle a rencontré un brave type et veut refaire sa vie. Demain, il s'inventera une histoire pour les copains de la promenade. Il se donnera le beau rôle, il jouera les hommes. En attendant, il chiale comme un môme. Les murs sont habitués à ce genre de confidences. Ils sont les buvards de presque un siècle de souffrances.

La cellule voisine renferme un beau mec. Claude. Un braqueur. Six ans qu'il attend ses procès. Il a tenté plusieurs évasions sans succès ; on ne s'évade pas de la Santé, il a voulu le vérifier. Il ne dort pas encore. Comme chaque soir, il revit une partie de ses affaires, prépare sa défense. Il se fait avocat, sourit au bon mot qu'il a l'intention de dire pour répliquer à la réflexion que le procureur ne manquera pas de lui faire. Il a toujours volé ; c'est un professionnel. Sa femme l'a quitté lui aussi depuis trois ans ; sans vacherie..., à la régulière. On n'attend pas son mec vingt ans. Il l'a compris et lui a rendu sa liberté pour garder intacts ses souvenirs. Adieu et bonne chance..., rien de plus.

Son voisin de cellule se masturbe. Ce soir, il s'envoie toutes les cover-girls qu'il a contemplées dans *Play-boy* avant l'extinction des lumières. Sa queue, c'est sa raison sociale. Il est julot ; le pain de la cuisse, c'est son rayon. Il a trois femmes au tapin. L'amour, connaît pas. Les trois espèrent finir installées dans le bar qu'il leur a promis en fin de carrière. Il y a de grandes chances pour que du jour où elles ne seront plus consommables il les largue. Ses promesses sont comme ses idées sur l'amour. Son seul coup de foudre a été pour Molière le jour où, tout émerveillé, il l'a vu imprimé sur les billets de cinquante sacs. Pour l'instant, ses cinq doigts, comme cinq maîtresses, lui arrachent un gloussement de plaisir.

Sur la porte d'à côté, une pancarte : *Attention, suicide possible. À surveiller.* Un camé. Il a dix-neuf ans. Comme seule cure de désintoxication, le juge d'instruction lui a offert une cellule de huit mètres carrés. Loin de ses paradis artificiels, il vit un cauchemar. Il a déjà tenté de se pendre ; le manque de came ; le manque d'amour et de compréhension. Un camé, c'est un enfant qui gueule au secours ; on ne met pas les enfants en taule, ils ne comprendraient pas pourquoi. Cette fois, il ne s'est pas raté. Son corps, dans un dernier sursaut, dit adieu à la mangeuse d'hommes. Le julot vient de s'envoyer en l'air, à côté de lui l'autre crève. Ils ont peut-être joui en même temps, à la seule différence que la mort est une maîtresse fidèle qui ne quitte pas ses amants. Dans peu de temps, à la ronde de minuit, le maton va pousser un « merde réprobateur » puis courir avertir ses chefs. Il n'a pas la clef des cellules pendant la nuit, pour la sécurité. Combien de minutes seront perdues ? Cette fois, c'est trop tard, comme tant d'autres fois. La sécurité passe avant la vie d'un détenu. Mais peut-on empêcher un homme de se tuer ? Non. Alors le règlement restera le même. Demain, la cellule sera vide, impersonnelle, nulle trace du drame de la nuit. Elle aura recraché le petit camé. La prison tue les faibles et, même si elle ne les détruit pas tous, elle les marque de son empreinte pour toujours.

La Santé s'endort. Dans d'autres cellules, des hommes espèrent, pleurent, s'en foutent, ronflent, regrettent, se branlent, rêvent, survivent faute de vivre.

Quartier de haute sécurité. Une prison dans la prison. Un seul détenu vit dans la cellule 7. Il est isolé des autres pour des raisons de sécurité. Le corps au chaud sous ses couvertures, l'homme est couché sur le dos, les mains derrière la tête. Il regarde fixement le plafond. Il aime la nuit. Lui n'espère plus rien. Il a trente-neuf ans et attend la prison à vie sinon la mort. Fataliste ou bon joueur, il sait qu'il le mérite et s'en fout. Lui aussi a commis son premier larcin ; mais, d'escalade en escalade, il a gravi le chemin du crime. Il a choisi de vivre hors la loi par bravade, par goût du risque ou du fric ; peut-être pour d'autres motifs qu'il cache secrètement dans le fond de son cœur. Certains hommes entrent dans le monde interlope comme on entre dans les ordres, tout simplement par vocation. Le crime est aussi le refuge des inadaptés ; c'est la solution facile et momentanée pour résoudre certains problèmes. Lors de son premier casse, il ne s'imaginait pas que seize ans plus tard on le qualifierait d'« ennemi public numéro un ». Son dossier criminel est un roman noir où les scènes burlesques, le sang, la violence, les cavales et l'amitié font bon ménage. Accusé de trois meurtres, de hold-up, de tentatives de meurtre sur les policiers, de trois évasions, cet homme est dangereux. Mais derrière tout cela il y a les raisons qui ont fait de cet homme un kamikaze du crime ; il y a ses faiblesses, ses amours et ses regrets.

Il se souvient des paroles qu'un vieux truand de ses amis lui disait. « Laisse tomber, petit, j'ai gâché ma vie. Ne fais pas comme moi. » Il avait souri devant les conseils de ce cheval de retour qui totalisait plus de vingt ans de prison. « On ne me prendra pas car je m'arrêterai dès que j'aurai assez de fric pour m'installer un commerce. » Mais voler devient une drogue. On ne vole pas seulement par goût du fric ; on vole pour le plaisir du risque que cela représente. On se sent en dehors des autres ; on vit une autre vie que les autres. Jusqu'au jour où l'on tire sa première balle sur l'obstacle ou tout simplement pour régler ses comptes. Là, on saute le pas et nul retour n'est possible. L'homme couché le sait mieux que quiconque. Il a voulu sa vie, il a choisi délibérément de franchir le pas pour s'obliger à ne plus reculer. Il a voulu ne plus avoir rien à perdre en sachant que cette situation l'obligerait à avoir tout à gagner. Sa liberté, il s'en foutait, il l'a jouée, perdue, rejouée et reperdue. Il s'est suicidé socialement, non par mépris de la société, mais parce qu'un jour il a regardé autour de lui, pris une arme dans sa main et a cru à tort que c'était la solution de son problème.

Aujourd'hui, étendu sur son lit, il ne regrette rien. Par orgueil ou par inconscience ?... Sûrement les deux. Il ne se cherche aucune excuse. Il préfère faire face à son destin en acceptant d'en payer le prix.

Tout commença le 28 décembre 1936. Paris illuminé venait de fêter Noël. Monique, une jeune dessinatrice de mode, était sur le point d'accoucher ; ses cheveux coupés à la garçonne lui donnaient une espièglerie de jeune chat. Ses yeux noisette étaient bouleversants de sensualité. Elle était heureuse. Dans quelques instants, elle allait donner à celui qu'elle adorait son deuxième enfant. Un fils, elle en était certaine. Ça ne pouvait être qu'un mâle qui lui martelait le ventre de cette façon si douloureuse. Elle ne savait pas encore combien cette naissance lui apporterait de souffrances et de déceptions. Elle allait mettre au monde la mort qui frapperait plus tard certains hommes qui n'étaient pas encore nés ou d'autres déjà adultes.

Pierre, au chevet de sa femme, plus nerveux qu'elle, la regardait avec appréhension et tendresse, tout en essuyant les perles de sueur qui ornaient son front fiévreux.

— Souffres-tu, mon ange ?

— Non, ça va ! Tu vas voir le beau garçon que je vais t'offrir. Je t'aime, tu le sais, dis ?

Pour toute réponse, il caressa de ses lèvres la bouche offerte de Monique, qui ne put retenir un cri de douleur.

— Cette fois, je le sens venir, ce petit diable.

La sage-femme repoussa Pierre sans ménagement.

— Allez, laissez-moi travailler et ne faites pas cette tête-là ; tout va très bien se passer.

L'accouchement fut difficile. Monique gémissait, poussait de toutes ses forces pour aider à sa délivrance. C'est ainsi que je vis le jour, tête en bas, après avoir poussé une gueulante pour annoncer ma venue sur cette terre. Mon père, les yeux admiratifs, fixait mes attributs mâles. Puis, se tournant vers Monique, l'air étonné et ravi :

— Mais c'est un petit gars ! Tu entends, chérie ? J'ai un fils. Un fils !

— Merci, mon Dieu ! furent les paroles de ma mère.

Peut-être aurait-elle mieux fait de remercier le diable...

Mes parents, tous deux issus d'un foyer modeste, dessinaient pour une grande firme de broderie de luxe. Travaillant à la même table, Pierre le timide s'était enhardi et avait risqué un baiser que Monique lui avait rendu avec gourmandise. Depuis six mois qu'elle attendait qu'il se décide ! Puis le miracle de l'amour les avait conduits à s'aimer, puis à se marier. Mon père était bel homme, sa ressemblance avec Gary Cooper et ses yeux verts le rendaient plein de charme.

Pour tout nid d'amour, une chambre-cuisine que ma mère avait rendue très vivable en la décorant agréablement. Ma sœur y était née. Pour arrondir leurs fins de mois, tous deux travaillaient le soir, soit en roulant des cigarettes en grande quantité, soit en copiant des adresses sur des enveloppes.

Ils étaient heureux. Ma naissance les obligea à déménager. C'est comme cela que je fis mes premiers pas dans un « deux-pièces, cuisine, salle de bains » qu'ils ne quittèrent jamais plus.

Mes premiers « papa... maman » sortirent de ma bouche à l'émerveillement familial. Mon père m'appelait, sa main caressait mes cheveux bouclés et tendrement il me disait tout en m'embrassant :

— Viens là, mon petit jaloux.

J'étais au chaud, je me sentais protégé. Mes rêves de bambin étaient peuplés de douceur.

Un matin, de mon lit, je vis que ma mère pleurait. Mon père était devant elle, buvant ses larmes comme pour éponger sa peine. Il y avait une valise à ses pieds. Mon regard croisa le sien. Il me prit dans ses bras et me serra si fort qu'il me fit mal.

— À toi de protéger mes deux femmes, petit homme ! furent ses dernières paroles.

Il me reposa dans mon lit et se dirigea vers la porte. Ma mère revint près de moi ; elle ne pleurait plus, mais toute la tristesse du monde se lisait dans ses yeux. Je ne revis plus mon père. À chaque fois que je le réclamais, ma sœur me disait qu'il était malade et que je le reverrais bientôt. Ce vide me brisait le cœur et, malgré l'affection de ma mère, je me sentais perdu loin de lui.

L'hiver fut beaucoup plus rude. Ma mère nous avait réunis dans la cuisine et y avait installé son lit. Nous vivions dans cette seule pièce, les autres n'étant plus chauffées. J'entendis le mot « guerre » pour la première fois de la bouche de ma grand-mère. Le mot « prisonnier » revenait souvent dans la conversation familiale. Et puis, un jour, sans bien comprendre les événements, je vis toute la famille se réunir ; il n'y avait que des femmes et quelques maigres valises autour de moi. On m'habilla chaudement et tout le monde quitta l'appartement.

Ces vacances imprévues m'amusaient. Les rues étaient pleines de monde mais les adultes qui m'entouraient avaient tous le regard douloureusement triste. La France était en train de perdre la guerre. L'exode commençait, les Allemands étaient sur le point d'envahir Paris. J'étais trop minot pour comprendre le désarroi que provoquait la gravité des événements. Comme bon nombre de Français, ma famille fut trimbalée à travers la France libre. Mon voyage se termina dans un village de la Vienne, à Château-Merle. J'y avais des cousins qui étaient fermiers. Mon premier bol de lait chaud me fit oublier les nuits passées sur les routes, le ventre à moitié vide, ayant pour toute couche la paille d'une grange et pour toute chaleur celle du corps de ma mère.

Quelques jours plus tard, je dis au revoir à maman qui était obligée de regagner Paris et m'enfuis pleurer dans un coin de l'écurie pour confier mes malheurs à un ânon. Et les mois passèrent. Un jour où je réclamais mon père, on m'expliqua enfin que celui-ci était prisonnier en Allemagne. J'étais devenu un vrai petit paysan. Le matin, levé de bonne heure, qu'il pleuve ou qu'il vente, je partais conduire mon troupeau de vaches au pâturage. J'avais une drôle d'allure, avec ma cape noire surmontée d'un capuchon, mon pantalon golf et mes galoches à semelles de bois. Un aiguillon à la main, je remplissais ma mission sans broncher. J'appris à étudier les animaux, à les aimer. J'avais un chien pour compagnon. Nous avions des conversations très sérieuses ensemble. Je lui parlais de mon père, de ma peine d'être séparé des miens. Il me consolait d'un coup de langue sur le visage ; il semblait aimer le goût salé de mes larmes.

Et puis nous retournâmes à Paris. Tout avait changé. Les rues étaient pleines de soldats allemands. Maman nous laissait parfois seuls. Ma sœur me faisait manger en me disant que maman était bien obligée de travailler puisque papa n'était plus là. Nous couchions tous les trois dans le même lit pour avoir plus chaud. Les mois passèrent...

Un jour, en pleine nuit, je fus réveillé par des sirènes. On sonna à notre porte. Un homme se précipita sur nous et dit à ma mère :

— Vite, à la cave, c'est un bombardement !

Maman lui dit qu'elle préférait rester dans son appartement, que de toute façon cela ne changerait pas les choses si les bombes tombaient sur notre immeuble. Il y eut d'autres alertes. Ma mère prit la décision de nous remettre chez nos cousins campagnards pour plus de sécurité.

De retour à la ferme, je repris mes activités de gardien de vaches. La vie était dure, mais je mangeais à ma faim. J'appris à faire le beurre au batteur, à faire le boudin en faisant cuire le sang de cochon dans des grandes marmites de fonte, à pétrir la pâte à pain, à préparer le four à bonne température en y faisant brûler des fagots de brindilles. Je fis la moisson ; mes yeux admiratifs regardaient la batteuse séparer le grain de l'épi. Il y eut les vendanges où l'on me fit prendre ma première cuite. Les mois passèrent... Très souvent, dans la conversation des adultes, j'entendais parler de massacres, de morts, de souffrances. Et puis, un jour, mon cousin arriva comme un fou dans le champ où j'étais en train de gambader avec mon chien. Il me prit par la main en me disant :

— Vite, mon petit, rentrons ! Les Allemands arrivent.

Effectivement, une heure plus tard, la ferme fut envahie de camions. Des hommes armés sortaient de partout. Ils avaient le regard dur et commencèrent à bousculer mon cousin tout en lui braquant un revolver dans le dos. Ils se mirent à visiter toutes les pièces de la maison. Un homme qui semblait être le chef donna un ordre dans une langue que je ne comprenais pas ; puis, s'adressant à ma cousine, il lui dit en français que ses hommes avaient faim et l'obligea à leur servir un repas. Toutes les tables furent sorties dans la cour de la ferme à cet effet. Ma cousine était furieuse, mais se calma quand mon cousin lui fit comprendre qu'il ne fallait pas s'insurger, sous peine de représailles. Moi, je regardais ces hommes sans crainte, je n'avais plus peur. M'adressant à ma sœur, je lui dis :

— C'est ça, les Allemands ?

— Tais-toi, ne dis pas ça !

Puis je m'approchai de celui que j'avais entendu parler en français.

— Dis, monsieur, c'est toi qui fais mon papa prisonnier ? Tu veux bien me le rendre ?

L'homme me regarda, ses yeux étaient doux ; il me caressa les cheveux comme faisait mon père. Il me prit sur ses genoux et me dit qu'il allait me le rendre très vite. Il me montra des photos de ses enfants, me parla d'eux de la même façon que mon père devait parler de moi dans son camp de prisonniers. Ma cousine, en m'apercevant sur les genoux de l'Allemand, arriva comme une furie et me dit :

— Descends de là immédiatement ! Et vous, laissez cet enfant tranquille !

L'Allemand la regarda, contrarié, et me remit sur mes jambes.

— J'ai aussi des enfants, madame, et nous, Allemands, aimons les enfants...

— C'est pour cela que vous tuez leurs pères !

Telle fut la réponse de ma cousine, blanche de colère. L'incident en resta là.

J'étais môme. Je ne savais pas encore ce qu'était la haine. L'avenir allait m'apprendre à conjuguer ce verbe haïr sous toutes ses formes.

Après les Allemands, nous eûmes des visites nocturnes d'hommes armés. Ils n'avaient pas d'uniformes. Là, ma cousine était tout sourire. On m'obligeait à aller me coucher dès leur venue. Parfois, je redescendais de ma chambre, pieds nus pour ne pas faire de bruit. Je les surprenais tous réunis autour de la grande table de la cuisine. Les hommes mangeaient de bon appétit et buvaient tout autant. Mon cousin Hubert parlait plus souvent que les autres, qui semblaient l'écouter attentivement. J'appris plus tard que c'étaient des résistants. Ils venaient s'approvisionner à la ferme autant de nourriture que de renseignements. Petit à petit on ne me fit plus monter dans ma chambre et j'appris à mieux connaître ces hommes qui luttaient pour que mon père me soit rendu plus vite. Mon cousin m'avait pris à part pour m'expliquer que je ne devais jamais dire à personne ce que je voyais. Il me fit comprendre la gravité des choses et le risque pour nos vies si cela se savait.

La ferme était isolée. Nous n'avions pour seuls voisins que les parents de mes cousins, qui eux aussi possédaient un élevage. Mon vieux cousin était maire du village le plus proche, Savigny-Lévescault, qui se trouvait à deux kilomètres de la ferme. On m'y envoya à l'école. Je n'y appris pas grand-chose car j'y allais très irrégulièrement, les travaux de la ferme nécessitant ma présence. Avec mes petits copains, on jouait à la guerre. On s'était fabriqué des mitraillettes en bois. Mille fois on tombait mort, mille fois on reprenait le combat. Les filles participaient à nos jeux ; elles soignaient nos blessures imaginaires en nous faisant des pansements de nos mouchoirs crasseux. J'appris à aimer ces armes de bois ; cette passion ne me quitta jamais plus.

Et puis, un jour, des explosions retentirent. Mon cousin nous fit monter dans une tour qui surplombait la ferme. De là, nous assistâmes à un vrai combat en règle. De notre poste d'observation on apercevait des hommes qui couraient. Des rafales de balles faisaient voler en éclats les fenêtres de la maison. Des hommes au loin tiraient sur d'autres hommes. Les Allemands quittaient Poitiers. Depuis le débarquement en Normandie, c'était la débâcle pour eux. Sur leur chemin de repli, des groupes de résistants tendaient des embuscades. Semblables à celle tendue sur la route qui longeait la ferme. Les Allemands étaient en très grand nombre ; très peu d'entre eux s'arrêtèrent pour faire le coup de feu. Car le convoi ne stoppa pas. Puis les coups de feu cessèrent ; une dizaine de soldats allemands pénétrèrent dans la ferme et se mirent à la piller. Nous étions à l'abri et mon cousin nous ordonna de ne pas bouger et de garder le silence. Puis les soldats disparurent, les bras chargés de victuailles.

Nous attendîmes une bonne heure avant de sortir de notre cachette, le temps d'être certains que tout danger était passé. Dès que nous eûmes regagné la cour de la ferme, un homme, le visage recouvert de sang et tenant une mitraillette dans les mains, s'approcha de mon cousin. Je le reconnus tout de suite ; il faisait partie de ceux que j'avais l'habitude de voir pendant les réunions nocturnes.

— Tous mes amis sont morts ! Peux-tu me cacher, Hubert ? Nous devions être trente pour déclencher l'attaque, on s'est retrouvés seulement sept au moment de l'action. Quel massacre, mon vieux... Merde ! Et en plus j'suis touché.

Mon cousin lui fit signe de le suivre et l'homme disparut de ma vue. Il devait se faire tuer quinze jours plus tard sur une autre attaque près de Saint-Julien-l'Ars.

Avec ma sœur, nous nous amusâmes à ramasser les douilles laissées sur le chemin qui menait à la petite route. Tout à coup, nous aperçûmes un corps couché dans le fossé ; comme un pantin désarticulé, sa tête pendait sur le côté. Le sang coulait de sa bouche. Ce fut le premier contact que j'eus devant la mort et cela ne m'effraya pas. Je me mis à appeler mon cousin. Et mes yeux, comme fascinés, se reportèrent sur le corps de l'homme mort et ne s'en détachèrent plus. Mon cousin arriva et m'ordonna de foutre le camp.

J'appris que plusieurs corps avaient été retrouvés et que mon cousin le maire s'était chargé de les enterrer dignement. Quelques jours plus tard, des voitures de résistants emplirent la cour de la ferme. Pour la première fois je les voyais en plein jour. Pas rasés, les visages fatigués faisaient peur à voir. Des femmes au crâne rasé étaient debout au milieu de tout ces hommes qui les insultaient. Moi, je ne comprenais pas. J'étais malheureux devant ces femmes en larmes. Les hommes leur vidaient du vin sur la tête en les traitant de... putes à boches, de charognes, de chiennes.

L'une d'elles avait le visage marqué par les coups et portait une croix gammée peinte sur le front. Elle ne disait rien, mais pleurait. L'un des résistants s'aperçut que mon regard la fixait. Il était déjà venu à la ferme, mais j'eus du mal à le reconnaître ; il était terrifiant, il dégueulait de haine. Il s'adressa à moi :

— Hé, l'Parigot, tu veux la voir à poil, cette salope ?

Sa main se posa sur l'encolure de la robe et il tira brutalement, déchirant l'étoffe pour laisser apparaître les seins. Encouragé par les rires de ses compagnons, il s'acharna sur les lambeaux de tissu, et se mit à caresser la fille, qui se débattait tout en l'insultant.

— Si c'était bon pour les boches, c'est bien bon pour nous, maudite vache ! Pas vrai, les gars ?

Tous se ruèrent sur elle. Elle s'écroula au fond du camion. L'un des hommes leva la crosse de son fusil et lui frappa le corps en hurlant des injures. Elle ne se releva pas.

J'étais là, fixant ce spectacle. Je venais de découvrir pour la première fois la nudité d'une femme. Malgré mon jeune âge, cela m'avait bouleversé. Je ne comprenais pas cette haine, cet acharnement à faire souffrir une femme. Mon cousin s'aperçut de ma présence et m'ordonna de rentrer à la maison. Il n'avait pas l'air content de ce qui se passait et s'adressa à l'un des chefs des maquisards qui donna à ses hommes l'ordre du départ. Les camions quittèrent la cour sous les cris et les rires. Je me mis à la fenêtre pour apercevoir la femme en espérant qu'elle se serait relevée. Non, rien ! Peut-être l'avaient-ils tuée. Je n'en sus jamais rien.

Il y eut bien d'autres visites. Et puis, un jour, ma mère vint nous chercher. J'appris par elle que la guerre allait bientôt se terminer et que nous pouvions regagner Paris avec elle. Ma première phrase fut :

— Et papa, je vais le revoir, il revient ?

— Oui, chéri, il va revenir très vite ; je te le promets.

De retour à Paris je fus envoyé en classe. J'avais pris du retard comme beaucoup d'enfants de cette époque. De plus, je n'aimais pas l'école, ayant trop pris l'habitude de la liberté à la campagne. Je ne rêvais que de combats imaginaires. J'avais un copain avec qui je faisais les quatre cents coups. Nous allions sur les bords de la Seine et faisions notre guerre avec des lance-pierres. Mes devoirs en souffraient car je n'ouvrais presque jamais mes livres pour étudier. Ma mère rentrait fatiguée de son travail et n'avait pas le temps de vérifier si ceux-ci étaient faits. Quand elle me posait la question, je lui répondais :

— Oui, maman, j'ai terminé.

Elle se contentait de cette réponse.

Telle une herbe folle, j'appris les vices de la rue. J'y retrouvais mes copains qui tout comme moi ne rêvaient que plaies et bosses.

Un jour, de retour de l'école, mon regard se porta par réflexe sur le balcon de notre appartement. Maman me faisait des signes. Un homme était à ses côtés, sa main droite reposait sur son épaule.

Cet homme, sans le reconnaître vraiment, m'était familier. Je l'avais attendu, espéré, pendant six ans. Je me mis à courir comme un fou. Mon cœur me faisait mal de bonheur. Un cri s'échappa de ma gorge :

— Oh ! Papa... Papa !

Essoufflé par les deux étages que j'avais montés en sautant les marches, je stoppai net devant notre porte. Il était là bras ouverts, son visage et son corps étaient amaigris. Une grande fatigue se lisait dans son regard. Il me souleva et, ma tête sur son épaule, j'éclatai en sanglots.

— Ne pleure plus, mon petit, je suis revenu ; je ne te quitterai plus jamais.

La vie reprit sa marche normale. Mon père mit un an à retrouver sa santé. Il fit plusieurs stages à l'hôpital avant de reprendre son travail. Il était courageux et remonta petit à petit son commerce de broderie qu'il avait créé juste avant la guerre.

Des années passèrent. La présence de mon père, si elle m'avait comblé de joie, ne changea pas ma façon d'étudier. On m'avait changé d'école. En vain. Trop occupé par ses affaires, mon père ne vérifiait jamais la tenue de mes cahiers, pas plus qu'il ne s'inquiétait à savoir si je savais mes leçons. On m'aimait, mais on vivait à côté de moi.

Dans ma rue, on avait formé une bande. J'étais tout fier d'en être le chef. Nous affrontions la bande d'une rue voisine dans des bagarres assez violentes pour des mômes de notre âge. Il m'arrivait de rentrer avec les lèvres écorchées ou l'œil gonflé. Papa avait l'air content que je ne me plaigne jamais. Au contraire, il paraissait satisfait de voir que j'étais capable de me battre et de me défendre. Dans ma bande, il y avait une jolie petite voyoute que nous surnommions « la Puce ». Parfois, nous nous cachions dans la cave. Nous jouions aux grands en s'offrant nos lèvres dans des baisers inexpérimentés mais pleins de tendresse. Nous avions nos secrets et une trouille monstre de nous faire prendre par nos parents. Nous découvrions nos différences avec timidité et amusement. Les amours d'enfants sont toujours propres. Nous n'avions personne à qui oser confier ces débuts de désir. Nous avions un peu honte de ces jeux. J'avais douze ans, elle onze. Nous parlions des grands avec sévérité, de nos parents. Nous étions toujours d'accord pour dire qu'ils ne nous comprenaient pas. Avec « la Puce » je faisais des projets de voyage. Comme de bien entendu, on s'était promis de ne jamais se quitter. Nous avions scellé ce serment en nous offrant mutuellement un cadeau. J'allais bientôt être séparé d'elle et personne ne se rendrait compte du vide que cela allait provoquer en moi.

La joie première provoquée par le retour de mon père s'était amenuisée. Je l'avais imaginé comme un grand frère à qui je pourrais tout dire et qui participerait à mes jeux. Trop pris par son travail, il me refusait sans le savoir ce qui me manquait le plus : sa « présence ». Il m'aimait, je le savais, mais il me laissait grandir sans constater ni corriger mes défauts. Je lui en voulais un peu de ce manque d'intérêt. J'aurais voulu qu'il me questionne longuement sur ce que j'avais fait de mes journées, me fasse réciter mes leçons et m'engueule pour ne pas les avoir apprises. Non, rien de cela n'arrivait. Il était là mais vivait comme en marge de ma vie. Pourtant les choses semblèrent changer.

Depuis son retour et à force de travail, il avait réussi à améliorer le rendement de son affaire... Et c'est avec fierté que je pris place dans notre première voiture. Oh ! Elle n'était pas neuve, mais une bonne occasion. Mes parents avaient passé leurs permis de conduire ensemble. Ma mère avait été reçue du premier coup. Papa, lui, avait dû s'y reprendre à deux fois. Je m'étais moqué de lui, accompagné du sourire ironique de ma mère. Intérieurement, j'étais vexé de l'échec de mon père. Pour moi, il était invincible.

Cette voiture nous permit de faire de longues promenades en forêt lors des fins de semaine. Je me sentis plus proche de mon père, car nous faisions de longues balades en sous-bois ; nous chahutions ensemble, allions à la pêche : sa passion. Ces weekends revenaient assez cher en frais d'hôtels. Mon père décida d'acheter une vieille ferme, le plus près possible d'une rivière. Il chargea ma mère de nous dégoter quelque chose de bien. Elle y arriva en moins d'un mois. La maison était dans un état lamentable, mais avait du style avec ses poutres apparentes et son toit de vieilles tuiles en terre cuite. La première fois que nous nous y rendîmes, il fallut arracher les herbes pour faire glisser la porte d'entrée. Les vitres des fenêtres étaient cassées, les murs endommagés, mais tout de suite je fus emballé. Je l'imaginais une fois retapée et, surtout, j'y voyais l'endroit où je serais près de mon père pour les fins de semaine.

Nous passâmes nos samedis et dimanches à nettoyer, à repeindre, couper les herbes folles, décorer notre maison qui commençait à prendre une jolie tournure. De mon côté, j'avais fait « ami-ami » avec une jeune fille de la ferme voisine. Elle était ravissante avec ses yeux bleus et sa chevelure rousse. Elle s'appelait Raymonde et à chaque fois que je la rencontrais et que nos regards se croisaient je me sentais rougir jusqu'à la pointe des oreilles. Elle avait dix-huit ans, moi je n'étais qu'un môme et secrètement j'en étais un peu amoureux. J'allais très souvent dans la ferme de son père. Il possédait des fusils de chasse et une carabine qu'il me prêta afin que j'apprenne à tirer. J'étais très doué et faisais mouche presque à tous les coups.

Cela devint une habitude. Chaque dimanche, j'avais ma part de balles à tirer. Je m'amusais à faire sauter des boîtes de bière et mon coup d'œil en surprenait plus d'un. J'étais assez fier de leur montrer mon adresse. Parfois je partais tout seul en forêt, armé de ma carabine. Je tirais sur les branches, je jouais à la guerre, observant, écoutant les bruits que faisaient les animaux que ma présence inquiétait. Je passais des heures à marcher, la pluie ne me dérangeait pas. J'aimais ce contact avec la nature, j'aimais cette solitude. Un jour que je vagabondais dans notre jardin la carabine à la main, le chant d'une mésange attira mon attention. Elle était là... inoffensive et belle dans sa robe de plumes gris-bleu. Ses petits yeux vifs me regardaient. À mon approche, elle ne s'envola pas. Les animaux étaient mes amis. Le savait-elle ? Je l'observai à mon tour en émettant de petits sifflements auxquels elle répondit.

J'étais à trois mètres d'elle. Pourquoi fis-je le geste de la mettre en joue avec mon arme ? Elle ne se soucia même pas de ma réaction. Je la voyais dans ma ligne de mire. Elle chantait toujours. Mon doigt appuya sur la détente d'un geste habituel La détonation me fit sursauter car je croyais mon arme vide. Plus de chant..., le silence. Au pied de l'arbre, elle gisait là, sanglante, le poitrail arraché par le plomb. Je ressentis une impression de vide total. Qu'avais-je fait ? Je l'avais tuée. Ce n'était pas possible. Je pris son petit corps chaud dans ma main. Une tache rouge se dessina sur ma chair comme pour me marquer de mon crime. Je me mis à sangloter en poussant des « oh ! non ! »... Mes larmes tombaient sur son plumage comme pour l'imprégner de mes regrets et lui redonner vie. Il me fallut dix bonnes minutes pour me calmer. Ma carabine gisait à terre comme un objet de honte. Je me haïssais pour mon geste. Je parlais à ma mésange morte. Je venais de découvrir qu'une arme tuait ; je n'avais jamais tiré sur un animal. Je les aimais beaucoup trop pour cela. Mon geste avait été accidentel, mais je ne me le pardonnais pas. J'aurais donné ma vie pour que revive cette mésange et que son chant m'accorde son pardon. Dans un geste enfantin, je lui avais creusé une petite tombe. Ce fut sûrement le plus bel enterrement que reçut un oiseau. J'avais enveloppé son corps de pétales de rose et entouré de fleurs sauvages le petit monticule que formait la terre qui la recouvrait. Une petite croix faite de brindilles indiquait comme dans les cimetières qu'ici... une vie s'était éteinte. Aussi étrange que cela puisse paraître, tout au long de ma vie ce fut toujours avec une certaine tristesse que je repensai à mon geste. Cette mésange, c'était peut-être ce que j'avais de bon en moi que je venais de tuer. En tout cas, jamais plus de ma vie je n'ai tiré de nouveau sur un oiseau.

Quand ma mère me vit revenir à la maison, elle ne comprit pas pourquoi je ressentais une telle peine. J'avais trop honte de mon geste pour lui en parler. Pendant plusieurs semaines, je me rendis en pèlerinage au fond du jardin. Le dieu des mésanges y reçut sûrement mon message, puisque d'autres, par leur chant, vinrent me transmettre son pardon. Il m'arrivait en semaine d'aller passer une soirée chez ma grand-mère paternelle. Je l'aimais. Son visage ridé était beau de la noblesse des ans. Ses cheveux argentés assemblés en chignon lui donnaient de la classe.

Je me confiais à elle. Mais, comme elle idolâtrait mon père, elle me donnait toujours tort pour ma conduite auprès de mes parents. Et puis les mois passèrent.

Devant le désastre de mes études, mon père décida de m'envoyer au collège. Je pris cela pour un abandon. On avait choisi pour moi sans se soucier de mes besoins affectifs. Quand j'appris la nouvelle à « la Puce », elle fondit en larmes ; moi, jouant les hommes, je lui répondis par un : « Ne t'en fais pas, je reviendrai », très théâtral.

C'était un des meilleurs collèges de France. Celui de Juilly. Il était tenu par des oratoriens. J'étais très en retard. Pourtant on ne trouva rien de mieux que de me mettre en 5e moderne en me faisant sauter la classe de 6e. N'ayant pas les bases que les autres élèves de ma classe avaient reçues, j'eus tout de suite du mal à suivre. Je fus médiocre, sauf dans les matières qui m'intéressaient, les maths et la géographie. Par contre, je me défoulais sur les terrains de sport. La discipline était sévère et la messe obligatoire. Je m'étais fait de bons copains. La nuit, dans notre dortoir, on attendait que le surveillant eût fait sa ronde pour sortir de notre lit et nous réunir dans un grand placard qui servait à entreposer les ustensiles de nettoyage. On y fumait nos premières cigarettes. Nous étions cinq ; on se recouvrait la tête de cagoules faites dans de vieux morceaux de drap. Nous avions formé un clan. Chacun à notre tour nous sautions le mur le soir venu pour aller s'approvisionner en cigarettes et en cherry-brandy dans le petit café du village. Nous passions par l'arrière du bistrot et la patronne avec un sourire complice nous remettait ce que nous étions venus chercher. Nous savions que si nous nous faisions prendre, c'était le renvoi immédiat. Mais comme notre petit groupe était composé de jeunes durs qui avaient un point commun : ne rien faire en classe, chacun d'entre nous affirma aux autres qu'il s'en foutait d'être mis à la porte de ce sacré collège.

Parfois ma mère venait me voir le dimanche et m'emmenait avec un de mes amis manger dans notre petit café. Jamais mon père ne se déplaça. Je le voyais pendant les permissions de fin de mois. Parfois j'étais puni et obligé de rester au collège. J'avais la rage au cœur. Je me révoltais souvent. Deux ans passèrent ainsi. Mes notes étaient catastrophiques. J'étais passé en quatrième, mais en juillet 1951, à l'approche des vacances, je me gardai bien d'annoncer à mon père que j'étais renvoyé. Nous devions partir en vacances à Hossegor. Ce fut dans la salle de restaurant de l'hôtel que ma mère m'apprit la nouvelle que je savais déjà :

— Ton père vient de me téléphoner. Il a reçu ton carnet. Tu es vingt-sixième sur trente-deux et tu es renvoyé. S'il avait su cela, tu ne serais jamais parti en vacances. Mais que va-t-on pouvoir faire de toi ?

— J' m'en fous d'être renvoyé, vous n'aviez qu'à me garder auprès de vous, ça vous apprendra à m'éloigner... J'ai pas attendu papa six ans pour être foutu dans un collège à curetons.

Une paire de gifles termina ma phrase. J'étais furieux et m'enfuis dans ma chambre en criant devant tous les gens qui me regardaient :

— J' m'en fous... J' m'en fous...

Pendant plusieurs jours, ma mère m'interdit d'aller à la plage. C'était ma punition. Dans le couloir de l'hôtel, il m'arrivait de croiser une magnifique jeune fille. Elle avait de longs cheveux noirs qui lui caressaient les épaules. Nos yeux se rencontrèrent et la lueur qui y brilla fut le scellement de mon premier amour d'enfant. Elle s'appelait Christiane. On aurait dit une sauvageonne, ses yeux de jais me bouleversaient. Plus âgée que moi, avec ses dix-sept ans, elle m'impressionnait. J'étais tout fier de l'emmener à la plage ; je l'admirais, je buvais ses paroles. Notre premier baiser se passa dans la chambre de ma mère. J'avais tiré les volets pour que l'obscurité m'aide à cacher ma timidité. Car, là, j'avais une grande en face de moi ! Et je ne voulais pas qu'elle découvre mon inexpérience. Elle n'était pas plus affranchie que moi et notre flirt eut la beauté et la pureté de notre âge. Cela dura toute la période des vacances. Ni ma mère ni ses parents ne se doutèrent de quelque chose. Avec mon canif nous nous étions fait une petite entaille au poignet et avions mêlé notre sang en gage de fidélité. J'avais vu cela dans un film. Le soir, seul dans mon lit, je rêvais de voyages et d'aventures. J'en étais toujours le héros... Je sauvais Christiane des pires dangers et nous finissions toujours sur une île déserte. La réalité reprit sa place avec la fin des vacances. Notre séparation nous fit mal, car elle demeurait très loin de Paris et je n'étais pas certain de la revoir. Nous fîmes le serment de nous écrire. Personne ne comprit pourquoi Christiane pleura en me quittant. Elle fut la responsable indirecte de ma première fugue, et cela un an plus tard.

De retour à Paris, mon père ne me gronda même pas au sujet de mon renvoi. Il me dit seulement qu'il ne me remettrait pas dans un collège. Je fis donc mon entrée dans un lycée. Le résultat fut le même. Si mes notes étaient sensiblement meilleures, je me battais souvent. Je manquais certaines classes pour aller au cinéma du coin. En un mot, je commençais à devenir « un dur ». Parfois je volais de l'argent à mes parents pour me payer mes sorties, ou je m'inventais une inscription à un cours du soir tout en réclamant l'argent pour le payer. Mes parents ne voyaient pas sur quelle route je m'engageais. Un soir qu'ils devaient sortir avec des amis pour aller écouter chanter Piaf, je leur demandai la permission d'aller au cinéma avec mon meilleur copain qui avait deux ans de plus que moi. Ils acceptèrent, sans se douter que je n'avais aucune intention de voir un film. Comme des grands, mon pote et moi avions décidé d'aller faire un tour à Pigalle. Bébert y connaissait une fille qui faisait le tapin. Lui avait déjà eu des expériences sexuelles avec des femmes. Moi, je n'en était resté qu'à des échanges de caresses avec des mômes très pures. Quand il m'annonça le but de notre sortie, je fus tout de suite d'accord. J'allais bientôt avoir seize ans.

— T'as déjà baisé une fille, hein, Jacky ?

Loin de le détromper, je répondis par l'affirmative.

— Tu parles que oui, qu'est-ce que tu crois que j' suis, puceau ! Elle est belle, au moins, ta pote ?

— « Super », tu vas voir ; elle travaille dans un bar. J' lui ai parlé de toi, c'est d'accord. Elle veut bien monter avec toi. Mais faudra la payer. Tu as du fric, au moins ?

— Bien sûr, que j'en ai, regarde. J'en ai fauché à maman ce matin ; elle n'y a rien vu.

Tout fier, je sortis quelques billets de ma poche.

Nous décidâmes d'y aller à pied, après que mes parents m'eurent dit de ne pas rentrer trop tard. Le long du trajet nous nous arrêtâmes dans plusieurs cafés et bûmes quelques verres d'alcool. J'en avais bien besoin pour me donner du courage. Dans ma poche j'avais le poing américain que Bébert m'avait donné. Je me sentais un vrai costaud avec cela dans la main. Comme les vrais gangsters que j'avais vus dans les films. J'étais certain que la copine à Bébert allait me prendre pour un dur... Je voulais l'impressionner pour cacher ma trouille de me retrouver seul dans une chambre avec elle. Je ne voulais pas qu'elle se rende compte que pour moi c'était la première fois. Quand nous arrivâmes à Pigalle, j'étais complètement bourré. Ce monde de la nuit m'émerveillait. Toutes ces lumières qui illuminaient les boîtes me donnèrent le vertige... Dire que c'était là que vivaient les gangsters, d'après ce que m'avait affirmé Bébert qui y venait souvent pour revendre à des boîtes les bouteilles d'alcool qu'il fauchait dans les magasins ou dans les caves !

Un portier lança un petit bonjour amical à Bébert. Il se roula un peu plus les épaules en me lançant d'un air supérieur :

— Tu vois, j' suis connu, ici.

— Dis, Bébert, t'en connais des vrais durs avec des calibres et tout et tout ? Tu vois ce que je veux dire...

— Tu parles si j'en connais ! Tiens, tout à l'heure, j' demanderai à m'sieur Paul de te le montrer, son pétard. C'est un méchant, m'sieur Paul. Tiens, un soir, j' l'ai vu foutre une raclée à un mec. T'aurais vu comment qu'il te l'avait arrangé !

J'écoutais Bébert avec admiration. J'étais dans le monde de mes rêves. Je me pris moi aussi à rouler un peu plus des épaules, lorsque Bébert me fit signe, en me montrant un bar, que nous étions arrivés. Nous y entrâmes. Le bar était éclairé de lumières tamisées. Des filles étaient au comptoir. D'autres étaient attablées avec des clients, dont un qui avait sa main glissée sous la jupe d'une blonde qui gloussait et qui me regarda avec un sourire moqueur au bout des lèvres.

Bébert lança un « Salut, les mômes ! » qui étouffa mon « Bonjour, m'sieurs-dames », puis il se dirigea au fond de la salle où un homme dans la cinquantaine était en grande conversation avec deux jolies brunes.

— Bonjour, m'sieur Paul. J' vous présente mon pote Jacky.

— Salut, les minots. On vient voir ces dames. Ah ! C'est toi, le fameux Jacky. Bébert n'a que ton nom dans la gueule. Il paraît que vous en faites des belles, tous les deux !

Sa grosse main serra la mienne à me faire mal. Mais je résistai à la pression. Puis il fit les présentations. L'une des filles s'appelait Carmen, l'autre Sarah. Je savais que Sarah était l'amie dont m'avait parlé Bébert. Je me sentis rougir quand, au lieu de me serrer la main, elle me dit :

— Allez, on se fait la bise. Tiens, assieds-toi à côté de moi, et toi, Bébert, pose ton cul à côté de ma copine.

— J' vous offre un verre, les mômes ? demanda le patron.

Il nous fit servir des cognacs. Et moi qui étais déjà dans le cirage !... Bébert expliqua que nous n'avions pas beaucoup de temps. Moi, cigarette au bec, je m'efforçais d'être naturel devant cette fille qui m'avait mis son bras sur l'épaule. Je sentais sa main me caresser la nuque.

— Quel âge as-tu, Jacky ? demanda-t-elle.

Je n'avais pas encore mes seize ans, mais je répondis :

— Bientôt dix-huit, m'dame.

La fille se mit à sourire à sa copine.

— Ne me dis pas madame, voyons. Appelle-moi Sarah.

Puis, se tournant vers mon copain :

— Il est mignon, ton copain.

Moi qui m'efforçais à jouer les durs ! Et la seule chose qu'elle trouvait à dire était que j'étais mignon. Elle enleva la cigarette de mes lèvres et posa ses lèvres tièdes sur les miennes. Je lui rendis son baiser avec fougue. Elle regarda Bébert, tout étonnée.

— Eh ben, mon colon, ça promet !

J'avais mis dans ce baiser tout mon jeune savoir et j'étais fier du résultat. Mon regard croisa celui de Bébert d'un air de dire : « T'as vu, mon pote. » Sarah avait dû se rendre compte que j'étais plus jeune que je ne le disais et avait trouvé ce compliment pour me faire plaisir. Habituée aux hommes, elle avait dû sentir qu'il fallait que je me décontracte. Je pris ses lèvres une autre fois. Bébert nous interrompit.

— Eh, Sarah, tu montes avec mon pote ? Moi, j' vais avec Carmen.

— D'accord, les hommes, on y va !

Nous montâmes un étage pour nous retrouver dans un couloir où se trouvaient plusieurs chambres. Sarah s'adressa à Bébert :

— C'est toi qui paies ?

— Non, c'est mon pote. Il te donnera pour nous deux. Tu refileras sa part à Carmen. Ça te va comme ça, poulette ? dit Bébert en caressant les fesses de Carmen.

— O.K., ça marche comme tu dis.

Et tous deux disparurent dans une chambre. Sarah me prit la main. Elle n'alluma qu'une petite lampe.

— Déshabille-toi, Jacky ; moi, je vais faire ma toilette.

Puis devant moi elle enleva sa robe. Elle ne portait rien d'autre qu'un slip, qui fut enlevé de la même façon. Moi, j'étais là à la regarder. Sa poitrine au galbe parfait me fit penser à cette femme que les résistants avaient déshabillée devant moi. Le désir m'envahit et, l'alcool aidant, je pris mon courage à deux mains. Pendant qu'accroupie sur son bidet elle se lavait, j'avais posé mon poing américain sur la table de nuit pour l'impressionner. J'étais en slip quand elle se retourna. Je ne m'étais jamais senti aussi con. Ses yeux se posèrent sur l'arme. Là encore elle eut un sourire mais ne me dit rien.

Elle blottit son corps chaud contre le mien :

— Laisse-moi faire.

Je ne demandais pas mieux.

Elle fut douce et prévenante, ignorant mon inexpérience. Elle m'aida à la pénétrer et guida mes sens. Très vite je pris mon plaisir. Puis, me repoussant sur le côté, elle m'embrassa avant de quitter le lit.

— Tu as aimé ça, Jacky ?

Devant mon affirmation, elle enchaîna :

— Dis-moi, quel âge as-tu réellement ? seize au plus !

Ses yeux noirs me regardaient avec tendresse et je ne pus lui mentir. Maintenant je m'en foutais.

— Ouais, j'ai presque seize ans ; ça change rien, hein ?

— En dehors des emmerdements que je pourrais avoir, t'as raison, ça ne change rien. Mais tes parents te laissent sortir à cette heure ?

L'heure ! Je n'y avais plus pensé. Il était deux heures du matin ; je devais rentrer à minuit à la fin du prétendu film que nous étions allés voir.

— Merde, il faut que je me débine.

— Tu n'oublies rien, mon chéri ?

Si, j'oubliais deux choses : la payer et mon poing américain. Je sortis mes billets et lui donnai tout, gardant seulement les pièces de monnaie.

— Ça ira comme ça ? J' pourrai revenir te voir ?

— Oui, pourquoi pas ?

Sur le palier, Bébert m'attendait. Il avait fini en même temps que moi.

— T'as filé le fric à Sarah ?

Je lui répondis affirmativement. Et, lui montrant ma montre :

— T'as vu l'heure, faut se tirer.

La lumière brillait à la fenêtre de l'appartement de mes parents. Il était plus de trois heures du matin. Nous n'avions plus assez d'argent de poche pour rentrer en taxi. Je me demandais quel mensonge je pourrais inventer pour me tirer d'affaire. Mon père et ma mère étaient sur le palier. La seule chose que je reçus fut une bonne paire de claques avant toute explication.

— Ton père a été voir où tu pouvais être. Le film est terminé depuis minuit... Où étais-tu ?

J'avais une folle envie de lui répondre que je venais de me farcir une putain, simplement pour voir la tête qu'ils feraient tous les deux. Mais, prudent, je partis dans une explication vaseuse. Mon père me prit par le bras en me disant d'aller me coucher et que nous réglerions cela demain. Je m'endormis en pensant à Sarah, à son corps. Cette découverte du plaisir sexuel avait été pour moi une compensation à l'amour que j'aurais voulu donner sur le plan purement sentimental à ceux de mon entourage. Sarah avait été douce, son corps m'avait délivré des plaisirs solitaires. Je me sentais homme. Elle m'avait dit « mon chéri ». Mon inexpérience ne pouvait pas savoir que pour elle tous les hommes étaient ses chéris le temps d'une passe. Je me mis à l'aimer en y repensant. Il fallut que l'alcool que j'avais bu commence à me torturer l'estomac et faire de mon lit un bateau pris dans la tempête pour que j'en oublie momentanément mon amour naissant au profit des lavabos où je me mis à dégueuler tripes et boyaux.

Il faisait jour quand ma mère me secoua pour m'envoyer en classe. J'avais triste mine. J'étais livide.

— Tu as vu ta tête ? Je me demande bien où tu as pu aller hier soir avec ton copain Bébert ! Eh ! Je te parle.

— Si je te le disais tu ne me croirais pas, dis-je avec un pâle sourire ironique.

— De toute façon c'est la dernière fois que tu sors avec ce voyou. Je ne veux plus le revoir ici ; tu as bien compris ?

Je lui répondis un « oui m'dame » qui voulait dire « cause toujours ».

Mon père ne me parla même pas de ce retard par la suite. J'aurais tellement aimé lui dire la vérité ! Lui demander si à mon âge il avait eu les mêmes expériences que moi. Pour lui j'étais un môme. Il était loin d'imaginer que mon esprit était tourmenté et avait besoin de se libérer de toutes les questions sans réponse qu'il renfermait. Je devenais de plus en plus agressif. À la sortie de ma classe, j'avais revu Bébert et lui avais expliqué que maman ne voulait plus qu'il vienne chez nous. Nous avions décidé ensemble de faire semblant de ne plus nous fréquenter pour apaiser la colère de ma mère. Je voulais revoir Sarah. Je lui dis que je voulais manquer mon cours pour qu'il me conduise une autre fois au bar où elle travaillait. Sa réponse me surprit :

— T'es malade ! Dans la journée, elle ne travaille pas, elle pionse.

— Eh bien, emmène-moi chez elle.

— Non mais t'es dingue ? J' me ferais engueuler par son mec si j'arrivais avec toi devant sa porte. Dis-moi, t'es pas tombé amoureux de cette pute, par hasard ? Mais si, il est amoureux, ce con !

— Et alors c'est mon droit, non ! Elle est sympa, cette môme.

— Écoute, Jacky, il faut que je te dise, la petite séance de l'autre soir, c'était pour te faire plaisir. Mais ma pote ne la recommencera pas. Car si elle se faisait prendre en passe avec un garçon de ton âge la mondaine la mettrait en taule. Alors, laisse tomber, tu veux ? Et ne commence pas ton cinéma... Sarah est une pute. C'est son métier de s'envoyer des hommes. Elle n'a que faire de types de notre âge. Si tu l'aimes bien, commence par lui foutre la paix et ne t'avise pas de retourner dans ce bar sans moi, sinon je te casse la gueule. C'est bien compris ?

— Bon, ne te fâche pas. J' disais ça pour parler.

Ce que venait de me dire Bébert venait de remettre mes idées en place. Je devais revoir Sarah quatre ans plus tard. Nous avons bien ri quand je lui ai confié mes pensées de l'époque.

Je n'arrivais toujours pas à trouver le dialogue avec mes parents. Je me disputais avec ma mère pour un rien. En classe, j'en faisais de moins en moins. Ma seule passion était le cinéma. Les films de gangsters et les westerns occupaient mon temps et mon esprit. À la maison, j'avais deux pistolets jouets qui ne me quittaient jamais. Dans la rue, avec mes copains, ce n'étaient que bagarres et démonstrations de force. Cette passion des armes devait prendre une très grande importance dans mon destin criminel. Car très jeune, par des jeux anodins en apparence, je me suis conditionné à la préparation des crimes que j'allais commettre. Je n'ai fait que répéter dans la réalité ce que je m'étais habitué à faire par jeu. À la seule différence que mes jeux d'adultes se sont souvent terminés dans le sang. Mais cela est une autre histoire.

Au moment des fêtes de Noël, le directeur de mon école me fit appeler.

— Mesrine, nous avons décidé en accord avec tous vos professeurs de ne plus vous reprendre à la rentrée de janvier. Vos notes sont déplorables et nous n'arriverons à rien avec vous. Continuez comme cela, mon jeune ami, et vous irez tout droit en maison de correction. Tenez, vous remettrez vous-même cette lettre à vos parents.

J'étais donc renvoyé une fois de plus. Tout au long du parcours qui me ramenait à la maison, je me demandais comment j'allais expliquer la chose à mes parents. J'étais désemparé. Une chance pour rnoi que le directeur m'ait remis la lettre plutôt que de la poster. Cela me donnait un peu de temps pour réfléchir.

Rentré à la maison, je fis comme si tout était normal en me gardant bien de remettre la lettre de renvoi à mes parents. Les fêtes se passèrent en famille. Ma grand-mère paternelle, que j'adorais, me fit cadeau d'une somme d'argent assez importante pour mon Noël. Elle avait vendu un terrain lui appartenant et avait décidé de donner à chacun d'entre nous une part proportionnée à notre âge. Elle me conseilla de la mettre à la caisse d'épargne pour plus tard. C'est à ce moment précis que l'idée de quitter mes parents me vint à l'esprit. Avec cet argent, je pouvais partir loin, fuir mes tourments, vivre l'aventure dont je rêvais et surtout ne pas être obligé d'affronter la colère de ma mère lorsqu'elle allait lire la lettre de renvoi. Pendant une semaine j'avais parlé de mon projet de fuite à Bébert. Je lui avais proposé de me suivre. Il avait refusé, mais était d'accord pour m'aider. Je recevais assez régulièrement des nouvelles de Christiane, la belle sauvageonne avec qui j'avais passé mes vacances à Hossegor. Il m'arrivait de repenser à elle avec une certaine tendresse. C'est donc vers elle que mon esprit se tourna. Je fis le plan de partir le matin de la rentrée des classes. J'irais chez Christiane et je lui demanderais de me suivre. Nous irions vivre tous les deux loin des adultes sur une île... – oui, c'était une bonne idée..., une île déserte. Pendant plusieurs nuits mon esprit inventif me fit faire des voyages de rêve. Nous vivions, Christiane et moi, comme des sauvages, nous nourrissant du poisson que je pêchais au harpon, nous nous baignions à moitié nus dans les lagons de notre île. Tout allait être formidable comme dans les films que j'avais déjà vus sur ce sujet. J'étais persuadé au matin de ma fugue que tout se passerait comme je l'avais imaginé. Pendant la nuit précédant la rentrée des classes, je fis mes bagages. J'avais caché ma valise sous mon lit. J'étais entré silencieusement dans la chambre de mes parents pour y retirer quelques effets m'appartenant. Toujours aussi silencieux, j'avais ouvert le tiroir d'un meuble de la salle de bains où mon père conservait son argent. Le mien était dans une enveloppe à mon nom. Je le pris. Puis, trouvant que pour tenter la grande aventure je n'en avais pas assez, j'en pris plusieurs liasses dans les économies de mes parents. À la place j'y laissai un mot disant que plus tard quand j'aurais réussi je le leur rendrais. Ce n'était pas un vol mais un emprunt. Un pardon timide terminait mon explication.

Une fois tout réuni, je m'aperçus qu'il était déjà cinq heures du matin. Je descendis ma valise à la cave et remontai me coucher comme si de rien n'était. Au réveil, je fis semblant de me préparer pour mon départ en classes tout en disant à ma mère que je devais partir un peu plus tôt. Je bus mon dernier café familial, calmement, avec mon secret dans le cœur. Dans peu de temps j'allais être libéré de ce monde d'adultes qui ne me comprenait pas ; j'allais vivre ma vie. Je pris mon cartable et, après avoir embrassé mes parents et leur avoir dit à ce soir, je franchis la porte. Dès que je l'eus refermée, je posai mon cartable sur le paillasson, la lettre de renvoi et une autre lettre où j'expliquais à mes parents que je ne pouvais plus vivre comme cela, que je partais pour toujours ; je demandais leur pardon pour la peine que j'allais leur faire, mais leur conseillais de ne pas s'inquiéter pour moi. Rapidement je descendis à la cave récupérer ma valise. Et, dès que j'eus dépassé le coin de la rue, je me mis à courir. Un taxi me conduisit à la gare. De là je pris le train pour Béziers.

Mon père, au moment de partir pour son travail, tomba sur ce que j'avais laissé sur le palier. Il ne comprit pas pourquoi je ne m'étais pas confié à lui. Jamais il n'avait envisagé que je puisse faire une fugue. Ma mère éclata en sanglots. On fit venir Bébert, qui, fidèle à sa promesse, jura qu'il n'était au courant de rien. On fouilla mes affaires. Dans mon cartable, ma mère découvrit une carte de vœux de Noël que j'adressais à Christiane. Je ne l'avais pas postée. Elle en conclut à juste titre que cet oubli était sûrement motivé par mon intention de la rencontrer. Moi, pendant ce temps, j'étais installé dans mon compartiment et me laissais bercer par les mouvements du train. N'ayant presque pas dormi la nuit précédente, je m'assoupis.

Mes parents se refusèrent à prévenir immédiatement la police. Ils téléphonèrent aux parents de Christiane, leur expliquèrent ma fugue et l'éventualité de mon arrivée. Ils leur demandèrent de m'accueillir comme si de rien n'était et de téléphoner si j'arrivais à Béziers.

Le train arriva à Béziers dans la soirée. Je me rendis à l'hôtel de la Gare et pris une chambre. Sur ma fiche j'inscrivis « étudiant » et répondis au patron de l'hôtel que mes parents devaient me rejoindre dans deux jours, qu'il fallait à cet effet leur réserver une chambre. Mon explication sembla le satisfaire. Après avoir dîné dans la salle de restaurant, je décidai d'aller me coucher et de remettre à demain ma visite chez Christiane. Seul dans ma grande chambre sans vie, j'eus un moment de profonde tristesse en pensant à mes parents. Je les aimais. Eux aussi m'adoraient, je le savais. Nous n'avions jamais pu établir un climat de confiance, c'est tout. Ils devaient s'inquiéter. Je m'endormis, les larmes aux yeux, pleurant sur mon propre malheur, regrettant déjà d'avoir quitté la maison.

Je fus réveillé par le bruit de la rue. Il faisait jour. Après avoir fait ma toilette et pris mon petit déjeuner, je quittai l'hôtel. Je fis l'achat d'une belle corbeille de roses rouges pour l'offrir à la mère de Christiane. Ses parents étaient bijoutiers. J'avais apprécié leur gentillesse tout au long des vacances passées. Jamais je ne les avais entendus élever la voix en s'adressant à leurs enfants. Ils respiraient la joie de vivre, cette même joie qui resplendissait sur le visage de ma sauvageonne. Quel ne fut pas mon étonnement, en me rendant à l'adresse indiquée, de me trouver en face d'une immense bijouterie comportant plusieurs étages. La simplicité dont ils avaient fait preuve ne pouvait laisser imaginer l'importance de leur fortune. C'est timidement que je franchis la porte du magasin. Dès que la mère de Christiane m'aperçut, elle se précipita vers moi, le sourire aux lèvres, et cette douceur que je lus dans son regard me réchauffa le cœur. J'étais donc le bienvenu. Elle m'embrassa ; de mon côté, j'inventai une explication pour motiver ma visite. Je lui offris mes roses. Je sentis son émotion. Je ne pouvais imaginer que, sachant la vérité sur ma fugue, mon geste n'en avait que plus d'importance à ses yeux. Elle me dit que Chris allait rentrer et que je restais déjeuner avec eux.

Elle arriva vers midi. Comme elle avait changé ! Plus rien de la sauvageonne de mes rêves, mais une belle jeune fille très stricte dans son uniforme de collège. J'en fus décontenancé. Nous nous embrassâmes sagement en la présence de sa mère. Mais je crois que même seul je n'aurais pas osé poser mes lèvres sur les siennes comme au temps de notre flirt de vacances. Je ne la reconnaissais plus. Nous parlâmes de choses et d'autres. Je compris enfin la folie de mes projets. Mon imagination m'avait fait créer des personnages tels que je voulais qu'ils soient ; la réalité me les montrait tels qu'ils étaient. Après le repas, nous allâmes dans le salon écouter de la musique. Puis la conversation tourna sur mes études, mes parents. Je restais dans le vague. Je les trouvais tous trop gentils. Ils me donnaient l'impression de parler à un grand malade. Ils m'expliquaient que parfois les enfants se croyaient délaissés par leurs parents trop occupés à gagner la vie de la famille. Je me demandais bien où ils voulaient en venir. Puis, tout à coup, le téléphone sonna. La mère de Chris décrocha ; son regard croisa le mien comme pour y chercher la réaction que ses paroles allaient déclencher.

— Oui, il est là. Tout va bien, ne vous inquiétez pas. Je vous le passe.

Elle me tendit l'appareil.

— C'est pour toi, Jacky.

— Pour moi ? dis-je, étonné.

— Oui, c'est ta mère qui demande si tu passes de bonnes vacances ; elle veut te parler ; écoute-la, mon petit.

Je perdis toutes mes couleurs. Ce n'était pas possible. Après tout le mal que je m'étais donné pour fuir, on m'avait déjà retrouvé. Je pris l'écouteur et prononçai un timide :

— Allô, maman...

Ma mère fut très gentille. Elle m'expliqua la gravité de mon geste, la peine et l'inquiétude que mon départ avait provoquées. Elle me dit que mon père me pardonnait mais que maintenant il me fallait rentrer à la maison. Que nous allions repartir sur de nouvelles bases. Qu'il fallait absolument que j'aie confiance en eux. Je l'écoutais, les larmes aux yeux, plein d'espoir et de remords. J'étais trop jeune pour cacher ma peine.

La conversation terminée, la mère de Chris m'expliqua que depuis le début elle savait la vérité. On me remonta le moral. Chris me demanda avec douceur pourquoi j'avais fait cela. Quand je lui dis : « Pour toi », elle m'expliqua le côté enfantin de mon geste. Elle ne rit pas de moi quand je lui parlai du projet que j'avais fait au sujet de mon île déserte. Elle me ramena aux réalités de l'existence. Le soir venu, on me raccompagna au train après être passé prendre mes valises à l'hôtel. Je n'avais pas flirté un seul instant avec ma sauvageonne. Nous nous fîmes au revoir de la main quand le train s'ébranla. Je ne la revis jamais plus.

C'est tout penaud que j'arrivai à Paris. Mes parents m'attendaient sur le quai de la gare. Dès que je les aperçus, je me jetai dans leurs bras. Mon père me fit tourner et me mit un léger coup de pied au cul, en me disant, conciliant :

— C'est tout ce que tu mérites. Allez, l'aventurier, à la maison !

Rentrés, nous eûmes une très longue explication. Quoi faire de moi ? Mon instabilité ne rendait pas les choses faciles. On opta pour me faire entrer dans une école de rattrapage spécialisée dans l'électronique ; cela pouvait mener à la carrière de radio dans la marine marchande. J'aurais accepté n'importe quoi.

Au début, on put croire que je remontais la pente. J'appris le morse, j'avais des notes acceptables, et puis tout recommença : mes mensonges à mes parents, les disputes, les réconciliations, mes manquements à mes cours pour aller au cinéma ou plus simplement rejoindre une petite copine. Mes parents me laissant de plus en plus libre, et croyant résoudre mon problème par cette non-surveillance, m'autorisèrent à installer dans la cave de leur propriété un petit monde bien à moi où j'étais censé y inviter des amis et amies pour y écouter de la musique. Dans la réalité, j'en avais fait un vrai tripot où l'on dansait, jouait, buvait et se repassait les filles. Ces réunions avaient lieu en l'absence de mes parents qui n'auraient jamais accepté s'ils avaient su ce qui se passait. L'été, il m'était impossible de faire fonctionner ma cave car ils étaient présents à chaque fin de semaine. Mais l'hiver me permettait de retrouver toute l'équipe. Chacun d'entre nous se devait d'apporter soit de l'alcool, soit de la bouffe, soit des cigarettes. Nous étions tous plus ou moins sans argent ; donc, ce que nous étions incapables d'acheter, nous le volions sans penser faire grand mal. Cette ambiance de cave enfumée me plaisait. Il nous arrivait parfois de nous battre à la suite d'une discussion au sujet d'une fille ou d'un trop-plein d'alcool. Parfois on allait en ville faucher des voitures, nous roulions comme des dingues, multipliant les risques pour le simple plaisir d'impressionner nos petites amies. À ce régime, ma santé en prenait un sacré coup, mes études aussi.

L'instinct de mort

Mon père fut convoqué par le directeur de l'école technique Il parut tout étonné d'apprendre que je manquais très souvent mes cours. Il le fut encore plus quand on lui présenta mes notes qui ne correspondaient pas du tout à celles qu'il avait signées depuis un an. On découvrit ainsi que j'avais deux carnets : un rempli par les copains et que je présentais à mon père chaque mois et un autre, le vrai, que j'avais toujours signé moi-même en imitant sa signature. Mon père me gifla devant le directeur en me disant :

— Petit salaud ! Maintenant, tu imites ma signature !

Une fois de plus, on me désigna la porte. Mon père décida de me mettre au travail, ne voyant pas d'autres solutions.

On me fit entrer dans une des plus grandes maisons de tissus de luxe de Paris. J'y étais magasinier. Entre les soieries et les cartons poussiéreux, j'appris à mesurer, couper, plier les commandes. Je regardais les anciens avec leurs visages marqués par la monotonie de leur travail. Je me jurais de ne pas m'éterniser dans ce genre de vie terne et sans surprises. Je ne voulais pas devenir comme eux. Parfois nous recevions la visite d'une actrice célèbre, qui venait choisir elle-même son tissu, accompagnée de sa couturière. C'est comme cela que j'aperçus Za-Za Gabor la magnifique. Toute la direction était à ses pieds. Cela fut ma première leçon : si tu vis dans l'ombre, tu n'approcheras jamais le soleil. Je ne risquais pas d'être remarqué, dans mon coin avec ma blouse grise ! Un jour, on me demanda d'aller livrer un paquet à l'hôtel Ritz qui n'était qu'à cent mètres du magasin. Quand on me dit que c'était pour Audrey Hepburn, mon cœur s'embrasa. Comme tous les mômes de mon âge, j'en étais tombé amoureux depuis que j'avais vu pour la énième fois son film *Vacances romaines*. On me fit monter par l'escalier de service et, à ma grande déception, je ne pus lui remettre moi-même le colis. Cela fut ma deuxième leçon : il ne faut pas prendre l'escalier de service.

Il m'arrivait de me présenter dix minutes en retard à mon travail. Le sous-directeur de la société m'attendait devant la porte, regardant sa montre, avec toujours la même réflexion dans la gueule :

— Alors ! Quelle excuse avez-vous aujourd'hui ? Le réveil qui n'a pas sonné ou le métro en panne ?

J'avais une folle envie de lui dire « merde » et que le fait que je coupe mon tissu dix minutes en retard n'allait pas changer la face du monde. À chaque fois il me faisait venir dans son bureau et perdait une bonne demi-heure à m'expliquer les bienfaits de l'exactitude dans une entreprise. De mon côté, je lui répondais que très souvent je faisais des heures supplémentaires qui ne m'étaient que très rarement payées. J'appris donc une troisième chose : celui qui est en bas de l'échelle est né pour se faire engueuler tout au long de son existence. Un an de ce régime et ce qui devait arriver arriva.

Un jour, il donna un ordre à un vieil employé de mon atelier qui se refusa à l'exécuter ; il s'adressa à un autre qui refusa aussi. Il leur annonça qu'ils étaient tous deux renvoyés et se tourna vers moi en me disant de faire ce que les autres avaient refusé. Par solidarité pour mes deux collègues, je lui répondis :

— Moi, pas besoin de me mettre à la porte. Je me casse, j'en ai ras le bol du chiffon, de la poussière et de ta gueule.

Il resta estomaqué de mon audace et c'est sous les sourires des autres employés que je pris la porte. Mon père, qui était ami avec le patron de cette entreprise, essaya de me faire revenir sur ma décision. Je lui dis qu'il n'en était pas question et que j'allais me trouver un autre travail.

À l'époque, j'avais un peu plus de dix-huit ans. Je sortais librement. Les samedis soir, j'allais parfois danser à la Cité universitaire. Il y avait différents pavillons selon les nationalités. C'est dans celui de la Martinique que je la vis pour la première fois.

Elle dansait un « bop », féline et souple comme une liane. Des étudiants l'entouraient et rythmaient sa danse en frappant dans leurs mains. Elle savait qu'elle était belle et que tous ceux qui l'entouraient la désiraient. Sa peau était noire, mais ses traits laissaient percevoir un métissage. La danse terminée, nos regards se croisèrent et, sans plus de préambule, elle s'avança vers moi sous les yeux étonnés de ses admirateurs.

— Tu m'offres un verre ? J'ai soif.

J'étais estomaqué et surpris. On ne se connaissait pas. Jamais je ne l'avais vue avant cette danse ; et elle, sans complexes, s'adressait à moi comme un vieil ami.

— Pourquoi pas !

Sa main prit la mienne et elle m'entraîna vers le bar.

— Tu viens souvent, ici ? me dit-elle.

— Non, rarement. Tu sais, moi, je ne suis pas étudiant ! Je travaille.

— Ah ! bon. Tu dois te demander pourquoi je t'ai accosté. J'en avais marre de mon danseur ; s'il revient, je lui dirai que je suis avec toi... Ça ne te dérange pas ?

— Non, au contraire ! Tu danses drôlement bien.

— Et toi, tu sais ?

— Oui, je sais ! Si tu veux... tout à l'heure !

— Oui, je veux.

Je me demandais si elle avait bien compris ce que je voulais exactement. Les reflets de ses grands yeux noirs étaient à eux seuls une promesse à bien des acceptations. Nous dansâmes toute la nuit. Son corps ferme se collait contre le mien lors des slows. J'en devenais dingue. Nos lèvres s'étaient à plusieurs reprises frôlées en une caresse furtive. J'en avais mal dans le bas-ventre. Elle m'excitait et le savait. Je n'avais jamais désiré une fille autant que celle-là. Son charme exotique y était pour beaucoup. Je n'avais jamais couché avec une fille de couleur.

Sans plus de formalités que pour l'invitation du premier verre qu'elle m'avait demandé de lui offrir, elle me proposa de partir.

Je n'eus pas la curiosité de lui demander où. Nous sortîmes. Aussitôt, sans plus de façons, elle m'offrit ses lèvres. Puis elle me dit :

— Je ne peux t'emmener chez moi. J'ai mes frères et ça ne leur plairait pas. Tu as une chambre, toi ?

Je lui expliquai que je vivais chez mes parents. Nous décidâmes d'aller à l'hôtel. Je lui fis l'amour tout le restant de la nuit. J'étais habitué aux filles prises rapidement sur une banquette de voiture ou un coin obscur de ma cave. Là, j'avais dans les bras une fille experte qui aimait se donner à la condition de recevoir le plaisir qui lui était dû. Au matin, épuisé et satisfait, j'étais certain d'en avoir plus appris et donné que tout au long de ma jeune vie.

Tout en prenant notre petit déjeuner, je lui dis :

— Ça t'arrive souvent d'emballer un garçon de cette façon ?

— Non, mais tu m'as plu, alors pourquoi te l'aurais-je caché ? Tu t'en plains ?

— Certainement pas, mais c'est la première fois que je me fais draguer.

— Quel âge as-tu, Jacques ?

— Un peu plus de dix-huit, dis-je sans mentir. Et toi ?

— Moi, vingt-trois.

— Tu t'es offert un minot ! dis-je en plaisantant.

Ses lèvres caressèrent ma bouche pour me faire taire et elle m'entraîna une fois de plus dans une valse dont les draps furent seuls témoins.

À midi, au moment de la quitter, je lui demandai si on se revoyait.

— Si tu veux, tu peux toujours me téléphoner. Tous les samedis je vais danser dans le même pavillon que celui d'hier au soir.

— Au fait, je ne sais même pas comment tu t'appelles... ?

— Lydia ou plus simplement Sica... pour mes amis.

Sur un dernier baiser, elle me fit un petit salut et je la vis partir, la croupe ondulante.

Je travaillais dans une société de distribution de journaux d'étudiants. Je vendais à la criée des revues sans grand intérêt, qui n'avaient pour seul but que de me faire gagner un très gros pourcentage. Ça marchait bien ; je me faisais beaucoup plus d'argent que dans le tissu. De plus, j'avais l'avantage d'être très libre. Je revis donc Lydia avant le samedi. Nous couchâmes encore ensemble. Nous nous mîmes à parler d'elle, des études qu'elles faisait pour devenir chef chimiste, de ses parents qui avaient une très bonne situation à Dakar. Et puis, sans prévenir, elle me confia :

— Tu sais, Jacques, quand nous avons fait l'amour ensemble, j'étais déjà enceinte d'un mois. Pas de toi, bien sûr. Mais je veux que tu le saches au cas où nous nous fréquentions régulièrement. Pour moi, c'est une catastrophe, surtout si mes parents l'apprenaient. Il faut absolument que je me fasse avorter. Tu ne connais pas un médecin, par hasard ?

— Tu sais, moi, dans ces trucs-là je ne connais personne. Comme cela, t'es en cloque ! Pourquoi tu t'en fais, tu n'as qu'à épouser le type qui te l'a fait. Peut-être que tu ne sais même pas qui te l'a fait, dis-je ironiquement.

— Tu me prends pour une pute, parce que j'ai couché avec toi tout de suite ?

Elle était furieuse.

— Mais non, ne dis pas de bêtises ! De toute façon, merci de me l'avoir dit. Tu aurais pu me monter un bateau et me faire croire par la suite que c'était de moi. Je vais t'aider... Enfin, faire ce que je pourrai.

Pendant le mois qui suivit, je la revis très régulièrement. Nous n'avions trouvé aucun médecin. Lydia avait essayé de se faire avorter en avalant une grande quantité de quinine. Il n'y eut aucun résultat. Je commençais à l'aimer. Elle faisait tout pour cela. Elle m'avait présenté à ses frères qui m'avaient adopté. Un soir, nous allâmes dîner chez son parrain. La conversation tomba sur son état. J'avais bu plus que de raison. Lydia éclata en sanglots. Son parrain la consola comme il le pouvait.

— Tu ne te rends pas compte ! Si jamais papa apprend que je suis enceinte, jamais il ne me laissera revenir à la maison. Mon Dieu, mais comment me sortir de cette affaire !

Je l'écoutais avec une idée folle en tête. J'étais peut-être un petit dur, mais j'avais une âme de saint-bernard, toujours prêt à voler au secours de la veuve et de l'orphelin. Je ne sus jamais pourquoi je pris cette décision sans réfléchir que mes jeunes épaules n'étaient pas assez solides pour supporter, mais je m'entendis dire :

— Écoute, Lydia, il y a une solution. Si je t'épouse, ton père ne pourra rien te reprocher.

Tous deux me regardèrent avec surprise. C'est son parrain qui répondit le premier :

— Tu ferais ça, Jacques ?

— Pourquoi pas ! Je l'aime. C'est un peu comme si j'adoptais son môme. Sauf qu'il n'est pas encore né. Je ferai donc croire à mes parents qu'il est de moi. Je sais que mes parents seront trop contents de me voir partir de la maison.

Lydia s'approcha de moi et, en guise d'acceptation, posa ses lèvres sur les miennes. Elle avait trop peur que je change d'avis. Pour elle, c'était la solution miracle. Moi, dans mon rôle de chevalier, je n'imaginais même pas quelle connerie j'étais en train de faire. Je ne voyais qu'une chose, si je me mariais, je me retrouvais majeur pénal. J'allais pouvoir faire ce que je voulais sans avoir de comptes à rendre à mes parents. Et puis Lydia était belle, cela me flattait de pouvoir être le seul à la posséder ; c'est du moins l'idée que je me faisais du mariage.

Ils prirent très bien la chose. L'honneur avant tout.

— Tu as mis une jeune fille enceinte, il est normal que tu l'épouses, me dit mon père.

La couleur ne changea rien pour eux. Ils furent conquis par elle dès sa première visite. Elle faisait très jeune fille de bonne famille dans son ensemble bien coupé. Ils voyaient en elle l'étudiante sérieuse qui peut-être ramènerait leur fils sur le droit chemin. De mon côté, je faisais tout pour qu'ils aient une bonne image d'elle... C'est tout juste si je ne disais pas que je l'avais eue vierge. Je prétendis la connaître depuis plusieurs mois. Je savais que ma mère ne manquerait pas de faire le calcul au sujet de l'enfant qu'elle attendait. Si j'avais confié mon secret à un adulte, il m'aurait ouvert les yeux et ramené à la réalité. La seule chose qu'il trouva à dire c'était que mon geste était noble. Un gamin de dix-huit ans et demi complètement déboussolé, sans emploi stable, qui ne pense qu'à s'amuser et qui veut épouser une fille enceinte d'un autre... c'est noble ! S'il m'avait dit que j'étais bien trop jeune pour une telle responsabilité, peut-être toute ma vie en eût-elle été transformée : ce ne fut pas le cas...

Voilà pourquoi le « chevalier Ducon » épousa « sainte salope » pour le meilleur et surtout pour le pire. Une fois mariés, nous nous installâmes dans une simple chambre. Un réchaud à alcool posé sur une table était notre coin cuisine. Lydia était aussi flemmarde que moi. Elle ne suivait que très épisodiquement ses études, son état étant une très bonne excuse pour ne rien foutre. De mon côté, je ne travaillais qu'un jour sur deux. Le restant du temps je lui faisais l'amour comme un jeune étalon qui veut profiter au maximum de la pouliche qu'il a en exclusivité. Nous passions des journées entières au lit. Le soir, nous traînions dans les cafés du Quartier latin. Je buvais parfois un peu trop et je devenais agressif. Je me rendais compte que j'avais été stupide de me marier. Lydia manquait ses cours sans que je le sache. Je croyais que par gratitude elle me resterait fidèle. À la réalité, elle allait se faire sauter par d'anciens amants ou de nouvelles conquêtes. Quand je la prenais en flagrant délit de mensonge, elle s'inventait une histoire et je replongeais dans le conjugal. J'étais d'une jalousie maladive que son attitude ne faisait que rendre plus forte. De mon côté, voyant son corps s'arrondir, je pris plusieurs maîtresses de passage. Il m'arrivait de découcher et là c'était elle qui me faisait des scènes à n'en plus finir. Notre union s'avérait un échec total. Le petit vint au monde. C'est à sa naissance que je compris que j'avais les épaules un peu faibles pour une telle responsabilité. Il fut décidé de confier la garde du bébé à ma mère, qui de son côté était tout heureuse de se savoir grand-mère. Le petit était très beau. Je ne pus m'empêcher de sourire quand ma mère me dit qu'il me ressemblait. J'avais toujours eu la passion des enfants, il me fut donc très facile de l'aimer sincèrement. Mais de savoir qu'il n'était pas de moi me tourmentait. J'avais devant les yeux le produit de l'homme qui avait joui du corps de Lydia. Dans le corps de sa mère il m'était indifférent, mais là ma jalousie devenait de plus en plus grande. Pendant un an notre vie ne fut faite que de disputes et de réconciliations dans le plumard. Le plus comique était qu'elle me demandait de faire attention de ne pas la mettre enceinte. C'était donc des spermatozoïdes frustrés que je lui éjaculais sur le bas-ventre. J'acceptais difficilement cette contrainte ; j'en avais ras le bol d'engrosser mon mouchoir. Et puis, un jour, la dispute dégénéra en bagarre. Pour la première fois de ma vie, je frappai une femme. Je lui mis une assez sévère raclée, en lui disant que cela ne pouvait plus durer. Je partis en claquant la porte. Pendant trois nuits, je ne revins pas à la maison. Un soir, dans un bar où je traînais, je reconnus Sarah, la petite pute qui m'avait appris les premiers gestes de l'amour. Elle fut toute surprise quand je m'adressai à elle, l'appelant par son prénom.

— Bonjour, Sarah.

— Tu me connais donc ? Attends un peu... Non, je ne vois pas. Tu m'offres un verre ?

— Bien sûr. Tu vas sourire, mais moi je ne t'ai pas oubliée. Je suis un ami de Bébert, nous étions venus un soir, il y a de cela quatre ans, au *Honda Bar*. J'étais monté avec toi... Je n'ai pas oublié... Ce jour-là, tu t'es offert un puceau, dis-je en lui faisant mon plus beau sourire.

— Ne me dis pas que le petit gars au poing américain c'est toi. Merde, t'as changé. T'es beau gosse, maintenant. Tu parles que je me souviens, on en a assez ri avec mon amie Carmen quand je lui ai raconté la scène. Ne te fâche pas, mais tu étais plutôt marrant ! Si tu veux, je suis libre ce soir...

— On verra... Tu regardes mon alliance ? Eh oui, j' suis marié... enfin si l'on peut dire...

Nous bûmes plusieurs verres. L'alcool aidant, je me confiai à Sarah, qui m'écouta, compatissante.

— Mais tu es complètement con d'avoir épousé cette gonzesse ! C'est pas Dieu possible, à ton âge, Jacques ! Tu vas gâcher ta vie, avec cette noiraude.

— Pourquoi, t'es raciste ?

— Mais tu me dis que tu l'as épousée pour sa beauté. Si on devait épouser toutes les filles qui ont un beau cul, nous les putes serions au chômage.

Elle me faisait sourire et en était heureuse.

— Sais-tu ce que nous allons faire ? Je monte avec toi, on passe la nuit ensemble... Non, gratis ! En souvenir de mon petit puceau. C'est d'accord ?

— Tu parles si c'est d'accord !

Cette nuit me fit oublier mes soucis, tout en me démontrant qu'auprès d'une petite pute je trouvais plus de richesses de cœur qu'auprès de ma propre femme. Sarah me donna des conseils, m'expliqua l'état d'esprit de certaines femmes, me fit profiter de sa grande expérience de la vie. Au matin, c'est un peu plus que l'amour que nous avions fait. Nous étions devenus de véritables amis, car de son côté elle s'était laissée aller à la confidence et je savais qu'elle avait été sincère. Elle me proposa de venir la voir de temps en temps si j'avais des ennuis avec Lydia. C'est ce que je fis jusqu'à mon départ pour l'armée.

J'avais vingt ans. La guerre d'Algérie battait son plein. Je reçus mon appel sous les drapeaux avec soulagement. Je ne pouvais plus supporter Lydia. J'avais l'intention de demander le divorce. La vie n'était plus tenable ensemble. J'avais sûrement autant de torts qu'elle, mais je ne voulais pas le reconnaître. Nous nous faisions des reproches mutuels et très souvent je concluais la discussion par une paire de gifles. Elle ne voulait malgré tout rien savoir d'une séparation. Le jour de mon départ, en larmes elle me jura qu'elle me serait fidèle tout au long de mon absence et qu'avec le temps tout pouvait reprendre sa place. Je ne la contredis même pas. Je ne l'aimais plus et ce qu'elle pouvait faire pendant mon absence me laissait totalement indifférent. Qu'elle l'accepte ou non, j'allais demander le divorce.

J'espérais beaucoup de mon service militaire. Je savais que la discipline y était absolue et que j'avais intérêt à changer mon caractère si je ne voulais pas avoir de sérieux ennuis. Je fus affecté à une compagnie du matériel et pris la décision de suivre le stage pour devenir sous-officier. Mais, tout au long de cette période, je ne fis que répondre à mes supérieurs sur un ton qui me valut à plusieurs reprises des stages à la prison du camp. Je décidai de faire ma demande pour partir en Algérie. Mon commandant de compagnie me donna raison.

— Là-bas, vous aurez l'occasion de faire vos preuves. J'ai remarqué que vous aimiez les armes ! Faites attention, mon garçon, la guerre n'est pas un jeu ! Bonne chance et faites en sorte de bien vous conduire. Je pense sincèrement que vous êtes courageux, mais votre révolte intérieure fait de vous un homme agressif. Les combats changeront tout ça, soyez-en certain. C'est dans le sang et dans la boue que l'on connaît sa vraie valeur de militaire et d'homme.

Avant mon départ, je revis une dernière fois Lydia. Ce fut réellement la dernière, car mon divorce fut prononcé un an plus tard. Elle chercha à m'écrire, jamais je ne lus ses lettres. Pour moi, elle n'avait jamais existé. Le petit fut confié à ses grands-parents maternels et disparut de mon souvenir comme s'il n'était jamais né.

En Algérie, ce n'était pas un vrai climat de guerre, mais plutôt d'insécurité, provoqué par les attentats terroristes du FLN. Bien sûr, il y avait parfois des combats sanglants déclenchés par des groupes organisés et bien armés. Mais militairement nous étions supérieurs par le nombre et les moyens matériels. Nous nous battions pour conserver cette terre à la France. Ceux que nous appelions les rebelles luttaient pour obtenir leur indépendance et reconquérir ce que mes ancêtres leur avaient pris un siècle plus tôt. J'allais donc participer à une guerre absurde avec la certitude que ce ne sont jamais ceux qui la déclenchent qui la font. Je ne faisais pas de politique et le problème algérien m'était en partie inconnu. Dans cette guerre je ne voyais qu'un terrain d'action pour mon goût du risque et de l'aventure. L'entraînement au combat, les marches forcées, le tir aux armes automatiques répondaient bien à mon caractère. Je me sentais bien dans ma peau.

Nous n'étions pas une unité opérationnelle. Notre mission était de transporter du matériel d'un endroit à un autre. Notre principal risque était de tomber dans une embuscade. Mais notre commandant de compagnie, qui était un vieux baroudeur, décida de créer deux groupes de combat. Je fus tout de suite volontaire. Dans ma compagnie, j'avais fait la connaissance de trois copains. Tout au long de ces deux années, nous allions devenir inséparables. Il y avait Herard le Lyonnais, toujours prêt à la bagarre, joueur de poker et bon buveur ; Charlie, dit le beau Charles comme l'appelaient ses petites amies, et Dédé les dents blanches avec sa gueule de play-boy et son sourire pour réclame de dentifrice. Notre camp était situé à quarante kilomètres de la ville de Bône qui est en bordure de mer et très proche de la frontière tunisienne. Nous passions de bons moments pendant nos permissions. Nous partagions tout, celui qui s'attaquait à l'un d'entre nous s'attaquait à la bande. Comme les trois mousquetaires, nous étions quatre ; et comme eux nous aimions le bon vin, les filles et la bagarre. Cela nous valut à plusieurs reprises de sérieux ennuis avec la police militaire.

Notre commandant de compagnie était un type formidable, nous l'estimions pour sa droiture. Il était très proche de ses hommes qu'il dirigeait avec fermeté mais sans injustice. C'est pour cela qu'il n'eut aucun problème quand il demanda des volontaires. Mes trois amis firent comme moi. Nous participâmes donc aux opérations de combat, toujours inséparables, en faisant le vœu que pas un seul d'entre nous n'y laisse sa peau. Patrouilles, embuscades, sorties de jour pour des ratissages m'apprirent très vite que la guerre n'avait pas la noblesse des sujets de films que j'avais vus. À l'école de la souffrance, j'appris à deve-nir un homme. Je fis connaissance avec la peur que l'on sur-monte parce qu'il le faut pour soi-même et pour les autres. J'appris qu'un homme pleure la mort de son ami et que sa souf-france le poussera à haïr son ennemi au point de tuer pour le simple plaisir de le faire. J'appris à ne plus respecter la vie en contemplant de trop près la mort. Petit à petit, je me durcis intérieurement, mon sourire avait fait place à un rictus. Mon regard n'était plus le même, une certaine lassitude y était entrée. Devant une exécution, je restais indifférent. Pendant plus d'un mois j'avais été muté à la police militaire de Bône. Dans la cave, des suspects y subissaient des interrogatoires. Je vis ces hommes se faire torturer, gueuler leur haine pour la France, certains préfé-rant crever sur place que de parler. J'avais enterré dans le fond de mon cœur tout sentiment humain. Plusieurs types que je connaissais avaient perdu la vie dans des embuscades ; je haïssais les Algériens pour ce seul motif, une haine irréfléchie qui me faisait les mettre tous dans le même sac.

Il fallut qu'un enfant qui devait avoir huit ans me fasse une réflexion au moment où j'emmenais son père pour que je comprenne que c'était l'uniforme qui changeait l'homme et lui donnait le droit légal de tuer sans sanction possible. Cela se passa lors d'un ratissage au lac Fedza. Avec mon petit groupe nous avions découvert deux hommes et un enfant cachés dans un bosquet. Pas d'armes sur eux, peut-être les avaient-ils planquées. D'autres groupes avaient accroché, nous entendions les détona-tions au loin. Nous avions attaché les mains des deux hommes derrière leur dos ; seul l'enfant restait libre de ses mouvements. Nous fîmes une halte pour nous reposer. C'est à ce moment que le môme s'approcha de moi avec son regard perdu, les yeux remplis de larmes. Je ressentis sa souffrance de façon intense, comme si j'étais à sa place.

— Dis, monsieur, vous allez pas nous faire du mal, hein ? Tu vas pas m'enlever mon papa... On n'a rien fait de mal, nous. Dis pourquoi tu nous fais ça ?

Ce môme, par ses paroles, me ramena quinze ans en arrière. Une autre guerre, d'autres soldats, un autre enfant demandant dans une cour de ferme à un officier allemand de lui rendre son père. Il ressentait ce que moi j'avais ressenti. Aujourd'hui, c'était moi l'Allemand. Ma main caressa ses cheveux noirs et bouclés. Je sortis mon poignard de combat ; il se méprit sur mon intention et poussa un cri de peur étouffé par ses sanglots.

— Ne crains rien, petit.

Puis, m'avançant vers les deux hommes, je me mis à couper leurs liens. Le sergent me demanda ce que je faisais.

— Je les libère ; à quoi cela va-t-il nous servir de les emmener ? Dans le fond, on n'a rien contre eux. Tu sais aussi bien que moi où ils iront après. Nous, on n'en a rien à foutre de ces deux-là. Je fais ça pour le môme, ne cherche pas à comprendre.

Puis, me retournant vers mes copains :

— Quelqu'un est contre ?

Mes amis me firent signe qu'ils s'en foutaient totalement. Mais le sergent s'avança vers moi.

— Un instant ! Pas si vite. Ces deux-là sont des suspects, nous devons les remettre aux autorités militaires. Pas question de les laisser partir.

Je lui lançai un regard de défi.

— Qui va nous en empêcher ? toi, Ducon ? Tu sais aussi bien que moi que le fait que nous les ramenions ou pas n'a aucune importance puisque le QG ne sait même pas que nous les avons en mains. De plus, fais l'essai de m'en empêcher, dis-je en mettant la main sur mon pistolet. Non seulement ils vont partir mais tu fermeras ta gueule, sergent, car tu viens souvent en opération avec nous..., il serait stupide qu'il t'arrive un accident sur le chemin du retour.

— Bon, ne te fâche pas pour ça, Jacques, je disais ça sans penser à mal. Si tu veux qu'ils partent, d'accord, d'accord.

M'adressant aux deux Arabes, qui me regardaient, l'air hébété :

— Le sergent dit que vous êtes libres, alors foutez le camp avec le môme. Mais dans cette direction, dis-je en montrant le nord, car de l'autre côté ça chauffe.

Le plus vieux d'entre eux me fixa fièrement. Je lisais toute sa reconnaissance dans son regard.

Il ne me dit pourtant qu'un seul mot :

— Pourquoi ?

— Pour moi ; allez, partez maintenant et ne crois pas que l'on va vous tirer dans le dos. Tu peux me faire confiance, tu es libre.

Ils s'éloignèrent ; pendant longtemps je les suivis à la jumelle et ils disparurent de ma vue. Cette histoire resta entre nous ; même mes amis ne me demandèrent jamais pourquoi j'avais fait ce geste. Et tout continua comme avant. Je ne fus ni plus héroïque ni plus brave que les autres. Je fis seulement ce que j'avais à faire au moment où on me demandait de le faire. Un jour, le commandant me posa une question :

— Dis-moi, Mesrine, pourquoi te portes-tu volontaire pour toutes les opérations ?

— Je pourrais vous répondre pourquoi pas ! Non, ce n'est pas parce que je suis séparé de ma femme. Je ne cherche pas la mort par désespoir amoureux. Il y a longtemps qu'elle ne compte plus pour moi. Mais j'ai toujours pensé que je ferais face devant le danger. Je cherche peut-être à me le prouver. J'ai été un mauvais fils pour mes parents, un mauvais élève pour mes professeurs, un mauvais mari pour ma femme. Pour une fois que je fais quelque chose de valable, ne me demandez pas pourquoi ! Car je crois que je le fais pour moi-même.

— Pourquoi ne ferais-tu pas carrière dans l'armée ?

— Vous savez tout comme moi que je suis indiscipliné, je n'aime pas l'armée. Ce que j'aime, c'est l'action. J'aime risquer ma peau, cela lui donne une certaine valeur. Je sais que vous allez penser que je suis dingue ; mais le danger me grise. Contrôler sa peur pour remplir sa mission, c'est peut-être ça, être un homme ! Je sais aussi que mon père, pour la première fois, est fier de moi. Ce simple fait vaut tous les risques que j'ai pris.

— Sais-tu que je t'ai proposé pour une citation et une décoration de la valeur militaire ?

— Ah ! bon, non je ne le savais pas. Mais je ne me suis pas porté volontaire pour récolter une médaille, vous le savez, commandant. Très bientôt je vais reprendre la vie civile, sincèrement j'ai peur de ne plus pouvoir me réadapter. Vous savez que je suis un dingue des armes à feu. C'est une passion pour moi, l'odeur de la poudre me grise, une arme dans la main m'a toujours provoqué une agréable sensation. Vous pouvez sourire, mais si je suis devenu un bon soldat ce n'est pas par patriotisme, mais seulement par goût de la bagarre. J'ai vu mourir trop d'hommes pour croire à une cause juste dans le fait de leur mort. Ce qui est grave pour moi, c'est que maintenant la vie des autres tout comme la mienne n'a pas d'importance.

— Ne parle pas comme cela, mon garçon. Un homme qui meurt, c'est une mère qui pleure, une femme qui souffre et souvent un enfant qui ne reverra jamais son père. Ne perds jamais le respect de la vie, mon garçon, car tu te perdrais toi-même. Travaille sérieusement à ton retour à la vie civile. Car si tu gardes les mêmes idées tu tourneras très mal, tu peux en être certain, c'est la route directe pour la prison. Ne fais pas ta guerre personnelle en te cherchant des excuses pour la faire.

J'allais enfin retrouver ma famille. De 1957 à avril 1959, je n'étais venu qu'une seule fois en permission. J'avais évité de parler de ce que je faisais ; pour mes parents, j'étais tranquillement installé dans un bureau. Jamais je ne leur avais dit que je combattais. Je préférais leur éviter ce souci. Mais quand le 10 avril 1959 mon père, qui était venu m'attendre à la gare, regarda mes décorations, je lus de la fierté dans son regard.

— Mais tu es décoré ! me dit-il.

— Oui. Ça te fait plaisir, papa ?

— Énormément... Ta mère aussi va être fière de toi. Je t'ai trouvé un emploi. Tu vas d'abord prendre des vacances pour te remettre, et après : au boulot, et cette fois plus de conneries. Tu es un homme maintenant, tu l'as prouvé, dit-il en regardant encore une fois ma poitrine.

Il ne savait pas encore que ma vie criminelle allait commencer pour ne plus jamais s'arrêter. Ce fut pour lui la seule et unique fois où il put être fier de moi. Après vingt-huit mois de guerre, je retrouvai enfin ma ville avec ses lumières, son odeur et ses bruits. L'armée m'avait transformé. Physiquement, j'avais pris du muscle et mon 1,80 mètre pour 80 kg me donnait une certaine assurance auprès des femmes. Côté moral, mon psychisme en avait pris un coup. Je dormais mal la nuit, me réveillant en sursaut. J'étais devenu très agressif et violent. Je me sentais étranger chez moi. Ceux qui me parlaient de la guerre d'Algérie m'énervaient avec leurs phrases toutes faites et leurs fausses idées du problème. J'avais du mal à oublier ce que j'avais vu, mais l'action me manquait. J'avais ramené un pistolet automatique de calibre 45, souvenir pris sur le cadavre d'un combattant du FLN. Je l'avais passé en fraude. Très souvent je sortais cette arme pour la nettoyer, je la contemplais et les plus folles idées me passaient par la tête.

Comme j'étais rentré sans un franc en poche, c'est mon père qui me donna de quoi partir en vacances. Je passai plusieurs semaines sur la Côte d'Azur. Au retour, il me fallait penser à travailler. Ce ne fut pas de gaieté de cœur que j'acceptai une place de représentant dans une maison de dentelles de luxe. Je devais visiter les grandes maisons de couture pour leur présenter la collection. Ce métier touchait de très près celui de mon père. J'aurais aimé travailler avec lui. Mais il me tenait à l'écart de sa propre société et comme par le passé me faisait travailler chez les autres. J'en ressentis une certaine amertume et compris que de ce côté-là rien n'était changé. Je n'aimais pas le métier que je faisais. Je n'aimais pas recevoir des ordres de mon patron, en un mot je n'aimais pas les contraintes. Le climat entre lui et moi était tenu. Sa face rubiconde, ses manières obséquieuses me le rendaient antipathique. J'avais une folle envie de lui mettre mon poing sur la gueule. À plusieurs reprises nous avions eu des discussions. Il est vrai que je n'en faisais pas lourd dans mon travail, mais suffisamment pour le prix que j'étais payé. Du moins c'était mon avis.

Je sortais très souvent la nuit. J'avais revu Sarah. Elle m'avait trouvé changé. Plus homme. Mais aussi plus irritable. Je changeais très régulièrement de maîtresses, ne voulant m'attacher à aucune. Je laissais tout sentiment de côté, ne pensant qu'au plaisir qu'elles pouvaient me donner. J'avais pourtant rencontré une chic môme qui ne demandait qu'à partager sa vie avec moi. Dès l'instant où elle m'avait parlé mariage, j'avais rompu. J'avais fait une expérience à ce sujet et je n'avais pas l'intention de refaire la même connerie. Et puis, un jour, je me mis à jouer aux courses de chevaux. Pour mon malheur, il fallut que je gagne sur mes premiers paris. J'en pris donc l'habitude, la chance tourna et très souvent ma paie était déjà dépensée bien avant que je l'aie gagnée. J'empruntais de l'argent à mes collègues. Le temps arriva où j'eus du mal à rembourser. Depuis mon retour je vivais chez mes parents. Les disputes avec ma mère éclataient très souvent. Lors de l'une d'entre elles, mes paroles à l'encontre de ma mère lui firent mal. Il ne me restait plus qu'à partir ; c'est ce que je fis. Je n'avais presque pas d'argent en poche, juste quelques vêtements et mon inséparable pistolet automatique. Mon avenir était des plus noirs. J'étais déprimé avec malgré tout une rage de vivre dans le fond de moi-même. Cette violence intérieure me faisait envisager les solutions extrêmes pour me sortir de ma minable condition de vie.

J'avais pris l'habitude de regarder autour de moi, d'observer ceux que je côtoyais dans la rue, dans le métro, au petit restaurant où je prenais mes repas du midi. Qu'avais-je vu ? Des gueules tristes, des regards fatigués, des individus usés par un travail mal payé, mais bien obligés de le faire pour survivre, ne pouvant s'offrir que le strict minimum. Des êtres condamnés à la médiocrité perpétuelle ; des êtres semblables par leur habillement et leurs problèmes financiers de fin de mois. Des êtres incapables de satisfaire leurs moindres désirs, condamnés à être des rêveurs permanents devant les vitrines de luxe et les agences de voyages. Des estomacs, clients attitrés du plat du jour et du petit verre de vin rouge ordinaire. Des êtres connaissant leur avenir puisque n'en ayant pas. Des robots exploités et fichés, respectueux des lois plus par peur que par honnêteté morale. Des soumis, des vaincus, des esclaves du réveille-matin. J'en faisais partie par obligation, mais je me sentais étranger à ces gens-là. Je n'acceptais pas. Je ne voulais pas que ma vie soit réglée d'avance ou décidée par d'autres. Si à six heures du matin j'avais envie de faire l'amour, je voulais prendre le temps de le faire sans regarder ma montre. Je voulais vivre sans heure, considérant que la première contrainte de l'homme a vu le jour à l'instant où il s'est mis à calculer le temps. Toutes les phrases usuelles de la vie courante me résonnaient dans la tête... Pas le temps de... ! Arriver à temps... ! Gagner du temps... ! Perdre son temps... ! Moi, je voulais « avoir le temps de vivre » et la seule façon d'y arriver était de ne pas en être l'esclave. Je savais l'irrationalisme de ma théorie, qui était inapplicable pour fonder une société. Mais qu'était-elle, cette société, avec ses beaux principes et ses lois ?

À vingt ans, elle m'avait envoyé faire sa guerre au nom des libertés, oubliant seulement de me dire que par mon action j'entravais celle des autres. Au nom de quoi m'avait-elle donné le droit de tuer des hommes que je ne connaissais même pas et qui en d'autres circonstances auraient peut-être pu devenir mes amis ? Cette société s'était servie de moi comme d'un pion ; profitant de ma jeunesse et de mon inexpérience. Elle n'avait créé qu'un faux idéal au nom de l'« honneur-patrie »... Elle s'était servie de ma violence intérieure et l'avait exploitée pour faire de moi un bon soldat, un bon tueur. Je la voyais, cette même société, indifférente à la mort des jeunes gars qui se faisaient tuer au nom de la patrie. Elle bouffait, rotait, baisait et dormait en toute quiétude. Sa guerre était loin, elle s'en foutait tant que l'éclaboussure ne la touchait pas de trop près. Qu'un homme meure pour défendre sa patrie contre l'envahisseur, j'arrivais à l'admettre, mais qu'un gouvernement laisse crever sa jeunesse

pour une guerre coloniale, tout en sachant l'inutilité de ce sacrifice, ça je n'arrivais pas à l'accepter et l'idée d'y penser m'était
devenue insupportable. La société m'avait fait cocu en me faisant
risquer ma peau pour une fausse cause. Elle m'avait rendu à la
vie civile sans se soucier des séquelles que cette guerre avait laissées dans mon psychisme. J'allais donc m'attaquer à elle et lui
faire payer le prix de ce qu'elle avait détruit en moi. Je savais
qu'en refusant ses lois, en refusant de suivre le troupeau, j'allais
tôt ou tard le payer très cher. Pourtant, froidement, connaissant tous les risques que pouvait m'apporter une vie marginale,
j'acceptais à l'avance d'en payer le prix. Je me suicidais socialement. Peut-être que mon idée du bonheur était fausse. J'ignorais
que l'homme qui gagne peu est heureux d'avoir gagné ce peu
par son travail ; qu'il n'est pas nécessaire d'avoir de l'argent pour
être riche ; que le fait de ne pas avoir le temps donne encore
plus de sel à la vie quand on peut profiter d'un moment de
loisir ; que fonder un foyer et voir vivre les enfants que l'on a
fécondés est la base d'un vrai et sain bonheur ; que l'héroïsme,
c'est peut-être justement de faire face à la vie et à ses problèmes.
Tout cela je ne le ressentais pas. Je savais que par mon travail je
resterais toujours un médiocre, un anonyme. Je ne croyais plus
en l'amour pour en avoir goûté le fruit trop tôt ; je l'avais cueilli
avant qu'il soit mûr et son goût amer m'était resté. Peut-être
que je me cherchais bon nombre d'excuses pour motiver ce que
j'allais faire. En réalité, j'étais un inadapté social, un peu fai-
néant, joueur, buveur, aimant le risque et les filles, un être attiré
par la vie nocturne, les bars louches et les putes. Je voulais tout
mais en repoussant le travail comme une maladie honteuse.
Toute ma jeunesse avait été conditionnée par les films de gangsters que j'avais vus. Je suis certain qu'à cette époque, si on
m'avait demandé : « Que veux-tu faire, plus tard, mon petit ? »
j'aurais répondu « truand » comme d'autres auraient dit « pom-
pier, avocat ou médecin ». Oui, à l'âge de vingt-trois ans, j'allais
faire du crime une profession. Je le savais, pour l'avoir décidé.
Et c'est sur le chemin qui me menait chez mes copains que cette

décision m'apparut comme immuable. Cette détermination allait me conduire au sommet et faire de moi « l'ennemi public numéro un » de deux pays : la France et le Canada.

J'allais devenir un tueur. Un de ces fauves criminels qui suppriment de sang-froid un être fait de chair et de sang, sans en ressentir le moindre sentiment de culpabilité. Ces hommes que j'allais tuer le seraient pour des raisons d'honneur, d'intérêt ou plus simplement pour défendre ma vie. Et même si jamais mon arme n'a craché la mort à un innocent, avais-je le droit de décider qui devait vivre ou qui devait mourir ? Le seul crime que je ne me suis jamais pardonné a été celui de ce petit oiseau aux reflets bleus que j'avais abattu dans notre jardin à l'âge de treize ans. Car je l'avais tué par bêtise, lui qui n'avait commis pour seule faute que de me bercer de son chant. C'est le seul remords que j'aie connu, aussi abominable que cela puisse paraître.

En montant l'escalier qui me conduisait au studio de mes amis, j'étais loin d'imaginer jusqu'où mon premier geste allait me conduire. Si je l'avais su, aurais-je fait demi-tour pour me sauver de moi-même ? Sincèrement je ne le crois pas. Je n'avais pas les qualités morales d'honnêteté pour admettre mon erreur. Je ne pouvais tricher avec moi-même, je me connaissais ; la seule chose que j'ignorais était ma limite. L'avenir allait me prouver que je n'en avais pas.

La porte s'ouvrit en réponse à mon coup de sonnette.

— Salut, les artistes ! dis-je.

— Tiens, Jacques ! Qu'est-ce qui t'amène ?

— Je me suis fait la malle de chez mes vieux. J'en avais ras le bol. Je viens vivre chez vous, si vous me faites une place ?

— Tu parles que oui ! Ici, t'es chez toi.

C'est devant une bouteille de cognac que Paul, Jean-Pierre et moi-même passâmes une bonne partie de la nuit à cracher sur la société, à refaire le monde et le reste. Je leur expliquai que pour moi le travail était définitivement terminé, que je sautais le pas. Paul était au chômage. Il était partant pour me suivre, n'ayant pas plus de sens moral que j'en avais moi-même. Il ne fut pas difficile à convaincre. De plus, il m'aurait suivi en enfer si je le lui avais demandé. Jean-Pierre, lui, était réticent :

— Tu sais, moi, je ne marche pas, j'aurais bien trop peur de me faire prendre. Mais faites ce que vous voulez tous les deux. Tu es ici chez toi, tant que tu ne me demandes pas de planquer trois cadavres sous mon lit.

Je regardai Paul bien dans les yeux.

— Alors, tu marches ? Donc, en avant pour la cambriole ! On s'y met dès demain après-midi si tu le veux. Je suis fauché et j'ai envie de me remplir les poches.

— D'accord ! J'ai autant besoin de fric que toi. Mais une chose, Jacques, pas d'arme pendant le travail, c'est ma seule condition.

— C'est aussi mon avis. Pas besoin d'un calibre pour vider un appartement.

Nous nous endormîmes sur cette décision. Je fus réveillé par Jean-Pierre qui partait à son travail. Il me proposa un café.

— Tu ne trouves pas stupide d'aller bosser pour gagner des mégots ! Tu n'as pas changé d'avis ? dis-je.

— Non, mon vieux. Libre à toi de suivre ta route, mais je n'en suis pas. Et puis qui vous enverra des colis le jour où vous irez en taule ? dit-il en souriant.

Avec Paul nous achetâmes deux pinces-monseigneur et un gros tournevis. Nous mangeâmes dans un bistrot en forçant un peu sur l'alcool, peut-être pour nous décontracter – mais un premier casse, c'est un peu comme la première fille, on sait ce qu'il faudra faire mais on ne sait pas si on le fera bien.

Nous avions décidé de frapper au hasard en choisissant les beaux quartiers de Paris. Nous étions habillés très convenablement et rien dans notre allure ne pouvait laisser soupçonner nos intentions. J'avais poussé la mise en scène jusqu'à acheter un énorme bouquet de fleurs chez un fleuriste. Si on nous surprenait dans l'escalier d'un immeuble, on pourrait plus facilement faire croire que nous avions un motif pour nous trouver dans l'escalier. Nous considérions les concierges comme nos principales adversaires. J'avais relevé plusieurs adresses et numéros de téléphone. Si personne ne répondait à ma communication, il nous suffisait de monter, trouver la porte et faire sauter les serrures. Notre choix se porta sur un boucher. Il ne pouvait pas être en même temps chez lui et à son magasin. Personne ne répondit au téléphone. Nous nous dirigeâmes vers l'immeuble et c'est sans aucune difficulté que nous passâmes devant la concierge. Elle ne nous vit même pas monter.

Paul et moi-même étions relaxes ; nulle peur ne nous tourmentait pour l'instant.

— Écoute, planque-toi ; je vais frapper chez quelqu'un au hasard pour connaître l'étage de notre client.

C'est une vieille femme qui me répondit. Mais oui, je m'étais trompé d'étage, voyons ! M. Morel, le boucher, c'était au quatrième gauche. Après m'être excusé et l'avoir remerciée, fort de ce renseignement, j'atteignis le quatrième avec Paul.

L'oreille collée à la porte, je ne perçus aucun bruit.

L'étage comportait deux portes. Nous décidâmes de sonner à celle qui faisait face au boucher. Nous nous sentions incapables de fracturer une porte si les proches voisins étaient là. Pas de réponse. Même chose pour le boucher. Rien, le silence le plus complet.

— Allez, fils, à nous le travail, passe les pinces !

La porte, sous la pression exercée, ne résista pas longtemps. Mais le bruit qu'elle fit en lâchant me sembla capable d'ameuter l'immeuble entier. Après un instant d'attente où notre cœur battait à éclater, nous constatâmes qu'aucune réaction des étages environnants ne s'était produite. En entrant dans l'appartement, nous comprîmes que nous avions visé gros pour notre première affaire. Le hasard allait peut-être bien faire les choses. Exaltés par notre réussite, nous vidâmes et fouillâmes toutes les pièces sans aucune précaution pour le bruit que nous faisions. Je n'avais pu retenir un « merde » d'émotion en découvrant plusieurs liasses de billets et des bijoux de valeur dans le tiroir du meuble d'une des chambres. Paul, de son côté, avait fait main basse sur plusieurs objets qu'il avait entassés dans une valise trouvée sur place. Nous étions restés une bonne demi-heure à tout visiter. Nous ne pouvions tout emporter.

— Bon, on se tire ! La récolte est bonne ! Tu descends le premier avec ta valise et le bouquet de fleurs. Je te suis de quelques mètres. Si la concierge t'accoste, tu lui réponds que tu venais voir ton cousin le boucher ; et que tu repasseras puisqu'il n'y a personne. Elle te prendra pour quelqu'un de la famille.

— Tu vois le coup qu'elle me demande de laisser ma valise ? dit Paul en rigolant.

— Allez, fils, foutons le camp.

Tout se passa parfaitement bien. Rendus au studio, nous fîmes l'inventaire de notre butin. Pour un coup d'essai, la chance avait été avec nous. Nous avions raflé plus de deux millions (4 000 dollars), plus des bijoux, quelques pièces en or et des statuettes, sans compter plusieurs bibelots dont nous ignorions la valeur.

Paul, les yeux brillants de satisfaction, ne put retenir sa joie :

— Regarde-moi tout ce fric ! Tu te rends compte qu'il y en a plus que j'en gagnerais en trois ans de travail ?

— Et là il nous a fallu trente minutes pour que tout soit à nous, dis-je. Tu vois que j'avais raison. La solution est là. Il suffisait d'oser le faire. Nous avons osé et en sommes récompensés. Bon, on fait le partage. Pour les bijoux et les bibelots, on cherchera un « refourgue ».

Le soir venu, Jean-Pierre fut le premier à regretter de ne pas nous avoir suivis. Nous décidâmes de fêter notre réussite et c'est dans un bon restaurant que nous nous dirigeâmes. Pendant que mes amis finissaient de dîner, le verre de fine Napoléon dans une main et le cigare présidentiel dans l'autre, je téléphonai à Sarah.

— Allô, c'est toi, jolie gosse ?

— Qui parle ?

— Qui veux-tu que ce soit... Ton héros, belle enfant, dis-je en éclatant de rire. Ce soir, je t'invite et te déclare au chômage ! J'arrive avec deux amis. Fais mettre le champagne au frais.

— Jacques chéri... Mais qu'as-tu ? Tu as bu, mon grand !

— Oui, ma jolie ! Je fête mon anniversaire et je vais me saouler la gueule en ta compagnie... et après cela te faire subir les derniers outrages...

— Oui, pas de doute, t'es fou, mon chéri ! Mais ce n'est pas ton anniversaire.

— Si, ma belle. J'ai un jour, car je suis né aujourd'hui et...

— Mais tu es complètement bourré. Bon, arrive au bar, je t'attends.

Nous arrivâmes tous les trois. Les filles nous firent un accueil amical et s'accaparèrent mes deux amis. Sarah s'assit avec moi devant une table qui était un peu à l'écart. Je commandai le champagne pour nous deux. Mes amis avaient fait la même chose au bar et semblaient bien s'amuser.

Sarah me regarda, tout étonnée ; elle savait que je n'avais pas les moyens d'un tel luxe, m'ayant toujours connu fauché.

— Tu as gagné le gros lot ou fait un héritage ? ironisa-t-elle.

Rapprochant mes lèvres de son oreille, tout en caressant sa nuque, je lui dis :

— Mieux que cela, petite fille. Je suis allé le chercher, le gros lot.

Sur le coup, elle fit semblant de ne pas comprendre, puis hocha la tête d'un air mutin mi-comique, un sourire espiègle au bout des lèvres.

— T'as pas fait ça ?

Puis, me regardant :

— Mais si, il a fait ça !

— Eh oui, ma belle... J'ai violé mon premier domicile d'un bourgeois et j'y ai pris mon pied. Ce soir, on passe la nuit ensemble... Tu seras mon repos du guerrier, dis-je en éclatant de rire.

66

Mes amis, de leur côté, avaient l'air de s'amuser. Je leur fis signe de me rejoindre. Les présentations furent inutiles, les deux filles me connaissaient pour m'avoir déjà vu avec Sarah. Nous passâmes trois bonnes heures à boire, à la grande satisfaction du patron, qui malgré tout commençait à se faire du souci quant au total de l'addition. Son sourire lui revint au moment où il me vit la payer sans sourciller. Sarah et moi quittâmes le bar. Arrivés dans notre chambre d'hôtel, elle me sauta au cou ; ses lèvres s'unirent aux miennes dans un baiser fougueux que je ne lui connaissais pas.

— Merci, chéri, d'avoir pensé à moi pour ta première soirée de voyou. Je compte donc pour toi ?

— Je t'aime bien, tu as toujours été chic avec moi. Et puis ce soir c'était important de t'avoir près de moi ; c'est tout.

Nous fîmes l'amour et Sarah, qui appartenait à tout le monde, fut réellement mienne pendant cette nuit-là. Je sentais qu'elle s'était donnée comme une femme amoureuse et non comme une pute. Le corps en sueur et apaisé, sa tête posée sur mon épaule, elle me dit :

— Sais-tu que moi je t'aime, chéri ? C'est quand même extra-ordinaire ; il y a sept ans de cela, un petit puceau voulant jouer les durs se paie sa première pute ; et là, aujourd'hui, le même devenu homme et vrai dur est encore dans mon lit... Pourquoi, Jacques ?

— Je suis pas dans ton lit, ma belle, c'est toi qui es dans le mien, dis-je en lui adressant un sourire moqueur.

— Ne plaisante pas, chéri, écoute-moi ! Tu sais que mon homme est en prison depuis deux ans. Lui et moi ça ne marchait plus très bien, mais je l'assiste en lui envoyant des mandats. Si tu le veux, je peux être libre. Je paierai l'amende et je travaillerai pour toi. Tu n'auras pas besoin de te mouiller et de prendre des risques pour aller chercher ton fric. Je gagne beaucoup d'argent. Viens vivre avec moi, chéri. Je ne veux pas que tu te retrouves en prison et c'est ce qui arrivera si tu continues.

Je ressentis son invitation comme une insulte.

— Tu me prends pour quoi ? Pour un julot ? Toi, tu irais te faire baiser. Moi, je n'aurais qu'à tendre la main pour encaisser le fric que tu gagnes avec ton cul. Je ne mange pas à la gamelle populaire, Sarah. Je t'aime bien, tu le sais. Tu es mon amie. Mais jamais je n'accepterai d'argent d'une femme. Tu peux en rire si tu veux, mais je suis assez grand pour aller chercher ma monnaie sans l'aide de personne. Les julots me donnent envie de dégueuler... Ne me reparle jamais de cela, car pour moi tu es l'amie, la copine. J'aime te faire l'amour. Ton boulot je m'en fous dans la mesure où tu as ta vie et moi la mienne. Je t'aime bien, mais ce n'est pas de l'amour et tu le sais.

Elle avait les larmes aux yeux et cela m'attrista.

— Ne pleure pas, fillette ; je suis franc, ne me le reproche pas. Si tu veux, nous allons partir quelques jours sur la Côte ; mais pour le reste laisse tes projets de côté, OK ?

Elle renifla ses larmes.

— Tu as raison. Je suis stupide. Excuse-moi, je n'ai pas voulu te fâcher. Tu me pardonnes, dis ?

— Je n'ai rien à te pardonner, Sarah. Nous sommes bien comme nous sommes, rien ne doit changer. J'ai l'intention de prendre beaucoup de fric et si je dois aller en taule un jour je m'en fous. Allez, viens, oublions tout cela.

Elle se blottit contre moi. Je la sentais fragile sous son apparence de femme sûre d'elle. Nous repartîmes dans un tourbillon de plaisir jusqu'au matin. Nous passâmes quelques jours au bord de la mer. Je l'avais emmenée au casino, j'y avais perdu une assez grosse somme d'argent ; mais peu m'importait. À dater de ce jour, les problèmes d'argent n'avaient plus aucune importance. De retour à Paris, elle me remercia pour tout et partit tristement en me disant : « À bientôt, chéri. » Nous avions chacun notre route à suivre et elle le savait bien. Nous pouvions croiser nos chemins, mais il nous était impossible de marcher ensemble.

De retour au studio, Paul fut fou de joie de me revoir.

— Eh bien ! Tu te la fais belle. Faudrait peut-être penser au travail ?

— Que crois-tu ! Je ne pense qu'à cela. De plus, l'argent file vite. On remet ça ces jours-ci, d'accord ?

Il approuva.

Pendant plus de six mois nous écumâmes les appartements parisiens, fracturant les portes d'une façon si naturelle que nous en étions venus à ne prendre plus aucune précaution. Nous avions acheté du bon matériel car nous envisagions de grimper dans la hiérarchie en nous attaquant à des coffres-forts. Nous avions récolté bon nombre de bijoux et bibelots au cours de nos expéditions. Notre studio ressemblait à la grotte d'Ali-Baba. Nous avions trouvé plusieurs armes à feu, allant du pistolet au fusil de chasse. J'avais loué un bel appartement où je vivais seul. Je ne m'étais pas acheté de voiture, préférant la louer. Vis-à-vis de mes parents, je croyais que mon aisance monétaire allait être une revanche. Au volant d'une superbe Impala et en galante compagnie, mon père me vit arriver un dimanche dans sa maison de campagne. Il fut surpris, car depuis plus de six mois il était resté sans nouvelles. Nous ne parlâmes pas de notre dernière dispute. Mais, loin d'être impressionné par mon affichage de nouveau riche, il me prit à part pour me parler.

— Je vois que les affaires marchent bien. Pas besoin de dessin. J'ai compris.

Il n'était pas question pour moi de l'affranchir, je me contentai donc de le rassurer :

— Mais non, papa, tu n'as rien compris. Ce que je fais n'est pas trop légal. Je trafique un peu avec la Suisse, rien de bien grave, mais ça paie.

— Ah ! bon, dit-il, soulagé, je croyais que... ! Car avec toi je m'attends à tout.

— Il ne faut pas croire. Je fais du fric, mais rien de mal. OK ?

Peut-être me crut-il, peut-être préféra-t-il faire semblant de me croire, pour ne pas être obligé de m'interdire sa maison, ce qu'il aurait fait s'il avait connu mes vraies activités. En le quittant, je me sentais bien. Je me prenais pour un type important. En fin de compte, je n'étais qu'un petit casseur qui avait eu de la chance. Elle risquait de tourner ; mais pour l'instant, les poches pleines de billets, deux jolies filles à mes côtés, je me prenais un peu pour Al Capone.

Je n'allais pas tarder à affronter les dures règles de ce milieu ; ma réaction serait violente et sans pitié. Je croyais à la parole donnée, à l'amitié absolue, à certains principes, à l'honneur du milieu. La réalité était tout autre, j'étais à l'école du vice, de l'embrouille et des coups vaches. Pour vivre vieux, il faut réagir le premier. Cette règle allait devenir la mienne et faire de moi un homme aux réactions imprévisibles.

Je n'avais pas revu Sarah depuis très longtemps. Je fréquentais un petit bar de truands qui tenait le pavé rue de la Montagne-Sainte-Geneviève. Je passais mes nuits à jouer au poker, les parties étaient acharnées. J'avais pris l'habitude de sortir armé de mon calibre 45. Je commençais à avoir un certain prestige auprès des femmes qui fréquentaient le bar. Certaines étaient des étudiantes paumées qui s'offraient pour un café crème ou plus simplement pour un lit chaud et un peu d'affection. Dans ce milieu enfumé et louche, je me sentais dans mon ambiance naturelle. Je fis la connaissance de types qui tout comme moi étaient de la cambriole. Avec certains je fis même des coups. Nous étions devenus une bande de dix individus capables de se prêter mainforte en cas de besoin. J'avais pour ami un vieux cheval de retour qui avait passé une bonne partie de sa vie en prison. Je lui parlais toujours avec une certaine déférence. De Jacques, j'étais devenu « M. Jacques », cette nuance me flattait un peu. La patronne du bar, une vieille maquerelle, me parlait toujours avec un certain respect dans la voix. À plusieurs occasions, j'étais intervenu dans des bagarres pour défendre ses intérêts. Elle m'en était reconnaissante. Son lit m'aurait été sûrement ouvert puisqu'elle vivait seule. Mais, même à moitié saoul, j'étais toujours resté assez conscient pour ne pas servir de couverture à ses cent dix kilos de bonne graisse visqueuse. Maquillée outrageusement, laide dans sa démarche de pachyderme, je m'étais amusé à l'imaginer sur le dos, les pattes écartées, avec ses seins flasques et énormes pendant sur le côté comme deux drapeaux en berne. Même affamé, il m'aurait fallu un sacré appétit pour me farcir un sandwich pareil. Pourtant certaines minettes n'hésitaient pas pour autant à partager ses nuits en échange de quelques billets. Par contre, elle avait un cœur grand comme une maison. Tout le monde l'aimait bien. Il n'aurait pas fallu que quelqu'un lui fasse le moindre mal. Ceux qui avaient essayé de lui chercher des histoires m'avaient toujours trouvé en face d'eux. Ce qui faisait que pour la « mère Lulu » j'étais sacré.

Un soir, je pris la décision de rendre une petite visite à Sarah. Ce geste allait avoir de très graves conséquences pour moi. Il allait être à la base de mon premier règlement de comptes. J'allais me découvrir une âme de tueur instinctif. Vivant dans une jungle, j'allais me conduire en fauve. Je ne me savais pas encore capable de tels gestes, c'est pourtant comme un vrai professionnel que j'allais les accomplir.

Quelle ne fut pas ma surprise d'apprendre que Sarah ne travaillait plus dans ce bar où j'avais pour habitude de la rencontrer ! J'en fus contrarié. Il est vrai que cela faisait assez longtemps que je ne lui avais pas téléphoné. Ses amies m'indiquèrent son adresse. Suzon, qui était la grande amie de Sarah, me dit seulement de faire attention. À ma question de savoir pourquoi je devais faire attention, elle ne répondit pas. J'avais compris. Son julot devait être sorti de prison. Peut-être était-il au courant de ma romance avec Sarah. Peu m'importait sa réaction. S'il n'était pas content, j'avais la ferme intention de lui faire face. C'est donc avec une certaine rage que je franchis les portes du bar. Paul était avec moi, mais je n'étais pas armé. Je n'avais pas encore réussi à lui faire accepter le port d'armes comme une chose normale dans notre métier.

Nous franchîmes la porte. Les lumières étaient tamisées, l'intérieur ne comportait qu'une dizaine de tables avec au centre une minuscule piste de danse. Il y avait peu de monde. Quelques filles étaient au comptoir, mais je n'aperçus pas Sarah. M'adressant au barman :

— Salut ! Sarah est-elle là ?

— Pas pour l'instant, monsieur. Elle est en mains ; mais elle ne va pas tarder. Voulez-vous prendre quelque chose en l'attendant ?

Paul et moi commandâmes deux whiskies. Trois hommes étaient assis à une table au fond de la salle. En entendant prononcer le prénom de Sarah, l'un d'eux avait appelé l'une des filles qui était venue lui parler discrètement. L'homme avait la quarantaine, bien habillé, le teint bronzé. Je ne l'avais pas spécialement remarqué. Il fit signe à la fille de nous rejoindre au comptoir. Elle s'approcha de moi.

— Bonsoir, les hommes. Je m'appelle Cathy, vous m'offrez un verre, mes chéris ?

Cette fille me déplaisait. Elle faisait vulgaire et manquait de classe en nous accostant comme des clients de la cuisse. Je ne sais pas pourquoi je lui répondis durement. Peut-être la contrariété de ne pas avoir su que Sarah avait changé d'établissement, ou plus simplement le fait qu'elle n'était pas là.

— Non ! J'attends quelqu'un.

— Mais ton ami ! Peut-être qu'il veut, lui, m'offrir un verre.

— Casse-toi. Tu ne vois pas que pour lui c'est aussi non ?

Furieuse de se voir repousser et se tournant vers le barman :

— Mais ils sont cons, ces mecs !

Ma main partit aussitôt. Une gifle la déséquilibra. Surprise et éberluée par ma réaction, elle était restée sans voix. Par contre, l'un des trois hommes s'était levé et s'approchait de moi. C'était mon quadragénaire. Il puait le proxénète. Je m'aperçus que c'était un Arabe. Il m'interpella vivement :

— Eh ! Pas de ça ici.

Menaçant, il s'avança un peu trop près. Mal lui en prit. D'un geste rapide, j'avais sorti mon calibre 45 et lui assenait un coup de crosse en pleine figure. Il s'écroula ensanglanté à mes pieds.

Ses deux amis firent un geste comme pour intervenir. Je braquai mon arme dans leur direction, l'air mauvais.

— On ne joue plus. Si un de vous lève le cul, bouge seulement un doigt, je le crève. Allez ! Tout le monde les mains sur la table et pas de fantaisies sinon je tire dans le tas.

J'étais déchaîné. Paul avait fait signe au barman de ne pas bouger. Les filles me regardaient sans bien comprendre ce qui se passait. Mais je devais avoir l'air terrible car personne n'osait bouger. Le julot toujours à terre avait sa chemise rouge du sang qui coulait d'une large plaie à hauteur de sa pommette gauche. Il n'osait pas bouger non plus. Il se demandait ce qui avait bien pu déclencher une telle réaction de ma part. Je lisais la peur dans ses yeux. Mon calibre 45 avec le trou noir de son canon prêt à cracher la mort était un solide argument. Je ressentais un plaisir malsain à voir son effroi. Et c'est d'une voix dure que je l'interpellai :

— Alors, le rat, tu veux en goûter ?

C'est à ce moment-là que la porte du bar s'ouvrit. Sarah aperçut Paul, puis moi, puis le spectacle. Elle poussa un cri, qui était plus une prière étouffée par l'émotion.

— Jacques ! Non, pas ça !

Peut-être avait-elle cru que j'allais tirer dans le tas. Elle s'approcha et vit l'homme à terre.

— Ah ! Non... C'est pas vrai !

De mon côté, je n'avais pas relâché mon attention. Je me sentais en pleine forme. Un vrai baroud dans mes cordes. Elle se tourna vers moi, l'air furieuse. Je ne l'avais jamais vue comme cela.

— Mais tu es dingue. Regarde ce que tu as fait... Oh ! Mon Dieu, mais...

Ironiquement, je lui répondis :

— Salut, belle gosse. Tu vois, je bouffe du julot, et saignant encore !

L'homme à terre voulut se relever.

— Toi, le rat, tu laisses ta viande où elle est...

Sarah, scandalisée, explosa dans une colère verbale :

— Mais c'est Ahmed ! Mon Ahmed que tu as frappé... Regarde ce que tu as fait !

Quoi, j'avais bien entendu ? Ce type à terre était son julot. Un Arabe julot de ma Sarah. C'est vrai que jamais je ne lui avais posé la question. La rage que je ressentais devait se lire dans mes yeux car Sarah avait l'air effrayé. J'avais une folle envie de faire un carton.

— Tu veux dire que ce tas de merde c'est ton ramasse-pognon ? En plus, tu files ton oseille à un raton..., à un fils de chienne d'Arabe. Tu me dégoûtes...

Mes yeux lançaient des éclairs de haine. Je lus la peur dans ceux de Sarah. C'est timidement qu'elle me dit :

— Je t'en supplie, Jacques, va-t'en, laisse-le.

— Oui, je m'en vais ; et vous, bande de pédés, si vous faites un seul geste je vous crève.

Puis, regardant Ahmed qui était toujours à terre :

— T'en fais pas, mon mignon, Madame va jouer les infirmières.

Mon regard croisa celui de Sarah, elle pleurait. Braquant toujours tout le monde, je lançai d'une voix dure :

— Rendez-vous quand vous voulez où vous voulez.

Puis je décochai mon pied droit en pleine figure d'Ahmed qui, surpris, n'eut pas le temps de parer. Cette fois, il était au tapis pour le compte. Sarah avait juste poussé un petit cri de douleur sans réagir. Je venais de tuer quelque chose en elle.

Paul et moi quittâmes le bar en regagnant la sortie de dos. Arrivés dehors, nous disparûmes dans les ruelles avoisinantes pour rejoindre notre voiture. Paul était assez content de sa soirée.

— Tu n'y as pas été de main morte. Je me demande bien ce qui t'a pris !

— Je ne sais pas ! C'est venu comme ça... Un réflexe, quoi !

— Eh ben, mon vieux, il va falloir faire attention, car il ne va pas en rester là. Tu as vu la peine de Sarah ? Pourtant tu l'aimes bien, cette môme !

— Oui, mais tu réalises ! Elle fait la pute pour un Arabe, ça je ne le savais pas.

Rentrés à mon appartement, Paul décida de passer la nuit chez moi. Au matin, nous ferions le point. Je pouvais m'attendre à une réaction violente d'Ahmed. Il était dans l'obligation de réagir s'il ne voulait pas perdre la face.

Paul décida de s'armer lui aussi car nous allions au-devant d'une guerre. Je réunis deux autres amis, Guido le Sicilien et Jacky, un garçon sérieux avec qui j'avais déjà travaillé. Guido me fit comprendre la gravité de mon geste de la veille. Une seule solution s'imposait : attaquer le premier. Ils étaient tous les deux partants pour m'épauler en cas de besoin.

— Le mieux que tu as à faire est de te renseigner sur ses habitudes. Après, on le coincera et tu régleras tes comptes. Ce que tu peux faire, c'est appeler Suzon, l'amie de Sarah. Nous arriverons peut-être à savoir où en sont les choses.

Il me fallut attendre le soir, car je n'avais que le numéro du bar pour la contacter. Vers vingt-deux heures, je l'eus enfin à l'appareil. Elle m'expliqua que ma réaction d'hier au soir avait fait du bruit. On se demandait qui j'étais. En ce qui concernait Ahmed, il me fallait faire attention ; c'était un coriace, mais il avait très peu d'amis, n'étant pas ce qu'il y avait de plus régulier en affaires. Oui, il me cherchait et avait juré d'avoir ma peau. Quand je lui parlai de Sarah, sa voix se brisa. Oui, elle l'avait vue. Mais...

— Mais quoi, Suzon ?

— Écoute, Jacques. Ahmed s'est vengé sur elle. Il croyait qu'elle connaissait ton adresse. Alors il a frappé... frappé ! Elle est dans un état lamentable. Si tu la voyais, c'est terrible... Elle est marquée de partout.

— Je veux la voir, Suzon ! Il faut que je la voie, je t'en supplie, arrange-moi cela. Il faut que je lui explique pour hier au soir.

Suzon me promit de faire le nécessaire et de prendre toutes les précautions voulues. Des renseignements sur Ahmed ? Oui, elle m'en donnerait. Elle n'avait jamais pu le sentir, ce type.

C'est le lendemain vers dix heures du matin dans un studio d'une copine à Suzon que je revis Sarah. Nous avions pris nos précautions pour venir, n'ayant pas envie de tomber dans un piège, et cela malgré la confiance que j'avais en Suzon. Guido et Paul étaient avec moi. Nous étions tous trois armés.

Le spectacle qui s'offrit à moi me bouleversa. Sarah avait le visage tuméfié, les lèvres gonflées et fendues, ses yeux étaient dans le même état. Elle se jeta dans mes bras en pleurant. La rage que renfermait mon cœur devant le massacre qu'avait subi son visage était meurtrière. Jamais je n'avais vu une femme dans cet état. J'aurais la peau de ce salaud d'Ahmed. Mais je le voulais vivant pour lui faire avant tout payer ça avant de le crever.

Sarah m'expliqua tout : sa fausse colère après moi pour donner le change, Ahmed déchaîné et furieux se vengeant sur elle pour laver l'affront qu'il avait reçu en public.

— Il a juré d'avoir ta peau, Jacques. Fais attention, c'est une ordure, il a déjà tué.

Un sourire se forma sur mes lèvres. Moi, je n'avais rien à jurer car j'étais certain de l'avoir le premier. Il fut décidé de mettre Sarah chez des amis. Après, on déciderait.

— Que vas-tu faire ? me dit-elle timidement.

— La seule chose qu'il y a à faire ! Pardonne-moi pour hier, je n'avais pas le droit de te juger. Une fois ce problème réglé, on ne se reverra plus, Sarah. C'est adieu que nous nous dirons, c'est mieux pour nous deux car les flics risquent de mettre le nez dans cette affaire du jour où Ahmed sera parti pour l'enfer des julots.

Elle ne répondit pas, mais blottit sa tête sur mon épaule. Elle savait que l'un des deux devait mourir. Elle souhaitait donc par sa réaction que ce fût Ahmed. J'avais le visage dur, mes traits étaient creusés par la haine qui m'habitait. Ma main caressa ses cheveux, cette main qui allait tuer celui qui avait osé massacrer le beau visage de ma petite pute. J'envisageais ce meurtre froidement, sans aucune émotion, sachant très bien qu'il pouvait me coûter la prison à vie si je me faisais prendre, sinon la mort.

— On va tout arranger pour toi. Ne crains rien. Cet enfant de chienne ne lèvera plus jamais la main sur toi, je vais faire ce qu'il faut pour ça.

De retour au studio, nous nous mîmes d'accord avec Guido sur le plan que j'envisageais. Je ne voulais laisser aucune trace de la mort d'Ahmed. Nous prîmes donc la route en direction de la propriété de mes parents. En semaine, il n'y avait personne. Je savais où trouver les clefs. Rendu sur place, je pris une pelle et une pioche, en plus d'une dizaine de sacs de toile qui traînaient dans la cave à pommes de terre. Avec tout ce matériel nous prîmes le chemin menant à la forêt qui se trouvait juste derrière la propriété, forêt de mes promenades d'enfant que je connaissais dans ses moindres recoins et que seuls quelques chasseurs parcouraient en automne. Avec tout notre matériel, nous arrivâmes à l'endroit que j'avais choisi pour y creuser un trou que je réservais à Ahmed. Guido me regardait faire en souriant :

— Le moins que je puisse dire, c'est que tu es prévoyant.

J'avais gratté le sol en surface et mis le tout dans un sac. Puis je mis la première couche de terre sur trente centimètres d'épaisseur dans un autre sac. Il nous fallut une bonne heure pour creuser le trou qui m'arrivait à hauteur de la ceinture ; presque tous les sacs étaient pleins. J'avais l'intention d'emporter les deux derniers. Ils représentaient en volume le corps d'Ahmed. Je ne voulais laisser aucune trace après l'avoir enterré là ; d'où les précautions que j'avais prises avec les couches de terre que j'avais l'intention de remettre dans l'ordre afin d'éviter la différence de couleur de celle-ci. La nature après mon passage serait intacte avec juste un beau fumier pour engraisser les racines des arbustes. Après avoir été couper quelques branches plus loin, je mis les sacs de terre dans le trou. Je recouvris le tout de branchages. On ne voyait absolument rien. Nous reprîmes la direction de Paris. Les deux sacs de terre supplémentaires avaient été déversés dans un fossé de bord de route très loin de l'endroit où j'avais creusé. Guido ne put s'empêcher de déclarer :

— En cas de pépin, tu ne pourras pas prétendre qu'il y aura eu préméditation !

Son gros rire résonna dans la voiture. Guido était un vrai dur. Beaucoup plus âgé que moi, il n'en était pas à son premier cadavre. Il lui en aurait fallu plus pour l'émouvoir.

Nous arrivâmes à Paris vers vingt heures. Paul nous accueillit l'air satisfait :

— J'ai les renseignements voulus sur Ahmed : marque de voiture, bar où il se rend régulièrement. J'ai aussi le nom et les adresses de ses amis de l'autre soir. Rien de très sérieux. Le seul coriace, d'après certains, c'est Ahmed. T'as pris une décision à son sujet ?

Mon regard croisa celui de Guido :

— Je lui ai même préparé son lit ! Il ne me reste plus qu'à le border.

Paul me regarda, soupçonneux et un peu effrayé.

— Eh ! tu ne vas pas le...

— Si, je vais le crever. Surtout pour ce qu'il a fait à Sarah. De toute façon, je te tiens en dehors du coup. Je n'ai pas l'intention de te mouiller dans un meurtre. Nous n'avons pas besoin de toi. On règle cela avec Guido.

— Mais je veux bien t'aider à le coincer ; après, je me retire...

— Bon, OK, fils, si tu y tiens ça nous aidera.

C'est vers minuit que nous partîmes en chasse. Tout fut d'une simplicité enfantine. Ahmed était bien dans le bar indiqué. Guido y pénétra et repéra le type que je lui avais décrit. Comme en plus il portait un pansement sur le visage, le doute n'était pas possible. Après avoir bu, il sortit nous rejoindre.

— Oui, il est là à discuter avec un seul type qui semble être le patron du bar. Il n'a pas l'air de se méfier de trop, car il a juste levé la tête à mon entrée. Que fait-on s'ils sortent ensemble ?

78

— On les piste. Je veux Ahmed seul et vivant. Les autres, je m'en fous. Il faut absolument qu'il soit seul au moment où nous l'intercepterons.

Nous n'eûmes pas longtemps à attendre. Ahmed sortit seul, sans grande défiance. À quarante ans, peut-être se croyait-il à l'abri d'un jeune truand comme moi ; ou peut-être, aveuglé par sa soif de revanche, oubliait-il que par faute de prudence le chasseur peut devenir le chassé. Au moment de monter dans sa voiture, il regarda rapidement une dernière fois autour de lui. Il devait être satisfait car il démarra tranquillement. De mon côté, j'avais le cœur serré par la haine qui m'habitait et il fallut que je me retienne pour ne pas courir à sa voiture et lui décharger tout le contenu de mon arme dans le ventre.

Nous démarrâmes à sa suite. Nous avions deux voitures. J'étais avec Paul, Guido était avec Jacky. Nous nous étions mis d'accord sur la façon d'opérer. S'il s'engageait dans une rue peu fréquentée, on le coinçait. Autrement, on attendait qu'il se rende chez lui. C'est la voiture conduite par Jacky qui le suivait. Moi, je me tenais à une trentaine de mètres derrière. Il prit la direction de la place de Clichy ; puis, après plusieurs manœuvres, il s'engagea dans une petite rue. Paul sur mon ordre fit un appel de phare à Jacky. Ce qui voulait dire « maintenant, coince-le ». Tout se passa en quelques secondes. Surpris par la voiture qui l'avait doublé et lui avait bouché le passage, Ahmed ne s'était pas retourné. De mon côté, j'avais sauté de la voiture. Quand il tourna la tête et réalisa, ce fut pour voir un 45 qui le braquait. J'avais ouvert sa portière. Il était livide.

— Salut, julot ! Sois sage, mon mignon... On a juste à parler, alors pas de mauvais gestes.

Guido m'avait rejoint et déjà s'engageait dans la voiture en prenant place à l'arrière. Lui aussi avait l'arme à la main. M'adressant à Ahmed :

— Pousse-toi, je prends le volant. Et un conseil : reste tranquille. On ne te veut aucun mal. C'est juste au sujet de Sarah. Je veux arranger la situation avec toi. Tout se passera bien, sauf si tu joues au con.

Je savais que la première chose à ne jamais dire à un homme que l'on braque, c'est que l'on est venu pour le tuer, car il risquera le tout pour le tout. En lui laissant l'espoir qu'il s'est trompé, on neutralise son réflexe d'autodéfense. Sauf si on a affaire à un vrai professionnel. Ahmed n'en était pas un.

— Que me veux-tu ? J'ai rien fait, moi ! Et où veux-tu m'emmener ? me dit-il.

— Où je déciderai que tu dois aller. C'est nous qui tenons les rênes, tu ne crois pas ? Mon ami va te mettre les menottes dans le dos et te fouiller. Une fois arrivés, je te détacherai. Mais si tu joues les héros je te crève, ce qui serait stupide puisque je veux juste arranger les choses avec toi. Mais je ne veux te donner aucune chance avant d'avoir ton accord, car je sais que tu es du genre coriace et rancunier.

Ma réflexion me fit sourire, car pour la rancune j'en connaissais un bout, il n'allait pas tarder à s'en rendre compte. Il se laissa faire. Me crut-il ? Ou était-il lâche au point d'aller à l'abattoir sans réagir ? Ahmed s'était penché en avant. Guido lui avait passé les bracelets et enlevé le pistolet 7,65 qu'il portait à la ceinture. L'arme n'avait même pas de balle engagée dans le canon et cette négligence me fit comprendre qu'en fin de compte j'avais affaire à un tocard juste bon à massacrer une femme et à lui prendre son fric sous la contrainte.

Tout s'était passé très rapidement. Mes amis restés dans les voitures me firent signe que tout était tranquille. Personne n'avait assisté à la scène. Ce qui n'aurait rien changé, nos numéros de voiture étant maquillés.

Nous démarrâmes et prîmes la direction de l'autoroute, moi au milieu des deux voitures. J'avais assez d'essence pour faire les cent kilomètres qui me séparaient de la propriété. Ahmed commençait à s'inquiéter. C'est d'une voix rassurante et calme que je lui dis :

— Écoute, pour hier j'ai eu tort. Mais j'aime Sarah et je suis prêt à te l'acheter, à payer l'amende pour qu'elle soit libre. Là, on va chez des amis à moi. Si tu es d'accord, ils serviront d'intermédiaires.

— Alors pourquoi me laisses-tu attaché ?

— Je te l'ai dit. Je ne veux pas prendre de risques avec toi.

Intérieurement je rigolais tout seul ; était-il assez naïf pour croire que ce voyage avait un billet de retour ? Je voulais voir jusqu'où il était capable d'aller. Il ne manquait pas de souffle puisqu'il me dit :

— Tu veux payer combien ?

— Ce que tu décideras, dis-je.

— Tu sais, Sarah rapporte beaucoup ; ça m'ennuie de me séparer d'elle, c'est une gagneuse et on s'aime bien.

J'avais une folle envie de lui envoyer mon poing dans la gueule. Mais je savais qu'il fallait garder mon calme et attendre.

— Tu fixeras le prix, Ahmed. Je te fais confiance.

— Si tu es prêt à payer, on peut discuter. C'est loin, chez tes amis ?

— Une centaine de kilomètres. Mais ne sois pas soucieux, regarde ici, c'est tranquille, et si j'avais eu l'intention de te buter je l'aurais fait à cet endroit, donc relaxe, mon gars. Dès que tu auras ton argent, tu prendras la route avec ta voiture et on oubliera cette histoire.

Il parut me croire.

— Au fait, comment va Sarah ?

Je le sentis hésiter.

— Bien, bien... Elle va bien.

Je pensais : « Fumier, toi aussi tu vas bien aller, dans peu de temps ! » Guido lui offrit une cigarette et la lui alluma. J'étais maintenant certain qu'il croyait s'en sortir.

En moins d'une heure nous fûmes arrivés. Vu l'isolement de la propriété, je ne risquais pas de déranger les voisins. Après avoir ouvert le portail, les trois voitures entrèrent. La tête d'Ahmed changea d'expression. Il avait bien constaté qu'aucune lumière n'éclairait la maison. C'est d'une voix angoissée qu'il dit :

— Mais il n'y a personne, ici, et...

— Si, Ducon, il y a nous. Allez, descends, on a une petite conversation sérieuse à avoir au sujet de la petite et de ce que tu lui as fait.

La peur se lisait dans son regard. Guido avait sorti son arme et avait éjecté violemment Ahmed de la voiture. Nous entrâmes dans la maison. J'offris à boire à mes amis. Puis Paul et Jacky se préparèrent à partir. Ils ne voulaient pas participer à la suite ; nous étions d'accord à ce sujet. Ils me laissaient une voiture. Jacky prenait celle d'Ahmed pour aller la balancer dans un étang que je lui avais indiqué et qu'il connaissait pour y avoir pêché avec moi. Il reviendrait avec Paul et l'autre voiture une fois leur travail terminé.

Dès qu'ils furent partis, je fermai toutes les portes et branchai la radio. J'avais un sourire cruel aux lèvres en regardant la gueule décomposée d'Ahmed. Il allait mourir, mais avant il allait chanter. Le fixant, je lui dis :

— J'ai vu Sarah. Tu vas payer cela, mon ordure.

Il voulut me répondre, mais reçut mon poing en pleine bouche et vacilla sur ses jambes avant de s'écrouler sur le sol. Guido avait sorti une corde de sa poche ainsi qu'une matraque. Il lui en assena un violent coup sur la tête, mais dut s'y reprendre à deux fois pour lui faire perdre connaissance. Le sang avait coulé sur le carrelage.

— Ça va salir, me dit-il.

— Laisse faire, on fera le ménage après, dis-je, un mauvais sourire aux lèvres. Foutons-le à poil.

Quand il se réveilla, Ahmed était complètement nu. Vêtements, papiers, bijoux, tout était sur la table. Les menottes avaient été remplacées par de la corde. Ses pieds étaient entravés. Le froid du carrelage le faisait frissonner. Il était méconnaissable. La peur panique était entrée en lui. Dire que ce fumier avait frappé Sarah jusqu'à la défigurer et qu'à cet instant il avait l'apparence d'un chien battu.

J'étais venu avec l'intention de le torturer ; je n'avais maintenant qu'une seule envie, lui faire la peau et aller me coucher.

Guido le fit se lever et le contempla d'un air amusé.

— Mais tu es mignon tout plein, comme ça !

Il le cueillit de deux coups de matraque dans les côtes. Ahmed poussa un hurlement de douleur.

— Tu es plus crac avec les femmes, hein, ordure ?

Ahmed ne répondait pas. Il gémissait comme un animal blessé. Guido me dit :

— Si tu veux t'amuser, il est à toi.

Je regardai Ahmed, puis Guido.

— Allez, on l'embarque, pas de temps à perdre avec cette tante. Détache-lui les pieds et en route.

C'est de cette façon que je lui fis monter le coteau qui menait à la forêt. J'avais emmené une lampe-torche et ma dague italienne qui ne m'avait jamais quitté pendant toute la guerre d'Algérie : la lame faisait quinze centimètres, les deux bords de son extrémité étaient tranchants comme un rasoir et en faisaient une arme redoutable. Guido avait pris une pelle et avait bâillonné Ahmed. Mais celui-ci était sans réaction, comme un mouton qui va à l'abattoir ; il savait que rien ne pouvait changer son destin. Il nous fallut dix bonnes minutes pour rejoindre le trou que j'avais creusé. Guido n'arrêtait pas de me demander :

— T'es certain que c'est par là ?

Je connaissais tous les recoins de cette forêt et même les yeux fermés je m'y serais retrouvé. Arrivés à l'endroit voulu, sans prévenir, je balançai une droite dans l'estomac d'Ahmed, son corps tomba en un bruit mat sur la terre recouverte de feuilles. Il gémissait sans arrêt sous son bâillon.

Guido dégagea le trou et rattacha les pieds d'Ahmed. La froide détermination que je ressentais était à la mesure de la haine que j'avais pour ce salopard qui avait massacré Sarah. Je le fis lever ; puis, dirigeant le faisceau de ma lampe sur le trou, je lui dis :

— Ton lit, fumier. C'est là que le voyage s'arrête. Mais avant, écoute ! C'est Sarah qui m'a donné les renseignements pour t'avoir ! Oui, je l'ai vue, c'est pour ça que je vais te crever à la lame. Tu vas sentir la mort te pénétrer doucement. Je veux que tu sentes la mort te prendre. Les balles dans la tête, c'est pour les hommes. Je veux que tu sentes la mort te prendre. Toi, tu n'es qu'un chien bâtard, doublé d'un lâche.

Il grogna car le bâillon l'empêchait de parler. Mon poing le toucha au plexus. Il s'écroula à mes pieds. Je tendis la lampe à Guido.

— Éclaire-lui sa maudite gueule de rat, je veux le voir crever.

Puis, sortant ma dague, je fis sauter le cran d'arrêt. La lame claqua comme le couperet de la guillotine. C'était le prix que risquait de me coûter mon geste, si un jour je me faisais prendre. Mais je m'en foutais totalement. À part Sarah et ma vengeance, plus rien n'avait d'importance. Guido éclaira le visage d'Ahmed. La lame d'acier lui pénétra le dessous du genou droit. Il eut un sursaut et un cri s'échappa de sa bouche malgré son bâillon.

— Pour Sarah, lui dis-je.

Guido avait posé son pied sur son cou, pour l'empêcher de bouger. Ma lame atteignit son ventre à hauteur du foie ; je la fis pénétrer doucement et c'est le sursaut de son corps qui l'enfonça jusqu'à la garde. Ce coup ne l'avait pas tué, car il se tordait de douleur. Guido me fit signe.

— Achève cette ordure, Jacques, ça suffit.

Je ne ressentais rien, ni émotion ni pitié. Une deuxième fois, ma lame s'enfonça violemment. Son corps bougeait encore un peu par réflexes nerveux.

Peut-être qu'il était mort ou dans le coma ; je m'en foutais ! Je me mis debout. Guido éclaira mon visage et me dit :

— J'ai rarement vu un type comme toi, l'ami, et pourtant j'en ai vu !

Je fis basculer le corps d'Ahmed dans le trou.

— Adieu, salope, furent mes dernières paroles : son oraison funèbre.

Le trou fut rebouché en prenant toutes les précautions pour remettre les couches de terre dans l'ordre où elles avaient été retirées du trou. Après avoir lissé la surface, je pris le dernier sac de feuilles mortes et de brindilles et étalai le tout de façon à ne laisser aucune trace de notre passage. Après avoir ramassé le matériel, je fis signe à Guido que nous pouvions partir.

— En route, vieux frère. On détruira tout cela demain. Une douche, le ménage et au lit. Demain matin, je viendrai faire un tour pour voir si rien ne paraît. On couche à la maison comme prévu.

Puis, me retournant vers l'endroit où Ahmed était sous terre, je me mis à cracher dans cette direction en disant :

— L'amende est payée, salope !

De retour à la maison, nous vérifiâmes nos vêtements et nos chaussures pour voir et y enlever toutes traces suspectes. Je fis un tas des affaires d'Ahmed et de ses papiers ; j'avais l'intention de tout brûler au matin en même temps que les sacs de toile et de tout jeter dans la rivière en y joignant mon couteau, les bijoux d'Ahmed et ses clefs d'appartement.

Au matin, je fis un tour rapide en forêt ; tout était parfait, sauf les branches d'arbustes que j'avais coupées pour camoufler le trou ; elles étaient restées près de l'emplacement. Je les pris et les dispersai un peu plus loin. La nature avait repris ses droits. Sous terre, un salaud pourrissait. Dans les arbres, les oiseaux chantaient leur joie de vivre libres, indifférents aux cruautés dont seuls les hommes sont capables. Mon crime pour l'homme de la rue pouvait paraître horrible. Il entrait pourtant dans les lois de mon milieu. Pour les hommes, une balle dans la tête. Pour les salopes comme Ahmed..., une mort de salope. Je n'avais ni remords ni satisfaction. Mais je venais de me découvrir une âme de tueur froid, excluant tout sentiment et toute pitié pour ses ennemis. Et pourtant je respectais la vie, mais seulement celle des gens qui vivaient en dehors de mon milieu. L'homme de la rue ne risquait rien avec moi ; nous étions de deux mondes totalement différents. Ses lois n'étaient pas les miennes et n'avaient aucun poids de pression sur moi. Je n'avais ni peur de la prison, ni peur d'une condamnation à mort.

Une fois tout terminé, nous reprîmes le chemin de Paris. Quelques heures plus tard, j'avais Sarah au téléphone.

— Écoute, petite fille. Tout est terminé, tu es libre. Pour tout le monde tu ne me connais pas, sauf comme client. Finis de te rétablir et change de climat. Je ne crois pas qu'on se reverra, alors bonne chance et oublie.

— Mais, Jacques... je veux...

— Rien, Sarah, nous n'y pouvons rien. Je t'embrasse.

Elle n'eut pas le temps de me répondre. J'avais raccroché. Sarah fut conduite à Bordeaux. Je ne la revis jamais plus. Elle avait été le motif de mon premier meurtre. Peut-être avais-je saisi ce motif pour commettre l'acte du non-retour. Les jours passèrent et je repris mes activités comme si rien n'était. La disparition d'Ahmed n'avait pas encouragé ses amis ou prétendues relations à engager une suite. On me fit savoir qu'on voulait en rester là. Cela me fit comprendre que seule la violence a force de loi dans mon milieu. Toute ma vie, cette leçon m'aida à conserver l'avantage dans les situations difficiles.

Le temps des vacances arrivait et nous décidâmes de partir pour l'Espagne, où le tourisme ne faisait que commencer en cette année 1960. Le touriste aux poches bien remplies y était roi. De plus, nous étions certains d'y trouver le soleil. Depuis notre arrivée sur la Costa Brava, c'était tous les soirs la fête pour nous. Les filles ne manquaient pas et nous en profitions au maximum. Mais les femmes espagnoles étaient farouches, bridées par un carcan de préjugés.

Un soir, nous allâmes tous les trois dans une nouvelle boîte. L'orchestre y jouait du jazz et du rock and roll. Nous avions déjà quelques verres dans le nez ; j'étais un bon danseur et c'est sûr de moi que j'invitai une jeune Espagnole très typée. Sa beauté m'avait frappé dès mon entrée. Ses grands yeux noirs lui ornaient le visage comme deux pierres de jais, les cheveux tombant jusqu'à ses hanches la rendaient encore plus sensuelle. À mon invitation c'est un refus qui me fut répondu. Peut-être ne savait-elle pas danser le rock ou était-elle accompagnée ? Pas vexé pour autant, je pris une autre cavalière. Puis vint un concours de rock dans une ambiance enfumée, rythmée par ceux qui frappaient dans leurs mains. Je me cherchai une bonne partenaire. J'aperçus une jolie femme assise au bar qui à sa façon de gesticuler devait savoir danser. En m'approchant je constatai qu'elle était mariée. Après avoir demandé à son mari l'autorisation de la faire participer au concours, c'est avec elle que je pris place sur la piste. Elle dansait merveilleusement bien, se laissant guider sans aucune réticence. Elle connaissait le rock et son rythme. C'est sans aucune difficulté que nous participâmes à la finale. J'étais déchaîné. Nous avions pour adversaire un couple d'Allemands. Habitué aux caves de Saint-Germain-des-Prés, j'étais certain maintenant de gagner le concours et c'est sous les applaudissements que nous fûmes déclarés vainqueurs. J'invitai le couple et les Allemands à notre table, nous y bûmes le champagne que j'avais gagné. J'en fis servir deux autres bouteilles. C'est à cet instant que mon regard se porta en direction de ma belle Espagnole. Elle me rendit mon sourire. Bien sûr, en entrant j'étais un anonyme ! Maintenant, j'étais un gagnant, elle était bien comme les autres femmes. Je n'avais pas l'intention d'essuyer un autre refus et c'est de loin que je lui fis signe pour lui proposer de danser le slow que l'orchestre jouait. Elle se leva. Je ne pus retenir un sourire de satisfaction. M'avançant vers elle, je lui pris la main pour l'entraîner sur la piste. Ce simple contact me troubla. Je ne parlais que quelques mots d'espagnol et elle pas un seul de français. Ce mutisme accentuait le charme. Ne rien dire et laisser parler nos corps. Elle se faisait lascive mais restait sur la défensive. Nous passâmes toute la soirée enlacés sur la piste de danse. Mais, à chaque fois que mes lèvres faisaient un détour à la rencontre des siennes, c'était un « no, no, no » qui sortait de sa bouche rieuse. La seule chose que je pus comprendre d'elle était son prénom : Solédad.

Je n'en pouvais plus de sentir son corps ferme jouer sous mes doigts et c'est sans grand espoir que je lui fis comprendre que j'aimerais bien prendre l'air. Je fus surpris de la voir accepter. Ma voiture était devant la porte. Elle y monta de façon naturelle. Je reprenais espoir. Elle n'était donc pas si farouche qu'elle voulait le faire croire. Avec mes amis nous faisions du camping sauvage et avions une immense tente avec tout le confort possible. Elle était plantée dans une forêt de pins au bord de la mer. Je la conduisis jusqu'à l'entrée du chemin qui y menait et stoppai ma voiture. Je lui souris et, tout en lui prenant la main, je lui dis : « Viens. » Elle me baragouina quelque chose que je ne compris pas et, pour la faire taire, je pris ses lèvres. Elle me rendit mon baiser avec fougue... J'avais sûrement répondu à sa phrase !

Au campement elle contempla l'ensemble et fut tout étonnée du confort dont nous disposions en pleine nature. La vue était magnifique, nous surplombions la mer et l'odeur des pins rendait l'atmosphère grisante. La nature elle-même se faisait ma complice. Je mis un disque sur mon électrophone à piles et lui offris à boire. Je la pris dans mes bras, elle s'y blottit tendrement. Nous dansions lèvres soudées. Notre danse était une invitation à l'amour, elle ne pouvait se méprendre sur le désir qu'elle m'inspirait. J'ouvris la pièce qui nous servait de chambre et l'entraînai à l'intérieur. Elle eut un petit geste de recul, mais se décida à y entrer. Sachant qu'elle ne me comprenait pas, je m'amusais à lui dire un tas de bêtises tout en gardant mon plus beau sourire. Allongée près de moi, elle se laissa caresser, mais dès que ma main atteignit l'élastique de son slip j'eus droit à son fameux « no, no » que je neutralisai par un « si, si, ma belle ». Je ne comprenais pas son attitude. Elle m'avait suivi et maintenant elle résistait. Mais dès que je reprenais ses lèvres elle se faisait chatte. Il me fallut beaucoup de temps pour la convaincre ; à force de caresses, son excitation fut à son paroxysme et elle s'offrit. Nous étions couchés sur les couvertures qui gisaient pêle-mêle sur le sol. Au moment de la pénétrer, elle eut un gémissement. Je la sentis étroite. Cette fille était vierge ! C'est délicatement que je lui fis l'amour. Doucement je me sentais vivre en elle. Je savais trop ce que pouvait représenter « la première fois » pour me conduire comme un soudard. Et puis le contact de sa peau était à lui seul un poème né pour y conjuguer le verbe aimer. Harassé, le corps vide de désir, je me mis sur le dos ; elle se blottit contre moi en m'offrant sa bouche comme pour m'empêcher de parler ; je sentis que des larmes lui inondaient le visage. Tendrement je lui pris la tête dans mes mains tout en lui baisant les paupières.

Elle me regarda d'une façon qui me bouleversa. De ma bouche le mot « merci » s'échappa. Mais c'était un merci qui me sortait du cœur. Elle en comprit tout le sens, car elle me sourit en me disant : *Te quiero franchouti.*

Je pris plusieurs couvertures pour nous recouvrir et conserver cette chaleur qui nous unissait. Le fait que cette fille se soit donnée à moi me troublait. Au début, je l'avais prise pour une de ces filles faciles toujours prêtes à écarter les jambes. J'y étais habitué dans le milieu que je fréquentais. Mais là je n'y comprenais plus rien, car celle qui tendrement s'endormait à mes côtés avait au moins vingt-trois ans et bien d'autres hommes avaient dû la courtiser et essayer de la prendre. Pourquoi moi et pourquoi si vite ? Je n'étais ni plus beau ni plus laid qu'un autre. Les femmes ont cela d'insondable : elles peuvent résister longtemps à un homme qui les fréquente, pour accorder à un inconnu cette donation d'elles-mêmes quatre heures après l'avoir connu. De toute façon, j'étais heureux de ce qu'elle venait de m'offrir. Elle était belle et j'appréciais tellement d'avoir été le premier !

Nous fûmes réveillés par des rires. Mes amis, ivres, rentraient se coucher. Paul nous éclaira de sa lampe-torche.

— Oh ! Là, là ! Monsieur vient de se farcir sa chauffe-braguette ! J'espère qu'il y a une petite place pour les copains, car on voudrait bien en croquer.

Puis, appelant Jean-Pierre :

— Hé, J.P., amène ta viande !

Il était complètement saoul. De mon côté, j'étais furieux car ma belle Espagnole semblait effrayée. Si elle avait été une traînée quelconque je la lui aurais abandonnée sans remords pour qu'il se soulage le bas-ventre. Cela n'aurait pas été la première fois que nous nous serions partagé une fille. Mais là je ressentis sa proposition comme une insulte et lui dis :

— Pas de ça, petit frère, dégage ! Et éteins cette maudite lampe. Je la raccompagne chez elle.

Il ne sembla pas content et me répondit :

— Monsieur tombe dans le conjugal, peut-être ?

Puis, approchant sa main des couvertures, il fit le geste de tirer dessus pour découvrir la nudité de Solédad. C'est brutalement que je lui répondis cette fois :

— Laisse tomber !

Et, comme il continuait son geste, c'est mon poing en pleine gueule qui termina la discussion. Il était étalé à l'entrée de la tente, sa bouche saignait. C'est d'un regard étonné qu'il me regarda. Il était dessaoulé par ce coup.

— T'es dingue ou quoi ?

Je regrettais mon geste. On était amis et c'est moi qui lui tendis la main pour l'aider à se relever tout en lui disant :

— Elle était vierge..., alors !

— Merde, je n'en savais rien ! Et puis ce n'est pas une raison pour me foutre sur la gueule.

Puis, d'un seul coup, il se mit à éclater de rire en me montrant du doigt.

— Hé ! Lancelot... T'as oublié ton armure et, sans vouloir te vexer, je constate que ta lance est en berne. De plus, tu tournes le cul à Madame l'ex-vierge... C'est pas des façons « chevalier ».

C'est vrai, j'étais comme un ver. Me retournant, je vis que Solédad avait le sourire. Nous éclatâmes tous ensemble d'un rire collectif. C'est l'instant que choisit Jacky pour arriver. Il tenait à peine sur ses jambes et nous regarda l'œil vaseux. C'est d'une voix mal assurée qu'il me dit :

— Qu'est-ce qu'il se passe ici ? J'ai raté le chemin et me suis étalé plusieurs mètres plus bas.

Puis, regardant Solédad, il lui fit un petit geste de la main :

— Bonjour, toi !

Paul, très cérémonieux et moqueur, s'empressa de dire :

— Attention. Chasse gardée. Ce con m'a foutu une droite pour avoir seulement osé effleurer des yeux sa douce colombe. Alors, ne va pas lui dire que tu veux la sauter..., tu risques d'y laisser tes dents.

Jacky répondit d'une voix traînante :

— De toute façon... je suis saoul... et je ne bande plus. Alors tu peux te la garder, ta sauterelle.

J'avais passé un slip et laissé Solédad se rhabiller. J'avais entraîné mes amis à l'écart. Nous buvions chacun une bouteille de porto au goulot quand elle nous rejoignit. Je lui tendis un verre. Je savais qu'elle ne me comprenait pas, mais je lui dis :

— Tu sais, mes amis sont des chics types... Ne leur en veux pas.

Elle s'assit près de moi et me fit signe qu'elle avait très bien compris. Elle y alla de son plus beau sourire. Paul ne put s'empêcher de dire :

— Regarde-la ! Il a fallu que ce soit le plus laid de nous trois qui fornique son puits d'amour... Il y a pas de justice, mes seigneurs. Demain, je me retire dans un couvent...

Puis il éclata d'un rire gras et se consola avec sa bouteille de porto.

Le jour allait bientôt se lever. Je la raccompagnai. Elle m'expliqua qu'elle travaillait dans un restaurant comme serveuse ; c'est du moins ce que je compris, car elle me montra l'enseigne de l'établissement où je l'avais déposée tout en complétant ses paroles de gestes explicatifs. Nous avions décidé de nous revoir.

Tout au long de mes vacances, elle fut pour moi une tendre maîtresse douée pour le jeu de l'amour, mais possessive et jalouse à l'extrême. C'était une fille bien. Elle était toujours gaie et souriante. Elle me chantait des chansons d'amour dans sa langue. Je commençais à l'aimer. De leur côté, mes amis l'avaient adoptée. J'avais fait de gros progrès en espagnol et pouvais converser avec elle. Le jour du départ fut un drame pour elle, j'eus du mal à lui faire admettre qu'il me fallait rentrer dans mon pays.

Je n'avais pas l'intention de l'emmener avec moi. Je tenais trop à ma liberté. Je lui laissai mon adresse en lui expliquant que cette séparation serait un bon test pour vérifier les sentiments que nous avions l'un pour l'autre. Je ne me rendais pas compte que je lui brisais le cœur. Elle s'était donnée et je partais avec peu d'espoir de la revoir. Lorsque nos deux voitures prirent le départ, Solédad pleurait. J'avais une folle envie de lui dire « viens », mais je n'avais rien à lui offrir qu'une vie marginale qu'elle n'aurait sûrement pas acceptée. Elle ne devint qu'une silhouette dans mon rétroviseur. Elle disparut dans un nuage de poussière.

De retour à Paris, nous reprîmes nos activités. C'est en dévalisant un appartement des beaux quartiers que nous tombâmes nez à nez avec les propriétaires à l'instant même de le quitter. Je pris la parole sans m'affoler :

— Vous êtes les propriétaires ? La concierge vous a prévenus, au moins ?

— Non... quoi ?... Mais qui êtes-vous ?... et...

— Inspecteur Moreau. Vous avez été cambriolés, venez voir le travail de ces salopards.

Puis, m'adressant à Paul :

— Allez me chercher la concierge, je veux l'interroger immédiatement et dites que la préfecture nous envoie l'identité judiciaire.

Paul avait du mal à retenir son sourire en prenant la direction de l'escalier. Je fis le geste de laisser le passage aux propriétaires.

— Après vous, messieurs-dames. Surtout ne touchez à rien, on va relever les empreintes.

Je les suivis dans l'appartement. Devant le fouillis indescriptible qui régnait, la femme poussa un soupir :

— Oh ! Mon Dieu.

Je lui dis :

— Et encore ! Allez voir votre chambre, vous constaterez les dégâts.

Les deux prirent sa direction. J'en profitai pour m'esquiver en douceur. J'étais au bas de l'escalier quand une voix m'appela du quatrième.

— Inspecteur, inspecteur !

Je pris le temps de lever la tête et de répondre :

— Je remonte, je remonte. Je vais chercher le matériel, ne touchez à rien.

Et je disparus dans la rue où Paul m'attendait, sa sacoche noire contenant le butin. Nous éclatâmes de rire.

— Les cons, dis-je, ils risquent d'attendre longtemps !

Les jours suivants, je reçus une longue lettre de mon Espagnole. C'était la cinquième depuis mon retour. Elle me suppliait de l'autoriser à venir me rejoindre à Paris. Elle m'avait manqué et je ne pouvais nier que j'en étais amoureux. Je lui fis donc une réponse affirmative. C'est de cette façon que dix jours plus tard je l'accueillis à la gare. Elle m'apparut toujours aussi belle et se jeta dans mes bras. Je bus ses lèvres comme un assoiffé, elle était mon oasis d'amour, elle représentait l'eau claire pour moi qui ne vivais qu'en eau trouble. Nulle femme ne m'avait regardé de cette façon. Elle avait le regard du soleil que j'ignorais, puisque je ne vivais que la nuit.

Rendue à mon appartement, elle fit le tour du propriétaire. J'étais assez bien installé, elle en fut surprise. Après avoir pris son bain, elle m'apparut dans mon peignoir rouge. Sa peau mate me donnait des envies de viol. Mes mains ne purent s'empêcher d'aller à la rencontre de son corps. Je lui avais préparé un repas qui fut vite expédié. Nous prîmes la direction de ma chambre où j'eus l'ironie de lui dire qu'elle allait se reposer. Son corps brûlant m'entraîna dans une ronde amoureuse. Mes lèvres refirent connaissance avec sa peau. J'aimais son odeur de femme, elle ne ressemblait à aucune autre ; nous vivions l'amour de façon totale. Elle se donnait avec fureur. Pour avoir été le premier, je me sentais sculpteur de son corps et transformais mon plaisir en son plaisir. Je découvrais ce qu'était l'amour dans un total don de soi pour le plaisir de l'autre. Notre désir assouvi, elle me regarda tristement. Elle semblait gênée de me parler.

— Oh ma belle ! Que se passe-t-il ?

Timidement, comme une enfant prise en faute, elle me répondit dans sa langue que je comprenais parfaitement maintenant.

— Je suis malade, Jacques. Tu m'as donné une maladie à Tosa d'el Mar.

J'avais sûrement mal traduit, car je ne me connaissais aucune vérole cachée.

— Une maladie ! Tu rigoles, ou quoi !

— Non, Jacques, je suis malade... J'attends un enfant de toi.

— Tu veux dire que tu es enceinte ?

C'est apeurée qu'elle me fit un petit oui de la tête, tout en cherchant mes réactions dans mon regard.

Elle ne comprit pas pourquoi je pris ses lèvres. Cette nouvelle changeait bien des choses. Je l'aimais de l'enfant qu'elle allait me donner. Ma joie la surprit.

— Tu n'es pas fâché ?

— Fâché ! Tu rigoles, je suis heureux, oui, heureux... Dis-moi, tu aurais pu me l'écrire, au moins ! Tu réalises, si je ne t'avais pas fait venir, qu'aurais-tu décidé ?

— Je l'aurais élevé seule. Si tu savais comme j'avais peur que tu me repousses... ou que tu doutes de moi !

— Eh, c'est mon môme que tu as en toi, celui-là j'en suis certain !

— Pourquoi dis-tu cela ?

— Rien, rien, c'est une autre histoire, je t'expliquerai.

Nous décidâmes de vivre ensemble. Elle fut déçue quand je lui fis comprendre que je ne voulais pas l'épouser maintenant et que j'étais divorcé, ce qui nous interdisait l'église. Elle en fut peinée car la religion avait de l'importance dans son pays.

C'est à cet instant que je compris que Solédad ne savait rien sur moi. Elle me prenait pour un type bien et était loin de se douter que je vivais du vol. Je n'avais pas l'intention de changer ma façon de vivre. J'entendais être libre de mes mouvements. Je pouvais être un amant valable, mais je savais que je ferais un bien piètre mari. Je n'étais pas du genre fidèle, j'étais violent et très indépendant. De plus, je savais que sa jalousie et sa droiture lui interdiraient les portes de mon milieu. Je n'avais pas l'intention de la tenir au courant de mes activités, bien que certaines femmes soient plus solides que certains hommes devant l'action comme face aux épreuves. Elle serait la mère de mon enfant. On ne fait pas vivre une fleur sauvage sur le fumier du milieu qu'était le mien. Je pris donc la décision de ne rien lui dire pour l'instant.

Nous vivions ensemble depuis plus d'un mois. Mes amis l'avaient adoptée mais restaient sur leurs gardes. Je l'avais promenée un peu partout dans Paris. Mes relations n'avaient pas l'air de lui plaire, surtout quand j'entrais dans un bar et que mes copines me sautaient au cou en m'embrassant. Elle me faisait des scènes terribles. Je pris donc pour habitude de ne plus l'emmener. Je la laissais parfois seule le soir pour ne rentrer qu'au matin, après avoir bu, parfois, un peu trop d'alcool. Je l'aimais mais je me refusais à lui aliéner mon indépendance. Elle était ma chance de me sortir de mon milieu, mais je ne le voyais pas ou me refusais à le voir. Elle commençait à me poser des questions sur mon travail, trouvant mes horaires bizarres. Elle avait remarqué mes armes. De plus, je la trompais un peu avec des filles de rencontre qui n'avaient aucune importance pour moi. J'avais droit à des : « Pourquoi ceci, pourquoi cela ? D'où tu viens ? Encore avec une de tes salopes ? » qui m'agaçaient.

Un soir où j'avais un peu bu, je la giflai. Elle en fut abasourdie. Dans ma colère, je mélangeais l'argot à l'espagnol en lui disant :

— Tu commences à me casser les couilles avec tes questions. Si tu es trop conne pour avoir compris, tu ne comprendras jamais. Mon fric, je vais le chercher, tu comprends... Je suis voleur de profession ! C'est ça ! Je fauche le blé des bourgeois. J'aime les putes, les bistrots et je t'emmerde !

J'étais odieux mais ne m'en rendais pas compte. Elle me regardait douloureusement. C'est d'une voix déchirée qu'elle me répondit :

— Oh ! Non, Jacques ! C'est pas vrai. Tu n'es pas un voleur... Tu dis ça pour me faire mal.

Mon mutisme était une réponse suffisante.

— Mais que vais-je faire, moi ?... Et notre enfant, tu crois que c'est un voleur qu'il lui faut pour père ?... Tu réalises ?

Elle enfouit sa tête dans ses mains. Moi, au lieu d'être tendre et de la consoler, je fus dur :

— Et alors, c'est un métier comme un autre ! Tu le bouffes bien, mon fric. Tes robes, tu ne les trouves pourtant pas si mal et c'est toujours payé avec du fric volé. Tout ce qui est ici vient du vol.

Elle eut cette phrase qui me fit sursauter :

— Non, ton enfant, lui, vient de l'amour, où il est tu ne le voleras pas !

Ma rage était meurtrière, mais devant son émoi je l'attirai contre moi et la pris dans mes bras.

— Ne dis plus jamais une chose pareille, petite fille. Mon môme, je n'ai pas besoin de le voler... Il est à moi.

Elle pleura sur mon épaule comme tant d'autres fois. Nous eûmes bien d'autres scènes, mais, usée de ne pouvoir me changer, elle accepta l'inévitable. Elle commençait à prendre une forme arrondie. Je m'amusais à poser mon oreille sur son ventre pour écouter vivre mon enfant. J'aurais bien voulu changer mais j'étais trop engagé dans le crime pour faire marche arrière, et puis je me complaisais dans ce monde nocturne et louche. Je n'avais pas la volonté de changer. En plus, j'avais pris la mauvaise habitude du jeu et une bonne partie de mon argent vite gagné était laissée sur les tapis verts des cercles et des casinos. Mes défauts étaient une drogue dont je n'avais pas la volonté de sortir. En refusant de voir les réalités de la vie, je m'enfonçais et faisais du crime une chose naturelle, je devenais de plus en plus dur, inconscient du mal que je me faisais à moi-même. Je devenais un professionnel et ceux qui m'entouraient me traitaient comme tel en redoutant mes réactions, car j'étais extrêmement violent dans mes moments de colère. Même la mère Lulu commençait à me craindre depuis le jour où elle m'avait vu salement arranger la face d'un de ses clients à la suite d'une discussion stupide.

Avec Guido, nous avions monté une expédition dans la rue d'Isly. Deux coffres à ouvrir chez un conseiller financier. Nous voulions profiter du week-end pour faire notre coup. La porte à ouvrir se trouvait au premier étage et comportait une multitude de verrous de toute sorte. Mais une fenêtre de l'appartement donnait sur l'escalier. Il suffisait d'une petite escalade pour atteindre un passage en brisant la vitre qui ne comportait aucun signal d'alarme. Nous commençâmes l'expédition vers vingt-deux heures, car la rue était très passante avant cette heure-là. Après avoir ouvert la fenêtre du palier, je m'engageai dans le vide pour rejoindre celle de l'appartement. Deux coups de diamant sur la vitre, un coup de coude, un bruit de verre et le passage était libre. Mes deux amis me rejoignirent. Au rez-de-chaussée, on entendait le bruit des gamelles que faisaient les cuisiniers d'un restaurant dont c'était presque l'heure de fermeture.

Le faisceau de ma lampe éclairait pièce après pièce. Il y avait bien deux coffres. L'un était de taille moyenne, mais l'autre était énorme et je ne voyais pas comment nous arriverions à l'ouvrir. Nous décidâmes de fouiller tous les bureaux et de vérifier les alarmes possibles avant de nous mettre au travail. Paul était démoralisé.

— Tu as vu ce morceau ! On ne l'ouvrira jamais !

— Commençons par le petit. On verra après.

Nous n'avions comme seul matériel qu'une bonne perceuse électrique, des mèches, des burins et une masse, avec un lot de pinces. Nous avions amené un petit transistor pour atténuer le bruit de métal en compensant par le son de la musique.

Après trente minutes de boulot, tout se présentait bien mais le pépin arriva, la perceuse tomba en panne dans un dernier vrombissement asthmatique.

Paul me regardait, désespéré. Guido, lui, restait calme. Il prit la parole :

— T'es certain qu'il n'y a rien à faire ?

— Si... En trouver une autre de cette force, autrement l'affaire est à l'eau, et avec le fric que renferme cette boîte... il n'est pas question d'abandonner. Je connais un grand magasin de quincaillerie sur le boulevard Ornano, près de chez moi. Paul va venir avec moi, on va aller le casser ; nous reviendrons avec ce qu'il nous faut. Le mieux est que tu nous attendes là.

En pleine nuit, nous fîmes éclater la vitre de la porte de quincaillerie pour pouvoir passer la main et ouvrir les verrous. Paul était nerveux car le bruit que j'avais fait était capable de réveiller tout l'immeuble. La porte donnait sur le boulevard et c'est le plus naturellement du monde que je la franchis.

— Mais tu es dingue, ou quoi ! On va se faire prendre, avec tes conneries !

— Ferme-la et surveille le boulevard pendant que je récupère ce qu'il nous faut.

En peu de temps j'avais rempli mon sac de voyage de trois perceuses. J'en avais profité pour rafler la caisse qui ne contenait que peu d'argent. Paul me fit sursauter.

— Les flics !

Je m'étais précipité près de la vitrine pour voir l'extérieur. En effet, il y avait deux motards de la police qui roulaient très lentement et regardaient des deux côtés par simple routine. Je fis le vœu qu'ils n'aperçoivent pas la vitre brisée. Paul regarda ma main qui tenait mon calibre 45.

— Mais tu es armé... Pourtant t'avais dit...

— Ta gueule, c'est pas le moment.

— Tu vas pas les tirer... eh...

— Reste calme, ils partent. Tu es plutôt nerveux, ce soir ! Je ne t'ai jamais vu dans cet état.

— J'y peux rien si aujourd'hui j'ai la trouille. Mais ça ne m'empêche pas d'être là.

— Allez, foutons le camp.

Rapidement nous fûmes de retour. Je n'avais pas desserré les dents, Paul non plus. Guido, en entendant du bruit sur la fenêtre, dit :

— C'est vous ?

En m'apercevant il ne put retenir un sourire de satisfaction.

— Sacré mec ! Tu as réussi.

— Eh oui !

Paul s'empressa de dire :

— Un peu plus, on se faisait prendre... De plus, Jacques est armé.

Guido le regarda et sortit un 38 spécial de sa ceinture.

— Moi aussi, je le suis. Tu ne penses quand même pas que la nuit je sors à poil ! On ne t'a rien dit, car tu nous aurais encore lu le code criminel dans les deux sens... De plus, je ne suis plus en âge d'aller faire vingt ans et c'était d'accord avec Jacques.

Paul n'insista pas, ce n'était pas l'endroit pour entamer une discussion. Il changea de sujet.

— Il y a une chose ! Il est trop tard pour continuer sans réveiller tout le monde. Il nous faut attendre demain matin pour continuer. Le mieux est de se reposer. J'ai trouvé de quoi boire, mais le mieux est de ne pas y toucher, on pourrait tomber sur une bouteille droguée. Ça arrive, ces plaisanteries-là. Alors on se contentera d'eau.

La nuit passa très vite. Nous nous étions installés dans le salon en toute tranquillité. La porte étant intacte, il n'y avait aucun risque d'être repéré.

Au matin nous fûmes réveillés par le bruit des cuisines du rez-de-chaussée.

— Allons-y, dis-je.

Il nous fallut une petite heure pour terminer l'ouverture du coffre. Quand je réussis à ouvrir la porte, un sourire victorieux se dessina sur mes lèvres. Le spectacle était bien agréable à voir. Il y avait plusieurs liasses de billets, un lingot de platine et des titres au porteur. Il y avait aussi un trousseau de clefs.

— Tu fais le pari qu'il y a là les clefs de l'autre coffre ? Regarde, ça ne peut être que ces deux-là, dis-je à Guido.

Rendus dans l'autre pièce, tout se confirma et c'est le plus normalement du monde que je l'ouvris... avec ses clefs. Nous fûmes un peu déçus, car il ne contenait que des titres négociables, ce qui n'était pas si mal, mais pas de fric. Nous mîmes le tout, ainsi que notre matériel, dans deux sacs de voyage et nous prîmes le même chemin qu'à l'aller pour disparaître sans être inquiétés. Rendus au studio, nous constatâmes que le butin était important : titres, fric et platine pour plus de trente-cinq millions (70 000 dollars). Guido prit la parole :

— Pour les titres, pas de problème, j'ai quelqu'un de sérieux avec la Suisse. On perdra beaucoup, mais cela nous laissera un joli paquet quand même.

Solédad prenait de plus en plus une forme arrondie. Il m'arrivait de travailler seul sur un casse. Je le faisais de jour. J'avais pris pour habitude de mettre mon matériel dans une petite mallette noire. En plus, j'y avais joint une blouse blanche, une paire de ciseaux et un peigne de coiffeur, plus des cheveux coupés dans une enveloppe. Cette précaution me sauva la mise un jour où je fus à deux doigts de me faire prendre par la police. J'avais fait sauter la porte sans problème comme d'habitude. J'étais à l'intérieur de l'appartement et commençais ma fouille, quand j'entendis une sirène de police. Par instinct, je jetai un regard à la fenêtre. Mon cœur se serra. Une femme pointait un doigt dans la direction de l'appartement que j'occupais. Des policiers se précipitaient dans l'immeuble. Je n'étais pas armé. Impossible pour moi de redescendre par l'escalier principal. Je prenais toujours la précaution de vérifier l'escalier de service avant d'effectuer ma fouille. C'est donc sans difficulté que je pus l'atteindre. Je ne pouvais pas redescendre, la seule solution était d'atteindre le dernier étage et de trouver une lucarne pour rejoindre les toits. Arrivé en haut, pas de lucarne, mais une porte marquée « w.-c. » ; par le trou de la serrure, j'aperçus une petite fenêtre. Sans hésitation je fis sauter la porte. Je savais que les policiers, en petit nombre, étaient sûrement en train de se demander s'ils pouvaient entrer dans l'appartement ou non, vu le risque de tomber nez à nez avec un homme armé. Ils allaient sans aucun doute demander du renfort.

Je réussis à franchir la fenêtre. Après une escalade, je me retrouvai sur le toit. Dans la rue, j'entendais une grande agitation ; d'où j'étais, on ne pouvait me voir. C'est très rapidement que je franchis plusieurs toits. Je devais me trouver à plus de trois immeubles de mon point de départ. Là, j'aperçus une lucarne qui donnait sur une chambre de bonne. Au travers de la vitre je vis que la chambre était inoccupée. D'un coup de coude je fis éclater la vitre, ouvris le châssis et m'engageai dans la chambre. J'ouvris ma mallette puis enfilai ma blouse blanche. Je mis les cisaux et le peigne dans la poche du haut. J'ouvris l'enveloppe et dispersai les déchets de cheveux sur les manches de ma blouse. Pas question de garder mon matériel, ni ma mallette. Je fis glisser le tout sous le lit, ainsi que mes gants. Puis, allumant une cigarette, j'ouvris la porte en prenant soin de ne pas laisser mes empreintes. Tranquillement je descendis l'escalier. Mon cœur battait à tout rompre, mais j'avais confiance en moi. On ne pouvait pas lire sur ma figure que c'était moi que la police poursuivait. Arrivé en bas, je m'aperçus que plusieurs cars avaient rejoint le premier. Il y avait plein de têtes en l'air et les commentaires allaient bon train. Rendu dans la rue, je pris une attitude très naturelle et fis comme tout le monde en fixant mon regard vers le haut. D'un coup d'œil je vis que j'étais à plus de trente mètres de l'immeuble où l'on me recherchait. Mais je vis aussi que la rue était gardée des deux côtés par des policiers qui interpellaient les gens qui voulaient sortir de ce périmètre. Je pris la direction des policiers. Il me suffisait de rester calme. Arrivé à leur hauteur, c'est très naturellement que je dis à l'un d'entre eux :

— Que se passe-t-il ? Un incendie ?

Il n'était pas souriant, et c'est assez sèchement qu'il me répondit :

— Vous demeurez ici ?

— Oui, monsieur l'agent, et je suis coiffeur dans le salon d'à côté. Mes clients m'attendent.

Je ne manquais pas de souffle. Je ne savais même pas s'il y avait un salon de coiffure dans cette rue. Lui non plus.

— Vous pouvez passer.

Je ne me le fis pas dire deux fois. Après avoir fait une bonne quarantaine de mètres, je m'engageai dans une autre rue. Plus loin, je défis ma blouse et en fis un paquet. Je pris un taxi et, tout au long du parcours qui me conduisait chez moi, je ne pus retenir un sourire. Je l'avais échappé belle. Quand mes amis entendirent mon aventure, ils eurent tous la même réflexion :

— Que les flics en uniforme sont cons !

Moi, je pensais plutôt que j'avais eu une sacrée chance de ne pas perdre mon sang-froid.

Nous fîmes bien d'autres affaires plus ou moins rentables.

Un soir, Guido vint me voir. Solédad l'aimait bien, mais c'est le regard inquiet qu'elle lui demanda s'il restait pour dîner. Elle pressentait encore une sortie nocturne et n'aimait pas me voir partir. Guido avait l'air triste et c'est d'une voix lasse qu'il me dit :

— J'ai un problème sérieux et j'ai besoin de toi, fils !

Solédad savait que sa place n'était pas dans notre conversation. Elle alla donc dans sa chambre. Guido enchaîna :

— Mon cousin vient d'être abattu en Italie par une bande rivale. Il faut que je monte à Milan. C'est à moi de régler le problème. On sait qui a fait le coup et j'aurai tous les renseignements sur place. J'ai besoin d'un chauffeur. Mais surtout d'un ami.

— Tu sais que je suis toujours partant avec toi, alors explique. Veux-tu que l'on monte en voiture ?

— Oui, fils, je préfère et avec le matériel, car on ne sait jamais ce qui peut arriver une fois sur place. Normalement, tout nous sera fourni, mais je préfère prévoir.

J'appelai Solédad par son diminutif :

— Solé, prépare ma valise, je pars pour plusieurs jours.

Elle arriva, les larmes aux yeux, et me dit tristement en me montrant son ventre :

— Et lui ! Il compte, dans toutes tes histoires ? Que fera-t-il si tu vas en prison ou si tu te fais tuer ? Et moi, je suis quoi, pour toi ? Ne pars pas, chéri, je t'en supplie... J'ai peur pour toi.

Oui, j'ai entendu... Vas-y, frappe-moi si tu veux, mais je t'aime et ne veux pas te perdre. Pense à nous si tu m'aimes et reste ici par pitié.

Guido avait quitté la pièce pour ne pas participer à la dispute qui se préparait. Il avait le tact des amis, des vrais amis.

Je n'étais pas en colère après Solé, mais je ne voulais pas admettre qu'elle avait raison. Sa peine me faisait mal.

— Fais ma valise, s'il te plaît, ne m'oblige pas à me fâcher.

— Si tu m'aimes, ne pars pas, chéri. Je t'en prie... je t'en prie !

Je la pris dans mes bras tout en caressant ses cheveux.

— Solé, tu es le bien, je suis le mal. Je ne peux pas faire autrement et il en sera toujours ainsi dans ma vie. Pour mes amis, je serai toujours libre et prêt à partir. Tu ne pourras rien y changer, petite fille, ni lui non plus, dis-je en lui caressant le ventre. Vous êtes tous les deux arrivés un an trop tard. Ne mélange plus notre amour et mes obligations. Allez, ne te fais pas de soucis, rien ne peut m'arriver.

Après avoir pris les armes dont j'avais besoin, nous prîmes la direction de Monaco. Nous n'eûmes aucune difficulté pour passer la frontière. Nous devions passer par Gênes pour y voir des amis de Guido et y obtenir des renseignements. Arrivés sur place, il me présenta à deux types qui avaient des vraies gueules de tueurs de cinéma avec passeport pour Sing-Sing. On coucha chez eux car la route nous avait épuisés. Au matin, nous eûmes une réunion. Guido et ses amis parlaient en italien. Je comprenais très peu cette langue. Mais le reflet des yeux et les gestes brusques démontraient une dureté dans les projets qui étaient exposés. Quand plusieurs photos se posèrent sur la table et qu'une en particulier passa de main en main, je compris que les amis de Guido n'étaient pas des amateurs. On me présenta le gibier. Guido m'expliqua :

— Tu vois, fils ! Un seul d'entre eux m'intéresse..., celui-là. Les autres sont susceptibles d'être avec lui car ce sont ses amis... Si on peut les éviter, parfait... Sinon, tant pis pour eux. C'est cet enfant de chienne qui a tué mon cousin... C'est lui que je veux. Tout est ici sur la table, adresses, rancards, photos, numéro de voiture, etc. Il n'y a plus qu'à le piéger. On nous donne une voiture immatriculée en Italie. Tu laisses la tienne ici, mes amis vont s'en servir pour nous préparer un alibi en cas de besoin. Je leur ai expliqué qui tu étais. Ils sont heureux de te connaître, bien que tu ne sois pas sicilien comme nous. À Milan, nous sommes attendus ; notre logement est prêt car il nous faudra peut-être plusieurs jours pour trouver ce chien. Il est dans Milan sans aucun doute possible. Je te préviens, fils, ce gars-là n'est pas « Ahmed la salope », c'est un dur et un tueur. Pas de promenade en perspective. On le flingue dès qu'on le voit. Mes amis nous fournissent les armes. Donc tu peux laisser les tiennes où elles sont. Tu n'auras que l'embarras du choix. Dans ce travail tu ne pourras que m'épauler. C'est moi qui dois le tuer..., ne l'oublie jamais, fils, on ne me le pardonnerait pas.

Nous partîmes pour Milan. J'avais choisi deux 45 automatiques. Guido avait pris une Lupara et un 38 spécial. Arrivés sur place, nous fûmes accueillis chaleureusement. Mais je sentais comme un certain malaise causé par ma présence. Le soir venu, un homme d'un certain âge se joignit à nous. Nous parlâmes en français. Il me remercia d'être venu et me dit :

— Guido affirme que tu es plus que son ami, un frère pour lui. Sois donc le bienvenu à Milan car tu n'es plus un étranger.

Cet homme m'impressionnait, il imposait le respect. Son calme apparent laissait percevoir une dureté qui devait être sans appel possible. En parlant de l'homme que Guido devait abattre, il disait toujours : « Le traître doit payer. » Ses yeux luisaient d'une bien étrange lueur. On s'attendait à le voir fredonner une marche funèbre ; de toute évidence les musiques macabres avaient dû remplacer les cantiques de Noël de l'enfance dès l'âge où il avait reçu son premier calibre.

Avant son départ, il s'approcha de Guido. Il l'embrassa sur le front, la poitrine et les épaules tout en lui disant :

— *Ti do la vita del tradittore. Amen.* (« Je te donne la vie du traître. Ainsi soit-il. »)

Cet étrange cérémonial était impressionnant. Guido avait l'air d'un enfant recevant la bénédiction du père. Tout le monde quitta la pièce. Quand la porte se referma sur cet étrange visiteur, Guido se retourna vers moi en me disant :

— On commence la chasse ce soir.

Il savait où aller et connaissait parfaitement Milan. C'est moi qui conduisais. Lui avait son fusil de chasse à canons sciés sur les genoux, la gueule prête à cracher les chevrotines neuf grains qui alimentaient les deux canons raccourcis. Un journal était posé dessus pour le cacher. Moi, j'avais mes deux 45 de chaque côté de la ceinture. On fit plusieurs planques. Toute la nuit ne fut qu'une recherche continuelle. Guido téléphonait à droite et à gauche. Rien, toujours rien comme résultat. Je commençais à être fatigué. Ce fut juste avant le petit matin qu'il obtint le renseignement.

— Cette fois, ça y est, fils, je sais où il se trouve. Nous y sommes passés tout à l'heure. C'est une boîte, on l'aura à sa sortie.

On refit la planque. Le jour commençait à se lever. Nous étions sortis de la voiture, le moteur tournait. Guido m'expliqua son plan de bataille et la protection que je devais lui assurer. Il me montra encore une fois le portrait de l'homme et de ses amis.

— Tu vois le parking. Je vais me mettre dans le renfoncement. J'ai la porte de sortie en angle. Dès qu'il sort et qu'il s'engage dans ma direction, tu klaxonnes pour attirer son attention. Je l'aurai juste de côté. Dès que je l'aurai tiré, s'il n'y a aucune réaction, tu te mets au volant ; mais ne le fais que si tu es certain qu'il n'y a personne pour me tirer dessus, car c'est du sérieux, ne l'oublie pas.

J'avais parfaitement compris son plan. Discrètement il se mit en place. Plusieurs personnes sortaient de la boîte. À chaque fois j'avais le cœur qui se contractait et ma main serrait un peu plus fort la crosse de mon 45. Mais personne ne ressemblait à notre client. Cette attente, plus la fatigue, mettait les nerfs à dure épreuve. Puis un homme sortit seul. Il regarda autour de lui et se dirigea vers le parking. Il ne ressemblait à personne des photos que j'avais vues. Guido était tellement bien caché que je ne l'apercevais même pas. L'homme revint devant l'entrée de la boîte, mais au volant d'une voiture noire. Tout se passa avec une rapidité extrême. Deux hommes venaient de sortir et je reconnus celui de la photo. Au moment où ils allaient s'engager à l'arrière du véhicule, ma main se posa sur le klaxon. Je n'eus même pas le temps de voir les deux hommes regarder dans ma direction que deux détonations retentirent. Guido déboulait à toutes jambes dans ma direction. L'homme qui était au volant s'était catapulté hors de son véhicule et alla se protéger derrière une voiture en stationnement au moment où j'ouvrais le feu dans sa direction. Guido atteignit notre voiture. Rapidement je fus au volant.

— Vite, fils... Roule !

Il glissa sa main droite armée du 38 spécial par l'ouverture de la vitre.

C'est dans un crissement de pneus que je fis mon démarrage. Au même moment un homme armé traversa devant nous en courant tout en tirant sur notre véhicule. J'entendis le bruit des détonations, mais le pare-brise n'éclata pas. Guido, de son côté, vidait le barillet de son arme. Puis, ayant dépassé le tireur, je sentis comme une brûlure à l'intérieur de ma cuisse droite ; mais je ne pensais qu'à regarder devant moi.

Guido exultait :

— Bien joué, fils... Bien joué !

— Tu l'as eu ?

— Oh, oui ! Pas de doute, je lui ai servi les deux décharges dans les tripes, il ne s'en relèvera pas. Je ne sais pas si ses amis ont été touchés, mais tu as vu que ce n'étaient pas des amateurs. Maintenant, rentrons. Tu laisseras la voiture au sous-sol. Pour nous, le travail est terminé. On va nous ramener à Gênes. Bon Dieu ! Je me sens mieux.

— Eh ! Le vieux. Je crois que j'ai reçu du plomb. Je sens quelque chose de chaud qui coule dans ma chaussure.

Puis, mettant ma main sur ma jambe, je vis que mon gant avait pris une couleur rougeâtre.

— Merde, dit Guido, tu as mal ?

— Non, juste la patte ankylosée... N'aie pas peur, je peux conduire, je ne vais pas tourner de l'œil. Tes amis ont bien un toubib ?

— Oui ! Pas de problème. Mais c'est stupide que tu t'en sois effacé une.

— Et pas de médaille en perspective ! On devrait avoir une caisse de secours dans la truanderie..., dis-je en rigolant.

— Et en plus ça t'amuse !

— Que veux-tu, il fallait bien que cela m'arrive un jour et là je me considère chanceux.

Rendus à l'appartement, Guido donna plusieurs coups de téléphone. Pendant ce temps-là je regardais ma blessure. La balle avait pénétré de deux centimètres à l'intérieur de ma cuisse mais n'était pas enfoncée profondément, car avant de me toucher elle avait été amortie en traversant la tôle du capot de la voiture. Je n'avais pas mal. En moins d'une heure, un médecin fut là. Les armes et la voiture ayant servi à notre agression avaient disparu, emportées par les amis de Guido.

Guido avait l'air navré de me voir blessé. Entre nous, c'était à la vie à la mort, et je comprenais sa tristesse ; car il me considérait comme son frère.

— Oh ! Le vieux..., ne fais pas cette gueule-là, c'est juste une écorchure.

Le médecin décida de me l'extraire sur place. Une piqûre et des pinces suffirent à me la retirer sans souffrance. Pas question de la garder en souvenir. Elle était une preuve trop compromettante de notre action du matin. Le toubib me fit une antitétanique et me donna quelques comprimés à base de pénicilline. Je me sentais en pleine forme et c'est juste en boitillant un peu que je me remis à marcher.

Le téléphone sonna. Guido eut une très longue conversation. Il raccrocha et se tourna vers moi, un sourire de satisfaction aux lèvres.

— Tout est OK, fils. Mon client a eu son compte... Des autres, aucune nouvelle. Nos amis viennent nous chercher pour nous ramener à Gênes. Merci de ton aide. Je ne l'oublierai pas.

— Laisse faire, veux-tu ! C'est normal.

— Tu ne m'as même pas posé de questions, à savoir pourquoi je devais le faire personnellement.

— Je n'ai pas à savoir pourquoi. Tu es mon ami et je serai toujours disponible pour t'aider et cela sans explication ; c'est aussi simple que cela. Surtout, pas un mot au sujet de ma blessure. Cela ne regarde pas Solédad. Si elle me questionne, je l'enverrai se faire foutre.

Notre retour à Gênes se fit sans aucune difficulté. Nous y passâmes la nuit et dès le matin nous reprîmes le chemin du retour vers la France. Je pouvais conduire sans aucun problème, ma blessure ne me faisait pas souffrir. Nous avions acheté plusieurs cadeaux genre souvenirs pour touristes. Cela pouvait toujours nous être utile en cas d'explications à la frontière. Mais tout se passa bien. Arrivé à Nice, je télégraphiai à ma femme : *Tout va bien... Tu es belle et je t'aime.*

Je savais que cette caresse de papier allait la tranquilliser. Nous prîmes un jour de repos dans cette ville, puis de nouveau la direction de Paris. En arrivant chez moi, le visage de Solé fut le témoignage des longues nuits sans sommeil qu'elle avait dû passer à m'attendre. Elle se précipita dans mes bras et me serra de toute sa force tout en m'offrant ses lèvres qui prirent le goût salé des larmes qui ruisselaient le long de son visage. Intérieurement je me traitais de salaud, mais je savais que je ne changerais pas pour autant ma façon de vivre. Au moment de nous mettre au lit, elle constata le pansement que je portais à la cuisse. Ses yeux me regardèrent tristement. J'allais lui dire quelque chose, mais elle eut un geste inattendu en posant deux de ses doigts sur mes lèvres comme pour m'interdire toute parole. Elle ne me posa aucune question et j'en fus satisfait, car je l'aimais passionnément, mais je n'avais aucun équilibre de vie à lui offrir. Elle espérait me voir changer et comptait sur la naissance de notre enfant pour cela. Elle était très près d'accoucher et constata avec joie que je restais plus souvent auprès d'elle. Je souhaitais cette naissance. J'en espérais quelque chose de nouveau. Mais rien ne présageait un changement dans ma façon de vivre. Je jouais de plus en plus et perdais d'énormes sommes d'argent. Ce vice du jeu était devenu une drogue ; j'en ressentais un plaisir malsain. Le tapis vert, les « bancos », l'ambiance tendue des joueurs attendant la bonne carte, tout cela était ancré à moi comme un chancre destructeur. J'y passais mes journées et très souvent une partie de mes nuits. J'avais perdu toute notion de la valeur de l'argent, que je dilapidais sans compter, étant certain de par ma profession de ne jamais en manquer. Guido m'avait fait une remontrance à ce sujet, car il n'aimait pas le jeu. Mais je n'en faisais qu'à ma tête et lui faisais remarquer que c'était mon fric que je perdais et pas le sien. Comme il ne voulait pas de dispute entre nous, il avait fini par ne plus rien me dire.

Dans la matinée du 7 juin 1961, Solédad fut prise de douleurs. Je la conduisis à la clinique. Une heure après, elle était dans la salle d'accouchement. J'avais demandé au toubib de m'autoriser à assister à la naissance de mon enfant. Il accepta. Solédad souffrait énormément, mais ses yeux ne me lâchaient pas. Elle me sentait proche d'elle, mon regard lui donnait la force de pousser pour activer sa délivrance. Et puis l'enfant naquit. Je vis sortir une petite tête brune, puis le corps suivit. Je regardais ce spectacle avec émerveillement. C'était une fille et j'en étais heureux, car je n'avais aucune préférence au sujet du sexe de mon premier-né. Je regardais son petit corps humide et ridé ; elle poussa une gueulante pour me montrer qu'elle était bien vivante. Mon visage s'illumina de joie et de fierté. Je l'imaginais déjà à l'âge de ses premiers pas, avec ses longs cheveux de poupée brune et ses premières paroles qui ne pourraient être qu'un « papa » timide et doux. Elle allait être ma petite princesse. Pour l'instant, son petit corps gesticulait dans les mains du médecin accoucheur. Je ne pus m'empêcher de dire :

— C'est beau, hein, toubib ?

— Oui, c'est beau de donner la vie !

On termina la toilette de Solé. Son visage était reposé. Tendrement je lui pris la main et déposai un baiser sur ses lèvres fiévreuses.

— Es-tu heureux ?

— Plus qu'heureux ! Notre fille est magnifique ! Tu vas voir comme nous allons être bien tous les trois.

Son regard exprimait la lassitude. C'est tristement qu'elle ajouta :

— Tu crois sincèrement que nous le pourrons ?

J'avais compris l'allusion. Toujours ce reproche continuel en rapport à mes activités. C'est presque méchamment que je lui répondis :

— Pourquoi pas !

— Oui... pourquoi pas !

Elle fut conduite à sa chambre. Elle eut une dernière supplique :

— Ne fais rien pendant que je suis là ; car s'il t'arrivait malheur j'en mourrais. Promets-le-moi.

— Je n'ai rien à promettre. Ne te fais donc pas de soucis. À demain.

Elle ne me répondit pas. Sur le chemin du retour, j'eus envie de revenir à la clinique pour lui faire les plus folles promesses. Et puis, l'orgueil faisant, je pris la décision d'aller rejoindre mes amis chez la mère Lulu et de fêter dignement la naissance de ma puce.

Nous fîmes une bringue à tout casser. Le champagne coulait à flots. Dans la soirée, plusieurs filles étaient à notre table. Je flirtais avec mes deux voisines et n'avais pas une seule pensée pour ma femme, et pourtant je l'adorais. Vers minuit, je dis à Paul :

— Allez, on va finir la fête chez moi.

Paul me regarda, étonné.

— Avec les filles ? me dit-il, surpris.

— Oui, avec les filles.

C'est de cette façon qu'à moitié saoul je me retrouvai avec deux jolies mômes dans mon lit. Je leur fis l'amour à toutes les deux. Paul, de son côté, s'envoya en l'air avec une grande blonde dans la chambre d'amis.

Il frappa à ma porte et entra sans attendre ma réponse. Il était nu, une bouteille de champagne dans une main, un verre dans l'autre. Il me regarda et me dit d'une voix que l'ivresse rendait comique :

— Et en plus il t'en faut deux !... Tu veux que je te dise une chose ?... T'es un salaud. Ta femme vient d'accoucher et tu montes ces deux putains chez toi, en plus tu les baises dans ton propre lit !

D'un geste théâtral il déposa sa bouteille dans le berceau blanc qui trônait au milieu de la pièce et se mit à le bercer. Il fit semblant de s'adresser à un poupon imaginaire et dit en chantonnant :

— Ton père est un salaud..., un maudit salaud... Nous sommes tous des salauds.

Puis, sérieusement :

— On n'avait pas le droit de faire cela chez toi. Dis à ces filles de foutre le camp, sinon c'est moi qui les sors.

J'étais dégrisé et je me rendis compte de la laideur de mon acte, car je n'avais jamais fait monter de filles chez moi auparavant. Je ne m'expliquais même pas mon geste. J'avais une drôle de façon de remercier ma femme de m'avoir donné une si jolie petite fille ! J'étais donc sans morale et sans respect pour celle que j'aimais. Je me permettais tout. Paul avait raison...

Gentiment je demandai aux filles de s'habiller et de partir. Ce qu'elles firent sans protester.

Resté seul avec moi, Paul me fit la leçon :

— C'est pas bien ce que nous avons fait là, et l'alcool n'est pas une excuse. Ici, c'est la maison de Solé et de ta fille. C'est pas un bordel... Au fait, comment tu vas l'appeler, la petite ?

— Sabrina, dis-je.

— Oui, c'est un beau prénom. Maintenant que tu as un enfant, ça change quelque chose pour nous ?

— Non, rien, tu le sais très bien.

— Alors tu ne verras pas grandir ta môme.

— Pourquoi dis-tu cela ?

— Parce que tôt ou tard on se retrouvera en taule et pour longtemps.

— Je sais, dis-je, mais c'est un risque à courir.

— Oui ! un risque pour elle de ne pas connaître son père. Enfin c'est ton problème et tu sais ce que tu fais.

Vers midi, il partit. De mon côté, je fis disparaître toute trace de présence féminine.

Pendant les cinq jours qui suivirent, je fus la plupart du temps auprès de Solédad. Une façon comme une autre de me faire pardonner ma soirée passée. Elle était radieuse. Jamais je n'avais été aussi prévenant avec elle. J'assistais à l'allaitement de ma fille avec admiration. Ce tableau était beau et je ne me lassais pas de le voir. Oui, j'étais amoureux de ma femme. Notre entente sexuelle était parfaite. Alors pourquoi d'autres filles que je baisais sans sentiment pour le simple plaisir d'en avoir une de plus ! Je n'avais aucune explication à me donner. Je trouvais cela normal, sans penser au mal que je pouvais faire à Solédad si elle l'apprenait un jour. Je me disais que cette façon de vivre faisait partie de mon milieu. Calibres, putes, alcool, jeu, vols..., quel bel héritage je préparais à cette enfant !

Elle quitta la clinique pour rejoindre notre appartement. C'est moi qui portais le petit corps fragile de Sabrina. Pour elle, j'aurais dû changer, mais j'étais trop engagé dans le crime pour envisager cette solution.

La naissance de ma fille me rapprocha énormément de mes parents. Nous allions très souvent dîner chez eux. Mes relations avec ma mère étaient meilleures. Mais tous deux ignoraient toujours mes activités marginales. Mon père ne cachait pas sa joie d'avoir une petite-fille. Ils aimaient bien Solé et croyaient que son contact m'avait changé. Il est vrai que la naissance de ma fille m'avait donné un peu plus de maturité, mais seulement en apparence ; car, intérieurement, j'étais toujours le même et je continuais à voler. Sur les conseils de Guido, j'avais effectué un cambriolage sans importance en dehors de Paris ; car, m'avait-il dit, si tu te fais prendre sur quelque chose de grave à Paris, tu pourras toujours espérer un transfert en province d'où il te sera toujours plus facile de t'évader. Le coup me rapporta peu, mais me fut utile. Ce conseil exploité treize ans plus tard devait me servir à réussir une évasion à main armée qui fut pour le moins spectaculaire.

À plusieurs reprises j'avais été dans l'obligation de partir à l'étranger pour des affaires. Les protestations de Solé n'y changeaient rien. En semaine, il m'arrivait de partir avec elle dans une maison de campagne que nous avions louée avec mes amis. Cette maison nous servait pour y entasser notre matériel. Elle possédait une très grande cave que j'avais transformée en salle de tir. À force d'entraînement, j'étais devenu un très bon tireur d'instinct. Avec Solé nous faisions de grandes promenades en forêt, nous y emmenions Sabrina. J'aimais cette tranquillité et cette odeur de sous-bois. Tant que nous étions seuls, Solé avait le sourire ; mais dès qu'un de mes amis venait me rejoindre elle devenait agressive et désagréable avec lui comme pour mieux lui faire comprendre qu'il dérangeait notre quiétude.

Une journée, Paul et Jacky me rejoignirent car nous avions projeté un coup dans la région. Solé était furieuse et, cette fois, oubliant toute prudence, me le montra vertement. Elle n'avait pas la mentalité truand et ne pouvait pas comprendre la gravité de ses paroles. Elle alla même jusqu'à prononcer des menaces lourdes de conséquences au moment de mon départ tout en se mettant devant moi :

— Cette fois, si tu pars, je vais à la police !

Je me demandais si j'avais bien entendu. Paul, me voyant devenir blanc de rage, me cria :

— Jacques !

Trop tard, j'avais frappé Solé à deux reprises. Elle s'écroula à mes pieds. La tirant par les cheveux, je lui fis monter tout l'escalier sur le dos jusqu'au premier étage. J'étais déchaîné, car sa menace me touchait comme une insulte et sa gravité devant mes amis pouvait mettre notre sécurité en jeu. Quand je sortis mon arme, Paul devint livide. Jacky nous avait rejoints et restait silencieux. Solé saignait de la bouche et me regardait, tout étonnée d'avoir déclenché une telle violence de ma part. La tenant par les cheveux, je lui renversai la tête et lui mis le canon sur la bouche :

— Écoute bien, salope, si mes amis me le demandent, je t'abats sur place.

Paul et Jacky, loin d'exiger un tel châtiment, essayèrent de me calmer ; mais je continuai sur ma lancée, l'arme toujours braquée sur sa tête :

— Si un jour tu t'avises seulement de proférer une autre menace du même genre, je te crève. Je devrais le faire tout de suite, mais je me porte garant de ton silence auprès de mes amis... Tu peux tout prononcer, sauf le mot *police* devant moi.

Agressivement belle, elle me fixa, les yeux noirs de haine, et me dit :

— Mais vas-y, tue-moi... Tu peux le faire, je veux mourir, je n'en peux plus de vivre de cette façon... Mais vas-y donc, tire si tu le veux !

Paul était catastrophé. Il me mit la main sur l'épaule :

— Il faut partir, nous n'avons plus le temps d'attendre. Laisse-la, elle se calmera toute seule.

Je lui remis deux gifles tout en lui disant :

— Si tu veux crever, tu as tout ce qu'il faut dans la salle de bains. Sers-toi... et bonne route... mais sois gentille, ne te rate pas.

Puis je lui tournai le dos, la laissant à sa souffrance et à ses larmes ; je savais que j'avais été très près de la tuer.

Jacky estimait beaucoup Solé ; cette scène lui avait fait mal, car il savait que je n'avais pas bluffé et que mes menaces étaient bien réelles.

— Allez, viens et oublie ce qu'elle t'a dit, c'est ses nerfs qui ont lâché. Tu sais très bien qu'elle ne ferait jamais une chose comme celle-là.

— Sûr que je le sais, mais ça m'a mis en rage. Si elle avait été un homme, je la liquidais.

— J'ai bien cru que tu allais le faire... Bon Dieu, que j'ai eu peur pour elle !

Tout au long de la route, je me sentis nerveux. Je n'aimais pas frapper Solé mais j'avais perdu tout contrôle de moi-même.

Vers minuit, nous fûmes de retour. Des circonstances imprévues ayant rendu notre projet impossible, il nous fallait le remettre à plus tard. Les lumières de la maison étaient allumées. La porte était ouverte. Je montai tout de suite dans ma chambre. Le berceau de Sabrina était vide. Je ressentis un choc au cœur et me mis à inspecter le premier étage. Arrivé à la salle de bains, j'aperçus le corps de Solé étendu sur le sol, plusieurs tubes de comprimés divers gisaient vides à ses côtés. Elle était inconsciente mais respirait. Sur le miroir, un grand *JE T'AIME* était écrit au rouge à lèvres. Mais c'est surtout pour ma fille que je fus inquiet. J'appelai mes amis :

— Vite, montez, elle a fait une connerie et je ne retrouve plus ma môme.

Paul et Jacky jurèrent en voyant le corps de Solé. Moi, j'étais redescendu à la recherche de ma petite. Sous la table de la table de la salle à manger j'aperçus le petit lit de voyage en toile qui nous servait pour transporter Sabrina en voiture. Elle était dedans et dormait du sommeil du juste. Tout de suite je la pris dans mes bras et me mis à sentir sa bouche pour y déceler une odeur médicamenteuse. Rien, tout était normal. Sabrina me regarda de ses petits yeux ronds et me fit une grimace qui se voulait un sourire. Je posai plusieurs baisers sur son front et la remis au chaud dans son lit. Sincèrement j'avais eu peur que

Solé n'entraîne ma fille dans son geste stupide. Je crois que si cela s'était produit je l'aurais achevée sur place. Car Sabrina représentait mon bien le plus précieux. Elle était ce qu'il y avait de pur et de beau. Elle incarnait mon contraire.

Jacky resta avec ma fille. Paul et moi, nous conduisîmes Solé dans une clinique de la ville. Arrivés sur place et après une brève explication, elle fut conduite dans une salle pour un lavage d'estomac. Le médecin revint me voir :

— Rien de grave, elle s'en tirera. Mais les marques qu'elle porte sur le corps méritent une explication et...

Je ne lui laissai pas le temps d'achever sa phrase :

— C'est moi, docteur, on s'est disputés et je l'ai frappée ; je n'en suis pas fier, mais c'est trop tard pour le regretter.

Il me fit la promesse de garder le silence sur cet événement et la liasse de billets de banque que je lui tendis soulagea très vite sa conscience.

— Donnez-lui votre meilleure chambre. Je reviendrai demain matin pour la voir. Ne la laissez sortir sous aucun prétexte.

Au matin je fus près d'elle. J'avais un peu pitié d'elle, mais mes premières paroles furent dures :

— Félicitations ! Tu tentes de te tuer et tu laisses la môme seule. Si par malchance je m'étais fait arrêter ce soir-là, personne n'aurait su que Sabrina était isolée dans cette maison avec le cadavre de sa mère au premier étage. Je crois que ta tentative avait pour seul but de m'intimider, car le toubib m'a assuré que tu n'avais rien avalé de très toxique. Tu n'avais qu'à prendre un de mes pistolets, tu ne te serais pas ratée. Il n'y aura pas de prochaine fois, sois-en certaine. Je n'aime pas le cinéma du faux suicide.

— Et Sabrina ? me dit-elle, le regard baissé vers ses draps.

— Je l'ai confiée à quelqu'un de sérieux. Tu ne la reverras qu'une fois tes idées de suicide oubliées. Tu vas rester ici plusieurs jours.

J'étais debout auprès d'elle et je me retenais à ne pas la prendre dans mes bras. Je n'étais pas mauvais dans le fond de moi-même, mais orgueilleux et violent à l'extrême. Elle eut le geste qu'il fallait faire. Elle posa sa main brûlante de fièvre sur la mienne et me dit d'une voix qui était un appel au secours :

— Pourquoi sommes-nous condamnés à nous faire souffrir l'un et l'autre ?... Pourquoi faut-il que je t'aime ? Ne me laisse pas ici. Emmène-moi s'il te plaît et comprends-moi... Mes nerfs ont lâché. Tu es si gentil et si délicat parfois ! Dès que tu es avec tes amis, je passe en second et tu n'es plus le même. Jacques, je suis malheureuse de t'aimer.

Je m'étais assis sur son lit et la laissais pleurer, sa tête enfouie au creux de mon épaule. Elle me faisait mal, car je ressentais sa souffrance. Doucement je pris sa tête dans mes mains. Je voulais l'apaiser, moi qui trois minutes plus tôt étais venu pour l'engueuler.

— D'accord, petite fille, je t'emmène, mais sais-tu ce que nous allons faire ?

Elle me répondit un petit « non » étouffé par ses sanglots.

— On va se marier si tu veux de cette brute pour mari. Tu l'as toujours désiré, alors on va le faire.

Ses yeux étaient devenus des fontaines.

— C'est vrai, dis ?... Tu ne dis pas ça pour me faire plaisir ?... Oh ! oui, que je veux t'épouser !

Au moment où le médecin entra, il nous découvrit lèvres soudées dans un baiser passionné.

— Oh ! pardon.

Puis, nous voyant sourire :

— J'aime mieux vous voir comme ça, petite madame.

— Je l'emmène, docteur ? Il n'y a aucune contre-indication ?

— Non, il n'y en a pas. Mais je désire vous parler seul à seul avant son départ.

Il me dit que Solé était actuellement très dépressive et qu'il me fallait être très calme avec elle pour l'aider à remonter la pente. Je lui fis la promesse de faire ce qu'il faudrait pour cela.

Pendant plusieurs jours nous vécûmes le parfait amour. J'avais demandé à mes amis de ne pas venir. Je fis revenir Sabrina à la maison. Nous fîmes la demande des papiers pour notre mariage. Comme elle était espagnole, il y avait certaines complications administratives et cela nous demanda beaucoup de temps pour tout réunir. Solé ne pensait qu'à ce jour. S'il m'arrivait de sortir la nuit pour aller rejoindre mes amis, elle ne me disait rien. Un soir, à la suite d'une bagarre, j'étais rentré avec du sang sur mes vêtements. Pas un mot. Je croyais rêver. Allait-elle enfin devenir une femme de truand qui évite de poser des questions, sachant qu'elles resteront toujours sans réponse ? Non, elle se forçait à ne rien dire. Mais sa souffrance et sa jalousie étaient les mêmes. Jamais elle ne put s'adapter à ma façon de vivre. Elle était trop possessive pour accepter de me partager avec mes amis, avec mon milieu, avec qui que ce soit.

Mes parents furent heureux de me voir me remarier. Ils en espéraient une stabilité dans mon comportement. Nous fîmes un agréable voyage de noces en montagne. Puis je repris mes activités de voleur malgré les protestations de Solé.

J'allais très souvent chez la mère Lulu. Son bar nous servait de lieu de rendez-vous. En apercevant mon alliance, d'un air interrogateur elle m'avait dit :

— La petite Espagnole ?

À ma réponse affirmative, elle avait hoché la tête.

— Elle n'est pas faite pour toi, trop bien et trop faible pour un type dans ton genre. Tu aimes trop ta liberté, mon grand... C'est une femme comme moi qu'il t'aurait fallu...

Puis, tout sourire, en faisant le tour de son énorme taille de ses doigts ornés de fausses pierres :

— Enfin ! Si tu étais venu il y a quarante ans. J'ai été belle femme, tu sais... Regarde ce qu'il en reste !

— Eh ! Lulu, pas de regrets... Tu sais que pour nous tous tu es toujours la plus belle.

Puis, moqueur :

— Tu as juste quelques kilos en trop, mais si peu !

Elle aimait que je me moque de son poids et n'en faisait aucun complexe.

Un soir, des types de passage et enragés par l'alcool s'avisèrent de l'insulter. Il s'ensuivit une terrible bagarre, des coups de couteau furent donnés. Paul se retrouva avec un bras cassé par le choc d'un tabouret et moi avec un coup de lame dans l'avant-bras. À l'arrivée de la police, nous étions loin. Mais un des types était resté sur le carreau, vivant, mais salement ouvert sur le bas-ventre. Je pris la décision de ne plus mettre les pieds chez Lulu pendant un certain temps.

Avec mes amis nous formions une bonne équipe et tout marchait parfaitement bien depuis plus d'un an. Je trafiquais un peu sur les montres en or qui nous venaient de Suisse. J'avais eu en mains des faux dollars venant du Mexique mais leur fabrication était imparfaite et je n'avais pas voulu m'engager. Petit à petit je commençais à être respecté dans les endroits où je me présentais car je ne passais pas pour un tendre. À plusieurs reprises j'étais intervenu pour des amis ou des nouvelles relations avec qui je voulais faire affaire. La nuit, j'avais pris pour habitude d'être constamment armé de mon calibre 45 pendant mes déplacements. Guido était parti faire un voyage dans son pays natal, la Sicile. C'est donc avec Jacky que je fis la paie d'une société de dessin industriel et cela sans armes apparentes. Nous avions tout simplement assommé le comptable dans l'escalier au moment où il montait pour remettre l'argent au chef de distribution. Le coup avait réussi parfaitement bien, mais j'avais été étonné de voir le comptable se défendre de façon farouche. J'appris par la suite pourquoi il se refusait à lâcher sa serviette de cuir contenant l'argent. La police, étant certaine que le renseignement avait été donné par quelqu'un du personnel, fit faire une enquête complète sur bon nombre de personnes, dont le comptable victime de notre agression. On se rendit compte qu'il possédait plusieurs appartements en propriété. Après vérification de sa comptabilité, on découvrit que depuis plus de quinze ans il escroquait sa société. Il fut arrêté et passé à tabac par la police qui était persuadée que c'était lui qui avait orchestré sa propre attaque. Nous étions bien placés pour savoir qu'il n'y était pour rien. Nous fûmes navrés que notre attaque déclenche la fin de sa carrière d'escroc. Mais nous comprîmes mieux son acharnement à se défendre. Il savait que cela allait déclencher des vérifications dont il serait la première victime. Cette histoire nous fit toujours sourire : le patron de la société devait nous bénir d'avoir eu la bonne idée d'attaquer son comptable, cela lui revenant nettement moins cher que quinze ans d'escroquerie.

Noël arriva, nous étions fin 1961. Pour Sabrina, nous fîmes une fête de famille. J'avais pris plaisir à confectionner son premier arbre de Noël. Elle avait un peu plus de six mois et j'en étais fou d'amour. Je m'amusais à faire le clown pour lui arracher un sourire. J'étais admiratif quand ses petits doigts serraient mon index avec force ou qu'un rot sonore m'annonçait la fin de son repas. Solé me regardait faire et je savais qu'elle était heureuse de voir mon bonheur d'être père. Nous nous disputions moins souvent, mais son attitude était devenue de plus en plus hostile vis-à-vis de mes amis. Comme la fin de l'année était proche, je lui avais demandé ce qu'elle voulait comme cadeau.

— Je n'en désire qu'un seul et tu sais lequel, m'avait-elle répondu.

Oui, je savais ce qu'elle voulait, et ça, j'étais incapable de le lui offrir, je n'en envisageais même pas la possibilité.

Un matin, Paul vint me chercher chez moi. Solé me demanda de ne pas partir, me disant qu'elle sentait qu'il allait m'arriver quelque chose. Je n'eus qu'un sourire pour répondre à son angoisse et franchis la porte de mon appartement en lui disant « à ce soir ».

Paul me fit rencontrer des relations qu'il s'était faites en dehors de notre groupe. Je les connaissais vaguement. Avec eux il avait projeté une attaque de banque. Avec son bras cassé il lui était impossible de participer à l'agression et il m'avait demandé d'accepter de prendre sa place. Cela ne m'enchantait pas, mais j'avais dit oui uniquement pour lui rendre service. Je roulais avec la voiture de mon père, car il m'avait chargé de lui trouver un acheteur. L'un de mes nouveaux complices eut la mauvaise idée de me dire que nous pourrions utiliser cette voiture en camouflant simplement les plaques d'immatriculation avec de la boue. Elle avait l'avantage une fois le coup fait d'être insoupçonnable vu l'honorabilité de mon père. Je n'étais absolument pas d'accord. Je voulais bien m'en servir comme voiture-relais, mais pas pour l'agression. Nous nous mîmes donc d'accord pour qu'un véhicule soit volé dans une ville proche de l'endroit de la banque visée et de nous servir de la mienne une fois le coup fait. Nous gardâmes l'idée du camouflage avec de la boue comme bonne. L'un des amis de Paul ne me plaisait pas ; avec sa gueule de bravache, il ne m'inspirait aucune confiance.

Il me dit que dans cette affaire c'était lui qui devait conduire et qu'il allait s'occuper de voler une voiture. Il m'expliqua en détail l'attaque de la banque et les positions à prendre. C'était un crédit populaire dans une ville de province, Le Neubourg. Cette ville se trouvait à vingt kilomètres de la propriété de mes parents. Je vis l'avantage que nous pouvions en tirer en y passant la nuit une fois le coup fait. Il fut décidé d'attaquer juste avant la fermeture. Nous partîmes donc pour la propriété. Sur place, nous mîmes tout en ordre et nous vérifiâmes nos armes. Une heure avant le départ, celui qui devait aller voler une voiture prit la direction de la ville pour nous en ramener une. La nuit tombait très vite car nous étions en hiver. Quand je le vis revenir à pied et sans véhicule, je ne pus m'empêcher de dire :

— Et alors ! Où elle est, ta charrette ?

— J'ai pas pu en prendre. J'ai même failli me faire prendre au moment où j'en crochetais une. Il y avait trop de monde sur le parking.

— Tu plaisantes ou quoi ? Avec quelle voiture on va faire ton coup ?

— On peut prendre la tienne, on va bien la camoufler... Tu verras, il n'y aura pas de problème.

J'étais furieux et avais bien envie de l'envoyer se faire foutre et de rentrer chez moi. Mais je pensai à Paul, et puis, à bien y réfléchir, il n'y avait pas grand risque. Il fut juste décidé de garer la voiture un peu éloignée de la banque. Arrivés sur place, nous devions nous séparer et nous rendre à pied en direction de la banque pendant que le chauffeur prendrait position sur la place de l'église.

Le départ fut décidé. Nous arrivâmes comme prévu et nous nous séparâmes. Rendu très proche de la banque, je vis bien notre voiture garée, mais personne au volant ni à côté. Par contre, des gendarmes à pied patrouillaient le secteur. Je ne vis pas non plus mes deux complices qui devaient m'épauler. Je commençais à être inquiet, car rien ne se passait comme prévu et les gendarmes me donnaient l'impression de rechercher quelqu'un. Je pris vite une décision quand je vis qu'ils demandaient les papiers à plusieurs personnes, et entrai dans un magasin d'alimentation. Avec des provisions dans les mains, je pouvais toujours laisser supposer que je demeurais dans cette ville et ainsi éviter d'attirer l'attention. Je pris un sac de fruits et un pain, puis sortis. Les gendarmes étaient encore plus nombreux et j'en aperçus un qui tournait autour de ma voiture et regardait les plaques d'immatriculation. Je ne voyais aucun de mes complices à l'horizon. Je pris la direction d'une rue sombre et fis glisser mon pistolet dans le sac de fruits. Je venais juste de terminer mon geste qu'une voix m'interpella :

— Hé ! vous là-bas, venez un peu par ici.

C'étaient deux gendarmes. Très naturellement j'allai à leur rencontre. Ils avaient l'air méfiant mais pas agressif.

— Vous avez vos papiers d'identité ?

— Bien sûr, vous voulez les voir ?

— Non, mais veuillez nous suivre pour une vérification.

J'étais confiant et, tout en les suivant, je profitai qu'ils marchaient devant moi pour me débarrasser de mon sac à fruits en le laissant glisser dans le caniveau. J'aurais pu fuir, mais je n'avais rien à me reprocher et je préférais risquer une vérification maintenant que je m'étais débarrassé de mon arme.

Un fourgon de gendarmerie était garé sur la place. On m'y fit monter. J'eus la mauvaise surprise d'y voir un de mes complices. Je fis comme si je ne le connaissais pas. Arrivés à la gendarmerie, on me demanda de vider mes poches. Tous mes papiers furent posés sur la table, même la carte grise de la voiture. On me fit attendre dans une petite pièce sans autre explication. Devant ma protestation, on me dit de « fermer ma gueule », ce qui ne présageait rien de bon. Vingt minutes plus tard, c'est quatre gendarmes furieux et nerveux qui se précipitaient sur moi et me mettaient les menottes dans le dos. Ils me conduisirent au bureau de leur chef. L'un d'eux me braquait sa mitraillette dans les côtes et m'insultait avec rage. Je le voyais dépassé par les événements. Je me demandais bien ce qui pouvait motiver ce brusque changement. Je n'allais pas tarder à le savoir.

Ma voiture avait été retrouvée et les plaques maculées de boue comparées avec la carte grise. On avait fouillé le véhicule. Mes deux autres complices, non contents d'avoir abandonné ma voiture, avaient laissé leurs armes dedans ainsi que deux masques. Je compris que je venais de tomber dans un beau merdier dont il me serait difficile de sortir. Il me fallait préparer une explication, car le chef des gendarmes s'était levé et perdait tout contrôle. Il me traitait de gangster, de tueur. Il m'avait attrapé par le revers de ma veste et me secouait comme pour faire tomber mes aveux à l'image de fruits trop mûrs. De mon côté, je jouais les innocents et préférais me taire, car de répondre à un excité au milieu d'un groupe d'autres excités, c'était à coup sûr le passage à tabac dans les règles de l'art. Je pouvais déjà envisager cette éventualité : j'avais bien l'intention de ne rien dire, même si j'allais devoir payer à cause de ces deux salauds qui avaient abandonné leurs armes avant de fuir en sachant très bien qu'ils me mettaient tout sur le dos par leur lâcheté. Je n'eus pas le temps de réfléchir longtemps que la porte s'ouvrit. J'entendis un gendarme dire triomphalement :

— On les tient.

Je vis mes deux complices menottés et escortés passer devant moi. Je n'y comprenais plus rien. Nous étions tous les quatre arrêtés en douceur et dans la plus grande confusion. Tout de

123

suite je me mis à penser que j'avais été invité sur un coup indiqué aux flics. Je ne voyais pas d'autre possibilité.

L'explication était plus simple. Un gendarme en civil avait suivi notre voiture deux kilomètres avant notre arrivée dans la ville. Il avait remarqué que les plaques d'immatriculation étaient sales et illisibles. Le fait que quatre hommes occupaient le véhicule lui avait semblé louche et laissé supposer que la voiture était volée. Il nous avait vus descendre, nous séparer et s'était rendu compte que la voiture allait se garer pas très loin de la banque. Sa perspicacité avait fait le reste. Il avait prévenu ses collègues qui patrouillaient dans la ville et l'alerte générale avait été donnée. L'un de mes complices, en voyant ce déploiement de force, avait rejoint le chauffeur et, au lieu de se sauver avec ma voiture et de jeter leurs armes dans la nature, ils l'avaient abandonnée sur place en y laissant leur arsenal et étaient partis à pied sur la route pour se faire arrêter au moment où ils faisaient du stop à une voiture civile pleine de gendarmes. L'agitation de la gendarmerie était à son comble. Tout le monde parlait. Moi, je n'espérais qu'une chose, c'est que pas un seul de mes complices n'ouvre sa gueule, sinon nous étions bons pour quinze ans de taule. J'étais prêt à prendre les armes à mon compte pour éviter que les autres ne paient le coup s'il le fallait. Ce n'était pas le moment de se faire des reproches, mais plutôt celui de se préparer une défense solide.

Du regard je leur fis comprendre, du mieux que je pouvais, qu'il fallait la fermer et me laisser faire. On nous sépara. J'étais le plus jeune, l'interrogatoire commença donc par moi. Cette fois, c'était un commandant de gendarmerie qui me parlait ; ni agressif ni violent, il essayait la méthode douce.

— Connaissez-vous les trois hommes que l'on a arrêtés en même temps que vous ? Je tiens à vous prévenir qu'un de mes hommes vous a vus ensemble dans la voiture qui me semble être celle de votre père. Cette affaire peut vous coûter très cher, car les masques confirment que vous vouliez commettre une agression.

— Commandant, je n'ai pas l'intention de vous répondre et je ne vois pas de quels hommes vous voulez parler.

— Mais cette voiture est bien celle de votre père ! Nous avons vérifié. Je l'ai même eu au téléphone. Il m'a dit qu'il vous avait chargé de la vendre. Alors ! Vous n'avez toujours rien à dire ?

— Toujours rien, je veux juste téléphoner à un avocat.

Je n'eus pas le temps de terminer ma phrase que je reçus un coup de poing derrière la tête qui m'envoya valser en avant. Comme j'avais les menottes dans le dos, j'atterris sur le bureau du commandant, le ventre en avant. On me fit reprendre ma position en me soulevant par les cheveux. Le coup m'avait surpris et fait très mal ; je fulminais de rage.

— Bande d'enculés ! Si vous croyez que cela va changer les choses ! Allez vous faire baiser..., fils de chienne.

Celui qui m'avait frappé allait remettre ça. Mais son commandant le stoppa d'un ordre sec :

— Remettez-le en cellule et faites venir les autres. Peut-être seront-ils plus bavards.

En pleine nuit on vint me chercher et je fus emmené à Louviers, où mes parents avaient une propriété. Je commençais à être très inquiet. Pourvu qu'aucun des trois autres n'ait parlé ! pensais-je. On me laissa toute la nuit dans une cellule humide et sans nourriture. J'avais mal derrière la tête. Dire que si mes complices n'avaient pas laissé leurs armes dans la voiture rien de tout cela ne se serait passé, car les papiers de la voiture étaient en règle et le fait d'avoir de la boue sur mes plaques ne pouvait constituer un délit. Se faire prendre de cette façon, c'était trop stupide ! Ce que l'avenir me réservait ne me réjouissait pas. Je me mis à penser à Solé qui m'attendait. L'avait-on prévenue de mon arrestation ? Cette fois, elle ne me verrait pas revenir. J'étais malheureux pour elle. Ma situation me fit comprendre que nous allions être séparés pour très longtemps et j'en eus mal dans le plus profond de moi-même. Dans le noir de ma cellule, je m'entendis dire : « Pardonne-moi, petite fille, du mal que je vais te faire, tu avais raison. Cette fois, c'est terminé. » Pourvu qu'on ne l'arrête pas, pensais-je, pourvu que la police ne la croie pas complice de mes actions ! Toute la nuit ne fut que torture mentale au sujet de ma femme. Trop de questions restaient sans réponse. Je comprenais combien elle allait me manquer. L'humidité de la couverture qui me recouvrait me fit ressentir encore plus ma solitude et je me mis à penser au corps brûlant de Solé, à ses caresses amoureuses, à tout ce dont j'allais être séparé par ma seule faute. Je m'étais fait prendre comme un imbécile et j'en voulais à Paul de m'avoir présenté de tels partenaires.

Au matin, on me fit de nouveau subir un interrogatoire. Devant mon silence, le commandant de gendarmerie m'informa qu'on allait faire une perquisition dans la propriété de mes parents et que je devais y assister. Il me montra aussi le pistolet que j'avais largué dans le caniveau.

— On a retrouvé cette arme à l'endroit où mes hommes vous ont intercepté. Cela en dit long sur les projets que vous aviez, car il y avait une balle dans le canon. Vous allez peut-être me dire qu'il n'est pas à vous...

Je ne lui répondis même pas. Il donna l'ordre du départ. On me fit monter dans la voiture avec seulement deux gendarmes d'escorte en plus du commandant. Arrivés sur place, le commandant fit garer la voiture sur la route qui bordait la propriété et entra avec moi, suivi d'un seul gendarme. Tout de suite je pris la résolution de tenter ma chance si l'occasion se présentait. Il commit l'erreur de me faire enlever mes menottes. Je me faisais soumis et doucereux pour les mettre en confiance. J'avais en réalité les nerfs tendus.

Après avoir fouillé rapidement le rez-de-chaussée, il me donna l'ordre de monter au premier. Je vis tout de suite que la clef de ma porte de chambre était enclenchée dans la serrure côté palier. Une idée folle me passa par la tête. Il me fallait tenter ma chance.

— Commandant, je sais que vous allez les trouver, alors autant vous le dire tout de suite : j'ai des armes dans mon armoire de chambre.

Il eut un sourire vainqueur.

— Alors... on se décide enfin à être raisonnable ?

— Je crois que c'est mieux pour moi... Tenez, c'est par ici.

Ils s'avancèrent et pénétrèrent. L'armoire était tout au fond de la pièce. Le commandant l'ouvrit. Effectivement il vit une carabine. Son collègue se pencha pour regarder par-dessus son épaule.

— Et sous les boîtes de carton... j'ai deux revolvers... Attention, commandant, ils sont chargés. (Ce qui était totalement faux, car je n'avais absolument rien de caché à cet endroit.)

Il s'agenouilla et commença à fouiller. J'avais reculé en silence, et brusquement, les voyant tous les deux occupés à chercher, j'avais bondi sur la porte que j'avais refermée violemment sur eux en tournant la clef dans la serrure. Je me mis à débouler l'escalier à toute vitesse, sautant les marches trois par trois pour aller plus vite. Je n'eus que le temps de les entendre hurler leur colère. Le gendarme qui était dehors à attendre se précipita vers la porte principale, l'arme à la main. De mon côté, j'étais passé par la porte arrière de la maison. La propriété était entourée d'un haut mur que je franchis en sautant de l'autre côté. Je me reçus mal et mon pied tomba en porte à faux. Je ressentis une vive douleur, mais continuai ma course folle. Apercevant la voiture des gendarmes vide, je me précipitai dans l'espoir de pouvoir m'échapper avec. Les clefs n'étaient pas sur le contact. N'ayant plus une seconde à perdre, je me mis à courir en direction des champs dans l'espoir d'atteindre la forêt. Après avoir parcouru deux cents mètres, mon pied lâcha et je m'étalai de tout mon long. La face contre terre, j'haletais, j'étais à bout de souffle. Au moment où je me relevais, j'entendis un bruit de moteur et des portes qui claquaient. Je traînai la jambe, mais avançai quand même. Me retournant, je vis que trois gendarmes étaient à moins de soixante mètres de moi. J'étais en sueur, épuisé, mon pied me faisait souffrir atrocement. C'est la voix du commandant qui m'ordonna :

— Arrête-toi, petit... Ne m'oblige pas à te tuer... Mais arrête donc, bon Dieu !...

Je ne pouvais plus courir, mais continuais d'avancer en direction de la forêt. Trois détonations rompirent le silence et le sifflement des balles me passa très près des oreilles. Cette fois, je cessai ma course.

Les trois gendarmes m'avaient rejoint et soufflaient comme des bœufs.

Je m'attendais à prendre des coups. Mais, au contraire, c'est le commandant qui prit la parole sans méchanceté après m'avoir fait remettre les menottes.

— Mais tu es dingue, petit, pourquoi as-tu fait cela ?... J'aurais pu t'abattre.

— Je n'ai pas envie d'aller en taule, dis-je, n'ayant pas trouvé d'autre argument.

— C'est pourtant là que tu vas aller et pour longtemps !

Je fus ramené à la gendarmerie sans avoir subi aucune violence. Mais, quand celui qui m'avait frappé la veille m'aperçut, il ne put retenir sa rage.

— Si j'avais été là, mon salaud, c'est dans la tête que tu les aurais reçues, les balles..., pas en l'air.

La colère me prit :

— Mais va donc te faire baiser une bonne fois, maudit chien !

Je crus qu'il allait s'étrangler. Rouge de fureur, postillonnant, les yeux fous, il ne se contrôlait plus.

— Quoi ! C'est à moi que tu dis ça, salopard !

Son poing partit en direction de ma figure, mais rencontra mes menottes. De mon côté, oubliant mon pied blessé, je voulus lui décocher un coup de pied dans le bas-ventre ; mais, prenant appui sur ma jambe gauche, je perdis l'équilibre sous la douleur. Je n'eus que le temps de voir que d'autres gendarmes retenaient le forcené, m'évitant de ce fait une sévère correction, car je n'étais ni en position ni en état de me battre. Le commandant, alerté par tout ce vacarme, arriva : après avoir constaté la scène, il donna des ordres très secs et me fit mettre dans une autre pièce.

Dans la soirée, je fus présenté au juge d'instruction. Devant mon refus de répondre hors de la présence d'un avocat et après avoir entendu l'explication de ma tentative d'évasion, il m'informa que j'étais sous mandat de dépôt. Mes associés prirent le même chemin.

En franchissant les hauts murs de la prison d'Évreux, le premier contact me glaça le sang. Tout était froid et hostile, même le regard des gardiens me paraissait sans vie. Quand on me fit mettre complètement nu pour la fouille et que le chef m'ordonna de me baisser en avant, de lui présenter mon cul, d'écarter les jambes et de tousser, j'eus envie de protester. Mais j'étais trop las et je compris très vite que je n'avais pas intérêt à jouer les révoltés. Cette séance de fouille était humiliante et mon orgueil en prenait un bon coup. Je crois que si j'avais été armé je les aurais tous fait mettre « à poil » et que j'aurais tiré dans le tas pour laver l'affront que j'avais ressenti. Je n'avais absolument rien mangé depuis le matin, on me donna juste un bout de fromage avec un morceau de pain. Mon pied était enflé et prenait une mauvaise couleur. Quand je fis remarquer au gardien que je pouvais à peine marcher, sa réponse fut sèche et impersonnelle :

— On verra ça demain !

Après m'avoir donné deux couvertures et des draps, on me conduisit dans un grand hall. Il y régnait un silence d'église. De voir toutes ces portes numérotées, fermées et alignées comme les casiers d'une morgue, d'imaginer que derrière ces portes des hommes n'avaient pour tout univers que l'oppression cellulaire et la solitude, de sentir qu'ici l'homme survivait faute de vivre, de découvrir ce qui m'attendait me fit comprendre enfin ce que représentait la perte de sa liberté.

On stoppa. Le gardien tourna une clef dans la serrure. J'entrai dans ce qui allait être ma cellule. Trois mètres sur deux de froidure et d'humidité. Les murs épais qui m'entouraient sentaient le malheur, les larmes et la souffrance. Quand la porte se referma, cela me fit l'effet d'une dalle de tombeau. Entre ces murs, j'étais certain que quelque chose allait mourir en moi. Seul avec ma souffrance, je me mis à penser à ma femme. Peut-être allais-je perdre son amour ? Il faut être séparé pour ressentir et comprendre l'importance d'être ensemble.

Non, je n'avais pas le remords de mes actes passés. Le remords n'est qu'un épouvantail planté par la morale aux frontières du mal. Regretter, c'est admettre que l'on s'est trompé. J'avais trop réfléchi sur ma façon de vivre pour admettre, maintenant que j'étais pris, mon erreur de jugement. Cette finale était inévitable ; depuis plus de deux ans j'avais fait du vol un métier, j'avais même tué pour régler mes comptes et ceux de mes amis..., alors aujourd'hui ce n'était pas le temps des regrets mais celui de payer.

Je ne pus dormir de toute la nuit. Au matin, ma porte s'ouvrit pour la distribution du café, qui n'était rien d'autre qu'une eau noire sans goût et sans odeur. Ma cellule à la lumière du jour était sale avec ses murs délavés couverts de graffiti. J'appris ainsi en les lisant que « Pierrot aimait Nina », que « Bébert était un pédé », que « Nanard avait passé six mois dans cette cellule », autant de messages anodins laissés là par des hommes qui n'avaient trouvé que les murs pour confidents. De ma fenêtre j'aperçus le mur de ronde qui me séparait de la liberté. Ma pensée s'envola vers Solé et Sabrina. Paul avait eu raison dans sa prédiction : « Je ne la verrai pas grandir. »

Je savais qu'ayant appris mon arrestation mes amis s'étaient occupés de moi pour me procurer un avocat, et cela en passant par mon père, comme nous en étions toujours convenus ensemble.

Je ne pouvais même plus mettre mon pied à terre. Pour seul soin, on me fit un bandage sans se préoccuper si j'avais le pied déboîté ou cassé. J'étais écœuré de constater qu'une fois enfermé l'homme détenu est considéré comme inexistant. Il perd beaucoup plus que sa liberté, il perd le droit de s'exprimer. Je vis celui qui devait être mon avocat. Il me signifia que mon père lui avait demandé de prendre ma défense. Ensemble nous mîmes en route mon plan de défense, qui se révélait fort simple. Je prenais toutes les armes à mon compte et affirmais que les autres n'étaient pas au courant de ce que je transportais. Même si cette explication était un peu simpliste, elle pouvait réduire mon accusation à un port et transport d'armes prohibées et faire libérer mes associés d'un jour. Mon avocat voulut en savoir plus long. Fermement, je lui fis comprendre qu'il fallait suivre mes instructions et être un peu moins curieux.

Toute la semaine se passa à attendre une lettre de ma femme. Je me demandais comment elle avait encaissé le coup. De mon côté, je commençais à accepter ma situation. Les gardiens, qui maintenant connaissaient mon histoire par la presse locale, me traitaient sans animosité. Il me fallut plus d'un mois pour recevoir ma première lettre. Solé m'exprimait sa souffrance et ses reproches. Mais elle donnait l'impression d'avoir été surprise par mon arrestation. Elle terminait en me jurant qu'elle m'attendrait ; ce qui provoqua un sourire amer de ma part, car je n'étais plus maître de mon destin ni du temps de mon absence. Le mot « fidélité » me laissait songeur, car une absence trop prolongée n'est pas compensée par les caresses de papier que sont les lettres d'amour. Je ressentis une certaine jalousie à savoir que Solé pouvait se trouver un jour dans les bras d'un autre. Mes rêves furent peuplés de crimes passionnels où je la surprenais avec celui qui avait pris ma place, je les abattais tous les deux et, les mains pleines de sang, je sortais ma fille de son berceau pour fuir dans un couloir sans fin où les rires de Solé me poursuivaient comme pour se moquer de mon geste stupide. Au matin, je me réveillais mal à l'aise et toute la journée cette obsession me faisait mieux comprendre ce qu'avait ressenti Solé durant mes absences prolongées.

Notre premier parloir fut dramatique. Elle ne fit que pleurer et me dire qu'elle m'aimait. Elle avait été interrogée par la police au sujet de mes relations et amis. Elle s'était conduite parfaitement bien en jouant la surprise totale en rapport à mes activités.

Devant sa détresse, je fus très dur. Mes rêves se superposaient à la réalité de son amour. Je la voyais avec d'autres yeux.

— Ne m'attends pas, refais ta vie..., furent mes paroles.

Mais mon cœur pensait : « Je t'adore... Attends-moi. »

Même en prison, je voulais rester maître de la situation et garder mon ascendant sur elle. Derrière ces grillages qui nous séparaient, j'avais envie de lui gueuler mon amour, de lui dire que j'en crevais de douleur d'être séparé d'elle. Mais mon orgueil m'interdisait cette faiblesse ; ma dureté servait de masque à ma souffrance. Elle m'informa qu'elle allait vivre chez mes parents.

— Ne crois pas que je sois dupe, me dit-elle. Dans le fond de toi-même, tu souffres..., je le sais, je le sens. Peut-être comprendras-tu plus facilement les tourments que j'ai ressentis en t'attendant durant les longues nuits que tu passais avec tes amis en dehors de ta maison.

Le gardien nous informa que le parloir était terminé. Cette séparation brutale me fit mal. J'avais trop de choses à lui dire, trop d'explications à lui donner, on ne m'en laissait pas le temps. Au moment de regagner ma cellule, je sentis que mes yeux s'embuaient de larmes. Ce n'était pas sur mon sort qu'elles coulaient, mais sur la détresse que j'avais lue dans le regard de ma femme. Je me repris très vite et le gardien ne s'aperçut de rien. Il devait être habitué à ce genre de spectacle et je m'en serais voulu de lui offrir l'instant de faiblesse que je venais d'avoir.

Quelques jours plus tard, on me transféra dans une cellule où j'avais deux détenus pour compagnons. Il ne me fallut pas longtemps pour constater que l'un d'entre eux avait été placé là pour recueillir ou provoquer mes confidences. Il n'arrêtait pas de me poser des questions. Son jeu m'amusait. Petit à petit je laissais volontairement échapper de fausses informations, jouant ainsi le rôle du débutant cave et sans grande prudence. Pour vérifier ce que je supposais, je me mis à lui parler de mon cambriolage de Beaumont-le-Roger. Je lui expliquai tout par le détail, lui faisant croire que cela avait été ma première affaire. Le résultat ne se fit pas attendre, car six jours plus tard un commissaire vint m'interroger à ce sujet. Je savais très bien qu'il n'avait aucune preuve contre moi, mais je tenais à être jugé pour cette affaire. Car je savais que je risquais peu. En cas de grosse sentence pour les armes, il me serait plus facile de m'évader de ce petit tribunal de Beaumont-le-Roger et cela avec l'aide de mes amis. Je ne fis aucune difficulté pour reconnaître cette affaire que j'avais faite seul. Le commissaire qui m'interrogeait en fut tout surpris et pensa qu'il avait en face de lui un petit voleur sans grande personnalité. J'aurais bien aimé voir sa tête s'il avait connu mon palmarès. À ma grande satisfaction, il partit convaincu que j'étais un de ces petits voyous pas bien dangereux pour la société et qui se font prendre à leur premier délit.

Remonté en cellule, l'indicateur me regarda de son air mielleux.

— Alors, c'était quoi ?... Pas grave, au moins.

Mon poing partit et le toucha au foie. Il s'écroula. Je m'étais jeté sur lui, au grand étonnement de mon autre compagnon qui ne comprenait pas mon excès de violence. Je lui administrai une série de gifles à lui démonter la tête. C'est avec un sourire méchant que je lui dis :

— J'ai appris que tu changeais de cellule, ma salope... Alors fais vite et dégage d'ici.

Il ne demanda pas son reste et appela le gardien après que je l'eus laissé se relever. Effectivement il fut retiré après cet incident et un gardien me confirma que je ne m'étais pas trompé à son sujet. C'était bien un indicateur. J'eus une instruction. Le juge accepta mon explication sur les armes :

— Tout était à moi. Les autres ignoraient ce que je transportais. Oui, c'est bien moi qui conduisais.

Le résultat ne se fit pas attendre. Deux de mes associés furent relâchés, un seul resta incarcéré car on avait découvert un couteau à cran d'arrêt sur lui au moment de son arrestation. J'étais content du résultat, même si ces deux associés d'un jour étaient les responsables directs de tous mes ennuis.

Les jours passèrent, monotones, dans une cellule minuscule où nous étions obligés de vivre à trois. L'indicateur avait été remplacé par un petit voleur de mobylette. Il n'y avait qu'un seul lit. On me l'avait laissé, ce qui obligeait les deux autres à coucher sur un matelas à même le sol. Nous n'avions absolument rien à faire. Les jeux de cartes étaient interdits. Juste quelques livres nous étaient distribués une fois par semaine. On sortait une heure par jour dans une petite cour de ciment où nous nous retrouvions par groupes de six. Nos conversations n'avaient aucun intérêt. Nous marchions de long en large comme des pantins animés, sans but, sauf celui d'attendre le lendemain pour refaire les mêmes gestes en laissant les jours, les mois ou les années passer jusqu'à l'ouverture des portes sur une liberté tant espérée. Rien n'était fait pour notre réinsertion dans la société. Celui qui sincèrement voulait s'amender n'en avait pas la possibilité matérielle. Le peu de travail qui était distribué permettait tout juste au détenu de se payer son paquet de cigarettes chaque jour. Les hommes étaient exploités avec la complicité bienveillante de la direction. Celui qui était entré sans argent ressortait dans les mêmes conditions et n'avait comme seule solution que de commettre un autre délit pour vivre. Psychologiquement, cette détention était destructive ; pas d'éducateur pour ceux qui auraient voulu apprendre un métier, pas de service social et des soins médicaux quasiment inexistants. La société nous encageait et faisait de notre détention beaucoup plus un règlement de comptes qu'une dette à payer avec espoir de s'en sortir un jour. La discipline était rude et j'avais une très grande difficulté à me contenir devant les ordres stupides qui nous étaient donnés. J'avais la chance d'avoir de l'argent, ce qui me permettait de cantiner et d'améliorer notre ordinaire. Mes deux copains de cellule en profitaient.

Solé venait régulièrement me voir. Chaque parloir provoquait différentes réactions de ma part. Parfois tendre, parfois agressif et brutal dans mes paroles, je ne donnais pas l'impression de changer de caractère. Les deux gars que j'avais fait libérer par mon témoignage me remerciaient de mon geste. Je ne voyais pas pourquoi, car bien se conduire et fermer sa gueule était une chose normale, c'est le contraire qui ne l'était pas.

Mes parents avaient très bien réagi. L'aide qu'ils apportaient à Solé m'enlevait bon nombre de soucis. Pas de reproches, mais une grande compréhension. Ma mère venait très souvent me voir et essayait de m'arracher la promesse qu'à ma sortie de prison je repartirais sur une autre base. Comme je ne lui répondais pas, elle me disait tristement :

— Alors, tu n'as pas encore compris ?... Et ta fille, tu penses à elle ?

— Ici, je ne veux rien te promettre, maman, je préfère décider une fois dehors.

Elle repartait déçue, mais espérant quand même ce changement. Je trouvais mes parents admirables de m'avoir tendu la main au moment où j'en avais le plus besoin. Ils ne m'avaient pas tourné le dos. Cela m'offrait une chance de m'en sortir. Il fallait seulement que j'en aie le désir et surtout la volonté.

Un matin, le surveillant chef me convoqua pour me proposer la place de responsable du travail en cellule, car celui qui occupait ce poste avait tenté de se suicider. Cela consistait à trier et distribuer le travail, il me fallait aussi tenir la comptabilité. J'acceptai. Cette fonction changea ma vie en détention : je vivais maintenant dans une immense pièce qui servait à stocker les matières premières. On y avait nos lits, car j'avais trois autres copains pour m'aider dans mon travail. Cela me permit de me déplacer dans la détention. Je passais les messages d'une cellule à l'autre, en choisissant bien les détenus à qui je rendais ce service. Je trafiquais un peu avec certains gardiens qui me rentraient alcool, cigares et viande froide au nez et à la barbe de la direction. Comme je faisais sérieusement mon travail, j'avais la paix.

Après un parloir mouvementé où j'eus une dispute avec Solé, je faillis rompre avec elle. Maintenant elle se sentait forte et pouvait provoquer ma colère sans grand risque. J'étais furieux et avais quitté le parloir avant le temps réglementaire en lui disant :

— Va te faire voir ailleurs. Même ici ce n'est pas toi qui dirigeras ma vie !

Et puis je lui avais tourné le dos. Arrivé dans la pièce où je vivais, je pris toutes les photos et les déchirai rageusement. Ce geste apaisant était stupide et je le savais. On ne détruit pas le passé en détruisant les clichés qui ont été faits des instants de bonheur que l'on a connus. Pendant un mois je ne reçus aucune lettre. De mon côté, je fis de même. Pas de parloir non plus. Ma facilité d'oubli m'étonna. N'ayant plus de contact avec ma femme, j'en arrivais à ne plus penser à elle. Ma mère m'apprit qu'elle avait fait une dépression nerveuse. Une lettre timide de sa part refit les travaux d'approche. Son message d'amour remit tout en ordre... et notre amour repartit de plus belle. Elle me renvoya d'autres photos d'elle et surtout une de ma fille. Je restais des heures à contempler ma môme. Pour elle, je me sentais capable de changer ma façon de vivre. Je me sentais coupable de ma non-présence.

Mon avocat m'informa que mon affaire de cambriolage passait avant mon affaire d'armes. Ce qui ne m'arrangeait pas, car tel n'avait pas été mon but premier en reconnaissant cette affaire. Présenté au tribunal, je fus condamné à un an de prison. Deux mois plus tard, ce fut le tour de mon transport d'armes.

Le palais de justice de province était peu gardé, seulement quelques policiers.

En descendant du fourgon, j'eus le plaisir d'apercevoir mes amis et cela me réconforta. Menottes aux mains et chaînes aux pieds, j'avançai à petits pas. Paul se précipita sur moi et m'embrassa amicalement tout en me disant d'une voix étouffée :

— Nous sommes tous là ! Si tu veux, on bouge ?

Il n'eut pas le temps de m'en dire plus, car les gendarmes d'escorte nous séparèrent, visiblement surpris de son intervention.

— Allez, circulez...

— C'est mon cousin, brigadier, ne vous fâchez pas.

L'incident en resta là.

L'avocat m'avait affirmé que je ne risquais pas plus d'un an, n'ayant aucun antécédent judiciaire. Cela ne valait donc pas la peine de prendre des risques. Je n'avais pas aperçu Guido. Par la suite, j'appris qu'il était dehors à attendre au volant d'une voiture rapide, la malle arrière bien fournie en armes.

Le procès fut sans intérêt. Une comédie sans style, jouée par de mauvais acteurs. La justice a du mal à se faire prendre au sérieux quand les fantoches qui la dirigent sont sans talent. Ma sentence fut prononcée : un an et demi, ce qui me valait le maximum de la peine. J'obtins la confusion avec le « un an » précédent. Je considérai que je m'en tirais assez bien et, devant le peu de temps qu'il me restait à faire, je chassai tout projet d'évasion de mon esprit. Mon associé au couteau se retrouva avec six mois. Quand je pris le chemin du retour, mes amis me firent un signe d'adieu au moment où je montais dans le fourgon. Je n'espérais qu'une seule chose, c'est que cette imprudence sympathique n'ait pas de conséquences pour leur sécurité future

Puis les jours et les mois passèrent. Je gardais un moral d'acier qui était bien dans ma nature optimiste. Solé me proposa de venir avec ma fille. Ce qui fut fait la semaine suivante. De voir Sabrina derrière le grillage de séparation, d'entendre son premier « papa » dans ces conditions déplorables me fit mal. Il était absolument interdit d'embrasser ses enfants. Mais le gardien qui contrôlait le parloir eut un geste humanitaire. Il alla chercher ma fille et me la mit dans les bras.

— Faites vite, car si je me fais prendre les emmerdements seront pour moi.

De sentir ce petit corps vivant qui était le fruit de mon amour me bouleversa. Sabrina me regardait avec les deux petites perles noires qui lui servaient d'yeux. Sa main se posa sur mes lèvres et, se tournant vers sa mère qui était restée de l'autre côté du grillage, elle lança, interrogative :

— Papa ?

Solé tristement lui répondit :

— Oui, mon ange..., c'est ton papa.

En l'embrassant tendrement, je me rendis compte de ce que j'avais perdu et de ce que je lui faisais perdre : tout l'amour et la tendresse que je ressentais pour elle, tout cela emprisonné dans le froid d'une cellule par ma seule faute. Je pense que c'est à cet instant que je pris la décision de changer de vie dès ma sortie. Je m'en sentais capable pour ma fille. Je l'embrassai tendrement et la rendis au gardien.

— Merci. C'est chic, ce que vous venez de faire là.

— Je sais ce que c'est, Mesrine. J'ai des mômes, mais le règlement... !

La fin de l'année arriva. L'hiver rend la détention encore plus pénible. Les promenades dans une cour boueuse, la pluie, le froid et l'humidité des cellules s'ajoutent à la déprime provoquée par l'approche des fêtes de Noël. Nous le passâmes autour d'un sapin que j'avais confectionné en carton de couleur et décoré comme j'avais pu. J'avais fait rentrer une assez grande quantité d'alcool qui fut bénéfique à notre moral.

Le deuxième jour de l'année nouvelle, on me transféra dans une prison parisienne : Fresnes. On me fit prendre le train sous bonne escorte. J'étais enchaîné et menotté, les gens nous regardaient comme des bêtes curieuses. Une vieille femme croisa mon regard, elle me fit un sourire bienveillant qui me réchauffa le cœur. Par contre, d'autres voyageurs nous regardaient avec animosité. Arrivé à Fresnes, je fus entassé pendant onze jours dans une cellule réservée normalement à un seul détenu. Là, il y avait cinq autres hommes, pas rasés et répugnants, tous couchés par terre sur des matelas dégueulasses. Il régnait dans cette pièce une odeur d'urine et de crasse à faire vomir. La nourriture était infecte, l'hygiène était inexistante. Nous devions tous aller dans une autre prison. Ce séjour forcé n'était que passager. Que la société accepte de nous faire vivre dans ces conditions lamentables me révoltait. Même les chiens dans nos chenils étaient traités avec plus d'humanité. Je me mis à haïr cette société à qui je reconnaissais le droit de punir, mais pas celui de m'abaisser dans ma dignité d'homme.

Et puis je pris la direction de ma nouvelle prison, celle d'Orléans. Il me restait moins de six mois à faire. On m'avait promis une grâce ou une liberté conditionnelle. On me fit faire ma sentence dans sa totalité, pas un jour de grâce, mes dix-huit mois au complet. Les promesses administratives ont la valeur des chèques sans provision, c'est au moins une chose que j'appris et elle devait me servir par la suite... bien des années plus tard.

À Orléans, j'avais fait la connaissance d'un vieux détenu, ennemi public des années 46. Il s'appelait Pierre Carot, tueur et braqueur. J'étais devenu son copain. Il avait souri quand je lui avais exposé ma résolution de me ranger et de me mettre au travail.

— Tôt ou tard tu recommenceras, m'avait-il dit, car tu es de la même race que moi. Tu n'as pas ta place dans la société. Tout comme moi, tu finiras ta vie en taule, sauf si tu te fais tuer avant.

Cela faisait plus de dix-sept ans qu'il était emprisonné. Je me demandais comment un homme pouvait accepter une telle sentence, qui à mon avis était pire que la mort. Comment des mains pouvaient-elles rester dix-sept ans sans caresser le corps chaud d'une femme ? Comment des yeux pouvaient-ils rester aveugles au charme d'un sous-bois d'automne ou plus simplement au spectacle d'un enfant courant dans un champ fleuri, en n'ayant pendant dix-sept ans pour toute vision que les murs froids d'une cellule ? Comment les sens auditifs pouvaient-ils rester dix-sept ans sans entendre l'amour, le bruit de la vie ou plus encore les cris joyeux de l'enfant qui se précipite dans les bras de son père ? Comment un homme pouvait-il accepter la vie en étant un mort sensoriel ? Dix-sept ans de cellule, c'est tuer tout ce qui motive l'alibi que se donne la société en obligeant le condamné à vivre. C'est faire endurer à un homme ce qu'aucun animal ne supporterait sans en perdre la raison. C'est l'obliger à se créer un monde imaginaire pour survivre. Dans mon for intérieur, je savais que si un jour je devais me trouver dans une telle situation je ne l'accepterais pas, je préférerais jouer ma vie pour retrouver ma liberté que de constater mois après mois ma dégradation mentale et le négatif de mon avenir. Je ne savais pas encore que six ans plus tard ma situation allait être pire que celle de Carot.

Solé m'apprit que Jacky et Paul venaient de se faire prendre. Il y avait eu fusillade avec la police. On les avait incarcérés à la prison de la Santé. De longues années de souffrances les attendaient. Mais elles faisaient partie des risques de notre métier. En m'enlevant deux de mes amis à l'approche de ma libération, le destin voulait-il une fois de plus me rappeler à l'ordre ? Une chose fut certaine : cet avertissement me laissa songeur.

Et puis la veille de ma libération arriva ; nous étions en juillet 1963. La nuit d'attente fut longue, je la passai à méditer. Je venais de perdre un an et demi de ma vie. Cette détention avait porté ses fruits. J'avais vu trop de gars condamnés à de très longues sentences pour ne pas prendre mon avenir au sérieux. Solé m'avait attendu. J'envisageais de me sortir de ma situation marginale en travaillant sérieusement..., tout au moins d'essayer. Je me sentais capable de gagner ma vie honnêtement ; il me suffisait de le vouloir sincèrement. Je n'avais pas changé dans le fond de moi-même et j'imaginais les difficultés qu'il me faudrait surmonter. Il n'était pas question pour moi de renier mes amis, ni mon passé. Mais de ne plus voler, de ne plus jouer, de ne plus fréquenter les bars louches et mes amies les putes. Je ne savais pas encore si j'y arriverais, mais j'avais une dette d'amour vis-à-vis de ma femme et de ma fille... et surtout la ferme intention de goûter aux joies familiales.

Quand les lourdes portes s'ouvrirent par ce matin ensoleillé, toutes mes souffrances morales et physiques disparurent. Solé était là à m'attendre, elle se jeta dans mes bras. Notre baiser dura une éternité. La saveur de ses lèvres avait un goût nouveau. Je la voyais avec d'autres yeux. La prison m'avait mûri, faute de me calmer, car ma violence intérieure était encore plus grande qu'à mon entrée. Physiquement, j'avais le visage pâle et les yeux cernés de fatigue due au manque de soleil... On voyait que je sortais de taule.

Mes parents m'attendaient dans la voiture. Ils souriaient. Après les avoir embrassés, nous prîmes la direction de Paris. Sabrina, en me voyant, se précipita dans mes bras. Que c'était bon d'être libre !

Nous fîmes un voyage en Espagne. Ce qui me permit de faire la connaissance de sa famille qui ignorait tout de mon passé.

De retour à Paris, mon père m'annonça qu'il avait acheté un appartement. Il m'offrait d'y demeurer, si j'avais la ferme intention de repartir de zéro.

On s'y installa donc avec Solé et Sabrina. Il me fallait trouver un travail. J'avais quelques connaissances en architecture ; c'est donc dans cette branche que je décidai de m'orienter. Répondant à une annonce, je me présentai à une agence de maquettes. Le patron de l'entreprise me reçut. C'était un homme jeune, au regard franc ; dès le premier contact, il m'inspira confiance. Il me questionna sur mes connaissances de ce métier. Je lui fis comprendre que je ne demandais qu'à apprendre, n'ayant pas peur de débuter au salaire minimum.

— Votre façon de vous présenter me plaît, dit-il. Vous avez travaillé dans quelle entreprise, depuis ces dernières années ?

J'avais deux solutions : lui mentir ou jouer le jeu franchement. C'est la deuxième solution que je choisis d'adopter.

— Écoutez, monsieur, je ne tiens pas à vous le cacher... Je sors de prison pour des histoires d'armes et de vol. Je n'ai aucune référence pour la bonne raison que ma vie a été marginale depuis mon retour de l'armée. Mais je veux repartir de zéro... Ma seule référence est mon désir d'être honnête. À vous de savoir si mon passé est un obstacle à mon avenir.

Il me sourit, tout en tirant sur la pipe qu'il était en train de fumer.

— Non, ce n'est pas un obstacle. Ici, vous aurez votre chance. Merci de votre franchise. Je ne suis pas là pour vous juger. Si vous le désirez, vous pouvez commencer demain.

En quittant son bureau, j'étais fou de joie. Je crois que si cet homme m'avait refusé cette place j'aurais peut-être repris mes activités le soir même.

De retour chez moi, un bouquet de roses à la main, je fus accueilli par Solé radieuse. Sabrina, de son pas trottinant, se jeta dans mes bras. Très cérémonieux, je tendis mes fleurs à Solé tout en annonçant :

— Belle dame..., une bonne nouvelle. Votre ex-truand préféré a trouvé du travail.

— Vrai chéri... C'est pas une blague, hein ?

— Vrai de vrai et mon patron sait que je sors de taule, car je le lui ai dit.

— Oh ! Jacques ! si tu savais comme je suis heureuse et fière de toi !... Oh ! c'est merveilleux pour nous trois. Nous allons enfin vivre comme tout le monde.

Une chose me troublait intérieurement. Moi qui avais fait les quatre cents coups sans grande conscience ni morale, je ressentais une satisfaction personnelle d'être capable de reprendre une vie honnête. D'avoir une vie exclue de surprises et d'aventures, moi qui n'avais vécu que pour ça. Je savais que de par mon salaire il me faudrait apprendre à respecter l'argent et ne plus le dilapider au jeu comme par le passé. Ce vice me faisait peur. Je le savais aussi dangereux qu'une drogue. Je pris donc moi-même la décision de me faire interdire tous les cercles et casinos de France comme la loi française m'en donnait la possibilité.

Mon premier départ pour le travail fut pour Solé un vrai cérémonial. Je ne pouvais lui faire plus beau cadeau. Pour elle, l'angoisse avait fait place à la sérénité. L'amour avait triomphé du vice. Elle ne savait pas qu'il était la seule soupape de sécurité et que du jour où l'amour perdrait ses droits je serais entraîné sur le chemin du non-retour. Je n'étais pas honnête, mais je me forçais à l'être, uniquement poussé par mes sentiments, ça je l'ignorais encore.

— Cette fois, je sais que tu rentreras ce soir...

Moi qui n'avais ressenti aucune crainte avant un vol, une attaque à main armée ou un règlement de comptes, je me sentis tout à coup mal à l'aise. J'allais entrer dans un monde qui n'était pas le mien comme un loup dans une bergerie. Comment mes collègues allaient-ils m'accueillir, quelle réaction serait la mienne si l'un d'entre eux me faisait une réflexion sur mon passé ?... Car ma violence me faisait peur. Avais-je raison de changer de vie ? N'étais-je pas en train de me mentir à moi-même ? Étais-je réellement sincère ? Arrivé devant le portail, j'eus envie de faire demi-tour. Mais je franchis l'entrée. Un simple pas peut changer le destin d'un homme... Cette fois, je venais de faire le bon.

Mes collègues étaient en petit nombre. Notre métier demandait autant de goût artistique que de connaissances architecturales. Le patron me présenta et décida de me faire faire équipe avec un très bon spécialiste chargé de me guider. Il régnait dans l'atelier une bonne entente qui était due à la décontraction du patron que tout le monde prénommait Boris.

Ma première journée de travail fut satisfaisante. Je savais lire les plans et les interpréter en volume. Boris remarqua que je n'étais pas dénué de goût artistique. Il m'encouragea en me félicitant pour mes débuts. On aurait dit un médecin auprès d'un malade qui surveille les pulsations du cœur, prêt à intervenir au moindre signe de faiblesse. La journée se termina. Mon retour à la maison par le métro comme tout le monde me fit sourire. Moi qui avais toujours pris ceux qui travaillaient pour des cons, je les regardais avec d'autres yeux. Ils avaient plutôt l'air satisfaits de rentrer chez eux après leur dure journée de travail. Je ressentais ce même sentiment. Finis les taxis et les voitures de luxe ! Ce n'était pas avec ce que j'allais gagner que je pourrais me les offrir. Mais aujourd'hui cela n'avait plus aucune importance. J'allais rejoindre celle que j'aimais...

Solé m'attendait comme l'enfant prodigue. Elle me demanda dix fois de lui expliquer ma journée. Elle savourait mes paroles.

Jamais je n'aurais pu imaginer qu'une journée aussi banale puisse apporter autant de soleil à ceux qui m'entouraient.

Un mois passa. Ma première paie me fut remise. Mon patron y avait ajouté une prime. Il me fit appeler dans son bureau.

— Je suis très satisfait de votre travail. Vous pouvez être fier de vous. Continuez vos progrès et votre salaire sera celui d'un maquettiste professionnel.

J'avais fait un effort dans la réalisation de mon travail en suivant des cours par correspondance et j'en récoltais déjà les fruits. Cet argent dérisoire en rapport aux sommes importantes que j'avais eues dans les mains par le passé était la preuve palpable de mon changement de vie. Je l'avais gagné par mon travail et j'étais content de moi. Solé le reçut comme une fortune, elle qui n'avait jamais accepté de gaieté de cœur celui que je volais. Son regard s'assombrit quand je lui dis :

— Demain, il faut que j'aille voir Guido. C'est mon ami, il faut que je lui parle. Il n'y a rien d'autre..., tu peux me faire confiance.

Je revis Guido, qui comprit très bien ma position. Je ne devais absolument rien à personne ; je me sentais donc entièrement libre de suivre la route qui me plaisait sans avoir de compte à rendre. Guido émit un doute sur mes bonnes intentions de réhabilitation. Il était certain que je replongerais dans le crime, sachant très bien, malgré mon changement de vie, que lui et mes amis pouvaient compter sur moi en cas de problèmes sérieux. Quand je lui parlai de Jacky et de Paul, il me répondit qu'il s'en occupait. Leur procès n'était pas encore passé, mais leurs avocats pensaient les en sortir mieux que prévu. Je fis comprendre à Guido que pour eux j'étais toujours disponible. Avant mon départ, il me dit :

— Au fait, fils, j'ai toutes tes armes ici. On me les a remises après ton arrestation. J'ai aussi ton 45 que tu affectionnes tant... Le veux-tu ?

— Peux-tu les garder chez toi ? Dans la maquette, je n'ai pas besoin de calibres.

144

— D'accord, fils, je te les garde !... Qui sait, c'est peut-être toi qui viendras me les réclamer d'ici peu !

— Écoute, le vieux !... Je t'ai dit que j'essayais de changer de vie, cela ne veut pas dire que je renie mon passé et mes amis. Alors évite tes plaisanteries à la con !... Car si un jour je les reprends c'est qu'il y aura un motif sérieux et je n'hésiterai pas, tu le sais mieux que quiconque.

Nous nous quittâmes sans autre projet que celui de nous revoir.

Solé fut heureuse de me voir revenir de bonne heure. Je savais qu'elle avait peur que le simple fait d'avoir revu mon meilleur ami ne provoque en moi le goût de reprendre ma vie marginale.

Les mois passèrent. Mon patron me payait bien, car je connaissais de mieux en mieux mon métier. Je faisais d'énormes efforts pour réussir. Je travaillais parfois très tard dans la nuit, un projet important m'empêchant de rentrer avant qu'il soit terminé. Solé était toujours heureuse de me voir au petit matin à moitié épuisé d'avoir passé plus de trente heures sans sommeil pour terminer un projet urgent. Parfois elle venait me rejoindre avec Sabrina et toutes deux me regardaient travailler en silence. Elle était heureuse car nous vivions enfin comme elle l'avait toujours désiré. Bien sûr, nous avions encore quelques disputes, mais elles étaient sans importance et n'assombrissaient pas notre entente.

Notre appartement était décoré avec goût. J'avais tout fait moi-même et j'en ressentais une immense satisfaction. Je recevais très souvent mes parents. Mon père me savait sorti de ma vie marginale, nous étions maintenant comme deux copains. Le manque de compréhension que j'avais ressenti pendant mon enfance avait fait place à une complicité amicale. J'adorais mon père et lui me le rendait bien.

Un soir, en rentrant, c'est Sabrina qui m'ouvrit la porte. La table de la salle à manger était agréablement préparée, mais seulement éclairée de bougies. Sabrina, de sa petite main tiède, me tira pour me conduire à mon fauteuil. Elle m'obligea à m'asseoir, puis se cala sur mes genoux. Je me doutais qu'une surprise m'attendait... Je jouai donc le jeu de Sabrina :

— Mais que se passe-t-il, ici ? Où est ta mère ?

Sabrina mit son doigt devant sa bouche. Mon air favori se fit entendre... et Solé apparut ; je ne pus m'empêcher d'éclater de rire. Elle s'était déguisée en femme enceinte en se grossissant le ventre avec un oreiller. Dans ses bras, elle portait toutes les poupées de ma fille comme autant d'enfants... et au cou une pancarte où était inscrit *J'ai obtenu mon augmentation*.

Elle s'avança souriante, mais, au moment où j'allais l'embrasser, Sabrina tira sur mon pantalon pour me faire comprendre de ne pas l'oublier. Je la fis monter à notre hauteur et, tendrement enlacés, j'embrassai mes deux amours sous le regard approbateur des poupées qui allaient dans peu de temps avoir de la compagnie, car Solé avait trouvé cette façon originale pour m'annoncer qu'elle était enceinte.

Je travaillais de façon intense. Le soir, j'étudiais mes cours d'architecture. J'envisageais l'avenir avec sérénité. Guido venait parfois dîner à la maison, Solé l'acceptait comme une chose inévitable. Il en profitait pour me donner des nouvelles de Paul et de Jacky. J'appris de cette façon que d'autres membres de notre bande étaient tombés sur une affaire faite en Espagne. Guido n'arrivait pas à croire à mon changement. Parfois il ironisait :

— Combien de temps tiendras-tu, fils ?

Je ne pus m'empêcher de lui dire le fond de ma pensée. Ma vie passée me manquait ; le goût de l'aventure me tenaillait parfois. Mais d'un autre côté mon nouveau genre de vie m'offrait d'autres satisfactions, quoique avec Solé les choses ne marchaient plus du tout comme au lendemain de ma sortie de prison. Elle recommençait ses scènes de jalousie pour le simple plaisir d'une dispute. J'avais relevé la main sur elle. Toute femme devenait une rivale pour elle, que ce soit au restaurant, dans la rue ou ailleurs ; dès que mon regard croisait celui d'une jolie fille, c'était la crise. Elle ne se rendait pas compte qu'elle usait notre union aussi sûrement que la mer use la roche et que tôt ou tard je risquais de me lasser d'elle. Il m'arrivait de voyager pour les besoins de mon métier. Quelques liaisons passagères et sans importance entraient dans ma vie pour une nuit, seul vestige de ma liberté passée. Elles étaient ma compensation aux scènes de Solé, qui, à leur début, n'étaient pas justifiées. C'est ainsi que je me mis à refréquenter quelques boîtes de nuit. J'y rencontrai de vieilles connaissances. J'aimais à me retremper dans cette ambiance enfumée, ce monde de la nuit qui avait été le mien. Mais je tenais bon dans ma résolution et refusais certaines propositions d'affaires douteuses qui m'étaient faites.

Mon patron, depuis quelques temps, devenait soucieux car les affaires marchaient très mal et il envisageait de fermer sa société ou d'en réduire son personnel. Le climat s'en ressentait entre collègues ; il régnait un malaise car chacun se demandait de qui se séparerait-il.

Fin novembre, Solé accoucha d'un beau garçon. Je la laissai à sa joie en évitant de lui parler de mes soucis professionnels. J'avais maintenant trois bouches à nourrir et l'avenir risquait d'être sombre.

Au milieu de décembre, la mauvaise nouvelle tomba. Sur les sept employés que nous étions, Boris se trouvait dans l'obligation d'en licencier cinq. Il était catastrophé, mais ne pouvait faire autrement. J'étais du nombre. En touchant ma dernière paie, je me demandai si c'était la récompense que le destin m'offrait pour avoir travaillé sérieusement pendant seize mois. Je me trouvais au chômage et cette situation m'était plus pénible qu'aux autres, car je traînais un passé que seize mois d'honnêteté n'avaient pas forcément effacé pour tout le monde.

Je pris quand même la décision de chercher du travail. Je ne voulais pas me trouver de bonnes excuses pour retourner à ma vie marginale. Solé encaissa la nouvelle avec une immense tristesse et la crainte de me voir changer du jour au lendemain.

À Noël, je n'avais toujours pas d'emploi. Tous mes employeurs possibles m'avaient demandé mon casier judiciaire.

Voulant être franc avec eux, j'avais employé la même méthode directe en ne cachant rien de mon passé. Les résultats avaient été désastreux... J'avais eu droit à un bon nombre de « on vous écrira ». Petit à petit, ces refus m'avaient usé, puis révolté.

1965 débuta. J'avais enfin trouvé une place de maquettiste, mais je m'étais bien gardé de parler de mon passé. Le patron était un homme sec et antipathique. Après quinze jours de présence, je fus appelé à son bureau. Il me signifia qu'il était navré d'être dans l'obligation de se séparer de moi, une indiscrétion lui ayant appris que j'avais fait de la prison... Il fallait le comprendre... Je lui fis remarquer que j'avais prouvé par mon travail mon réel désir de changer de vie. Il se fit mielleux, m'expliquant que ses associés lui forçaient la main et que...

Je ne l'écoutais plus. Cette fois, j'assistais à l'écroulement de mes efforts. On me jetait mon passé à la figure comme une maladie honteuse et chronique. Cette société vindicative se refusait à oublier la faute que j'avais payée. D'un seul coup, ma révolte intérieure refit surface. D'un geste rapide, j'attrapai mon patron par le col de sa veste. J'avais le regard meurtrier en lui disant :

— Que j'ai été con de croire en des pédés comme ceux de ta race !

Ma paie se trouvait posée devant lui sur son bureau, je la pris, je lui crachai en pleine gueule et lui balançai billets et pièces à la face. Puis, le repoussant fortement, je pris la direction de la porte, le laissant médusé et sans réaction.

Pendant plus d'une heure, je marchai sans but droit devant moi, couvant cette haine qui n'était autre qu'une cruelle déception du résultat de mes efforts. Ma décision était prise. La société me refusait le droit de gagner ma vie, j'allais de nouveau m'attaquer à elle. Cette simple pensée me fit sourire car la revanche serait brutale. Je m'entendis dire pour moi-même : « Cette fois, vous allez me payer ça ! » Je me dirigeai vers un bistrot et fis le numéro de téléphone de Guido.

— Allô ! C'est toi, le vieux ?

— Salut, fils, comment va ?

— Comme il y a trois ans.

Un silence se fit. Il ne devait pas comprendre ce que je voulais dire. Puis, brusquement :

— Tu veux dire que... !

— C'est ça, je veux dire que je reprends mes billes. J'arrive. Prépare le pastis. On bouffe ensemble, je t'expliquerai.

Pourquoi détruire ce que j'avais construit en tant de mois de travail ? Pourquoi ne pas essayer encore une fois... une autre place, un autre patron ? La réponse était simple. Dans le fond de moi-même, j'étais un professionnel du crime. Je n'avais changé que par amour de ma femme, uniquement par amour. Or cet amour n'était plus assez fort pour me retenir. Seul l'amour peut faire changer un professionnel et cela dans tous les cas. J'avais triché avec moi-même, la réalité reprenait ses droits.

Guido me reçut en ne cachant pas sa joie :

— Enfin ! Tu as fini ton bain de blancheur, fils...

— Laisse tomber, veux-tu. On repart comme par le passé. Tu sais très bien que j'avais fait cela pour Solé et la môme.

— Je comprends, fils. J'ai toujours compris. Mais n'aie aucune crainte, les amis ne t'ont pas oublié, tu vas t'en rendre compte. Tous, nous savions que tu nous reviendrais. Actuellement, nous sommes sur quelques belles affaires et tu seras le bienvenu.

Et ma vie bascula. De par ma déception je me sentais encore plus dangereux et je l'étais réellement. Je fis plusieurs affaires pour me remonter financièrement. Je montai à Nice pour aider un ami à régler un compte. Je voulais reprendre ma place dans mon milieu et bien faire comprendre que je ne m'étais pas attendri au contact du travail. Au contraire, j'étais devenu dur à l'extrême et avais repris mon ascendant sur certains de mes associés. Que faire face à Solé ? Dire la vérité ou la lui cacher ? Je lui reconnus le droit de savoir.

La scène que nous eûmes fut terrible. Elle me rappela mes promesses, m'expliqua tout ce que j'allais perdre, mais resta figée en m'entendant dire :

— Avant, je t'adorais ! Aujourd'hui, tu acceptes ou tu t'en vas.

— Tu ne m'aimes donc plus ! C'est pour cela que tu as recommencé ?

— Je ne sais plus si je t'aime, c'est ça le plus grave. Si tu partais, j'en souffrirais. Pour le reste, je n'ai pas d'explication à donner, ni à toi ni à personne. Tu feras ce que tu veux, mais cette fois rien ne me fera revenir en arrière. J'ai essayé, j'ai échoué ! C'est tout.

Elle accepta... Elle accepta tout. Mais plus rien ne fut jamais comme avant. Je venais d'assassiner notre amour. En abdiquant, Solé venait de me perdre.

Avec Guido nous étions branchés sur un trafic de fausses devises. Je fis plusieurs voyages en Suisse et en Espagne. Tout marchait parfaitement bien. J'avais loué un studio pour y entasser mon matériel. Je possédais deux faux passeports tout droit sortis de la préfecture de police avec dossier au sommier de la préfecture, ce qui me permettait de ne pas craindre un contrôle, même à l'étranger. La bande s'était reformée autour de moi, au plus grand plaisir de Guido. Nous avions mis un système au point pour blanchir les billets de « un dollar » sans en altérer le papier qui perdait seulement un peu de sa patine mais gardait sa résistance et ses filaments de couleurs.

Celui qui possédait les planches pour imprimer des dix, des vingt, des cinquante ou des cent dollars pouvait le faire sans difficulté en se servant de notre « un dollar » blanchi, puisque la dimension des billets était la même. Il aurait fallu un contrôle aux rayons X pour déceler les anciennes traces du « un dollar » et encore rien n'était certain. Nous prîmes contact avec des amis de Guido qui se livraient à ce genre de travail. Ils vivaient au Mexique. L'un d'eux fit le voyage à Paris et fut emballé par nos échantillons. Il fut décidé d'envisager une association.

Entre-temps, mon père me convoqua un soir en apprenant que je ne travaillais plus. Il me proposa d'entrer dans son commerce à titre de dessinateur. Sa proposition arrivait trop tard et me surprit ; ne m'avait-il pas affirmé dans le passé que jamais il n'accepterait de me voir travailler pour lui ? Je vis tout l'avantage que j'avais à posséder un emploi vis-à-vis d'une vérification de police au sujet de mes activités et j'acceptai, cela ne pouvant en rien gêner mes activités marginales. J'aurais pu saisir cette occasion pour reprendre une vie normale, mais je n'oubliais pas que la société ou tout au moins une partie d'elle-même m'avait rejeté comme un chien couvert de vermines. C'était seulement mon père qui m'avait tendu la main, rien que mon père ! Il fut heureux de me voir accepter.

Solé attendait un troisième enfant. Je me montrai plus tendre avec elle car petit à petit elle avait fait semblant de me comprendre en admettant ce que je faisais. Mais surtout elle évitait les scènes si pénibles du passé. Je pense que je l'avais usée et qu'elle ne se sentait plus capable de lutter. Elle m'aimait et savait qu'elle me perdrait en essayant de me faire reprendre le droit chemin.

Fin novembre, Guido me contacta par téléphone. En moins d'une heure, je fus chez lui.

— Voilà, fils ! J'ai un travail pour nous. C'est du très sérieux, mais aussi du très dangereux pour celui qui se fera prendre si par malheur une telle chose arrivait. Il s'agit de s'introduire dans une villa, d'y trouver un carnet d'adresses à un endroit qui nous sera désigné, de relever certains renseignements qui doivent correspondre à un nom qui nous sera donné. Le mieux serait de pouvoir les retenir de mémoire ; on verra... Pour l'instant, écoute la suite. Il faudra remettre le carnet à sa place et faire croire à un cambriolage en créant un grand désordre et en emportant quelques objets de valeur et l'argent s'il y en a, pour rendre le tout plus vraisemblable. Mais surtout ne rien garder par la suite. Si tu acceptes, je ne peux te dire ni pour qui ni pourquoi nous faisons ce travail. Mais une chose est certaine, nous avons gros à y gagner.

Personnellement, je ne voyais pas où pouvaient être la difficulté et le risque dans une affaire semblable. Et c'est en souriant que je répondis à Guido :

— C'est plutôt une affaire banale !

— Oh ! Non, fils, loin de là... Attends la suite et tu vas changer d'avis. Car la villa en question est celle du gouverneur militaire de l'île de Palma de Mallorca, en Espagne.

J'émis un sifflement.

— Rien que ça... un gouverneur militaire ! Là, je comprends que tu dises que tout peut arriver. Mais la villa doit être fortement gardée, sans compter les signaux d'alarme possibles !

— Rien de tout cela, fils. Mes renseignements me précisent un jour et une heure bien déterminés où la villa est complètement vide. Car la femme et la servante partent avec le chauffeur pour des achats en ville. Il reste juste une voiture de Guardia Civile qui patrouille dans le secteur.

— Oui, c'est à voir. Mais sur une affaire semblable je veux des garanties sérieuses. Tu te doutes que le type qui se fait prendre sur une affaire comme celle-là risque de laisser sa peau sur place. Les flics espagnols ne plaisantent pas si l'on s'attaque à leur patron.

— Autre chose..., me dit Guido. Je monte sur place, mais tu es seul pour faire le travail, si tu acceptes, comme de bien entendu.

— Dis-moi, le vieux..., pourquoi moi ?

— Je te connais et je sais qu'en cas d'accroc tu la fermeras. De plus, tu as fait tes preuves.

— Et si le carnet n'y est pas ?

— Il y sera.

— Pourquoi ?... Ah ! Oui, c'est vrai, pas de questions, m'as-tu dit.

— C'est ça, fils, pas de questions.

— D'accord, j'accepte.

— Parfait, j'en étais certain. Nous avons trois jours pour nous préparer. Nous partirons chacun de notre côté. Nous irons dans le même hôtel, mais ferons semblant de ne pas nous connaître. J'ai tous les plans ici. La villa se trouve à quinze kilomètres de la ville. J'ai plusieurs photos. Normalement il n'y a pas de signal d'alarme. À nous d'étudier un plan d'action solide. Le carnet se trouve dans un meuble qui possède une cache secrète ; tu connais ça... Nous avons tous les détails, description et couleur du carnet.

— Sais-tu, le vieux, que cette histoire fait plutôt roman à l'eau de rose ?

— Si je te dis que ton acceptation te rapporte dix millions (20 000 dollars), considéreras-tu que c'est toujours de l'eau de rose ? Tiens, fils, je te remets la moitié aujourd'hui, me dit-il en me tendant une enveloppe.

Nous étudiâmes tous les détails. Nous envisageâmes la possibilité que je sois armé pour faire ce coup-là. Les risques étaient énormes. Avec Guido, nous décidâmes de prévoir même mon arrestation et ses conséquences. Pour le relevé du carnet, je ne voulais pas trop me fier à ma mémoire. Nous nous mîmes d'accord pour que je relève les renseignements sur du papier à cigarettes et glisse le tout dans mon boîtier de montre.

Quand je dis à Solé qu'il me fallait partir pour un voyage d'affaires, elle me fit remarquer :

— Mais dans trois jours c'est l'anniversaire de ton fils !

— Je sais, mais je dois y aller... Alors n'insiste pas, veux-tu.

Elle se serra contre moi en collant ses lèvres chaudes sur les miennes. Puis, me fixant :

— Pas de bêtises..., hein, *querido !*

— Pas de bêtises, dis-je.

Mais une impression de malaise me pénétra, comme si ce voyage ne devait pas avoir de retour.

Après avoir mis les derniers détails au point avec Guido, je pris la direction de l'aéroport... J'atterris à Palma de Mallorca dans la matinée et pris un taxi qui me conduisit dans un hôtel-palace de la chaîne Phénix. J'avais réservé par téléphone. But avoué de mon voyage : recherche d'une villa à vendre. L'hôtel était magnifique. Il donnait sur le bord de la mer. Le luxe de ma chambre était de bon goût. Je n'avais pas emporté d'arme, craignant un contrôle des douanes. Mais avant mon départ j'avais fabriqué une brique de plâtre, incluant à l'intérieur un pistolet automatique protégé par du plastique. J'avais recouvert le plâtre de gravillons en polyester de couleur pour le rendre décoratif et envoyé par la poste, le tout à l'adresse de mon hôtel avec la mention *Échantillon sans valeur, matériel de construction*.

Jouant le parfait touriste, je demandai au directeur de mon hôtel des adresses d'agences immobilières, tout en lui expliquant mon désir d'acheter quelque chose sur l'île. Je ne voulais rien laisser au hasard en cas de vérifications futures de la part de la police au sujet du mouvement des étrangers nouvellement arrivés. Car je me doutais qu'un cambriolage chez le gouverneur militaire allait faire du bruit. Après un repas composé de fruits de mer, je décidai de commencer la préparation de mon action.

Je louai une voiture chez Hertz. Dans mon sac de plage j'avais une paire de jumelles, un appareil photo et une carte détaillée de l'île. Je pris la route en direction de la villa. Il me fallut vingt minutes pour être sur place. J'eus quelques difficultés à la repérer car la plupart des villas se ressemblaient. Regardant autour de moi, j'aperçus une élévation boisée de pins. Je pris sa direction. Sur place, je me rendis compte que j'avais là un très bon poste d'observation. Sortant mes jumelles, je les dirigeai sur la villa. Toutes les fenêtres portaient des grilles de fer forgé, interdisant de ce fait toute possibilité de passage par leur ouverture. Je sortis les photos pour éviter toute confusion. Il n'y avait pas de doute possible, c'était bien la villa du gouverneur. Après avoir promené mes jumelles dans tous les sens, je ne pus que constater la grande difficulté qui m'attendait. En fixant une fenêtre ouverte, j'aperçus une femme. Mais rien d'autre ne semblait vivre dans cette maison. Il me fallut attendre plus d'une heure pour voir une voiture de la Guardia Civile passer. Elle fit le tour de la villa mais ne s'arrêta pas. Il y avait trois hommes à l'intérieur. Je fis l'inspection des villas voisines. Rien en apparence ne pouvait gêner mon action de ce côté-là. J'attendis ainsi jusqu'à dix-sept heures. Soudain j'aperçus la voiture de patrouille suivie de deux autres voitures. La première stoppa devant le portail. Un homme qui me parut très grand en sortit et ouvrit les deux battants. Cela ne faisait aucun doute, c'était sûrement le garde du corps. L'avenir allait me démontrer que je ne m'étais pas trompé. Puis les voitures s'engagèrent jusqu'à l'entrée de la villa. Le chauffeur de la berline se précipita pour ouvrir la porte arrière. Un petit homme élégant en sortit, c'était le gouverneur. Je ne pus m'empêcher de penser que si mes jumelles étaient un fusil à lunette la vie du gouverneur n'aurait tenu qu'à une détonation. Les deux voitures d'escorte sortirent, mais une resta garée devant le portail, pendant que l'autre reprenait le chemin du retour. Je continuai mon observation pendant encore vingt bonnes minutes. Puis, considérant que j'avais assez de renseignements, je repris la direction de Palma. Je devais normalement agir le lendemain vers quinze heures. La villa devait être absolument vide si les renseignements de Guido étaient exacts. J'avais mon plan d'action dans la tête. Il me suffisait d'acheter quelques outils pour forcer la porte. Il m'en fallait très peu.

De retour à Palma, je me rendis dans une agence immobilière et visitai deux villas à vendre en compagnie du directeur de l'agence. M'estimant non satisfait de ce que j'avais vu, je le quittai pour me rendre à mon hôtel. Dans le hall, j'aperçus Guido accoudé au bar devant un scotch. Je pris la direction du bar tout en ignorant sa présence. Sa clef de chambre était posée sur le comptoir bien en évidence. J'y lus le numéro tout en commandant moi-même une boisson. Nous nous étions mis d'accord à Paris. Je devais le rejoindre dans sa chambre vers les vingt-deux heures, après le dîner. Ensuite, je passerais une partie de la nuit au dancing de l'hôtel comme un célibataire désireux de s'amuser. Je pris donc mon repas et n'aperçus pas Guido dans la salle. À l'heure dite, je frappai légèrement à sa porte. Il m'ouvrit, tout sourire, et me proposa un verre avant de me dire :

— De mon côté, tout est OK. Le gouverneur quitte le palais à seize heures quarante avec une voiture d'escorte.

— Exact. Il était à sa villa vers dix-sept heures.

— Explique-moi tes observations.

Je lui fis la description de tout ce que j'avais vu. C'est surtout le monticule boisé qui l'intéressa à titre de poste d'observation.

— Tout cela est très bon, fils. J'ai un renseignement supplémentaire. À droite de la porte d'entrée de la villa, il y a un compteur électrique qui est protégé par un cache en bois. Les clefs de la villa sont toujours laissées là, on me l'a affirmé. Il te suffira de faire sauter la serrure du cache pour les avoir. Tu y gagneras du temps, car il paraît que la porte est du genre solide.

— Tu ne penses pas qu'il serait préférable que je fracture la porte ?

— Non, fils. On pensera de cette façon à une indiscrétion du personnel, c'est aussi bien pour la suite. J'ai amené deux petits talkies-walkies. Ta première idée de prendre les notes toi-même est abandonnée. Car, en cas de difficulté, tu peux perdre les renseignements en même temps que ta liberté. Excuse-moi de te parler sans ménagement, mais tu connais les risques. Mon intention est de me poster sur le monticule. Je pourrai te prévenir d'un danger possible. Nous serons donc constamment en contact. Tu me dicteras les renseignements. Je crois cette solution parfaite.

J'étais absolument d'accord avec lui. Nous nous mîmes d'accord aussi pour qu'en cas de panne de nos appareils de liaison je prenne des notes. Après avoir mis les derniers détails au point, je le quittai en emportant un talkie-walkie qui n'était pas plus grand qu'un paquet de cigarettes. Nos renseignements nous affirmaient que la villa serait libre de tout occupant dès le matin mais nous demandaient de ne rien faire avant quatorze heures trente... J'en ignorais le motif, mais me conformai aux consignes.

Je fis une apparition au dancing puis rejoignis ma chambre seul, au grand étonnement de ma cavalière qui s'attendait à une partie de jambes en l'air. Au matin, je demandai à la direction de l'hôtel si un paquet était arrivé pour moi. Il me fut répondu que non. Ce retard me contraria, car je me trouvais sans arme pour effectuer ce travail. Je n'avais qu'un couteau à cran d'arrêt, ce qui était bien peu pour faire face à une situation difficile. Au matin, je fis l'achat de deux démonte-pneus, ce qui me suffisait largement comme matériel, avec un simple tournevis. Guido avait été vérifier son poste d'observation. De mon côté, j'avais assisté à l'arrivée de la voiture du gouverneur en ville, en me plaçant sur la seule route qu'il lui était possible de prendre pour se rendre au palais. J'avais aperçu deux femmes à l'intérieur, ce qui me confirma l'exactitude des renseignements qui nous avaient été fournis.

Vers quatorze heures, je quittai l'hôtel. Guido était déjà sur place, conformément à notre plan. À ma montre il était quatorze heures vingt. J'étais maintenant à trois cents mètres de la villa. Je stoppai la voiture. J'étais dans l'impossibilité de voir Guido mais je le savais planqué sur la hauteur à m'observer. Je pris mon talkie-walkie pour faire un essai.

— Holà, le vieux, tu m'entends ?

— Parfaitement, fils. Tu peux y aller, tout est OK.

Je passai devant la villa. Après l'avoir contournée, je garai ma voiture le long d'un chemin à l'ombre des arbres et soulevai le capot pour laisser supposer une panne. En cas d'interpellation, je pouvais toujours faire croire que j'étais à la recherche d'un téléphone. Je regardai autour de moi. Tout était calme. Je me trouvais à cinquante mètres de l'arrière de la villa. Deux autres propriétés restaient dans mon angle de vue. J'escaladai rapidement la clôture et me retrouvai sous une véranda. Cela faisait un renforcement d'où personne n'était en mesure de me voir, même pas Guido. Rapidement je lui fis un appel.

— Je suis sur place... À toi.

— Tout est OK, fils... Terminé.

La première chose que je vis sur ma droite fut le cache-compteur électrique. Je mis mes gants et fis sauter la petite porte en bois massif sans aucune difficulté avec mes deux démonte-pneus. Le trousseau de clefs était posé sur une étagère. Tout me semblait trop facile. Je ressentis comme une angoisse, je ne me sentais pas à l'aise, comme si mes sens m'avertissaient d'un danger que je ne voyais pas. Je n'en tins pas compte et me mis au travail. J'ouvris la porte le plus naturellement du monde, avec les clefs. Je tombai dans une immense salle qui servait de living-room ; elle était meublée en style rustique espagnol. Je refermai derrière moi. Rapidement je visitai toutes les pièces, à la recherche d'une autre issue au cas où les événements tourneraient mal. Seule la cuisine comportait une autre porte qui donnait sur une terrasse mais elle était protégée d'une grille mouvante comme celle mise en place pour la protection des magasins. Je n'avais donc aucune autre sortie que la porte d'entrée et cela ne m'enchantait pas. Arrivé devant la porte qui était celle de la chambre du gouverneur, d'après mes renseignements, je m'aperçus qu'elle était fermée à clef. Aucune des clefs du trousseau ne l'ouvrait. Je vérifiai qu'aucun signal d'alarme ne la protégeait... du moins en apparence. Puis je la fracturai. Je tombai dans une pièce richement décorée. Mon regard se porta tout de suite sur le meuble qui m'intéressait. C'était un secrétaire Louis XV muni d'un abattant permettant d'écrire une fois rabattu. Les angles des côtés étaient ornés de quatre fines colonnes de bois cerclées en leur milieu d'un anneau doré. Je savais qu'en tirant sur celle du haut à gauche je libérerais la cachette. Mais je fis avant tout le tour de la pièce, tout en visitant la salle de bains et les W-C.

Je fis un appel à Guido :

— Je commence... À toi.

— Tout est OK. Tu peux opérer tranquillement... Terminé.

Je regardai le meuble sous tous les angles pour vérifier s'il ne comportait pas un piège quelconque. Tout me sembla normal.

Posant mes doigts sur la colonne, j'entrepris de la tirer vers moi. Mais elle résista à ma pression. Je fis le même essai avec les autres par simple précaution. Rien. Revenant à celle qui m'intéressait, je fis tourner le cercle de métal doré qui l'ornait en son milieu. Mais je ne parvins pas à l'ouvrir pour autant. Je compris qu'il fallait sûrement qu'un tiroir soit ouvert en même temps pour débloquer le système d'arrêt. J'avais déjà rencontré ce genre de double protection. Il me fallait fracturer l'abattant pour avoir accès aux tiroirs. Cela ne pouvait en rien laisser supposer que le voleur ait découvert la cache, puisqu'il était censé l'ignorer. Dès que l'abattant fut déplié devant moi, j'ouvris tous les tiroirs un à un. C'est en tirant celui du bas que j'entendis un léger déclic. La colonne que je tenais de la main gauche se fit molle. La tirant avec précaution, elle laissa apparaître un minuscule tiroir horizontal qui ne faisait pas plus de quatre centimètres de largeur sur dix de longueur. Tout de suite j'aperçus plusieurs papiers. Le carnet était là. Je ne pus qu'admirer la précision des renseignements que l'on nous avait donnés. Posant le tout sur l'abattant, en prenant soin de tout mettre dans le même ordre, je fis un appel à Guido :

— J'ai l'enfant. Je commence... À toi.

— Bien joué, fils... Je reste en contact.

Feuilletant le carnet, je me rendis compte qu'il comportait un grand nombre de noms, parfois seulement des initiales suivies de chiffres et d'adresses. Feuille après feuille, je le parcourus. Je n'avais aucun nom ni aucune initiale correspondant à ce que Guido m'avait donné. Je le relus complètement. Rien. J'appelai Guido :

— Eh, le vieux. L'enfant n'a pas le nom que nous cherchons. Rien de rien.

— Merde ! mais c'est impossible... Tu es certain ? À toi.

— Oui, certain. Le renseignement y est peut-être, mais sous une forme que nous ignorons. J'attends que tu décides ; à toi.

— Tant pis, tu me lis le carnet au complet, nous n'avons pas le choix. Je prends note ; à toi.

— Ça va être long, car il y en a au moins quinze pages ; à toi.

— Vas-y, fils, et prononce clairement ; à toi.

— OK, c'est comme tu veux.

Je commençai à lui dicter toutes les pages. Parfois je m'arrêtais pour vérifier qu'il me suivait bien. La dernière page terminée, je lui dis :

— C'est terminé, le vieux. J'espère que tu m'as bien compris. Veux-tu que je relise le tout ? À toi.

— Nous n'avons plus le temps, fils. Ne t'en fais pas, tout est bien noté. Vas-y, commence ta mise en scène et dépêche-toi. Terminé.

Je remis le carnet dans sa cache. J'avais constaté au cours de ma dictée que certains numéros correspondaient à des numéros de comptes en banque suisses. Je me demandai si c'était cela qui intéressait notre mystérieux client. Ayant remis la colonne en place avec son contenu, je commençai à vider les tiroirs du secrétaire pour motiver son effraction. J'en fis autant avec les autres meubles. Pour ne pas m'embarrasser les mains pendant ma fouille, je commis l'erreur de poser mon talkie-walkie sur le lit et de me diriger dans d'autres pièces pour y faire la même mise en scène en ne l'emportant pas avec moi. Je descendis dans la salle de séjour, ouvrant les tiroirs et vidant tout sur le sol. Je mis quelques bibelots de côté et remontai chercher mon talkie-walkie... Je compris que Guido me faisait un appel urgent et me précipitai dans la chambre.

— Oui, le vieux... J'écoute... À toi.

— Fous le camp, fils... Vite... Il y a trois voitures de flics devant le portail... Bon Dieu, où étais-tu ?... À toi.

Je reçus le choc comme un coup de poing dans la gueule et l'angoisse que j'avais ressentie en entrant disparut. Je me précipitai dans une pièce dont la fenêtre me donnait la possibilité de voir le portail. Il y avait bien trois voitures, exactement comme je les avais observées la veille. Mais elles étaient là sans méfiance, ignorant ma présence dans la villa. Le garde du corps était déjà descendu et se préparait à ouvrir le portail. Je n'avais pas la possibilité de me sauver, car automatiquement nous allions nous trouver nez à nez.

— Pas le temps... Je suis fait... À toi.

— Fils !... Bon Dieu, tu ne peux rien tenter ?... À toi.

— Non, rien... Je n'ai pas d'arme... À toi.

— Le talkie-walkie ! Détruis-le, sinon tu... Attention, les voitures s'engagent dans l'allée ! Je m'occuperai de toi, fils. Compte sur moi... À toi.

— Je vais le détruire... Adieu, l'ami, et fous le camp... Terminé.

Je n'attendis même pas une réponse possible. Je ne pouvais pas cacher le talkie-walkie, car tôt ou tard on le retrouverait et on comprendrait que ce n'était pas le matériel utilisé par un simple casseur. Je compris tout de suite qu'il pouvait disparaître dans les W-C, vu sa petite taille. Je m'y précipitai puis, prenant le talkie-walkie, je l'écrasai du pied. Rapidement je l'engageai dans la cuvette des W-C. en poussant les morceaux de la main pour bien les engager, puis je tirai la chasse d'eau. Tout disparut, à mon grand soulagement. Maintenant je n'avais plus aucune crainte à avoir à ce sujet.

Dans quelques secondes mon destin allait de nouveau me mettre en face d'une situation catastrophique. Je pris la décision de descendre et de faire face. Au moment où j'ouvrais la porte d'entrée, je me trouvai nez à nez avec le garde du corps qui un court instant fut plus surpris que moi. Le réflexe ne se fit pas attendre. Il me projeta contre le mur en appelant de l'aide. Je fus purement et simplement assommé. Quand je repris conscience, je ressentis une forte douleur dans tout le corps. Mes mains étaient menottées dans le dos. Plusieurs hommes en uniforme me regardaient d'un air vindicatif et l'arme qu'ils tenaient n'avait rien de rassurant. S'apercevant que je reprenais mes sens, on me souleva brutalement. Un lieutenant de « Guardia Civile » m'apostropha en espagnol :

— Qui es-tu ? Que faisais-tu ici, chien bâtard ?

Je compris très vite l'intérêt que j'avais de leur faire croire que je ne comprenais pas leur langue et c'est en français que je répondis :

— Je ne vous comprends pas ! Je suis étranger... Français... Je suis français.

Un court instant je lus l'étonnement dans son regard. Il se tourna vers le garde du corps en lui disant toujours en espagnol :

— C'est un étranger ! Un Français... Parlez-vous français ?

Il lui répondit que non. Il ajouta que le seigneur gouverneur le parlait parfaitement. Il entra dans la villa et en ressortit en disant :

— Faites-le entrer. Le seigneur gouverneur va l'interroger.

On me fit entrer dans le living-room. Je fus gêné du désordre qui y régnait. Le gouverneur me contempla d'un œil vif et amusé. C'était un petit homme à l'apparence fragile, en âge d'être mon grand-père ; mais sous son air bon enfant je perçus une grande fermeté. C'est pourtant d'une voix douce qu'il me questionna en français :

— Ainsi vous êtes français ?

J'eus tout à coup l'idée qu'il me fallait jouer le coup de la regrettable erreur en faisant croire que je m'étais tout simplement trompé de villa. Même si ça ne marchait pas, cela me faisait toujours gagner du temps. Je répondis :

— Oui, monsieur Martinez, je suis français.

Il accusa le coup sans broncher et s'adressa au lieutenant dans sa langue :

— Pourquoi m'appelle-t-il Martinez ? Ne sait-il pas que je suis le gouverneur de cette île ?

— Aucune idée, seigneur gouverneur. Mais soyez sans crainte, il parlera.

À cette menace, je ne réagis pas mais intérieurement mon cœur se serrait.

Le gouverneur me regarda de nouveau.

— Qu'étiez-vous venu chercher dans cette maison ?

— ...

— Répondez, mon garçon. Que cherchiez-vous ?

— De l'argent.

— Mais rien n'a été volé.

— Je n'en ai pas eu le temps.

— Possible... Oui, très possible. Savez-vous qui je suis ?

— Oui..., l'industriel Martinez, dis-je, comme si c'était l'évidence même.

Il eut un sourire qui en disait long ; puis brusquement il me parla en espagnol... J'eus le réflexe de ne pas répondre ni de me trahir en ayant un début de mouvement de bouche. Je restai donc sans réaction comme s'il ne s'adressait pas à moi. Il ordonna aux gardes de le suivre. Il me fit monter au premier étage. Arrivé dans sa chambre, il me demanda durement :

— Que cherchiez-vous dans cette pièce ?

— De l'argent, des bijoux...

— Et dans ce meuble ? me dit-il en me montrant le secrétaire éventré.

— La même chose, monsieur.

Se retournant vers le lieutenant, et toujours en espagnol :

— Déshabillez-le et fouillez-le complètement.

On m'introduisit dans une autre pièce où je fus mis nu. Après examen de mes vêtements et chaussures, on me fit rhabiller et on me remit les menottes dans le dos.

Visiblement la situation les préoccupait. On ne me regardait plus de la même façon. À ma grande surprise, on avait presque des égards. C'est le gouverneur qui clôtura la discussion.

— Je ne sais pas ce que vous êtes venu faire chez moi, mais nous le saurons, soyez-en certain, mon garçon. Mes services vous feront parler ; à moins que vous ne vous montriez raisonnable.

Puis, en espagnol, s'adressant au lieutenant d'une voix ferme :

— Emmenez-le ! Je veux savoir la vérité ; cet homme ment, il reste trop calme. Confiez-le au commissaire Francisco Rossello et qu'il me tienne au courant.

Je fus emmené au centre de la « Guardia Civile ». On me fit descendre dans une cave ; on m'ordonna d'enlever mon pantalon et mes chaussures.

On m'installa dans une cellule humide et sans lumière en me laissant les menottes dans le dos.

Resté seul, je ne ressentis aucune peur, pourtant j'imaginais ce qui m'attendait. Je ne craignais pas les coups, mais allaient-ils en rester là ? Je connaissais les méthodes et la triste renommée de la police espagnole. Je n'avais pas de cadeaux à attendre. Cette fois, c'était la fin. Je me mis à penser à Guido... Une chance qu'il se soit pas fait prendre ! Je passai des heures à réfléchir, assis sur la paillasse qui se trouvait à terre. Il me fallait trouver une explication solide pour créer le doute dans leur esprit. Il faisait nuit quand on vint me chercher. On me fit habiller et on m'enleva les menottes pour me conduire dans une immense pièce où plusieurs hommes en civil m'attendaient auprès d'un homme d'une cinquantaine d'années.

— Asseyez-vous, monsieur Mesrine, me dit-il en français.

Je pris place sur la seule chaise inoccupée.

— Je tiens avant tout à vous prévenir que nous avons retrouvé votre voiture de location. Nous sommes aussi allés à l'hôtel Phénix pour y perquisitionner dans votre chambre. Nous n'y avons rien trouvé, mais un paquet vous attendait à la réception. Son contenu est très intéressant... Oui, vraiment, très intéressant ! J'espère que la gravité de votre délit ne vous échappe pas. On ne peut impunément s'attaquer au gouverneur militaire... ! Mais ce qui nous inquiète, ces messieurs des services secrets ici présents et moi-même, c'est le motif.

Pendant tout le temps qu'il parlait, je ne cherchai qu'un moyen valable de présenter une défense. Ainsi le paquet renfermant le pistolet automatique était arrivé. Son retard pouvait me servir et j'avais bien l'intention de jouer la carte du mystère. Plus je jouerais un mauvais rôle, plus j'étais certain d'être pris au sérieux. Je fis donc l'étonné :

— Le gouverneur... Quel gouverneur, monsieur ?

— Allons, Mesrine, soyez sérieux et ne me dites pas que vous ignoriez que cette villa était celle du gouverneur militaire. Dites-nous plutôt vos motifs. La France est un pays ami, la vérité nous permettra de régler ce petit différend avec vos chefs et d'arranger à coup sûr votre situation.

— Un instant, monsieur ! Je ne vous suis pas... Je vous le répète : quel gouverneur ?... et quels chefs ? Je ne comprends absolument rien à vos questions, pas plus qu'à vos affirmations.

Pendant un certain temps, il parla en espagnol aux hommes présents. Il commençait à perdre patience. L'un des hommes lui dit :

— Laissez-le-moi, je vous garantis qu'il parlera.

Je fis comme si je ne comprenais rien. Se tournant vers moi, il continua la discussion ; mais sa voix se fit menaçante :

— Vous avez tort de croire que votre statut d'étranger vous protège. Vous vous attaquez au gouverneur militaire. À votre hôtel, un paquet vous est livré par la poste... Que découvre-t-on ? Une arme. Ah ! Non, Mesrine, ne jouez pas les imbéciles ! Toute cette histoire sent le service secret et, je vous l'affirme, vous nous direz la vérité.

Ce doute qu'il s'était inventé lui-même me fit comprendre tous les avantages que je pouvais en tirer. Car, même en effectuant toutes sortes de vérifications auprès des autorités françaises, il lui serait impossible d'obtenir une réponse à ses doutes. Si on lui répondait que je n'appartenais à aucun service, je savais que de son côté il en conclurait que les autorités refusaient de couvrir mon action. De plus, le fait que de mon côté je prétende n'appartenir à aucun service pouvait laisser supposer que j'en faisais au contraire partie, mais que mes ordres étaient de nier toute appartenance, en cas d'échec de ma mission.

C'est donc le plus naturellement du monde que je lui répondis :

— La vérité, monsieur, mais je ne fais que vous la dire ! Je ne suis qu'un voleur. L'arme livrée à mon hôtel..., rien qu'une histoire de truand. Il est possible que je me sois trompé de villa. Mais je vous affirme que je n'en voulais absolument pas à votre gouverneur.

Là, sa patience avait pris fin. Se tournant vers les gardes qui se trouvaient dans mon dos, il leur dit :

— Descendez-le à la cave.

Puis, se tournant vers moi :

— Vous l'aurez cherché, c'est regrettable... mais la suite va être très désagréable pour vous.

Intérieurement, je commençai à être inquiet, mais rien sur mon visage ne pouvait laisser paraître ma crainte. J'eus le bon réflexe de lancer une phrase qui, de par son contenu, laisserait planer le doute déjà créé :

— Vous ne faites que votre travail, monsieur..., comme je fais le mien.

Il sauta sur l'occasion :

— Mais quel travail, Mesrine ? Répondez.

Je restai silencieux, comme si la dernière phrase m'avait échappé. Il me regarda une dernière fois, attendant au moins une réaction. Devant mon silence, il fit signe aux gardes.

— Emmenez-le.

On me fit descendre dans un sous-sol. Cette fois, j'eus peur. Car l'atmosphère était lugubre. Cette pièce sentait le malheur et la souffrance. Cette ambiance était voulue pour déclencher la peur. Un fauteuil en bois dur était au milieu de la pièce, rien d'autre. On me fit enlever ma veste. Pas un des gardes ne parlait le français. On me fit asseoir de force malgré mes protestations. Très vite je réfléchis à la situation. De deux choses l'une : ou on voulait me tester et la leçon serait supportable, ou on voulait réellement la vérité et là j'avais du souci à me faire. L'un des civils que j'avais vus dans le bureau arriva accompagné d'un autre homme qui me dit qu'il était interprète et me demanda si j'étais décidé à dire la vérité. Devant mon mutisme, l'homme ordonna aux gardes de m'attacher les mains et les pieds au fauteuil. Je n'opposai aucune résistance. L'interprète se planta devant moi :

— Oui ou non, voulez-vous nous dire la vérité ?

— ...

J'étais resté plusieurs secondes silencieux. Le garde qui était placé derrière moi me prit par les cheveux et me frappa de toutes ses forces sur la figure. Je m'y attendais, mais le coup me fit mal.

Son coup m'avait touché le nez et mes yeux se remplirent de larmes. Il frappa encore, mais cette fois des deux mains et ma tête bascula de droite à gauche. La douleur était moindre que la colère que je ressentais de ne pouvoir me défendre. On me reposa la même question ; je ne répondis pas. Le garde me frappa avec une petite matraque en caoutchouc à la hauteur des tendons d'épaules. Cette fois, la douleur fut atroce et je ne pus retenir un cri. Le visage de l'interprète se pencha vers moi :

— Alors, monsieur Mesrine... La vérité, rien que la vérité, c'est tout ce que nous désirons.

Devant mon mutisme, la séance continua.

J'entendis du bruit derrière moi. Un homme parla en espagnol et demanda où en étaient les choses. L'autre lui répondit que je restais silencieux. Il ajouta même que j'étais coriace. Malgré ma situation, sa réflexion me donna du courage. Je ne savais pas l'heure. Peut-être était-il deux heures du matin... La nuit risquait d'être longue. J'étais certain de tenir s'ils en restaient aux coups. Ils évitaient à présent de me marquer le visage. L'homme que j'avais entendu parler dans mon dos s'avança. C'était celui qui m'avait questionné quelques heures plus tôt. Il s'adressa à moi, toujours en français :

— Pourquoi vous obstiner ?... Ne croyez donc pas que cela nous plaise d'être dans l'obligation de...

Je ne le laissai pas terminer sa phrase et je lui répondis en espagnol, certain de l'effet que cela allait produire :

— Aucune importance, monsieur, c'est votre travail et je n'ai toujours rien à vous dire.

Il resta estomaqué.

— Mais vous parlez notre langue !

— Oui, monsieur, et même parfaitement.

Sans le vouloir, je venais de mettre fin à mon interrogatoire. Car il ordonna de me détacher. C'est presque amicalement qu'il me dit :

— Vous êtes un drôle de garçon ! Avez-vous faim ?

Je lui répondis affirmativement. Il ordonna :

— Conduisez cet homme au foyer et faites-lui donner à manger. Après, vous le ramènerez dans mon bureau... Non, non, pas la peine de lui remettre les menottes.

Puis, s'adressant à moi :

— Demain matin, vous serez conduit à Madrid. Votre ambassadeur a été prévenu de votre arrestation. Il désire s'entretenir avec vous. J'espère que vous oublierez ce petit incident.

Je ne pus que sourire en lui répondant :

— Quel incident, monsieur ?

Il me regarda, étonné, et à son tour se força d'un sourire :

— Vous avez raison, quel incident !

Après avoir mangé, on me conduisit de nouveau devant lui. Il me fit comprendre que le gouverneur avait lui-même donné des ordres pour que je sois bien traité. On me fit coucher dans une cellule sans matelas, mais avec deux couvertures. Je m'endormis sans avoir eu une seule pensée pour Solé. Me croyant perdu, j'avais oublié tous ceux que j'aimais pour mieux faire face à mon destin.

Nous prîmes l'avion dans le début de l'après-midi. Arrivés à l'aéroport de Madrid, je vis que plusieurs voitures de police nous attendaient. Je fus conduit immédiatement Plaza del Sol au centre de la Sécurité générale. On m'enferma quelques instants dans une cellule du sous-sol. Puis le commissaire Francisco Rossello vint me chercher :

— Veuillez me suivre. Votre ambassadeur est ici. Peut-être que devant lui serez-vous enfin raisonnable.

On me fit monter au deuxième et entrer dans un luxueux bureau. L'ambassadeur était là. C'était un homme au regard direct et franc. Il s'approcha de moi et me tendit la main, tout en me présentant les deux autres hommes qui se trouvaient présents. L'un d'eux était le sous-ministre de l'Intérieur. Il se leva et lui aussi me tendit la main. Les choses se présentaient bien. J'aurais bien voulu voir leurs têtes s'ils avaient su que je n'étais que ce que je prétendais être : un voleur, rien qu'un voleur ! Tous me prenaient pour un agent du gouvernement ou pour une barbouze du même gouvernement ; ce n'est pas moi qui allais les contredire ! C'est l'ambassadeur qui prit la parole en premier :

— Alors, Mesrine, à moi vous pouvez tout dire. Nous sommes en très bonnes relations avec l'Espagne. Ce petit incident peut très vite se régler. Dites-moi le nom de votre patron à Paris et je vais faire ce qu'il faut avec les autorités espagnoles pour que vous puissiez rentrer rapidement chez vous.

Était-il possible que mon bluff ait marché à un tel point ? Même l'ambassadeur entrait dans mon jeu. J'étais certain que même mon silence serait bien interprété ; enfin, me serait utile.

— Monsieur l'Ambassadeur, je vous remercie de votre sollicitude. Mais je n'ai ni chef ni besoin de vos services. J'ai commis un délit, je suis prêt à en assumer les conséquences. Je ne suis qu'un voleur malchanceux, rien de plus.

L'ambassadeur, loin d'être convaincu, leva les bras au ciel :

— Mais non ! vous n'êtes pas un voleur. Bien sûr, vous avez un dossier judiciaire, il m'a été communiqué en Télex, mais votre passé militaire... Voyons, Mesrine, ne me faites pas perdre mon temps. Je vous ai fait monter pour vous sortir de cette histoire qui peut vous valoir de longues années de prison... Alors dites-moi la vérité. Cela restera entre nous.

La situation devenait burlesque et, malgré le tragique de ma situation, je m'en amusais. Je répondis d'une voix qui se voulait ferme, avec un léger sous-entendu :

— Je ne peux rien vous dire, monsieur l'Ambassadeur... Je suis navré, n'insistez pas... J'ai pris mes risques... Vous n'y pouvez rien. Laissez la justice espagnole faire ce qu'elle trouve bon de faire, mais je n'ai rien à dire, ni aujourd'hui ni demain.

Le sous-ministre de l'Intérieur prit la parole :

— Pourquoi cette attitude, monsieur Mesrine ? Votre ambassadeur ne veut que vous aider.

— Je n'en ai pas d'autre à avoir, monsieur le Ministre, et je suis certain que vous me comprenez très bien. Chacun son métier.

Là, je nageais dans le mélodrame ; mais j'étais certain que lui aussi mordait à l'hameçon. Il eut l'air songeur, puis me répondit :

— Oui, il est fort possible que je vous comprenne !... Mieux que vous ne le supposez.

La discussion dura encore plusieurs minutes. Devant mon refus de donner des explications, on décida de me ramener à mon sous-sol, mais avec une sollicitude qui pouvait m'ouvrir tous les espoirs. L'ambassadeur me serra la main d'une façon amicale en m'affirmant que malgré mon silence il allait faire ce qu'il pourrait pour me sortir de ma situation.

Je devais passer la nuit dans ma cellule. On me fit servir un excellent repas avec vin et cognac ; on y avait même ajouté un cigare. Le gardien se montrait empressé avec le client tout spécial que j'étais... Il avait dû recevoir des ordres.

Au matin, je repris le chemin de l'aéroport pour retourner à Palma de Mallorca. À mon arrivée, je fus immédiatement conduit à la prison de la ville.

La première chose que je constatai fut la grande possibilité d'évasion. La prison était en pleine ville. Les bâtiments qui la composaient se trouvaient collés à d'autres bâtiments d'habitation. Pas un seul mur de ronde. Une grande cour où les détenus pouvaient passer la journée au soleil. Je fus reçu d'une façon très correcte. La première chose que je fis fut de chercher s'il y avait d'autres Français. Il n'y en avait pas, mais un Espagnol s'approcha de moi. Il parlait parfaitement ma langue. Il était là pour trafic de drogue et faisait fonction de secrétaire auprès du directeur de la prison. Il avait l'air d'être très au courant de ce qui m'amenait en prison.

— Savez-vous, monsieur, que le directeur a reçu des ordres à votre sujet ? Je suis bien placé, pour les avoir lus. On ne doit pas vous considérer comme un détenu ordinaire.

Je me méfiai de ce type. Rien ne me prouvait qu'il n'était pas un flic mis là pour me faire parler. Je demeurai donc sur la défensive tout en étant correct. Avant de sympathiser, je voulais savoir où je mettais les pieds. Lui ne savait pas encore qu'il venait de rencontrer « la mort ». Grâce à moi, il allait y perdre la vie de mes propres mains... On ne pardonne jamais à une salope.

Pour l'instant, nous nous observions et j'étais loin d'imaginer que le destin avait déjà distribué ses cartes.

Pendant plusieurs jours, je passai mes journées sans aucune nouvelle au sujet de mon délit. Je fus autorisé à correspondre avec ma femme. Je savais que le contenu de ma première lettre serait analysé avec soin. Je fis donc exprès d'y glisser des sous-entendus quant aux motifs qui m'avaient poussé à entreprendre cette action. Peu m'importait sa réaction. Un changement s'était opéré en moi. Je ne craignais plus de passer de longues années en prison. J'acceptais mon sort avec philosophie..., rien de plus qu'un accident de travail. Dès l'instant où l'amour quitte le cœur d'un homme, son comportement est différent. À ma première arrestation je n'avais pas souffert pour moi, mais pour le mal que cela allait faire à ceux que j'aimais. Aujourd'hui, l'indifférence avait pénétré mon être... L'homme devient réellement dangereux s'il n'a plus peur des lois et de leurs conséquences. J'étais prêt à faire face à toutes les situations... Je me sentais fort de ma chance qui ne m'avait jamais quitté.

Je reçus la visite d'un avocat. Il se présenta à moi de façon très cérémonieuse :

— J'ai été désigné par votre famille pour vous défendre. J'ai à ce sujet reçu une importante somme d'argent que je suis chargé de vous remettre. J'espère, cher monsieur, que vous accepterez mes services.

Je savais que tout cela venait de Guido. Je me doutais aussi que cet avocat ne manquerait pas de se tenir en relation directe avec le gouverneur pour lui confier nos entretiens. J'avais bien l'intention d'exploiter tout cela à mon avantage.

Notre conversation fut longue et ambiguë. Quand elle prit fin, mon avocat me prenait sûrement pour ce que je n'étais pas, à savoir un agent secret. Il me fit comprendre que les choses pourraient s'arranger rapidement et me quitta satisfait des renseignements qu'il croyait m'avoir soutirés.

Avec mon nouveau compagnon, la confiance commençait à s'installer. Pendant notre marche dans la grande cour, il me dit :

— Serais-tu d'accord pour tenter une évasion ?

— Pourquoi me demandes-tu cela, David ?

— Ton affaire est grave. De mon côté, j'ai appris qu'en début d'année on me transférait à Barcelone pour y répondre d'un délit où je risque gros. Ici j'ai des lames de scie. Mais il faudrait que tu organises tout, car je n'ai personne pour m'aider... Ce ne doit pas être ton cas ! me dit-il dans un large sourire qui en disait long.

— Oui, c'est à envisager... Je ne sais pas comment les choses peuvent tourner pour moi, surtout que dans cette prison cela ne pose aucun problème, mais c'est une île et les moyens de la quitter sont limités. Enfin on peut toujours y penser. Si tu as un moyen de faire sortir du courrier sans contrôle, je peux toujours joindre quelqu'un. Une chose, David : je ne te connais pas, nous n'avons aucune relation commune... Alors je te préviens, si tu trahis ma confiance ou cherches à me faire tomber dans un piège, je te fais la peau.

— Tu ne risques rien, Jacques... Je suis un gars correct.

— Alors OK... On marche ensemble.

Les jours passèrent. Je reçus une lettre de Solé. Je compris immédiatement qu'elle lui avait été dictée par Guido. Quand je lus la phrase *ton enfant, malgré ce qui t'arrive, est fier de porter ton nom*, je compris que mon ami avait obtenu les renseignements voulus.

Malgré ma situation, je ressentais une certaine satisfaction. Je savais que quoi qu'il m'arrive je pouvais compter sur lui.

Je fis partir un message par David à une adresse qui nous servait de boîte aux lettres à Paris. Je n'avais plus qu'à attendre la réponse qui devait m'arriver par la filière de David.

Le juge chargé d'instruire mon dossier me convoqua. Notre conversation fut presque amicale. Il m'informa qu'il envisageait de me mettre en liberté sous caution sur l'île, à la condition que j'accepte de me présenter chaque jour au commissaire Francisco Rossello. De plus, j'avais l'interdiction de quitter l'île. Mon avocat avait suffisamment d'argent déposé à mon nom pour payer ma caution. Je pouvais donc espérer ma liberté avant Noël.

Quand j'annonçai la nouvelle à David, il crut que notre projet d'évasion ne tenait plus.

— Écoute... Que je sois mis en liberté sur l'île ne change rien. Je n'ai qu'une parole. Je t'aiderai. Libre, je peux tout te préparer question planque, papiers, moyen de quitter l'île... et surtout je peux faire monter du monde.

Nous mîmes donc le projet de son évasion en place. Lui qui avait accès au bureau du directeur à titre de secrétaire, même les jours de fête, s'il avait un travail à terminer, pouvait partir de cet endroit. Si j'obtenais ma liberté avant Noël, il tenterait son évasion le 1er janvier 1966 vers vingt heures. Tout serait prêt, il pouvait compter sur moi.

Je reçus une lettre de Guido, toujours par la filière de David. Il attendait mes consignes. Je n'eus même pas la peine de lui répondre. Car, la veille de Noël, mon avocat arriva tout souriant avec ma liberté provisoire en poche. David me donna le nom d'un hôtel et à son regard interrogateur je répondis :

— À bientôt, fils, tout se passera comme décidé... Une voiture t'attendra à l'endroit que tu m'as désigné. Tout sera prêt, à toi de faire le reste.

Je me rendis à l'hôtel Jaime III et la première chose que je fis fut de téléphoner à Paris, en donnant seulement mon adresse et expliquant que j'étais libre. Je savais que par le prochain avion Guido ou un ami monterait à Palma sous une identité d'emprunt pour me contacter. En attendant, j'étais bien décidé à aller signer chaque jour comme convenu. Je ne voulais pas prévenir ma femme de ma libération, ne sachant pas encore comment toute cette affaire allait se terminer.

Je passai la nuit du réveillon dans la boîte de nuit de l'hôtel et fis la connaissance d'une ravissante femme du nom de Josy

Aranda. Elle était française et était venue en compagnie de sa fille passer les fêtes de fin d'année à Palma. Elle vivait à Lyon où elle était propriétaire d'un bar. Tout de suite nous sympathisâmes. En elle, j'avais reconnu la femme connaissant la vie et les hommes. En moi, elle avait perçu le truand.

Il me fallut attendre deux jours pour qu'un matin on me demande au téléphone.

— Qui parle ?

— Le vieux... Salut, fils. Je suis à Palma. Viens au restaurant du Port vers quatorze heures.

— Content que tu sois là, l'ami.

— Pas autant que moi, petit frère... À tout à l'heure.

Je demandai à Josy si elle voulait venir déjeuner avec moi en compagnie de sa fille. Elle accepta.

Dès mon entrée dans le restaurant du Port, j'aperçus Guido. Il était en compagnie d'un homme que je ne connaissais pas. Rendus à notre table, je vis qu'il se dirigeait vers les toilettes... J'en fis autant, prétextant un coup de téléphone à donner.

Il m'accueillit avec le sourire.

— Personne ne t'a suivi ?

Je lui fis un signe négatif.

— Incroyable, fils !... Comment as-tu réussi à te sortir de ce merdier ?

— Trop long à t'expliquer... À quel hôtel es-tu descendu ?

— Je ne suis pas à l'hôtel. Je suis chez un ami sûr... Oui, le type que tu as aperçu à ma table. Au fait, nous avons eu les renseignements voulus. Tu as fait du bon travail, fils. Tu t'en rendras compte à ton retour, on ne t'a pas oublié.

— Nous n'avons pas le temps de discuter ici. Donne-moi l'adresse de ton ami, je serai chez lui à dix-huit heures... Nous devons parler sérieusement.

— Qui est la femme qui est avec toi... et la gamine ?

— Une connaissance... Rien à craindre.

— À voir !

174

— Non, j'ai des renseignements sur elle... Tu pourras vérifier sur Lyon pour voir ce qu'elle vaut... De toute façon, c'est juste ami-ami, rien de plus.

— OK, fils... À tout à l'heure.

Il me tendit l'adresse de son ami.

Je fis un excellent repas. Josy était d'agréable compagnie. Pas un seul instant mon regard se posa sur la table qu'occupait Guido.

Je fus à l'heure au rendez-vous. L'ami de Guido était belge. Il possédait une magnifique propriété à dix kilomètres de Palma. Guido me fit comprendre que je pouvais parler en toute confiance. Je leur racontai donc mon histoire dans le détail. J'expliquai à Guido mon projet de faire évader David.

— Tout cela est bien beau, mais tu ne connais pas ce type. As-tu pensé qu'il pourrait aussi bien être un flic ?

— Non, je l'ai testé... De plus, je lui ai donné ma parole de l'aider et...

— OK, fils... N'en dis pas plus. Si tu as jugé bon de l'aider, on va l'aider.

Guido m'expliqua pourquoi il ne m'avait pas présenté son ami belge au moment de l'affaire du gouverneur. Celui-ci n'était pas sur l'île à cette époque. De toute façon, il n'aurait pas accepté de le compromettre dans cette affaire. Mais c'était lui qui lui avait désigné l'avocat qui m'avait contacté. Je quittai la propriété aussi discrètement que j'étais venu. Nous avions mis tous les détails de l'évasion au point.

Pendant les jours qui suivirent, je ne revis pas Guido comme convenu. Je me rendais chaque jour pour apposer ma signature au registre de la police. Il m'arrivait de rencontrer le chef de la Guardia Civile qui m'avait interrogé ; à plusieurs reprises il m'offrit un verre au foyer militaire. Pour lui, j'étais un type bien, presque un collègue. Cette persistance dans l'erreur m'amusait, mais, loin de le contredire, je jouais le jeu.

Tout était prêt pour l'évasion de David. Guido avait fait monter un autre ami de Paris qui devait attendre David au volant d'une voiture volée et cela à l'heure dite. Le Belge avait préparé une planque. Pour les papiers, il ne manquait plus que sa photo. Son départ de l'île était prévu un mois après son évasion pour éviter toute surprise. C'est donc l'esprit tranquille que je passai le réveillon du jour de l'An avec Josy. Elle m'informa qu'elle repartait le lendemain par bateau en direction de Marseille. Le départ était fixé vers les vingt heures. Cette coïncidence ne m'échappa pas... À cette même heure, David tenterait son évasion. Je ne pouvais me procurer meilleur alibi en l'accompagnant et en me faisant remarquer à la douane d'une façon ou d'une autre. Le destin allait une fois de plus m'être favorable en me donnant par une situation quasi comique un alibi inattaquable.

Le 1er janvier 1966, vers dix-neuf heures, j'accompagnai Josy et sa fille au port d'embarquement de Palma de Mallorca. Le paquebot était à quai. Me dirigeant vers la douane avec les valises, j'aperçus le chef de la Guardia Civile. Il me regarda, surpris, croyant peut-être que c'était moi qui voulais m'embarquer. Il s'avança à ma rencontre.

— Alors, monsieur Mesrine... On nous quitte malgré l'interdiction ?

— Oh ! Non, commandant... J'accompagne seulement une amie et sa fille. Vous savez très bien que je ne vous ferais pas un coup semblable ! lui dis-je ironiquement.

Son regard se posa immédiatement sur Josy. Je fis les présentations. Se voulant gentleman, il y alla d'un baisemain qu'il fit durer un peu plus que la normale. Sa présence m'enchantait. Tout de suite il insista pour faciliter le passage de la douane à Josy qui se faisait charmeuse sans se forcer, sa beauté naturelle la rendant désirable dès qu'on la rencontrait.

Il proposa de monter à bord pour nous inviter à boire une coupe de champagne.

— Très bonne idée, commandant, mais dans ma situation je ne sais pas si je peux me permettre.

— Avec moi, monsieur Mesrine, tout est possible ! me répondit-il, plein de suffisance et d'orgueil, trop heureux de pouvoir montrer son autorité à Josy qui lui roulait des yeux langoureux.

Nous montâmes donc à bord. Après l'avoir conduite à sa cabine, nous prîmes la direction du bar. J'offris la première bouteille de champagne. Trop pris par notre conversation, nous n'entendîmes même pas l'annonce. Le commandant fit remettre une autre bouteille. Il faisait devant moi la cour à Josy sans aucune discrétion. Le temps passait ; l'alcool aidant, nous ne nous en rendions pas compte. La sirène du paquebot retentit. Je m'adressai au commandant :

— Il serait peut-être temps de descendre, commandant ?

Le barman, qui parlait l'espagnol, intercepta ma phrase et me regarda, tout étonné, en me disant :

— Descendre, monsieur ! J'en doute... Les amarres ont été enlevées et nous sommes en direction de la sortie du port.

Le commandant explosa :

— Quoi !... Mais pourquoi n'avez-vous pas annoncé le départ du paquebot ? Savez-vous qui je suis ?... Je suis le chef de la Guardia Civile. Conduisez-moi immédiatement au commandant de bord.

— Mais l'annonce a été faite, commandant. Peut-être ne l'avez-vous pas entendue ! et...

— Conduisez-moi au commandant !... dit-il, fou de colère.

Cette situation cocasse m'arracha un sourire. Regardant ma montre, je compris que David avait de grandes chances d'être libre à cette heure si tout s'était passé comme prévu. De mon côté, je venais de me fournir un alibi que personne ne pourrait contester.

Après s'être présentés au commandant de bord, il fut décidé qu'une vedette de la douane viendrait nous chercher. Le message fut envoyé. C'est sous les vivats que, suspendus à une échelle tendue le long de la coque, nous prîmes contact avec la vedette qui tanguait. Josy nous fit un dernier signe d'adieu. Quand la vedette accosta, le commandant avait retrouvé son sourire.

— Femme troublante, que cette Josy !... me dit-il.

— Elle reviendra très bientôt à Palma, commandant.

— Il me serait agréable de la revoir. Croyez-vous qu'elle acceptera l'invitation que je lui ai faite ?

— Sans aucun doute, commandant..., dis-je pour le satisfaire.

Il me proposa de l'accompagner dans une boîte pour y terminer la soirée. Son chauffeur nous y conduisit.

Jusqu'à vingt-trois heures je bus avec lui. Il était ivre et n'arrêtait pas de dire aux deux putes qui nous avaient rejoints à notre table que j'étais «son ami le Français». Je lui fis comprendre qu'il me fallait rentrer. Lui désirait rester ; il ordonna donc à son chauffeur de me raccompagner en voiture officielle.

Quand le portier de l'hôtel me vit arriver de cette façon, il m'ouvrit la porte avec un respect interrogateur tout en me disant que deux policiers m'attendaient dans le hall depuis deux heures. Je n'étais pas surpris de cette visite si David avait réussi son évasion..., mais l'avait-il réussie ?

Les deux policiers me présentèrent leurs cartes et me demandèrent de m'asseoir.

L'un d'eux prit la parole :

— Où étiez-vous, monsieur Mesrine ?

— Pourquoi cette question, monsieur ?

— C'est moi qui pose les questions... Je vous demande de me dire où vous étiez entre dix-neuf heures et maintenant.

Je ne pus retenir un sourire en lui disant :

— Si je vous le disais, vous auriez du mal à y croire... Mais je ne vois pas la nécessité de vous répondre.

— Écoutez, Mesrine, me dit l'autre policier, nous ne faisons que notre métier. Connaissez-vous un détenu se prénommant David ?

Je fis semblant de réfléchir.

— David... Ah ! Oui, le gars avec qui je jouais aux échecs pendant mon incarcération... Oui, je connais !... Mais sans plus. Pourquoi ?

— Il s'est évadé !

— Quoi... Lui s'évader !... Vous voulez rire.

— Il a scié les barreaux du bureau du directeur et après une escalade s'est laissé tomber à l'intérieur du marché couvert. Il a été surpris par les deux gardiens de nuit qui faisaient une ronde. Loin de se douter qu'ils avaient affaire à un évadé, ils l'ont pris pour un homme pris d'alcool. C'est l'impression qu'il leur a donnée en leur faisant croire qu'il s'était endormi avant la fermeture et qu'il cherchait la sortie au moment où les deux gardes l'ont surpris. Les gardes, sans méfiance, ont téléphoné à la police dont le poste est très proche. On leur a demandé d'amener l'individu au poste. Au moment où un des gardes ouvrait la grille, David a bousculé l'autre et s'est échappé. Les gardiens lui ont couru après. Ils l'ont vu s'engager dans une ruelle et monter dans une voiture avant de disparaître. Vous vous étiez lié d'amitié avec ce détenu, nous pensons que vous étiez au volant de cette voiture. Si vous n'êtes pas en mesure de nous fournir votre emploi du temps, nous avons ordre de vous conduire au commissaire Francisco Rossello.

— Il serait préférable en effet que vous m'y conduisiez tout de suite, car je ne peux me permettre de vous dire avec qui j'étais sans avoir, avant, vu le commissaire. Mais sa surprise va être grande, car je n'ai absolument rien à voir avec cette histoire ; la personne avec qui j'étais va me disculper rapidement. On la croira sur parole, n'en doutez pas, dis-je ironiquement.

Je fus conduit au poste qui était en effervescence. Le commissaire s'avança vers moi. On le sentait d'humeur massacrante.

— C'est pas bien, ce que vous avez fait là, Mesrine.

— Erreur totale de votre part, commissaire... Je n'y suis pour absolument rien.

Je lui donnai dans le détail mon emploi du temps. Sur le coup, il crut que je me moquais de lui. Il lui fallut un certain temps pour arriver à joindre le commandant, car je n'avais pas la moindre idée de l'endroit où j'avais bu avec lui. Quand le commissaire se présenta à moi, il avait obtenu la vérification de mon alibi.

— En effet, l'histoire invraisemblable que vous m'avez racontée s'est révélée exacte. Rien n'est ordinaire avec vous, Mesrine, même pas vos alibis. Vous êtes donc libre... mais je ne peux m'empêcher de penser que vous y êtes pour quelque chose.

— Non, commissaire, car je n'avais aucune raison de faire évader un type comme David.

— Pas plus que vous n'aviez de raisons d'entrer dans la maison du gouverneur. Vous faites bien des choses sans raisons, monsieur Mesrine... Faites très attention à vous, conseil gratuit de ma part. De toute façon, on le retrouvera. Nous sommes sur une île... Difficile à quitter, une île, monsieur Mesrine.

Je ne pus m'empêcher de lui tenir tête en répliquant :

— Oui, je l'ai constaté ce soir... Si j'avais voulu, je serais en route pour la France et vous n'auriez pas eu la possibilité de me récupérer..., nouvelle preuve de ma bonne foi. Je respecte mes engagements, commissaire, alors ne me compliquez pas la vie. Je ne suis pas responsable de la surveillance de vos prisons, je n'ai rien à foutre de votre David. Si vous m'y autorisez, je désirerais regagner mon hôtel et vous laisser à vos recherches. Excusez-moi de ne pas vous souhaiter bonne chance.

— D'accord, Mesrine, vous êtes libre. On va vous raccompagner.

Rendu dans ma chambre, je me fis monter une bouteille de whisky avec de la glace. Mon verre rempli, je fis le geste de trinquer avec un personnage imaginaire qui se voulait être David et dis pour moi-même : « Bien joué, fils, tu les as baisés. »

Je savais qu'une surveillance accrue allait être exercée sur moi. De toute façon, nous avions prévu que je ne prendrais plus aucun contact avec David pendant mon reste de séjour sur l'île. Guido me fit savoir que tout était OK et qu'il rentrait à Paris. Le 10 janvier 1966, mon avocat vint me chercher à mon hôtel. Il m'informa que j'avais été jugé sans que je comparaisse. On m'avait condamné à six mois de prison avec sursis, ne retenant contre moi que la tentative de vol. Du pistolet automatique, il n'en avait même pas été question. Il me remit un document qui m'autorisait à regagner la France. Je n'étais même pas expulsé d'Espagne... Mon bluff avait fonctionné au-delà de mes espérances. L'après-midi même, je prenais l'avion pour Paris.

Solé, en reconnaissant ma façon de frapper, poussa un hurlement de joie et se précipita dans mes bras. Sa première phrase me surprit :

— C'est vrai, chéri, que tu travailles pour les services secrets ?... C'est l'avocat qui l'a écrit à ton père.

Je vis tout de suite l'avantage que je pouvais en tirer pour mes voyages futurs et c'est vaguement que je lui répondis :

— Évite de poser des questions, veux-tu...

Je savais qu'elle en déduirait qu'il m'était impossible de répondre. Son imagination ferait le reste. Elle me regarda d'un œil admiratif en me disant « Je comprends »... Elle se croyait mariée à OSS 117 et James Bond réunis... Si cela pouvait apaiser sa conscience, je préférais la laisser avec ses illusions.

Je repris immédiatement contact avec Guido qui me tranquillisa au sujet de David.

— Pendant ton incarcération, j'ai traité une belle affaire de faux dollars. J'ai acheté... C'est pour nous deux si tu es d'accord.

Il alla chercher une valise et en sortit un grand carton. Des liasses de billets de cent dollars l'emplissaient à ras bord. Détachant un billet, je me mis à l'examiner.

— Alors ?

— Belle marchandise... Enfin assez bonne.

— Tu les trouves bien ?

— Loin d'être parfaits, mais valables... Il y en a pour combien ?

— Cent cinquante mille dollars... Il y a un petit inconvénient, ils viennent de plusieurs séries repérées en 1961 par l'American Express.

— À quel tarif tu les as achetés ?

— Quinze pour cent de la valeur nominale.

— Bon, on va voir ce qu'il y a à faire ; mais on trouvera la revente. Prenons notre temps.

Le mois passa. J'avais pris du repos auprès de Solé qui ne discutait plus mes sorties nocturnes, s'imaginant je ne sais quelle mission !

Il était temps de faire venir David. Avec ses faux papiers, il prit l'avion en compagnie de la femme et l'enfant d'un de mes amis qui avait accepté le stratagème pour faciliter son passage.

David arriva chez moi. Il était rayonnant de joie. Il me raconta tout dans le détail, ne sachant comment me remercier de ce que j'avais fait pour lui. Je lui avais tout préparé, studio au nom de ses faux papiers, vêtements, argent. Je trouvais normal d'aider un type qui avait eu le courage de s'évader. On fait parfois entrer le loup dans la bergerie sans le savoir.

Pendant une semaine, ce fut la présentation aux amis. Et puis, un jour, on en vint à parler des faux dollars. Tout de suite, David s'enthousiasma en les voyant.

— Écoute, Jacques. J'ai dans mes relations un banquier à Barcelone qui accepte ce genre de marchandise quand elle est de bonne fabrication pour une commission de vingt pour cent. Il prendra le tout sans aucun problème. Si tu le désires, je vais prendre le contact.

Nous en parlâmes avec Guido. Devant les arguments solides de David, nous acceptâmes, car il fallait qu'il soit sûr de lui pour prendre le risque de retourner en Espagne. C'était, d'après moi, une façon qu'il avait choisie pour payer la dette qu'il croyait avoir vis-à-vis de nous. Là encore, j'étais dans l'erreur. Je pris donc la décision d'y aller avec lui et me mis à organiser notre départ.

Quelques jours avant le départ, Guido me fit venir chez lui :

— Écoute, fils ! Ce mec ne me plaît pas... Méfie-toi de lui, certains détails me laissent songeur. Il m'a demandé de lui procurer un automatique pour le voyage... T'en a-t-il parlé ?

— Oui... Rien de plus logique que d'être armé pour le voyage.

— On ne connaît pas assez ce type pour lui faire confiance... Je te le redis, méfie-toi... Je sens que ce n'est peut-être pas bon.

— De toute façon, c'est moi qui garde les dollars et tu te doutes que je ne vais pas voyager les mains vides. On peut toujours prendre nos précautions. Il suffit de lui donner son flingue juste avant le départ, mais de limer le percuteur. Il ne s'y connaît pas tellement en armes. De mon côté, j'en emmènerai deux en cas de rencontre avec les flics espagnols pour qu'en situation grave il ne se retrouve pas les mains vides... Si cela te tranquillise, faisons de cette façon.

Guido approuva.

Il fut décidé que David louerait une Mercedes chez Hertz sous une fausse identité. Après avoir camouflé les dollars dans la voiture, le départ fut décidé. C'est au matin que je lui remis un parabellum 9 mm et deux chargeurs. Mon regard croisa le sien. Je lus une satisfaction dans ses yeux.

— Tu seras moins seul avec ça, lui dis-je.

— Oui, il peut servir.

— Dis-moi, David... Nous sommes d'accord, pour le banquier c'est certain ?

— Oui, tu peux me faire confiance.

Nous traversâmes la France en nous relayant au volant. Nous passâmes la nuit à Perpignan. Au matin, David me proposa :

— Tu sais, il y a de gros risques pour toi à passer la frontière en ma compagnie. Le mieux serait que je la passe seul avec la Mercedes et toi en autocar. Je te reprendrai après la frontière.

Était-il sincère ? Ou avait-il de mauvaises intentions ? Tout au long du voyage il s'était montré joyeux et rien dans son comportement ne pouvait révéler quelque chose de louche. Je décidai de le sonder pour voir si sa proposition n'avait pas un autre but que ma protection.

— Oui, tu as raison, mais c'est moi qui vais passer avec la Mercedes et toi en autocar... Les risques seront encore moindres, qu'en penses-tu ?

Il sembla contrarié, mais me répondit :

— Comme tu veux, c'est toi qui décides.

Je passai donc seul la frontière sans aucune difficulté. Mais je ne pus m'empêcher de penser à l'avertissement de Guido.

L'autocar arriva deux heures après moi. Nous décidâmes de déjeuner sur place. Là encore il me proposa :

— Dis-moi, Jacques, nous ne devons être à Barcelone que ce soir. J'ai un très bon ami à quarante kilomètres d'ici... Ça me ferait plaisir de te le présenter. Si tu es d'accord, on pourrait passer le voir.

Jamais il ne m'avait parlé de cet ami. À cet instant, je compris qu'il cherchait sûrement à m'avoir, car avec ce que nous transportions ce n'était pas le moment de faire du tourisme. Le jeu commençait à me plaire. Je ne faisais qu'un vœu pour lui, c'est que je sois dans l'erreur. Je lui répondis, indifférent :

— Oui, nous avons le temps. OK, on passe voir ton ami.

Il me demanda de prendre le volant. Nous longeâmes les Pyrénées sur une route bordée de forêt. Il n'y avait presque pas de circulation.

— Tu m'as dit qu'il s'appelait comment, le village ?...

Il ne m'avait rien dit !

Il hésita et me cita un nom que je ne connaissais pas. Je le sentais nerveux. J'en étais maintenant certain : David avait des idées en tête. Je me tenais sur mes gardes. Le 38 spécial que j'avais à la ceinture me servait de garantie de longue vie. Je fis semblant de m'endormir, comme bercé par la voiture.

Tant qu'il avait les mains sur le volant, je ne risquais pas grand-chose, cela commençait à m'amuser. Je le vis prendre une petite route quelques kilomètres plus loin. Nous n'avions pas croisé une seule automobile. Il ralentit. Je fis semblant de me réveiller.

— J'ai envie de pisser, me dit-il.

C'était donc ça, il m'avait emmené « en belle », cela ne faisait aucun doute. J'en ressentais un écœurement... Celui à qui j'avais offert mon amitié allait me l'échanger pour de la fausse monnaie. J'étais trop pur en amitié pour comprendre. Qu'une femme vous trompe, on peut l'admettre. Qu'un ami vous trahisse, et le sentiment du « jusqu'à la mort » fait place à une haine destructive. J'avais presque envie de lui crier « tu ne vois pas que tu vas crever », mais calmement je me mis à entrer dans le jeu :

— Ça tombe bien, moi aussi.

Il stoppa la Mercedes dans un renfoncement ombragé. Il descendit le premier. Sans qu'il ne s'en rende compte, j'enlevai les clefs de contact et les mis dans ma poche tout en descendant de mon côté. Il s'était un peu éloigné de la voiture ; je fis de même et lui tournai le dos comme si j'urinais. Je l'entendis revenir à la voiture, ouvrir la porte. Au moment où je me retournais, je ne fus même pas surpris de le voir là, à dix mètres de moi, l'arme à la main, suant de peur, trop petit pour entreprendre ce qu'il n'allait pas pouvoir terminer. Je parlai le premier en fixant son arme. Je la savais totalement inoffensive sans son percuteur et en un instant ma pensée alla vers Guido.

— Ça veut dire quoi, David ?

— Donne-moi les clefs... et n'avance pas... Et... et... ton arme à terre !

Comme il me voyait sourire, nerveusement il hurla :

— Les clefs ou je tire ! N'avance pas, n'avance pas ! cria-t-il encore.

— Pauvre cave !

Le chien de son parabellum claqua en un bruit sec sur la butée de percussion. Aucune détonation n'avait suivi son geste. Il me regarda, hébété, une peur panique dans les yeux. Il fit le geste de réarmer ; mais à mon tour j'avais l'arme à la main. Il était là, les bras ballants, comme un pantin désarticulé. Moi, une rage froide au cœur, j'étais à sa hauteur. Il fixait le trou noir de mon 38 avec terreur. Mon pied droit lui arriva dans le bas-ventre et il s'écroula contre la portière en gémissant.

— Pauvre minable !

J'avais récupéré son arme. Le coin était désert. J'aperçus un chemin qui montait légèrement dans la montagne. Je fermai toutes les portes et enfilai mes gants. Le soulevant par le col de sa veste, je lui dis :

— Viens par là, ordure. On va avoir une gentille conversation.

Je le fis marcher devant moi. Nous parcourûmes cent mètres. On ne pouvait plus m'apercevoir de la route. David n'arrêtait pas de pleurnicher :

— Qu'est-ce que tu vas me faire... Mais laisse-moi au moins t'expliquer... !

L'enfant de chienne ne manquait pas de souffle ! S'expliquer... ! Sans le connaître, je lui avais tout donné et son premier geste de reconnaissance avait été non seulement de vouloir me voler, mais en plus de me flinguer.

— Pas de souci à te faire, ma mignonne... Question de t'expliquer, tu vas t'expliquer. Arrête-toi là... À poil...

— Mais !

Mon poing gauche le toucha en pleine face et je lui ordonnai :

— À poil, ordure, et vite !

Il se déshabilla, tremblant de peur et de froid... Les salauds ne savent jamais mourir comme des hommes. Je fis semblant de le viser.

— Ah ! Non... Ah ! Non, pas ça ! Non... Non.

Je ressentais un certain sadisme à le voir dans cet état. Je l'apostrophai :

— Tout ça pour du fric... Le banquier n'existe pas non plus ? Hein, salope ! Tu me flinguais et tu partais avec cent cinquante mille dollars, voiture, armes et papiers.

— J'voulais pas te tuer..., j'te jure... J'voulais juste l'argent.

— C'est tout ce que tu as trouvé à dire ! Guido m'avait prévenu, d'où ton arme trafiquée... Pas de chance, petit, ta carrière de salope s'arrête là... Tu as choisi toi-même ton destin.

Il était là, les yeux révulsés, à supplier :

— Non... Non, ne fais pas ça... J'ferai tout ce que tu veux... Oui... Oui..., tout ce que tu veux !

Il m'expliqua tout. Le banquier qui n'avait jamais existé ; tout. Il s'était mis à genoux, il pleurait, gémissait. J'aurais aimé qu'il tente au moins sa chance en me fonçant dessus. Mais il était lâche, comme tous les types qui trahissent l'amitié. Je retardais sa mort. Je fis semblant de lui donner un espoir de s'en sortir.

— Je vais te donner une chance.

Ses yeux changèrent d'expression et s'éclairèrent.

— Oui, oui, donne-moi ma chance... Tu verras, tu ne le regretteras pas...

Comment pouvait-il croire en mes paroles ! Cupide et naïf pour croire que la trahison ne se payait pas de mort.

— Enfile ton maillot de corps.

Il le prit, tremblant, et l'enfila. Quand sa tête réapparut, il vit mon arme qui le visait. J'avais assez joué.

La première balle le toucha au genou gauche. Il s'écroula dans un hurlement. De ses mains il se protégeait la figure.

— Debout, salope... Debout !

— ...

Péniblement il se leva, fixant mon arme. La peur avait eu raison de ses tripes, ses excréments lui coulaient le long des jambes. Quatre autres détonations claquèrent et le touchèrent en pleine poitrine. Les impacts trouèrent son maillot de corps. Quatre fleurs rouges pour prix de sa saloperie. Il râlait. Je lui enlevai le maillot de corps, puis je lui soulevai la tête en le prenant par les cheveux et lui tirai une dernière balle qui lui fit éclater la boîte crânienne. Je fis basculer mon barillet, mis les douilles dans ma poche et rechargeai mon arme en cas de surprise au moment de mon retour à la voiture. Je pris les vêtements. Après un dernier regard à David, je crachai par terre. S'il avait fallu lui mettre une épitaphe, j'aurais écrit : *Mort dans sa merde*.

Il me fallait maintenant réfléchir et faire vite. Le calme était total. Je pris l'autre arme que j'avais emmenée ; puis, après avoir essuyé celle dont je venais de me servir et l'avoir vidée de ses balles, je la projetai au loin dans les buissons, ainsi que les douilles percutées. Je fis de même avec celle de David. Je mis ses vêtements dans ma valise après en avoir retiré les papiers. J'arrachai toutes les photos de ces documents et les brûlai sur place. Il me restait le maillot de corps. Ce que j'avais décidé de faire était imprudent, mais je m'en foutais : ça, c'était pour Guido.

Je déplaçais la Mercedes jusqu'à la route et revins pour effacer les traces que les pneus avaient laissées sur le sol. Il me fallait rentrer en France avec ma marchandise. Je n'avais pas l'intention de repasser la frontière avant le début de soirée. Sauf imprévu, on ne retrouverait le corps de David qu'au printemps... D'ici là, les rongeurs et charognards de toute sorte étaient mes invités et je ne pouvais leur souhaiter que bon appétit.

Sur le chemin du retour, je pensai à David... Il aurait mieux fait de rester dans sa prison. Je m'en voulais de mon erreur de jugement à son sujet. Mes amis ne pourraient rien me reprocher, j'avais fait ce qu'il y avait à faire. Pour les dollars, ce n'était pas important. Les solutions ne manquaient pas.

À vingt heures, je franchis la frontière. Quand le douanier me demanda si je n'avais rien à déclarer, c'est avec humour que je lui répondis :

— Non, absolument rien, monsieur.

Je fis une halte dans un endroit désert et à la lueur du plafonnier j'entrepris de sortir les dollars de leur planque et de les mettre dans mon sac de voyage. Arrivé à Perpignan, j'abandonnai la Mercedes avec ses clefs sur le contact pour faciliter son vol et pris la direction de la gare. Il y avait un train pour Paris.

J'avais passé la nuit en wagon couchette. Dès mon arrivée, je pris le chemin de chez Guido. Quand il m'ouvrit la porte, il s'étonna :

— Déjà, fils ?

— Tu avais raison, pour David.

— Alors ?

Je posai mon sac sur la table. Puis, sortant le maillot de corps taché de sang, je dis à Guido :

— Affaire réglée.

Nous n'en parlâmes jamais plus. Mais cette détermination dans l'action brutale aux instants où il le fallait me donna un certain prestige auprès de mes amis.

En avril 1966, Solé me donna un garçon que je prénommai Boris. Malgré cette naissance, je redoublai mes activités criminelles. J'étais amoureux de l'action. Contre cette maîtresse, Solé ne pouvait rien. J'aimais vivre dangereusement. Par contre, je portais une adoration sans limites à ma fille Sabrina. Il m'arrivait de l'emmener le soir avec moi au restaurant. Comme deux petites billes noires, ses yeux coquins découvraient le monde. Je la promenais parmi les marchands de tableaux de la place du Tertre. J'avais fait faire son portrait en Gavroche et les peintres qui commençaient à la connaître l'avaient surnommée « la Puce ». Quand la marchande de fleurs passait avec sa corbeille de roses, j'en achetais toujours une et la lui tendais.

Fatigués, nous rentrions à la maison, il me fallait la porter. Elle s'endormait, la tête posée sur mon épaule, et j'en étais le plus heureux des hommes. Cette contradiction entre l'homme sensible et le tueur que j'étais devenu ne trouvait pour moi qu'une seule explication : je vivais deux vies parallèles. La deuxième risquait de détruire de façon définitive ce que m'apportait la première et, en rentrant chez moi, j'étais loin de penser que je ne verrais jamais grandir ce petit corps qui, confiant et se sentant protégé, s'était endormi d'un sommeil paisible.

Guido me demanda de venir avec lui dans le midi de la France ; son ami Tino avait besoin d'aide pour régler certains comptes. Le sang coula. Le milieu est ainsi fait que vous pouvez tuer un homme que vous n'avez jamais vu auparavant... Vous ignorez tout de lui, sauf qu'il est en guerre contre l'ami d'un ami. Vous le tuez sans haine, sans vacherie... comme à la guerre, tout simplement parce qu'il faut le faire. Et vous rentrez chez vous sans penser qu'une mère le pleure, qu'une femme vous maudira sans jamais savoir qui vous êtes et que peut-être des années plus tard le destin mettra dans votre lit cette même femme qui ignorera toujours que vous avez été l'arme qui a changé son destin. Mais une chose est certaine : ses amis, eux, ne vous oublieront pas s'ils étaient sincères vis-à-vis de lui. De retour à Paris, Guido me prévint que les choses n'en resteraient pas là. Je n'allais pas tarder à m'en rendre compte.

Un soir où j'avais rendez-vous avec Tino qui était monté à Paris pour quelque temps, je garai ma voiture près de la place de Clichy. La nuit était là. Au moment où j'allais descendre, le bruit d'un moteur me fit me retourner. Ce geste me sauva la vie. Un homme, la main sortie par la vitre avant, me visait. J'eus le réflexe de me jeter à terre au moment même où il ouvrait le feu. La voiture me dépassa. J'avais roulé sur moi-même et réussi à sortir mon colt 45. Mais je n'avais pas eu le temps de riposter. Au moment de me relever, mon pied gauche ne me portait plus. Je m'en tirai avec une balle dans la jambe et quatre impacts sur ma portière. Malgré l'heure tardive, des gens commençaient à se montrer à leurs fenêtres. Rapidement je repris le volant et disparus. Je me rendis directement chez Guido. Cette fois, il me fallut rester deux jours dans la clinique d'un de nos amis pour que je puisse remarcher après l'extraction de la balle. Cette chance d'échapper à la mort ne devait jamais me quitter tout au long de ma carrière criminelle, malgré les nombreuses fusillades auxquelles j'allais participer.

Je n'arrivais pas à comprendre cette embuscade au rendez-vous de Tino. L'explication vint d'elle-même. Nous ne revîmes jamais Tino vivant. Il avait dû être emmené en « belle » et questionné dans une cave sur ses amis et leurs planques. Pour qu'il parle, le traitement avait dû être raide. La mort lui avait apporté le repos... Il avait même dû la souhaiter. Son corps serait peut-être retrouvé... ou pourrirait dans une forêt sous quelques pieds de terre. Tino était estimé. On décida de se réunir et d'agir rapidement.

D'autres hommes moururent ou disparurent. Le sang lave le sang. On tue parfois celui qui aurait pu être votre ami s'il n'avait pas été de l'autre côté. Rien n'est plus stupide qu'une guerre de gangs ; elle fait le travail de la police qui se contente de compter les points.

De mon côté, je ne sortais plus avec ma fille, craignant que quelque chose ne lui arrive. Et puis, comme le feu se déclenche, il s'éteint. On compte ses morts et les choses se calment, car chacun veut reprendre son souffle.

Je pris la décision de quitter la France pour quelques mois et allai m'installer aux îles Canaries où je pris la direction d'un restaurant en association. Je me plaisais à Santa Cruz de Ténérife qui était un port franc. Très rapidement je fis la connaissance de truands français qui y vivaient sans aucun problème avec les autorités espagnoles. Guido et d'autres amis vinrent me rendre visite. Je me livrai à plusieurs trafics que la position de port franc facilitait, mais l'action me manquait.

Avec Solé, les choses allaient de plus en plus mal. Ses scènes de jalousie devenaient quotidiennes et parfois en plein restaurant, car j'étais, de par ma position, en contact permanent avec de jolies clientes.

Un soir, elle piqua une crise pire que les autres. Elle ne se contrôlait plus. Elle me menaça de se suicider avec ma fille, dans le seul but de se venger de quelques maîtresses imaginaires. Elle croyait que l'amour avait déserté mon cœur et se raccrochait de façon malhabile, en passant de la menace à la supplication, des larmes à la colère. Je me rendis compte que si je restais à ses côtés j'allais un jour décider de la tuer. Elle m'avait rendu dangereux pour elle sans s'en rendre compte. Notre couple sombrait. Je savais la responsabilité que j'avais dans ce déséquilibre mais je ne voulais rien faire pour chercher à sauver quoi que ce soit. Je pris donc la décision de la quitter sans explication et de disparaître de sa vie. Je fis monter ma mère, qui repartit avec ma fille Sabrina pour la France.

Après être passé à ma banque, je pris l'avion pour Rome. Je ne lui laissai ni mot d'adieu ni possibilité de me retrouver. Je ne revis jamais Solé. Elle m'écrivit plusieurs lettres à l'adresse de mes parents qui restèrent sans réponse. Je ne sus jamais ce qu'elle était devenue et ne voulus jamais le savoir.

À Rome, j'eus Guido au téléphone. Sa réponse à ce qui venait de se passer avec Solé fut simplement celle-là :

— C'est mieux ainsi, fils... Oui... mieux pour elle... comme pour toi.

Il m'informa qu'il savait maintenant qui m'avait tiré dessus quelques mois plus tôt et me demanda si j'étais intéressé pour une affaire en Suisse. Il ne pouvait m'en dire plus au téléphone. Comme je lui répondais affirmativement, on se fixa rendez-vous dans un hôtel de Zurich.

Je le revis quelques jours plus tard. Il m'annonça qu'il avait liquidé notre affaire de faux dollars et que ma part m'attendait. Le coup qu'il projetait était l'attaque d'une bijouterie à Genève. Cela ne présentait aucune difficulté. Deux amis nous attendaient sur place. Quant à la fusillade qui m'avait valu ma blessure, sa demande me surprit :

— Il faut oublier ça, fils !

— Tu rigoles ou quoi ?

— Non, je suis sérieux... La paix a été faite des deux côtés. On panse les blessures... mêmes celles d'orgueil et on oublie.

— Même ceux qui y ont laissé leur peau ? Ton ami Tino, par exemple ?

— Ne dis pas de conneries... Tu sais très bien qu'ils ont payé pour ça ! On a décidé la paix, fils, et ce sera la paix. J'en ai pris l'engagement en ton nom.

Guido était mon ami... plus qu'un frère. J'acceptait donc ce qui avait été décidé par tout le monde. Mais jamais il ne me donna le nom de celui qui m'avait tiré. Il craignait trop mon esprit de revanche. Je ne le sus jamais.

Nous partîmes pour Genève, chacun de notre côté.

Cela se passa un vendredi après-midi, juste avant Noël 1966. En plein centre de Genève, le visage recouvert de cagoules, nous franchîmes les portes de la bijouterie. En moins de trois minutes, nous râflâmes bagues, colliers, gourmettes pour plusieurs dizaines de milliers de dollars de bijoux. Sans un coup de feu, sans violence... Du bon travail. Guido repassa la frontière dans les minutes qui suivirent l'agression avec la marchandise cachée dans sa voiture. Moi, je devais remonter à Zurich pour y étudier un coup du même genre sur une bijouterie que j'avais repérée lors de mon premier passage. Je n'en eus pas le temps. La police de Genève, se doutant que le coup n'avait pu être fait que par des étrangers, se livrait à des vérifications d'identité dans les hôtels. Le lundi, on frappa à ma porte. À ma question, on me répondit « Police ».

Je n'étais pas spécialement inquiet quand on me demanda mon passeport. Mais quand on m'informa qu'il faudrait que je passe le chercher au contrôle des étrangers je compris que les choses risquaient de tourner mal pour moi.

Les policiers m'avaient surpris le matin... Dès leur départ, je fis une rapide toilette, mes valises, avec la ferme intention de leur laisser mon passeport et de franchir la frontière avec ma seule carte d'identité. Je ne voulais pas courir le risque d'une arrestation. Je payai mon hôtel et me dirigeai pour prendre ma voiture de location. À l'instant même où je mettais la main sur la portière, quatre policiers, l'arme à la main, m'ordonnèrent de ne plus bouger, ce que je fis, jouant la surprise. Je fus conduit au quartier général de la police. Un commissaire lança une interrogation à ses hommes :

— C'est lui ?

Devant le signe positif, il me demanda avec politesse :

— Veuillez vous asseoir, monsieur Mesrine. Vous n'avez pas l'air d'être surpris d'être là !

— Si, justement, j'aimerais bien savoir. Je quittais mon hôtel pour venir chercher mon passeport et je me retrouve avec quatre armes braquées sur moi...

Il me fit signe de la tête tout en souriant :

— Ne vous fatiguez pas à jouer les outragés. Dès que nous avons eu votre passeport en mains, nos renseignements ont été rapides. Vous n'êtes pas un inconnu des services de police français et espagnol. Si je vous disais que vendredi une bijouterie s'est fait attaquer, ça ne vous dirait rien, comme de bien entendu ?

— Je ne vois pas le rapport avec ma présence ici.

À ce moment-là un policier entra ; dans ses mains, j'aperçus les deux 38 spécial que j'avais dans mes valises.

— Tiens, tiens..., cela devient intéressant. C'est à vous, ces outils ?

— Oui, commissaire, et la forte somme d'argent qui est dans ma mallette aussi. Elle me vient de mon compte en banque de Santa Cruz de Ténérife. Les armes ne sont pas interdites dans votre pays, que je sache.

— Leur transport, Mesrine... Mais vous, vous devez plutôt vous en servir et je vous soupçonne d'avoir trempé dans ce hold-up de bijouterie.

Devant mes dénégations, il se contenta de sourire. On m'enferma dans une pièce. Sur la porte, une glace sans tain. On me laissa plusieurs heures seul. Je me sentais observé. Le bijoutier et ses employés vinrent regarder par la glace, mais, comme je restais assis, il leur était impossible de bien identifier ma silhouette. La porte s'ouvrit et on me présenta seulement au bijoutier. Il ne me reconnut pas, et pour cause ! Sans cagoule, j'avais plutôt la tête d'un brave garçon.

Le commissaire m'informa qu'il ne pouvait rien retenir contre moi, mais que j'étais expulsé à vie du territoire helvétique avec la mention « étranger indésirable, graves antécédents judiciaires ». Pour les armes, on ne pouvait rien me reprocher.

— Je vais donc vous les rendre.

— Commissaire ! Si j'arrive à la frontière française avec ça dans mes valises, c'est deux ans de taule... Comme la loi m'y autorise, je vous les laisse en dépôt... Et si j'obtiens l'autorisation de port d'armes dans mon pays je vous ferai une demande de restitution, lui dis-je avec humour.

— Il ne manque plus que ça ! Vous avez un sacré culot. Mais vous avez l'air de bien connaître nos lois pour quelqu'un qui ne fait que du tourisme ! C'est d'accord, Mesrine. Maintenant on va vous raccompagner à la frontière, mais je reste sur un doute... Le doute n'est pas une preuve, malheureusement.

Il me serra la main, à mon grand étonnement. Et je fus raccompagné sous bonne escorte. Ma voiture avait été rendue d'office à la compagnie Hertz qui était venue me réclamer le paiement de la location.

J'attendis d'être à Paris pour téléphoner à Guido. Il fut décidé que je resterais un mois sans le voir, une filature étant toujours possible.

Pendant plusieurs semaines je ne fis que sortir dans les boîtes et fréquenter les champs de courses. Libre de Solé, je me baignais dans mon milieu à plein temps. Je savais que si notre ménage avait sombré j'en étais responsable. Mais le remords ne faisait pas partie de mon état d'âme. Au fil des années, j'étais devenu dur et dangereux. On me craignait et j'en ressentais une certaine satisfaction. Je ne retrouvais la douceur que devant des vieux ou des mômes. Mon milieu était une jungle où le fort est respecté. On savait que je n'hésitais pas à tuer, que j'étais régulier et fidèle en amitié. J'avais peu d'amis, mais nous formions une bonne équipe solidaire en cas de difficulté.

Il n'était plus question que je vive à mon ancien domicile. Je pris donc la décision de prendre une auberge en gérance libre avec promesse de vente.

Un soir où je me promenais du côté de la place Blanche, je pris la direction d'un bar où je n'avais jamais mis les pieds, cela par simple curiosité. Dès mon entrée, deux jolies blondes voulurent me faire le grand jeu destiné à se faire offrir le champagne. Elles me prenaient pour un client de la cuisse tarifée... Cela m'amusait et c'est de façon aimable que je déclinai l'offre. Mais l'une d'elles insistait, sûre de son charme. Mes yeux se portèrent sur l'ensemble de la salle. Elle était là, tranchant avec les autres, de par son physique de secrétaire de direction, un peu barmaïd, un peu pute, mais tellement femme ! Ses lunettes lui donnaient une certaine distinction. Elle regarda sa copine de travail et vint au bar.

— Tu ne vois pas que Monsieur ne doit boire le champagne qu'avec ses amis !

Puis, tout sourire et s'adressant toujours à sa copine :

— Si tu confonds les hommes et les michetons, il va falloir te recycler, ma belle !

J'aimais son accent méridional ; physiquement, je lui trouvais une ressemblance avec mon actrice préférée : Annie Girardot. Je me demandais bien ce qu'elle pouvait faire dans cette boîte, elle n'y avait pas sa place.

— Je peux m'asseoir ?

— Tu peux t'asseoir.

Je lui souriais.

— Je vous offre un verre ? me dit-elle.

— D'habitude, c'est plutôt le contraire.

— Il faut savoir changer les habitudes.

Cette fille me plaisait. Je la sentais pleine d'esprit et son air de se foutre de la gueule du monde lui donnait encore plus de charme.

— Tu te prénommes comment ? lui dis-je.

— Jane... « Janou » pour mes amis... Et toi ?

— Si je te dis Tarzan, tu ne vas pas me croire ! Non, c'est Jacques.

Elle me tendit la main.

— Alors, bonjour, Jacques.

— Salut, Janou.

Et nous nous mîmes à rire comme des fous.

Comme je commandais le champagne, elle me sourit :

— Nous sommes donc amis ?

— Nous allons le devenir sans aucun doute.

Cette prédiction allait devenir une certitude. Je venais de rencontrer la femme avec un grand F ; celle qui allait devenir ma fidèle compagne et qui partagerait mon destin de façon totale. Celle qui allait m'apporter tout ce que j'attendais d'une femme de truand. Elle serait l'amie, la maîtresse, la complice. On ramasse parfois son bonheur dans le ruisseau. Une femme naît le jour où elle est vôtre... On ne lui demande pas, comme un douanier, d'ouvrir la valise de son passé avec un : « Vous n'avez rien à déclarer ? » Ce soir-là, Jane Schneider, surnommée Janou, quitta le bar où elle travaillait pour ne plus y revenir. J'appris à la connaître ; elle avait d'innombrables qualités de cœur, elle était douce tout en étant autoritaire. Comme beaucoup de ses consœurs, sa jeunesse avait été marquée par un manque total d'amour. Sa mère était morte quand elle avait sept ans. Son père, un industriel de La Réole, s'était tout de suite remarié. Cette belle-mère avait fait de Jane son souffre-douleur.

À quatorze ans, malgré sa fortune, son père l'avait placée comme domestique chez les autres. Elle n'avait jamais rien reçu de lui sinon des reproches. À dix-huit ans elle s'était sauvée de ce carcan familial pour aller vivre sa vie. Elle s'était mise à travailler. Premier amant, premier amour, premier chagrin. Paris est une ville sans pitié et, si ses lumières illuminent la cité, elles ne réchauffent pas le cœur des êtres désemparés qui deviennent des proies faciles pour les professionnels de la prostitution. Pour Jane, les choses n'avaient pas été différentes. Un jour, elle était partie avec la caisse du restaurant où elle travaillait. Arrêtée, elle fut emprisonnée une longue année. Son père l'avait rejetée, tout comme il l'avait fait deux ans plus tôt quand elle s'était présentée chez lui avec l'enfant qu'elle avait eu de son amant. Sortie de prison, sans emploi possible, elle s'était prostituée comme on se noie, tout simplement parce que la vie vous donne envie de dégueuler. Après, l'habitude s'installe : on est « putain ». Mais dans le fond du cœur on ne rêve que d'une chose : qu'un homme un jour vous traite en femme, vous prenne la main et vous dise « viens » mais pour plus longtemps qu'une passe. Janou venait de rencontrer cet homme.

Elle s'installa avec moi à l'auberge. Je lui avais confié la responsabilité de la caisse et l'organisation de la mise en place. Elle dirigeait le personnel que j'avais engagé, avec fermeté et gentillesse. Je la voyais revivre. De mon côté, j'avais enfin trouvé la compagne qu'il me fallait. Jamais de questions. Tout de suite elle avait compris mon genre d'activités. Elle savait que je ne me livrais pas au proxénétisme et que je ne portais pas les julots dans mon cœur. Son « homme » à elle était en prison pour un an et demi. Elle lui avait fait une lettre pour lui dire : *Adieu, mon mignon... je ne crois pas te devoir quelque chose, alors je me fais la valise.* Rien de plus.

Guido, qui était venu à l'auberge, avait tout de suite aimé et respecté Janou.

— Voilà la femme qu'il te fallait, fils, me dit-il.

Janou commençait à être amoureuse de moi. Elle se comportait parfois comme une gamine espiègle... Elle était heureuse.

L'auberge commençait à être connue. Les affaires marchaient de façon acceptable. Elle était située en pleine forêt, ce qui nous permettait de longues promenades en compagnie de nos chiens. J'en avais quatre, dont deux que Janou avait recueillis après les avoir trouvés, abandonnés et affamés. Parfois il me fallait m'absenter pour un ou deux jours. Elle me préparait ma valise, toujours sans me poser de questions. À mon retour, elle se jetait dans mes bras et sa tête restait posée sur mon épaule. Comme j'avais surpris une larme, elle m'avait simplement dit :

— Ce n'est rien... Je suis heureuse, tu vois, et j'arrose mon bonheur d'être auprès de toi.

Je l'avais présentée à mes parents. Elle avait trouvé en mon père le père qu'elle n'avait jamais eu. Pour elle, il était devenu « papy ». Elle se découvrait une famille et moi je la découvrais chaque jour.

C'était trop de bonheur. Les ennuis commencèrent. Dans la région de Compiègne, une bande de jeunes durs faisaient régner la terreur. À leur tête, un ancien parachutiste alcoolique et bagarreur. Je reçus leur visite un dimanche soir. Ils étaient venus à huit. Malheureusement pour eux, ils ne savaient pas où ils mettaient les pieds. Cela commença par :

— On boit mais on ne paie pas... Et si on te demandait la caisse ?...

J'avais très peu de clients dans la salle ce soir-là. Quand Janou me vit prendre le nerf de bœuf, elle glissa la main dans le tiroir de la caisse où mon 38 spécial se trouvait en permanence. Tout se passa très vite. Le « para » reçut le nerf de bœuf en pleine gueule et s'écroula à mes pieds... Quant aux autres, ils étaient figés de peur. Janou les menaçait de son arme. J'en profitai pour jouer encore du nerf de bœuf. Tous ces minables se sauvèrent comme un envol de moineaux. J'avais sorti le « para » en le traînant et l'avais déposé devant ma porte. Il n'était pas question pour moi de faire appel à la gendarmerie, par principe. Quelle ne fut pas ma surprise deux jours plus tard d'être convoqué à la police pour y répondre de coups et blessures sur la personne du « para » ! Il avait porté plainte ! Les policiers n'apprécièrent pas de me voir faire justice moi-même ; ils apprirent que j'avais fait de la prison et de ce jour ne me laissèrent jamais en paix. Ma rancœur contre ce « para » était grande, elle le fut encore plus quand j'appris qu'il se vantait de m'abattre d'un coup de fusil de chasse s'il me rencontrait en forêt. Quinze jours plus tard, on le retrouva pendu. L'enquête conclut à un suicide. Je ne revis plus jamais cette bande de jeunes caves dans mon auberge. Mais, devant les tracasseries de la police, je pris la décision de mettre la clef sous la porte et de partir sans en avertir personne. Nous allâmes nous installer dans la propriété familiale. Je commençais à aimer Janou. Sa réaction le jour de la bagarre de l'auberge m'avait plu, elle avait de bons réflexes... Je savais que je pouvais compter sur elle en toute circonstance.

Nous sortions très souvent la nuit dans les boîtes à la mode. Partout je la présentais comme ma femme, et la lueur qui brillait dans ses yeux, montrait toute son acceptation. Il m'arrivait de sortir seul quand j'en avais envie. Depuis que je vivais avec elle, les autres femmes ne m'intéressaient pas. Pour la première fois, j'étais fidèle et je crois qu'elle le savait.

Un soir où je traînais dans un bar proche de celui où je l'avais connue, deux hommes m'accostèrent. L'un avait le type arabe, grand et costaud, avec une gueule de dur de cinéma. L'autre, âgé d'une trentaine d'années, beau mec, paraissait sûr de lui. Tous deux sentaient le proxénète. L'Arabe me mit la main sur l'épaule.

— On veut te parler au sujet de la femme d'un de nos amis.

Ni l'un ni l'autre ne savaient exactement qui j'étais. Ce soir-là, je n'étais pas armé. Je sentais qu'il y avait peut-être danger. Le mieux était de jouer le jeu du gars impressionné qui a un peu peur, pour qu'ils pèchent par excès de confiance en eux. J'avais une réaction de professionnel. Les regardant, je leur dis :

— Je ne vous connais pas...

Tout de suite, l'Arabe, l'air menaçant, m'empoigna par le col.

— Tu vas apprendre à nous connaître... Viens au fond de la salle.

Je me doutais qu'ils étaient tous les deux armés. Après m'être levé, je les suivis. Le patron du bar avait tourné la tête. Tous deux me firent asseoir, l'Arabe se mit à côté de moi et l'autre en face. Il prit la parole :

— Alors, on joue les jolis cœurs avec « Jane »... Tu sais peut-être pas qu'elle n'est pas libre... Ça va te coûter cher ; ta romance ne va pas être gratuite.

J'avais compris la suite ; il allait y avoir menaces et proposition de payer l'amende. Tous deux sans le savoir venaient de se condamner à mort. Au fur et à mesure qu'il me parlait de Janou, mon regard se durcissait, mais ni l'un ni l'autre ne semblaient s'en rendre compte. Quand ils me dirent qu'ils voulaient la voir, que si je refusais de les conduire il allait m'en cuire et que, pour ponctuer le tout, l'Arabe me mit un revolver dans les côtes, ma décision était prise : il me fallait la peau de ces deux salauds. Et, pour cela, il me suffisait de jouer la peur. C'est donc d'une voix presque tremblante que je leur répondis :

— Mais on ne vit pas à Paris... On vit dans ma maison de campagne, à cent kilomètres de là. Je veux bien vous donner de l'argent, les gars, mais ne me faites pas de mal... Tout ce que vous voulez, oui, je paierai, mais ne me faites pas de mal.

Ils avaient l'air satisfaits de la peur qu'ils croyaient m'inspirer. Je voulais absolument qu'ils me proposent le voyage. Dans la propriété, j'avais des armes cachées un peu partout. Il fallait que j'endorme leur méfiance. Au grenier, il y avait une pièce que j'avais transformée en bar. J'y cachais toujours de l'argent. Il y avait aussi une cheminée qui était purement décorative, car elle était bouchée ; mais à l'intérieur j'avais enfoncé deux énormes clous de charpentier et posé dessus un fusil de chasse à crosse et canons sciés. Ce Lupara avait deux cartouches de chevrotines dans ses canons. Toute personne qui entrait dans cette pièce était dans l'impossibilité de s'en rendre compte.

L'Arabe continua :

— Et t'as de l'argent, chez toi ?

— Oui... et...

— Combien ?

— Je dois avoir... peut-être deux millions.

Il regarda son copain :

— On va chez lui... Elle est là-bas, en ce moment ?

Je répondis tout de suite « oui ». Il n'en était rien. Janou était à Paris et devait attendre mon retour, loin de se douter que j'étais dans une situation critique rapport à elle. Je ne m'inquiétais pas, sur place je jouerais la surprise... Mon intention était de les avoir au moment où je leur remettrais l'argent que je cachais dans le grenier. Ils étaient peut-être dangereux ; mais je les sentais cupides. Je n'étais même pas certain qu'ils agissaient au nom de l'ancien protecteur de Janou. Peut-être la patronne du bar où elle travaillait avant, m'ayant vu passer, avait-elle indiqué que c'était avec moi que Janou était partie pour ne plus revenir. Tout cela n'avait pas d'importance. D'ailleurs je n'allais pas tarder à le savoir.

Nous sortîmes du bar. L'Arabe monta avec moi à l'arrière de la voiture, pendant que l'autre prenait le volant. Tout le long du trajet, l'Arabe me fit des menaces. Je savais qu'ils ne m'emmenaient pas en « belle ». Si je les avais seulement vus prendre une autre route, j'étais décidé à prendre tous les risques. Je n'étais même plus braqué par son arme, qu'il avait remise à sa ceinture. Pour eux, je devais être le « bon cave » auquel il allait être facile de prendre de l'argent... Peut-être que, dans leur esprit, des mauvaises intentions contre Janou avaient germé. Moi, j'étais comme un tigre qui attend. La férocité m'habitait le cœur... J'avais hâte d'arriver.

Il devait être minuit quand je lui indiquai la maison.

— C'est là.

— Mais il n'y a pas de lumière ?... Si tu nous as raconté des histoires, tu vas comprendre ta douleur, me dit l'Arabe.

— Elle doit dormir... ou elle est peut-être allée au cinéma en ville. De toute façon, elle ne va pas tarder... Tu verras que je t'ai dit la vérité... Tu verras bien l'argent... et puis...

— Ferme ta gueule.

Il avait ressorti son arme.

Les clefs de la propriété étaient en permanence posées derrière un volet. En les prenant, je lui dis :

— Oui, c'est ça... Elle doit être au cinéma.

L'ami de l'Arabe prit la parole :

— C'est pas grave, on l'attendra, on a tout notre temps.

J'ouvris la porte et allumai. Les pièces étaient richement meublées et l'un d'eux émit un sifflement d'admiration.

— C'est à toi, cette maison ?

Comme je lui répondais affirmativement, il me dit :

— Tu t'emmerdes pas !

Ils visitèrent les pièces une par une, ouvrant un tiroir ou une porte d'armoire au hasard. Nous prîmes la direction du grenier. J'avais les nerfs tendus comme la corde d'un arc. Je leur montrai le bar qui se trouvait sur la droite en entrant.

— L'argent est là, dans le seau de glace.

L'Arabe contourna le comptoir et souleva le couvercle du seau. Il y avait une enveloppe dedans. Il se mit à la déchirer. Son ami s'était penché pour voir ce qu'elle contenait. Ni l'un ni l'autre ne s'étaient méfiés de moi en me voyant m'écarter d'eux pour me diriger vers la cheminée. Pourquoi se seraient-ils méfiés ? Ils ne me regardaient même pas. En un geste rapide, je me saisis de mon Lupara... Eux étaient toujours à compter leurs billets. L'Arabe parla :

— On va arroser ça !

À cet instant seulement, il regarda dans ma direction.

— Avec ou sans glace ? dis-je.

L'Arabe voulut faire le geste de prendre son arme.

— Fais ça, fumier, et tu es mort... Avancez, tous les deux, et à terre... Et vite !

L'autre voulut parler. Je me mis à hurler :

— À terre ! Et sur le ventre !

Ils s'exécutèrent. J'avais les deux doigts sur la détente. Si l'un ou l'autre avait fait le moindre geste, je l'abattais sur place.

— Jambes écartées, mains sur la tête.

L'Arabe était le plus dangereux. Je lui posai le canon sur la tête et me penchai pour récupérer son arme. Je fis de même avec son ami. Je m'étais reculé.

— Maintenant, à poil ! Restez tous les deux à terre, mais à poil.

— Mais on va...

Je ne lui laissai pas le temps de répondre.

— Fais vite... Très vite, mon petit gars.

Tous les deux étaient maintenant complètement nus. J'avais ouvert un tiroir et sorti un rouleau de corde. Je le jetai au copain de l'Arabe avec le canif qui me servait à découper les tranches de citron.

— Attache les pieds de ton copain... et après ses mains dans le dos.

Il voulut protester... mais son regard se posa sur les trous de la Lupara. Il attacha donc son copain.

— Maintenant, tu t'attaches les pieds.

Il le fit. Et c'est moi qui lui liai les mains dans le dos.

Ils étaient là tous les deux, la peur au ventre, ne comprenant pas très bien ce qui avait pu leur arriver. Je pris la parole, tout en me penchant pour prendre leurs papiers.

— Nous allons faire les présentations.

L'Arabe se surnommait Rachid. Il me le dit, car il n'avait aucun papier d'identité sur lui. L'autre portait pour nom Alain Béran. Tous deux étaient proxénètes. Ils ne connaissaient Janou que de vue. C'était la patronne du bar qui les avait prévenus... Elle ne perdait rien pour attendre.

Je m'étais servi un scotch. J'avais des envies de meurtre. Béran me regarda :

— Qu'est-ce que tu vas faire de nous ?

Le fixant du regard, je lui répondis froidement :

— Vous tuer.

— Tu n'oseras pas... T'es fou !

Mon pied lui arriva en pleine gueule.

— Écoutez bien, tous les deux... Plus jamais un julot ne viendra me demander des comptes... Quand tu sors une arme, ce n'est pas pour menacer, c'est pour tuer. Vous êtes deux minables et allez crever comme deux minables.

J'aurais pu appeler Guido, mais je préférais faire ce travail tout seul. Les années avaient fait de moi un homme sans pitié et le plus grave était que j'allais ressentir un plaisir morbide. J'aimais Janou... Cette agression avait été contre elle, je la ressentais de cette façon. Je pris la précaution de vérifier qu'ils étaient bien attachés. Nous n'avions plus rien à nous dire. J'étais leur destin né trente-deux ans plus tôt. J'étais leur mort. Je les bâillonnai tous les deux. L'Arabe devait être lui-même un tueur, car il ne protesta pas. Béran, lui, ne voulait toujours pas y croire.

Il n'était pas question de les enterrer comme pour « Ahmed la salope ». Je voulais qu'un des deux corps soit retrouvé à titre d'exemple. Par contre, si le second disparaissait, cela pouvait inciter la police à le soupçonner comme coupable du meurtre.

Mon intention était de faire disparaître Rachid et de m'occuper de Béran après. Dans ma cave, j'avais des chaînes et des rouleaux de fonte de dix kilogrammes qui me servaient pour des haltères. Je mis le tout dans le coffre de leur voiture après avoir enfilé une paire de gants. Ils étaient là, couchés sur le ciment du sol du garage, à assister aux préparatifs de leur mort. Peut-être que si les choses avaient mal tourné c'est moi qui aurais occupé leur place. Je savais le risque que j'allais prendre si, par malchance, je tombais sur un contrôle de police. Mais je connaissais parfaitement la région et cela était peu probable. Quand Béran me vit ouvrir le coffre, la peur panique l'envahit.

Je soulevai Rachid par les cheveux pour qu'il se lève. Il eut un geste de recul. Je mis toute ma force dans la droite qui le toucha au plexus. Il tomba à mes pieds.

— C'est tout à l'heure qu'il fallait prendre ta chance... Maintenant tu as juste un choix : une mort rapide ou une mort lente.

Je le soulevai en force et le jetai à l'intérieur du coffre que je refermai à clef. Je fis coucher Béran à l'arrière de la voiture et pris la route. Je connaissais un étang à une dizaine de kilomètres. L'endroit était boisé et complètement isolé. J'y avais déjà jeté quelques coffres-forts éventrés du temps où avec Jacky et Paul nous avions une maison en location dans la région. L'étang était assez profond mais surtout très vaseux. Mes phares percèrent la noirceur du chemin qui y menait. Je stoppai la voiture. Je fis descendre Béran. Avec ses pieds attachés, il ne pouvait pas se déplacer. Je ne voulais pas prendre de risque, il me fallait liquider Rachid, donc le laisser seul. Il prit la place de l'autre dans le coffre. J'avais sorti Rachid, les chaînes et les rouleaux de fonte. Il y avait un ponton qui s'avançait sur l'étang. J'y fis coucher Rachid. Je m'y pris en deux fois pour amener les chaînes et les rouleaux. Il n'avait pas bougé. Il aurait pu risquer de se jeter à l'eau malgré ses pieds et mains attachés... Même avec une chance sur mille de s'en sortir, c'était toujours une chance. Dans quelques minutes, il n'en aurait aucune. Il avait la réaction des condamnés à mort que l'on conduit à la guillotine..., ils acceptent leur sort sans réagir. J'avais enfilé une chaîne dans le trou des six rouleaux que j'avais liés entre eux. Quand avec l'autre chaîne je fis le tour du cou, puis de la taille, puis des pieds de Rachid, je le sentis frémir. J'attachai les deux chaînes entre elles. Comment l'enfant de douze ans qui avait pleuré la mort d'une mésange en était-il venu à cette froideur dans le meurtre, à l'âge de trente-deux ? Devant une cour d'assises, ce double meurtre était un passeport pour l'échafaud et cela me laissait totalement indifférent... Pour moi, le règlement de comptes n'était que la loi de la jungle qu'est le milieu. J'étais sans pitié, car je savais que si j'avais été à leur place ils auraient été sans pitié pour moi.

Dans notre milieu, c'est le plus féroce, le plus rusé, le plus dur, qui a une chance de survivre. Si un jour, par pitié, il laisse la vie à un rival ou à un ennemi, il se condamne lui-même à mort..., une mort cruelle que lui aura coûtée son instant de pitié. J'étais un tigre, dans un milieu de tigres, de serpents, de loups, de scorpions et de hyènes... Qu'était Rachid ? Cela n'avait plus d'importance.

Je le fis se lever. Il était sur le bord du ponton, les rouleaux de fonte à ses pieds. J'avais le Lupara dans les mains. L'eau de l'étang reflétait la lune et donnait à la scène quelque chose d'irréel. Sans avertissement, mes deux doigts appuyèrent sur la détente. J'avais visé à hauteur du ventre. Rachid disparut dans l'eau froide de l'étang. Je restai là, sur le bord. Seules quelques bulles remontaient à la surface. Le corps de Rachid s'enfonçait dans la vase. Je fis demi-tour et, après avoir vérifié que le coffre était bien fermé, je repris la route. Je parcourus quinze kilomètres et pris, là encore, un petit chemin qui laissait juste le passage à une voiture. J'y connaissais une maison abandonnée et complètement isolée. Dans mes phares, je l'aperçus. Je stoppai le moteur, en laissant mes lumières allumées. Je fis sortir Béran et lui libérai les pieds en coupant la corde. Il tremblait et geignait malgré son bâillon. Je le pris par le bras.

— Avance jusqu'au mur.

Les phares l'éclairaient. Il fit quelques pas. Tenant le Lupara à la hanche, j'appuyai sur la détente. Les détonations simultanées trouèrent le silence de la nuit. Béran s'écroula contre le mur, la tête éclatée... Lui et son ami m'avaient mis à l'amende... ils en avaient reçu le prix.

Sans me retourner, je me mis au volant et repris la direction de la propriété. Il me fallait détruire et faire disparaître les vêtements, le Lupara et la barre de mes haltères. Arrivé chez moi je fis un paquet du tout et allai le jeter dans la rivière qui coulait à cent mètres de la maison. Et je pris le chemin du retour pour Paris. Il me fallut une heure pour y arriver. J'abandonnai la voiture avec ses clefs de contact sur le tableau de bord comme je l'avais fait à Perpignan. Avec un peu de chance, elle serait volée dans la nuit. J'hélai un taxi, qui me conduisit chez moi. Il n'y avait pas de lumière à mon étage. Janou dormait. Silencieusement, j'ouvris ma porte. Rendu dans la chambre, elle se réveilla et me sourit. Je l'embrassai tendrement.

— Tu as passé une bonne soirée, mon chéri ? me questionna-t-elle.

— Très bonne, mon amour... Oui, très bonne.

Le lendemain matin, je téléphonai à Guido pour lui demander de réunir toute la bande. Quand je leur racontai mon aventure de la nuit, tous me donnèrent raison : si le chacal s'attaque au tigre, il se fait tuer, c'est la règle du jeu. Je demandai seulement à mes amis de prendre des renseignements pour savoir qui étaient exactement les deux hommes que j'avais abattus la nuit précédente et surtout d'aller faire une visite à cette patronne de bar. Guido me posa une seule question :

— Janou est-elle au courant ?

— Non... et elle n'a pas à le savoir.

Il me mit la main sur l'épaule amicalement

— Tu sais, fils, si tu avais commis une seule erreur tu aurais pu y laisser ta peau et nous n'en aurions rien su. Nous sommes une équipe, tu pouvais compter sur nous pour régler cela après.

— Non, l'ami... Il y a des choses que j'aime régler seul.

— Leur as-tu dit qui tu étais, avant de les abattre ?

— Vaguement...

— Tu sais très bien que si dans le bar tu leur avais dit qui tu étais... ils se seraient excusés et n'auraient pas demandé leur reste. Pourquoi as-tu joué ce jeu, fils ? C'est eux que tu as tués ou le passé de Janou ?

Guido venait de tomber juste... De par notre amitié, il était un second moi-même. Il savait tout ce que je pouvais ressentir et ses questions n'avaient pour but que de me faire comprendre qu'il avait compris le vrai motif de ce double meurtre. Oui, j'avais tué ces deux hommes, car ils étaient venus donner un passé à la femme que j'aimais. Ce passé, je voulais l'ignorer au point de tuer celui qui commettrait l'erreur de vouloir s'en servir contre elle et me le rappeler.

Je le regardai en souriant :

— Finalement, le vieux, c'est presque un crime passionnel !

Il me tapa amicalement la tête.

— Oui, fils, presque... Mais tu as eu raison. Janou est ta femme et avec toi elle est certaine d'obtenir le respect qu'elle mérite. Tu es dangereux, fils, oui, très dangereux. Depuis que je te connais, je t'ai toujours vu aller jusqu'au bout de tout pour tes amis, pour tes amours. Malheur à celui qui touche l'un ou l'autre... Oui, fils..., tu es dangereux parce que tu es un homme sincère.

Guido aimait parfois à me parler sur un ton paternel et je le laissais faire car je savais que ses paroles étaient la stricte vérité.

Avec Janou, nous étions partis nous reposer sur la côte normande. C'est en lisant un journal de la région que j'appris que le corps d'Alain Béran avait été retrouvé par un promeneur qui cherchait des champignons. Crime de professionnel, disait le journal. Les soupçons se portaient sur un proxénète qui avait eu des histoires avec Béran. J'eus seulement un sourire !

En dehors de certains voyages que je faisais sans Janou à l'étranger, je ne la quittais jamais. Notre expérience de la vie nous mettait à l'abri des disputes stériles que rencontrent les couples qui oublient que vivre à deux c'est avant tout accepter l'autre. J'étais heureux en sa compagnie et je faisais tout pour qu'elle le comprenne. J'avais une confiance totale en elle ; elle était de la race des femmes qui partent si rien ne va plus, mais pas de celles qui trahissent. Je lui avais appris à tirer et ses débuts nous avaient valu des crises de rire, car tout tombait sous l'impact de ses balles sauf la boîte qu'elle était censée viser. Et puis petit à petit elle progressa. À chaque fois qu'elle réussissait, elle poussait un hourra de satisfaction. Je lui avais demandé pourquoi elle tenait tant à savoir tirer. Sa réponse était venue tout naturellement.

— Si un jour tu avais besoin de moi, je serais là... Il vaut mieux que je sache avant !... Après, cela serait trop tard, tu ne crois pas, chéri ?

Elle prit donc l'habitude d'être armée, tout comme je l'étais moi-même. À la seule différence que son 38 spécial était dans son sac. Elle me faisait le plus merveilleux des gardes du corps.

Je voyageais très souvent avec des voitures sous de fausses immatriculations et très souvent je m'inscrivais sous un nom d'emprunt dans les hôtels où je ne devais passer qu'une nuit. Je le faisais par habitude. Nous étions donc descendus dans un luxueux hôtel de Chamonix sous un faux nom. Nous étions tranquillement installés dans la salle du restaurant quand je vis un client se présenter à la réception. On aurait dit un prince arabe vêtu à l'européenne. Il était accompagné d'un homme qui pouvait être soit son ami, soit son secrétaire. Le garçon qui nous servait eut cette réflexion :

— Vous voyez le type à la réception ? C'est un riche industriel. La dernière fois qu'il est venu, il avait plus de trente millions dans sa mallette, c'est le réceptionniste qui me l'a dit. Si cela se trouve, il en a autant aujourd'hui, surtout qu'il va aller jouer au casino.

J'avais regardé Janou puis fixai la mallette que l'industriel avait posée à ses pieds.

Le soir même, le réceptionniste se retrouvait avec mon arme sous le nez. Il était deux heures du matin. Il m'informa que l'industriel n'allait pas tarder à revenir du casino. Après l'avoir ligoté, je laissai Janou à la réception ; elle était armée d'un 38 qui ne tirait que des gaz. Pendant ce temps-là, je fis une fouille en règle de la chambre de l'industriel. Il y avait bien une mallette, mais vide. Pourtant le serveur m'avait affirmé que l'industriel ne mettait jamais son argent dans le coffre de l'hôtel. J'allais redescendre. Au moment où l'ascenseur s'arrêta à ma hauteur, j'entendis Janou me crier :

— C'est eux !

Je me retrouvai nez à nez avec les deux hommes. L'industriel était un homme imposant de plus de six pieds de haut pour un bon 240 livres de bonne viande. Il avait bu, ce qui a pour résultat de rendre les gens courageux ou inconscients... Il était les deux à la fois. Je le braquai de mon arme en lui disant :

— On redescend, mon gros, et sagement.

Son copain ne bougeait pas, mais lui voulut me foncer dessus. Je n'aimais pas la violence dans le travail, mais je n'avais plus le choix. La crosse de mon arme le cueillit à la pointe du menton et il s'écroula à mes pieds. Je le laissai reprendre conscience. Son copain l'aida à redescendre. Janou nous attendait en bas. L'industriel ne cacha pas son étonnement. Il l'avait prise pour la réceptionniste, quand il lui avait demandé les clefs de sa chambre et qu'elle avait répondu en lui disant qu'elles se trouvaient sur sa porte. Elle les avait conduits jusqu'à l'ascenseur. L'industriel en avait même profité pour tenter une caresse sur sa cuisse gauche... S'il avait essayé la droite, c'est le contact froid du 38 bidon qu'il aurait rencontré car Janou l'avait plaqué contre sa jambe pour qu'il ne le voie pas. Elle lui demanda en souriant :

— Tu veux que je lui dise que tu m'as mis la main au cul ?

La situation était comique, l'autre me regardait avec méfiance. J'avais plus envie d'éclater de rire. Je les fis rejoindre le réceptionniste et les attachai tous les deux. Après une fouille en règle, je ne trouvai que peu d'argent sur lui. Il me dit que pour une fois il ne transportait pas de grosse somme. C'était bien ma veine ! Comme il avait un magnifique diamant au doigt, je le lui pris.

Pourquoi avais-je fait ce coup-là sans renseignements précis ? Tout simplement pour tester le sang-froid de Janou... J'avais voulu la voir devant l'imprévu. Il nous fallait partir, nos sacs de voyage étaient depuis longtemps dans le coffre de la voiture. Il me fallait bâillonner tout ce beau monde. L'industriel m'informa qu'il était malade du cœur. Comme je n'en manquais pas, je lui fis prendre ses comprimés avant de partir. Quand l'alerte fut donnée, nous étions loin. Des barrages furent placés, mais je connaissais toutes les petites routes et n'eus aucune difficulté à échapper aux recherches. Quand Guido apprit ce coup, il me dit tout simplement que j'étais dingue et que j'aurais pu trouver un autre hobby pour commencer la semaine. Par contre, il fut enchanté de voir Janou faire ses classes le calibre à la main... Trente millions auraient pu être dans la mallette. Il fallait bien le vérifier.

Un mois plus tard, je me rattrapai en prenant une forte somme en attaquant une maison de haute couture en plein Paris.

M'étant fait passer pour un client, j'avais attendu que tout le personnel quitte les ateliers pour braquer les propriétaires. L'affaire s'était passée en douceur et m'avait rapporté une douzaine de millions (24 000 dollars) en bijoux et objets de valeur. Après cette attaque, j'avais pris la décision de m'offrir un long voyage qui me mena en Italie, en Espagne et au Portugal. Janou était comblée par ces vacances permanentes. Nous vivions au soleil depuis plus de deux mois avec pour seule préoccupation de nous aimer quand je reçus la visite de Guido. Les nouvelles étaient mauvaises. Il m'informa que j'étais recherché en France pour meurtre au sujet d'un règlement de comptes et attaque à main armée. Cette fois, il me fallait quitter l'Europe pour un certain temps. J'avais des amis au Canada. Guido me conseilla d'aller m'installer là-bas, le temps de voir la tournure que pouvaient prendre les accusations. Il me promit de venir m'y rejoindre.

Janou était enchantée de ce changement... Nouveau pays, nouvelle vie, pensait-elle. J'étais loin d'imaginer en traversant l'Atlantique que mes futures actions criminelles allaient me valoir le titre peu enviable d'« ennemi public numéro un » au Canada... avant de le devenir quelques années plus tard dans mon propre pays. J'allais devenir un des pires criminels que le Québec ait connus. J'allais y kidnapper un milliardaire, y être accusé d'un meurtre que je n'avais pas commis, être acquitté de ce même meurtre, condamné à onze ans de pénitencier pour attaque à main armée, m'évader, être repris, tenter d'autres évasions... puis réussir l'évasion impossible du plus dur pénitencier canadien, attaquer des banques, avoir des fusillades avec la police, abattre deux gardes provinciaux, y régler des comptes et, pour couronner le tout, attaquer un pénitencier fédéral pour tenter d'y libérer mes amis... Et malgré cela, ma tête mise à prix, je réussis à quitter le pays.

Pour l'instant, je m'étais endormi dans l'avion d'Alitalia qui me conduisait vers mon nouveau destin, ce destin que Janou allait partager au début, avant de connaître elle aussi les dures années de solitude de la détention. Elle dormait aussi, sa main serrait la mienne... Cette chaîne de chair que formaient nos doigts enlacés était un serment d'amour qui devait nous unir pour le meilleur et surtout pour le pire...

LE CANADA

Dès notre arrivée à Montréal, nous nous étions installés dans un luxueux studio de la rue Sherbrooke. Nous avions une piscine avec sauna en étage. Janou était émerveillée de ce confort à l'américaine. J'avais loué une voiture pour lui faire découvrir une partie de la province du Québec. Devant l'immensité des forêts, la beauté des lacs, la gentillesse des Canadiens, elle se sentait revivre. De mon côté, je ne restais pas insensible à ce renouveau. Sa proposition ne me surprit pas :

— Dis-moi, chéri, si on repartait de zéro... Si on recommençait une vie nouvelle comme tous les autres couples... On est tellement bien, ici !

J'avais souri :

— Tu veux dire... repartir de zéro, avec le passé que je traîne ? Je ne peux pas effacer tout ce que j'ai fait, tu le sais très bien. On ne repart jamais de zéro, on peut seulement changer de route.

— Alors changeons de route. Tu es capable de gagner ta vie dans ton métier, moi aussi je suis capable de travailler. Pense que nous sommes deux... Je t'aime et je voudrais tant avoir une vie normale..., avoir un enfant de toi, sans craindre qu'un jour une balle ou la prison ne nous séparent !

Je l'avais laissée parler. Je lui en reconnaissais le droit. Elle avait fait ses preuves. Je savais que, quoi que je décide, ce serait admis par elle et que de toute façon elle me suivrait. Je voulais demander la nationalité canadienne... Il me faudrait de toute façon prouver que j'avais un emploi. Et puis j'avais besoin de me faire oublier. Depuis mon arrivée, je n'avais même pas pris contact avec les gens que je connaissais. J'avais juste téléphoné à Guido, qui m'avait annoncé que deux de nos amis avaient été arrêtés... La loi reprenait ses droits. Je m'entendis répondre à Janou :

— Pourquoi pas ?

Elle s'était jetée à mon cou. Dès le lendemain, elle avait cherché du travail. Je découvrais une autre femme et son exaltation m'amusait. Il fallut que je me rende à l'évidence : elle voulait faire de moi un homme honnête. Il nous fallut passer à l'immigration pour y remplir des papiers. Le résultat ne se fit pas attendre. On autorisait Janou à rester au Canada, mais on me donnait dix jours pour quitter le territoire canadien. Je n'étais l'objet d'aucun mandat de recherche international, mais mon passé judiciaire leur était connu. On me faisait comprendre que j'étais indésirable. Cela confirmait ce que je savais déjà : on ne refait pas sa vie, elle continue, avec un passé qui refuse tout avenir. Janou en avait été catastrophée. Moi, j'en avais souri, car j'avais bien l'intention de rester au Canada et d'y travailler. Même si j'étais pris, il n'y aurait pas motif d'expulsion immédiate, le travail n'étant pas un délit.

Janou s'était trouvé un emploi dans un hôpital de personnes âgées. Elle y était garde-malade. Elle se dévouait de façon admirable. Tous ces petits vieux l'adoraient. Elle gagnait peu, mais se trouvait heureuse. Tout l'amour qu'elle n'avait pas eu se reportait sur ses malades. Le soir, elle me racontait sa journée avec une certaine fierté. Moi, de mon côté, j'avais trouvé un poste de contrôle dans la construction et obtenu mes papiers sociaux de façon frauduleuse. Même pour être honnête, il me fallait employer l'illégalité. Petit à petit, je m'étais pris au jeu du travail. Au début, je l'avais fait uniquement pour faire plaisir à Janou. J'avais enfin pris contact avec mes amis canadiens ; mais là aussi une surprise m'attendait. Certains d'entre eux étaient au pénitencier et y purgeaient une longue peine. Je leur avais fait comprendre que pour l'instant j'avais décidé de me tenir tranquille, mais qu'en cas de besoin ils pouvaient compter sur moi comme lors des voyages que j'avais faits par le passé.

Plusieurs mois passèrent. Ma vie s'était transformée sans que je m'en rende compte. J'étais devenu M. Tout-le-Monde qui le soir ne pense qu'à rentrer chez lui pour y rejoindre la femme qu'il aime. Je ne m'étais mêlé à aucune affaire louche depuis mon arrivée au Canada. Je gagnais suffisamment d'argent pour bien vivre. Nous nous étions acheté une magnifique voiture et passions nos fins de semaine à parcourir le Québec. Longues promenades en forêt, pêche dans les nombreux lacs... nous menions une vie saine. Janou à elle seule comblait ma vie. Je n'avais aucun autre besoin que d'être avec elle... Oui, j'avais changé et cela sans m'en rendre compte. Mais l'hiver arriva et je fus obligé de quitter mon emploi, la construction étant arrêtée. Cela ne me découragea pas. Cette fois, je croyais en moi ; à la vérité, je me trompais moi-même... Le tigre ne devient jamais un animal domestique.

À la suite d'une annonce, j'appris qu'un milliardaire cherchait un cuisinier pour sa propriété de campagne et une femme pour organiser ses réceptions. Ce n'était ni plus ni moins que du travail d'auberge à titre privé. J'étais un très bon cuisinier et n'eus aucune difficulté à obtenir la place. J'y voyais les avantages que je pouvais en tirer pour obtenir plus tard mon droit de rester au Canada, car mon patron devait avoir des relations. Très rapidement je lui devins indispensable. Je faisais de toutes ses réceptions des réussites culinaires et je distrayais ses invités, car j'étais un très bon manipulateur de cartes. Petit à petit il nous traitait, Janou et moi, presque comme des membres de sa famille. Il n'était pas rare que je participe au jeu de black-jack avec les invités. Je m'étais pris d'affection pour cet homme qui était presque en âge d'être mon père. Tout allait trop bien... Il fallut qu'une discussion éclate entre Janou et son vieux jardinier pour que tout bascule une fois encore..., pour que je redevienne un fauve.

Le 'ardinier avait posé un ultimatum : ou nous partions ou c'était lui qui partait. Il était à son service depuis toujours. Il nous fallut donc céder la place. Je ressentis ce licenciement comme une injustice et, au moment où il prononça : « Il faut me comprendre, Jacques, je ne peux pas faire autrement », cela me reporta quelques années en arrière... Là aussi j'avais essayé de refaire ma vie, mais « il m'avait fallu comprendre ». Non, je ne comprenais pas, sauf que seule la force paie et que les rares fois où j'avais rentré mes griffes j'avais été bafoué. J'avais tué des hommes, dominé par la force des situations. Une seule parole de cet homme venait de me redonner le goût de domination. Je lui répondis simplement : « Oui, je comprends, Georges », mais dans le fond de mon esprit la vengeance était inévitable. Et Janou le comprit en un seul regard.

Nous nous étions de nouveau installés dans Montréal, mais, cette fois, je m'étais refusé à chercher un autre emploi. J'avais pris la décision de quitter le Canada et de revenir sur l'Europe, mais avant de partir j'allais kidnapper mon milliardaire. Cette décision appartenait davantage à l'esprit de vengeance qu'à une action de banditisme pur. Quand je fis part de mon projet à Janou, je lus la tristesse dans ses yeux. Mais son amour pour moi lui interdisait toute question. Je pris contact avec un de mes amis pour l'associer à ce projet. Janou me posa une seule condition : celle de participer.

L'affaire eut lieu et échoua. Je n'étais pas fait pour ce genre de travail. Le chantage à la vie humaine n'était pas dans mes cordes. Et, bien que le coup par lui-même ait été bien réalisé, la personne qui gardait le milliardaire s'absenta juste le temps qu'il lui fallut pour s'échapper. Adieu les 200 000 dollars escomptés. Nous nous retrouvions avec toutes les polices du Canada à nos trousses. Notre tête était mise à prix. Je pris donc la décision de me rendre en Gaspésie et d'y rejoindre le port de Percé, où j'étais certain de trouver le passage sur un bateau qui me ramènerait en Europe.

Nous nous installâmes au motel des Trois Sœurs, sous un faux nom. N'ayant trouvé aucun passage sur des bateaux étrangers, nous quittâmes la région le 26 juin 1969. Le 30 juin de la même année, la patronne de ce motel était retrouvée assassinée et, bien que nous soyons loin des lieux du crime, les soupçons allaient se porter sur nous et se transformer par la suite en accusation de meurtre. Nous étions loin de nous douter qu'une telle charge venait de nous tomber sur la tête au moment où, à bord d'un canot automobile loué à Windsor, nous traversâmes la rivière Detroit pour entrer clandestinement aux USA. Je savais que je pouvais trouver de l'aide chez des amis américains de Dallas. Je louai donc une voiture à Detroit pour rejoindre cette ville par la route. J'ignorais encore que mon associé du kidnapping avait été arrêté et avait indiqué à la police mon intention de me rendre à Dallas.

À cette époque, « Apollo-XI » était sur le point de partir. Malgré notre cavale, nous prîmes la direction de la côte est de la Floride pour nous rendre à Cap Kennedy dans l'intention d'assister à la mise à feu de la fusée. Le 16 juillet au matin, nous assistâmes émerveillés au lancer du premier homme sur la Lune... C'était notre dernière journée de liberté. Interceptés par une voiture de police sur une autoroute du Texas, nous étions le soir même incarcérés à la prison de Texarcana.

Le chef de police m'informa que j'étais arrêté en raison d'un mandat international. Son rôle n'était pas de nous interroger, mais seulement de nous conduire à La Nouvelle-Orléans. Pendant plus de dix jours, Janou et moi fûmes détenus dans la prison de cette ville. La prison était d'une saleté repoussante et la vermine grouillait de partout. Nous étions trois dans une cellule minuscule avec, pour toute couche, un matelas aussi sale que le reste et une couverture. La population pénale était en grande majorité faite d'hommes de race noire, un très grand nombre était complètement drogué et les bagarres étaient continuelles. J'avais réussi à communiquer avec Janou qui se trouvait à l'étage au-dessus de moi. Ses conditions étaient les mêmes que les miennes, mais elle tenait le coup. Ni reproche ni regret... Ses messages n'étaient qu'amour et se terminaient toujours par la phrase : *Avec toi jusqu'à la mort.*

Quand le shérif nous fit venir dans son bureau et que je la vis, mon cœur se serra. Elle avait maigri et était méconnaissable. Les conditions dans lesquelles elle subissait sa détention étaient à elles seules une insulte aux droits de l'homme et j'étais étonné qu'un peuple aussi respectueux des droits individuels accepte que ses prisons soient des dépotoirs.

On nous présenta à deux policiers canadiens qui nous signifièrent que nous étions accusés de kidnapping. Ils avaient l'intention de demander notre extradition. Je leur fis comprendre que je l'acceptais, ce qui simplifiait leur travail. Le soir même, nous partions pour New York et prenions l'avion pour Montréal. À notre arrivée, une meute de journalistes firent éclater leurs flashes, la télévision était là... C'est de cette façon que les Canadiens apprirent notre existence. L'affaire avait fait grand bruit, car, chose que j'ignorais, et pour cause ! Nous étions aussi accusés d'un meurtre que je n'avais pas commis.

Nous fûmes incarcérés dans la prison de Sainte-Hyacinthe. Tout y était d'une propreté exemplaire. Les gardiens, la direction nous reçurent d'une façon presque cordiale. On m'accorda tout de suite un parloir privé avec Janou et le droit de téléphoner à un avocat. Je croyais rêver et mon respect pour les Canadiens ne fit qu'augmenter.

Janou avait réagi en femme de truand. Pas une larme, seulement un baiser qui à lui seul était un serment d'amour qui se voulait éternel, et, quand elle s'éloigna, elle me lança :

— J'ai eu le meilleur, je n'ai pas peur du pire.

Le pire allait nous frapper en pleine gueule et de la façon la plus cruelle. On me transféra à la Sûreté du Québec. Quand je vis sur la porte du bureau où l'on me demandait d'entrer l'inscription *Brigade criminelle*, cela me laissa indifférent. Je n'allais pas le rester longtemps.

Deux hommes m'y attendaient, le lieutenant Caron et le sergent Blinco. Ils me demandèrent de m'asseoir, puis gardèrent le silence pendant plusieurs minutes. C'est moi qui pris la parole :

— C'est un jeu ou quoi ?

Le lieutenant Caron se retourna sur moi ; la fureur se lisait dans ses yeux, et c'est d'une voix pleine de colère qu'il m'annonça l'accusation :

— Vous êtes accusé d'avoir assassiné Mlle Lebouthier dans la nuit du 30 juin 1969. Selon vos droits, vous n'êtes pas obligé de répondre à nos questions ; mais dès maintenant tout ce que vous prononcerez pourra être retenu contre vous.

J'étais resté d'un calme olympien, n'ayant absolument rien compris à cette accusation. C'est en souriant que je lui répondis :

— Vous êtes malade de la tête ou quoi ?

Il faillit s'étrangler et s'apprêta à me sauter dessus. Je m'étais mis debout, bien prêt de mon côté à lui rendre ses coups s'il s'avisait de lever la main sur moi. Ma réaction l'avait surpris. Il m'ordonna :

— Asseyez-vous.

— Alors gardez votre calme, car, je vous préviens, je ferai face. Je ne comprends même pas votre fureur... J'ai tué qui ?

— Ah ! Non, ne nous prenez pas pour des imbéciles. Le motel des Trois Sœurs, ça ne vous dit rien ?

— Oui, je connais, pourquoi ?

Il regarda son collègue.

— Mais il nous prend pour des cons, ce salopard !

Je commençais à en avoir marre et réagis à l'insulte :

— Salopard, pourquoi ?

— Parce que tu as tué cette pauvre femme ! me dit-il. On en a la preuve, alors tu vas répondre, sinon tu vas comprendre ta douleur. On a retrouvé ses bijoux dans tes valises... et après cela tu veux nier l'évidence ?

Les choses se compliquaient. Je n'y comprenais toujours rien, mais mon instinct m'avertit que j'étais tombé dans un sacré bourbier. Je savais que je n'avais tué personne, mais cette accusation devait être motivée par quelque chose. Il me fallait donc attendre la présence de mon avocat.

— Bien que je ne comprenne toujours rien, je vais attendre la présence de mon défenseur pour répondre à vos questions... Je ne connais pas assez la loi de votre pays pour faire respecter mes droits tout seul.

On me fit descendre dans le sous-sol qui comportait six cellules. Pour tout vêtement on me laissa seulement un slip et rien d'autre. La cellule était minuscule. Je n'avais droit à absolument rien et pendant neuf jours on me laissa ainsi... Je n'avais pas pu prévenir mon avocat... Le lieutenant Caron s'était autorisé à mépriser la loi dans le simple but de me faire avouer le crime dont il me croyait coupable. On m'avait même joint un mouchard dans une cellule proche de la mienne, dans l'espoir qu'il me pousserait à la confidence. Janou, ne recevant plus aucune nouvelle de moi, avait alerté notre avocat. C'est ainsi que je le vis pour la première fois.

Me Raymond Daoust était considéré comme le meilleur du Canada. Notre premier contact fut bon. Il cherchait à lire dans mes yeux une vérité qu'il se refusait à croire. Il m'annonça que Janou était elle aussi accusée de meurtre. Elle avait été interrogée pendant plus de dix heures. Le lieutenant Caron avait essayé toutes les méthodes d'intimidation possibles pour se voir répondre par une Janou en colère :

— Écoute, mon gros, tu commences à me casser les pieds... Alors, avec ta gueule d'homosexuel à crédit, tu vas aller te faire foutre avec tes questions, OK ?

Caron était resté sans voix, puis avait ordonné que l'on retire de sa présence cette femme, sinon il allait faire un malheur.

Daoust, en racontant la scène, me vit sourire.

— Pourtant, Mesrine, votre affaire est très grave. Vous me dites que vous êtes innocents, je veux bien vous croire... Mais il faudra en apporter la preuve.

— Quelle preuve, maître..., nous n'étions même pas à Percé à l'époque du meurtre ! Et en cavale les alibis sont rares, vous vous en doutez !

— Mais les bijoux retrouvés dans vos valises ?

— Impossible ! Là, je vous le dis, impossible.

J'allais avoir une sacrée surprise à ce sujet lors de l'enquête préliminaire. Il m'annonça que je devais être transféré à la prison de Percé, ainsi que Janou.

Cela fut fait le jour même et dans un avion privé. Je pus enfin revoir Janou. Dans le petit avion qui nous conduisait à Percé, elle se trouvait en face de moi. Les deux flics étaient présents, ainsi qu'une femme servant d'escorte à la mienne. Notre conversation ne fut qu'amour. Tout comme moi, elle était confiante... L'accusation ne pouvait être qu'une regrettable erreur. Là encore nous étions loin d'imaginer la vérité.

À la prison de Percé, nous fûmes bien reçus. L'enquête devait avoir lieu le lendemain.

Dans le box des accusés, nous n'arrivions pas à en croire nos yeux. Une femme témoignait. Elle avait juré sur la Bible de dire toute la vérité. Un par un elle avait pris des bijoux n'ayant aucune valeur dans ses mains et, à chaque fois, sa phrase était tombée comme dans un cauchemar :

— Oui, monsieur le Juge, c'est bien à ma pauvre sœur.

Trois autres femmes de la même famille avaient fait le même témoignage. Moi, j'étais là à regarder les bijoux posés sur une table, me refusant à comprendre, car tous les bijoux étaient les nôtres et j'étais maintenant certain que ces quatre femmes ne commettaient pas une erreur. Elles mentaient volontairement. Leur témoignage était une leçon répétée en famille. J'avais remarqué que tout bijou ayant une certaine valeur était écarté dans leur reconnaissance. Craignaient-elles qu'une facture vienne prouver qu'il était bien notre propriété ? Mon avocat me regardait d'un air de dire : « À quoi bon nier maintenant ? » Janou était bien prête à sauter sur ces parjures. De mon côté, je cherchais le motif. Si elles se cherchaient des coupables, ce ne pouvait être que pour protéger le coupable. J'avais remarqué qu'aucun homme de la famille n'était venu témoigner.

Me Daoust s'avança vers moi :

— Alors, Mesrine ?

— Tenez-vous bien, maître... Tous les bijoux sans exception sont les nôtres.

— Vous plaisantez ?

— Je vous en donne ma parole. Mais vous avez vu ce que c'est, rien que des fantaisies sans valeur, donc sans facture.

— Serez-vous en mesure de prouver que ces bijoux vous appartiennent ?

— Avec le temps, peut-être.

L'enquête préliminaire allait prendre fin. Quand j'avais affirmé au juge que ces bijoux étaient les miens, il s'était contenté de sourire en me disant qu'il espérait que je trouve une autre défense le jour de mon procès. J'avais bien compris, cette fois notre accusation était officielle. Je perdis le contrôle de moi-même et me mis à traiter les témoins de tous les noms possibles. Les policiers qui m'entouraient furent obligés de me sortir de force ; il en fut de même pour Janou, qui cette fois hurlait son innocence et sa rage. Avant mon départ, mon avocat nous rendit une dernière visite et je devinai qu'il ne me croyait pas.

Seul dans ma cellule, je tournais en rond. Le destin venait de me jouer un sale tour à sa façon. Moi, le tueur, coupable de tant de crimes dans mon milieu, j'étais accusé du seul crime que je n'avais pas commis, et quel crime !... Celui d'une brave femme qui n'avait pour seul tort que de laisser un héritage très confortable à ceux qui s'étaient faits mes accusateurs. Une haine meurtrière me torturait le cœur. Ma pensée alla vers mes parents... Qu'allaient-ils penser ? Non, ils ne pouvaient me croire coupable de ça !

La prison où nous étions incarcérés était à la pointe de la Gaspésie. Une seule route passait par la ville et permettait de rejoindre d'autres localités. Ailleurs, tout n'était qu'une immense forêt, qui, en certains endroits, était impénétrable. Tous les gardiens chargés de me surveiller avaient connu la victime. À tous je criais mon innocence. Certains me croyaient ou faisaient semblant de me croire. Mais tous étaient d'une correction parfaite avec moi. L'un d'eux, qui connaissait intimement la victime, m'avait même dit :

— Vous savez, Mesrine... je la connaissais bien, j'étais dans la salle le jour de l'enquête et j'ai aperçu les bijoux... Je ne l'ai jamais vue avec ces choses-là, aussi loin que je me souvienne... Avec certaines personnes nous avons notre petite idée sur ce crime, et quand vous dites que ce n'est pas vous on est très prêts à vous croire.

J'appris qu'un autre homme avant nous avait été accusé de ce crime, un certain Gérard Fieffe, et qu'il s'était évadé juste avant notre arrivée des USA. Je n'arrivais plus à dormir, tourmenté par cette fausse accusation. Il fallait que je m'évade pour faire avouer la vérité à ces quatre salopes. Je n'avais aucune possibilité de communiquer avec mes amis de Montréal... mais j'étais prêt à tenter un coup.

Chaque jour, j'allais à la promenade dans une petite cour. J'avais remarqué une grande porte de métal utilisée en hiver pour évacuer la neige de la cour. Elle donnait sur la liberté si on en possédait la clef.

À cette époque, nous n'étions que quatre détenus à marcher ensemble. J'y fis la connaissance d'un certain Paul Rose qui devait se rendre célèbre un an plus tard en enlevant et en assassinant le ministre du Travail du Québec, Pierre Laporte, au nom de ses convictions politiques. Je m'étais amusé à lui apprendre quelques prises de self-défense et nous avions sympathisé. Quelques jours plus tard, j'allais lui faire une démonstration réelle. Un nouveau nous était arrivé. Les gardiens nous avaient prévenus que c'était un de ces durs de village qui faisaient régner la terreur dans les bals de la région. Le type était costaud, avec ses 210 livres pour ses six pieds de haut ; il avait en plus une sale gueule qui se voulait impressionnante. À peine rendu dans la cour, il m'aborda :

— Hé ! viens là, toi... C'est toi, le Français qui a crevé la vieille ?

Je ne lui avais même pas donné le temps de continuer. Ma tête l'avait atteint en pleine face et, le rattrapant par les cheveux, je lui avais balancé mon coude dans le plexus. Il s'était écroulé à terre, j'en profitai pour l'achever à coups de pied dans la gueule. Les gardiens étaient accourus. Ils n'en revenaient pas. Le sang coulait sur le sol et commençait à faire une flaque. Regardant mes gardes, je leur dis :

— C'est ce qui arrivera à tous ceux qui me demanderont si j'ai tué cette pauvre femme.

Il fut conduit à l'hôpital avec le nez et la mâchoire fracturés. Cette démonstration de force allait me servir.

J'eus parloir avec Janou et je l'avertis de mon intention de préparer notre évasion. Bien qu'ultra-moderne avec ses vitres incassables et ses barreaux d'acier spécial, la prison de Percé n'était qu'une petite prison qui, le soir venu, n'avait pas plus de trois gardiens en service pour garder les quelques détenus que nous étions. J'avais remarqué un tableau dans un bureau de surveillance. Toutes les clefs y étaient accrochées. Mon plan était simple : il me fallait neutraliser les gardiens pendant une ronde nocturne, m'emparer des clefs, libérer Janou du quartier des femmes et prendre la fuite par la porte qui donnait dans la cour de promenade. Je prévins Janou que j'avais l'intention d'agir dans trois jours et cela vers les vingt-deux heures. Je lui demandai de neutraliser de son côté sa gardienne, ce qui ne devait poser aucun problème, Janou étant la seule détenue femme.

Les trois jours étaient passés. Je m'étais fabriqué un couteau avec l'anse d'un quart en aluminium. De par ce métal mou, il était totalement inoffensif, mais dans mes mains il pouvait prêter à confusion et ressembler à une arme redoutable. C'est l'homme qui tient l'arme qui a de l'importance, pas l'arme elle-même. Il me restait une heure avant d'agir. Le gardien que je devais neutraliser était un type jeune et solide qui pratiquait le hockey sur glace. Je vivais dans une grande pièce entourée de barreaux. À vingt-deux heures, il était obligé d'entrer pour m'enfermer dans ma cellule pour la nuit ; je devais agir à cet instant.

L'action était proche. Je l'entendis venir et ouvrir la porte qui devait lui donner le passage dans ma pièce. J'avais les nerfs tendus. Je ne voulais pas de violence afin de démontrer qu'un homme capable de neutraliser une prison en douceur ne pouvait pas être le sinistre salaud qui avait assassiné une femme sans défense. C'est du moins la conclusion que j'espérais tirer de mon action. Le garde m'interpella ·

— C'est l'heure, Mesrine.

J'étais assis à une table et faisais semblant de lire. Il s'approcha. Dans la main droite je tenais le couteau, qui était caché à sa vue par le livre que maintenait ma main gauche. Il répéta :

— C'est l'heure, monsieur.

En un geste rapide j'avais pivoté et m'étais levé. La lame avait brillé devant ses yeux et s'était posée à hauteur de son cou. De ma main libre, je l'avais saisi par sa veste. D'une voix dure, je lui ordonnai :

— Tu bouges et je te crève... Alors, en douceur, pose les clefs sur la table.

À mon grand étonnement, il n'avait pas réagi. Il s'exécuta. Je me saisis des clefs. Je l'obligeai à se mettre à terre. J'ouvris ma cellule.

— Maintenant, rentre... Non, ne te relève pas. Rentre à quatre pattes.

Il voulut faire un geste de défense.

— Pas de ça, petit. Tu as vu ce qui est arrivé au détenu, alors ne m'oblige pas à être violent.

Il entra et je refermai la grille sur lui. Il se releva et me regarda, comprenant enfin qu'il se trouvait maintenant à ma place.

— Pourquoi, Mesrine ? me dit-il.

— Cherche pas à comprendre. Maintenant tu vas me répondre. Où sont les autres gardiens ? Une chose, il n'y aura aucune violence, sauf si l'un ou l'autre joue au con.

Il m'informa que les autres gardiens étaient actuellement au bureau de la porte d'entrée. Je pouvais donc atteindre le tableau des clefs sans être en contact avec eux. Si Janou avait agi de la même façon que moi, elle devait à cette heure-là être maîtresse de la situation. Je le prévins que je ne voulais pas l'entendre crier et la menace que je lui fis l'en dissuada.

Rapidement je pris la direction des couloirs. J'avais son trousseau de clefs et ouvris sans difficulté les portes qui me faisaient obstacle. Je n'avais rencontré aucune opposition. Arrivé devant le tableau des clefs, je les pris toutes. J'arrivai dans la cour de promenade. Rendu devant la grande porte de métal, il me fallut essayer plusieurs clefs avant de trouver la bonne. Je réussis à l'ouvrir légèrement. De l'autre côté, c'était la liberté. Tout était en place, je pouvais maintenant aller chercher ma femme.

Je pris le couloir qui menait à son quartier. Je l'aperçus, les clefs à la main.

— Pas de problèmes, mon ange ?
— Pas de problèmes, chéri.

Un rapide baiser au goût de liberté et elle me suivit. J'en profitai pour passer par les cuisines et rafler de la nourriture. Rendus dans la cour de promenade, j'entendis la voix des autres gardiens qui appelaient leur collègue. Nous franchîmes la porte. Nous étions libres, mais n'avions aucun autre choix que de partir en direction de la forêt. Il faisait froid et la pluie qui tombait nous transperçait. Nous avions juste traversé un sous-bois quand l'alerte se déclencha. Nous n'avions pas plus de dix minutes d'avance. Il nous fallait franchir une colline. De sa hauteur, j'aperçus les clignotants des voitures de police. La chasse à l'homme était commencée. Dans la nuit, il leur serait impossible de nous retrouver, mais avec la pluie nos chaussures laissaient des empreintes dans la boue. La forêt dans laquelle nous nous étions engagés était profonde de plus de cent kilomètres. J'espérais m'y cacher quelques jours, pour après rejoindre Montréal où j'étais certain de trouver de l'aide. Toute la nuit nous marchâmes ; parfois il nous fallait faire notre chemin en écartant les ronces ou les branches qui nous barraient le passage.

Janou était épuisée, mais ne disait rien. Plus nous avancions, plus nous montions. Au matin, avec les premières lueurs du jour,

je me rendis compte que nous avions fait très peu de chemin ;
au loin j'apercevais la mer. Mais c'est le bruit d'un hélicoptère
qui me fit sursauter. Les recherches avaient repris. Je ne connaissais absolument pas la région et j'avais en face de moi des gens
du pays qui eux connaissaient chaque chemin, chaque cache possibles. Je compris la folie que je venais de commettre. Je n'avais
aucune arme pour me défendre et tous ceux qui étaient à notre
recherche avaient peut-être reçu l'ordre de nous abattre à vue,
car c'étaient des assassins qui s'étaient évadés... Nous étions les
seuls convaincus de notre innocence.

Janou me demanda de prendre un peu de repos. Elle s'endor-
mit à même le sol mouillé. Elle frissonnait ; ses jambes et ses
mains étaient en sang. Je m'allongeai à côté d'elle dans l'espoir
de la réchauffer. Cela faisait une heure que je la serrais dans mes
bras quand au loin des aboiements de chiens retentirent. J'entendis des bruits de branches écrasées. Je réveillai Janou.

— Non, ne dis rien..., lui dis-je doucement. Je crois que nous
sommes encerclés... Écoute !

Je ne m'étais pas trompé, les bruits étaient très proches. Je me
sentais épié. Soudain, plusieurs policiers jaillirent autour de nous
en hurlant :

— Bouge pas, Mesrine, ou tu es mort !

Je me levai dans un réflexe de fuite. L'un d'eux tira dans ma
direction. Janou avait bondi pour me faire un bouclier de son
corps et hurlait :

— Non..., non, ne tirez pas !

Je voulus la repousser, mais les policiers avaient déjà bondi
sur nous.

— À terre !... me cria l'un d'eux.

J'avais cette rage qui rend parfois imprudent ; l'orgueil ou plus
simplement l'envie de dire merde au monde entier. Janou était
toujours accrochée à moi. Elle pleurait. Regardant le flic, je lui
dis seulement :

— Tu peux tirer, je n'en ai rien à foutre.

Il ne tira pas. Son chef me fouilla et calmement demanda à
Janou de tendre sa main. On nous attacha ensemble. Le chemin

du retour fut pénible, mais nettement plus court. Au bout, plusieurs voitures de police nous attendaient ainsi que plusieurs villageois l'arme à la main. Mais pas un seul ne nous insulta. Le retour à la prison fut rapide. Le surveillant chef nous attendait, ainsi que plusieurs journalistes. Quand il vit l'état de Janou, il me regarda d'un air de reproche, puis il hocha la tête avec l'air de dire : « À quoi bon ? »

On nous fit prendre une douche, puis revêtir du linge propre. Mon étonnement fut grand quand c'est le garde que j'avais enfermé qui m'apporta un repas chaud en me disant :

— Vous êtes partis proprement et ici personne ne vous en veut ; même pas le chef, et pourtant il risque d'y perdre sa place. Je ne pensais jamais vous revoir vivant. La police avait reçu l'ordre de vous tirer à vue. Vous pouvez remercier le chef de secteur qui, lui, avait interdit à ses hommes de le faire, sauf en cas de légitime défense.

Les choses se passèrent très vite. Dans la journée, on nous conduisit en direction de la ville de Québec. Il nous fallait faire plus de six cents kilomètres. On m'avait enchaîné les mains et les pieds de façon que la chaîne de mes pieds passe par le centre de mes menottes, ce qui m'interdisait tout mouvement. Janou était à mes côtés et gardée par la surveillante qu'elle avait enfermée la veille. Loin de lui en vouloir, elle avait des paroles apaisantes pour elle. Notre escorte était impressionnante. Cinq voitures remplies d'hommes en arme.

Tout le long du parcours, mes seules pensées furent pour Janou. Son geste de se jeter sur moi au moment où elle avait cru ma vie en danger me remplissait d'admiration. J'aurais voulu lui gueuler mon amour, mais notre silence nous unissait encore plus que des mots.

L'escorte stoppa devant la prison de Québec. Il fallait nous quitter. Mes lèvres rencontrèrent les siennes et je ne trouvai rien d'autre à lui dire que : « Je t'écrirai. » La souffrance que je lisais dans son regard me fit mal. Mais, cette fois, ma vie avait basculé et il me fallait payer le prix fort.

Je fus très mal reçu par les gardes, qui avaient entendu à la radio que j'avais assommé le gardien pour m'évader. L'un d'eux me provoqua :

— Ici, mon chien, tu n'assommeras personne.

Je ne lui répondis même pas. J'étais trop fatigué pour entreprendre un combat que je savais perdu d'avance.

On me fit descendre dans une cave qui servait de mitard et c'est complètement nu que l'on m'enferma dans une cellule. Pour tout repas on me donna un bol de gruau. Pendant vingt et un jours on me laissa avec seulement un repas par jour et le gruau du soir. On m'avait quand même donné des vêtements. Les provocations étaient constantes et la haine que je ressentais risquait de me pousser à l'irréparable. Et puis on me fit monter en division avec les autres détenus. On me mit au quartier Sécurité. Il n'y avait que douze cellules. Les autres détenus me reçurent bien. Le simple fait que je m'étais évadé était une carte de visite de bonne mentalité. Nos conditions de détention étaient bonnes. Nous vivions dans une grande salle avec télévision et n'étions enfermés dans nos cellules que le soir. Mes compagnons m'informèrent tout de suite qu'ils étaient sur le point de réaliser une évasion. J'étais invité. Nous fûmes tous transférés dans d'autres prisons avant que le projet ne puisse se réaliser. Il ne nous restait pourtant plus qu'une rangée de barreaux à scier. Le destin décide, pas nous.

Je fus condamné à un an de prison pour l'évasion, Janou à six mois. Cela n'avait pour nous aucune espèce d'importance. La seule chose qui nous préoccupait était cette accusation de meurtre. J'en avais disséqué le dossier pour y trouver les contradictions des témoins. J'avais fourni à Mᵉ Daoust un très grand nombre de photos de vacances ou prises dans des boîtes de nuit en France et cela deux ans avant le meurtre. On y voyait Janou avec certains bijoux fantaisie reconnus pourtant comme n'étant pas les nôtres. Tous ces détails troublèrent mon avocat. Il décida de demander une commission rogatoire en France. De plus, ma mémoire ayant toujours été exceptionnelle, je lui indiquai certaines adresses où ces bijoux sans valeur avaient été achetés. En étudiant les photos prises sur les lieux du crime, je réussis à lui démontrer qu'un des témoins avait menti de façon flagrante. Mᵉ Daoust se passionnait pour cette cause, en m'affirmant qu'il n'avait jamais vu cela de sa vie de criminaliste. Mais ce qui l'étonna le plus fut le jour où je lui dis :

— Écoutez, maître... Cette affaire me rend fou. Je n'ai pas tué cette femme. Je suis prêt à tout pour le prouver. Demandez que l'on me fasse le test du mensonge ou le sérum de vérité, mais, bon Dieu, il faut que l'on me croie.

Daoust m'avait regardé.

— Je vais vous dire une chose que je n'ai jamais dite à un de mes clients et j'ai déjà plaidé plus de quatre-vingt-dix-huit causes de meurtre : je suis maintenant certain de votre innocence et de la culpabilité des personnes qui vous accusent. Vous pouvez être certain que je ferai tout pour vous aider. Ce test, Mesrine, vous le demanderez publiquement aux assises et devant les jurés ; il est une des meilleures preuves de votre innocence.

Les lettres que je recevais de mes parents étaient sans reproches, mais d'une profonde tristesse. Mon père était gravement malade et l'idée que peut-être je ne le reverrais plus vivant me devenait insupportable. Et s'il venait à mourir avant que notre innocence soit prouvée ? Cette pensée m'obsédait. Parfois des copains détenus essayaient une plaisanterie au sujet de ce meurtre. Mes réactions étaient toujours très violentes.

Je fus promené d'une prison à une autre, ce qui me permit d'y retrouver des amis. Un matin, Mᵉ Daoust vint avec une étrange proposition au sujet de l'affaire du kidnapping. Si j'acceptais d'être jugé devant un juge seul, sans jurés, et de plaider coupable, sans témoigner dans ma propre cause, le procureur de la Couronne me proposait dix ans de pénitencier et cinq ans à Janou. Notre milliardaire craignait que je ne parle de certaines choses à son sujet et était intervenu auprès de ses relations. Je comprenais de plus en plus l'acharnement de la police dans l'affaire du meurtre. Si on ne pouvait me condamner à la prison à vie pour le kidnapping, on pouvait toujours le faire pour le meurtre, et le fait que je l'aie commis ou non n'avait aucune importance.

Quand j'appris que le lieutenant Caron et le sergent Blinco avaient été les invités de mon milliardaire, tout s'éclaira et je compris plus nettement leur acharnement à refuser d'admettre mon innocence dans l'affaire du meurtre malgré toutes les preuves que je leur avais fournies de notre innocence, ou tout au moins du flagrant mensonge de nos accusateurs.

Petit à petit toute cette saloperie m'avait conduit à une révolte permanente. Coupable, j'aurais accepté mon sort. Mais là je n'acceptais rien. À chaque fois que je me trouvais en face de Caron, et bien qu'entravé, je le mettais plus bas que terre car je ne croyais plus à son honnêteté professionnelle. J'avais même été jusqu'à lui dire :

— Tu es une crapule, flic. Si je m'évade, il te faudra bien me la dire, cette maudite vérité. Je n'aime pas que l'on me refile les cadavres des autres, j'ai assez des miens... Mais là vous êtes trop cons pour le prouver. Je suis peut-être un tueur dans mon milieu, mais pas une crapule, et ça je ne vous le pardonnerai jamais. Ni à toi ni à cette pourriture de société qui accepte que des salopards comme toi soient ses représentants.

Il s'était contenté de répondre, rouge de colère :

— J'aurai ta peau aux assises.

Avant, je m'étais contenté de bafouer les lois et l'ordre. Maintenant, je haïssais les deux et ma haine du flic tournait à l'obsession.

Avec Janou, nous acceptâmes la proposition du procureur de la Couronne. C'est de cette façon que, presque sans jugement, nous fûmes condamnés aux sentences offertes. J'étais donc pour onze ans l'invité des pénitenciers canadiens. Janou se retrouvait avec cinq ans et demi.

Quand on vint me chercher pour mon transfert, j'étais incarcéré à la prison de Bordeaux, à Montréal. J'y avais connu le mitard et la provocation des gardiens ; j'avais toujours fait face. Cette fois, je n'eus même pas le temps de me défendre. Ma porte s'ouvrit et une dizaine de gardiens me sautèrent dessus et m'enchaînèrent pieds et mains. On ne me laissa rien emporter. Ma cellule fut littéralement pillée par les gardiens, qui, grâce à mon transfert, étaient certains de ne plus me revoir. J'étais comme un fauve que l'on maîtrise. Si j'avais pu tuer un de mes agresseurs, même avec mes dents, je l'aurais fait. Pourquoi cet étalage de force, quand il eût été si simple de nous annoncer le transfert en nous demandant de sortir de nos cellules comme des hommes et non comme des chiens enragés ?

L'administration du pénitencier de Saint-Vincent-de-Paul nous attendait. Pourquoi donner à un lieu de haine et de souffrance le nom d'un saint qui toute sa vie ne fut qu'amour et charité ? La société voulait-elle se donner bonne conscience ? Le pénitencier était vieux, sale, avec des cellules minuscules. Mais la vie y était assez bien organisée.

Je fus employé à la réparation des sacs postaux. C'était le travail le plus fatigant et le plus sale. Mais il avait l'avantage d'y réunir tous les détenus considérés comme sérieux. J'y retrouvai donc des amis qui avaient été incarcérés avant mon arrivée au Canada. Nous nous mîmes d'accord pour faire croire aux autres que c'était pour nous une première rencontre. Nous avions de bons motifs pour cela. Je ne tenais pas à ce que certains mouchards puissent signaler que j'étais déjà venu au Canada avant 1968. J'avais surtout sympathisé avec un certain Pierre Vincent. Nous avions les mêmes idées et les mêmes projets : l'évasion. Nous formâmes donc un groupe d'irréductibles très vite repéré par l'administration.

Janou m'écrivait très régulièrement et la direction m'autorisait à lui téléphoner une fois par quinzaine, car elle était toujours incarcérée à Québec. Mon avocat était revenu de France et le résultat de la commission rogatoire lui avait apporté une nouvelle preuve de mon innocence. Il m'annonça que notre procès était proche. Deux mois plus tard, nous étions transférés à Percé pour y être jugés.

Le tribunal était plein à craquer de curieux qui voulaient voir. Ils furent très rapidement déçus. Le choix des jurés venait juste de se terminer quand le procureur de la Couronne, Anatole Cauriveau, notre principal accusateur, fut pris de malaise et s'écroula au milieu de la salle. Le sourire qui se dessina sur mes lèvres n'échappa à personne. Pendant un court instant, je crus en la justice de Dieu et le remerciai de ce bon présage. Il fut impossible de continuer notre procès, le procureur ayant été transporté dans une clinique. Il fut donc caduque. On devait nous fixer une autre date de comparution. Cet incident me laissa songeur très longtemps. Surtout que deux ans plus tard j'appris la mort du juge qui avait fait notre enquête préliminaire. Cette affaire trafiquée par la justice ne lui portait pas chance. Le destin m'accordait une vengeance, que je m'étais contenté de rêver.

Je pris donc le chemin du retour pour Saint-Vincent-de-Paul. Depuis très longtemps je n'avais plus aucune nouvelle de Guido et mon père évitait de répondre à mes questions. Je fus donc obligé de passer par des amis pour savoir la vérité. Guido était mort d'une crise cardiaque en montant l'escalier qui le conduisait à son appartement. Une mort d'homme tranquille pour celui qui n'avait pas fait un seul jour de prison malgré sa vie criminelle. J'en ressentis une immense tristesse, mais ne pus m'empêcher de penser que jusqu'au bout il les avait tous baisés, policiers et juges réunis. La vie ne peut avoir d'autre finale que la mort, il faut savoir l'accepter.

On nous annonça notre transfert dans un pénitencier moderne pour le lendemain matin.

C'est sans regret que nous quittâmes le vieux pénitencier de Saint-Vincent-de-Paul. Les renseignements que nous avions sur le nouveau « pen » étaient bons. Nous étions certains d'y trouver des cellules propres et une nourriture très acceptable. Nous savions les grandes possibilités d'évasion que pouvait nous offrir une construction neuve ; les trucs n'étant pas encore connus, il y avait sûrement une faille à exploiter. Mon seul vœu était de ne pas être séparé de mes amis et de tomber dans la même division qu'eux. On disait aussi que la sécurité répondait aux normes maximales. Les bâtiments, composés d'un rez-de-chaussée et d'un seul étage, n'avaient pas de barreaux apparents aux fenêtres, mais un châssis à petites lucarnes que nous pouvions ouvrir nous-mêmes. L'intérieur des châssis était composé d'un acier spécial impossible à scier. Tout y était commandé électriquement. Chaque division possédait son propre poste de contrôle. Les murs austères qui enferment tous les bâtiments dans les anciennes constructions avaient été remplacés par deux hautes grilles d'acier surmontées de barbelés. Des miradors permettaient une surveillance totale de l'ensemble du pénitencier. Les gardiens y possédaient un armement complet, pour faire face à toute situation pouvant se présenter, allant du fusil à lunette au calibre 12 à pompe bien approvisionné en chevrotines. Des projecteurs très puissants permettaient de balayer de leurs rayons tous les bâtiments. En plus d'un grand nombre de fusées éclairantes, l'alarme sonore complétait cet arsenal qu'il nous faudrait tromper pour retrouver notre liberté. Il y avait aussi les patrouilles d'hommes armés et accompagnés de bergers allemands spécialement dressés pour la chasse aux détenus. Mais tout cela ne nous rebutait pas et je ne pus m'empêcher d'esquisser un sourire en regardant mon ami Pierre.

— Tu penses à la même chose que moi ?

— Ouais. Tu verras, l' Français, on trouvera.

— Espérons seulement que nous pourrons rester ensemble.

— Pas de problèmes ; le cas contraire, on s'arrangera.

L'escorte de police venait de ralentir pour prendre sur sa gauche une route en ligne droite. Nous l'apercevions enfin, ce fameux pénitencier moderne qui renfermait tous nos espoirs. De loin on aurait dit un hôpital ou une école ; mais plus nous en approchions, plus nous comprenions qu'on l'ait appelé Sainte-Anne-des-Plaines. Car tout autour ce n'était que du terrain plat, presque pas d'arbres, impossible de se camoufler à moins de cinq cents mètres en cas d'évasion. Ce qui laissait largement le temps de se faire repérer par les gardiens et de se faire tirer dessus comme des lapins.

Notre subconscient enregistrait tous les détails. Nous n'aurions sûrement pas d'autre occasion de voir cette vue d'ensemble. Nous ne savions pas encore la surprise que nous réservait le directeur à ce sujet.

Les voitures de police stoppèrent devant le mirador qui contrôlait l'entrée et s'annoncèrent. Les policiers descendirent, l'arme à la main. Aucun véhicule n'avait l'autorisation de franchir cette limite. Notre fourgon se plaça au milieu du cercle que faisait la garde policière et s'arrêta ; nous aperçûmes des gardiens ; ils n'étaient pas armés, mais nous attendaient.

La porte s'ouvrit et l'appel de nos noms commença. Nous étions enchaînés deux par deux. Ce fut notre tour et nous nous levâmes. À peine les pieds posés à terre, deux gardiens nous firent signe de les suivre. Devant nous, deux grandes grilles s'ouvrirent. En sautillant nous arrivâmes devant un poste de contrôle. Le gardien nous examina. D'autres, armés, nous regardaient de l'intérieur de cette cage de verre blindé à l'épreuve des balles.

— Nom, prénom, numéro ?
— Mesrine Jacques, 5933.
— Vincent Pierre, 5921.
— O.K., passez.

Une lourde porte nous laissa le passage. Nous étions à l'intérieur du pénitencier. Tout était d'une propreté impeccable. On nous fit entrer dans une petite pièce pour nous débarrasser de nos chaînes et menottes.

— Suivez-moi, messieurs.

Un long couloir séparé par une rampe nous conduisit à un autre centre de contrôle. Nous étions au centre de l'ensemble du « pen » et ce poste contrôlait l'ouverture des divisions. Le gardien nous ordonna de vider nos poches et nous fit passer sous une machine à détecter le métal. Nous reprîmes nos affaires. Trois gradés nous posèrent les mêmes questions, nom, prénom, numéro.

— Mesrine, vous êtes affecté à la cellule 12, division C. Vincent, vous êtes affecté à la cellule 34, division C.

Pierre me regarda et lut dans mes yeux le même contentement. Nous étions dans le même bloc. On nous conduisit à nos cellules. Là aussi un poste de contrôle orchestrait la fermeture des portes. On me désigna le rez-de-chaussée. Pierre, le premier étage. Le garde annonça le 12. Un claquement sec fit s'ébranler une porte pleine.

— Votre cellule, monsieur. Le règlement est affiché. Vous passerez à la douche dans une heure et votre paquetage vous sera remis aussitôt après.

Toujours les mêmes consignes, j'y étais habitué, mais je lui répondis un :

— Merci, monsieur.

Cela faisait partie de la réforme. Tout gardien avait pour obligation d'appeler le détenu « monsieur ». Cela les rendait fous furieux car pour eux nous n'étions que des chiens sales qu'ils auraient voulu voir crever.

Ma cellule était petite, mais très propre. Le soleil y entrait, cela me changeait de la cage dégueulasse du vieux « pen » où les insectes en tout genre et les rats nous tenaient compagnie. La porte se referma.

Mon premier geste fut de brancher la radio qui ornait le mur. La musique qui s'en échappa me réchauffa le cœur ; cela faisait un bon tout de temps que je n'avais entendu une voix de femme aussi mélodieuse. Je fis l'inventaire de ce qui ressemblait plus à une chambre qu'à une cellule. Il y avait un lit avec matelas en mousse, un bureau, une grande armoire métallique, lavabo avec eau chaude et W-C. Le sol était en ciment recouvert de peinture grise. Sur le bureau, deux sachets de Nescafé et du sucre. Ce détail pourtant insignifiant me fit comprendre qu'ici quelque chose avait changé. On cherchait à humaniser la détention. Je me fis tout de suite un café.

Oui, tout cela était bien beau, mais une cage dorée reste toujours une cage. Une prison ne peut pas être humaine, même si elle en donne l'apparence. En regardant au travers de mon châssis, j'aperçus les deux grilles qui me séparaient de la liberté. Si proche ! Ce semblant de facilité confirma l'impression de grande difficulté qu'il devait y avoir à les franchir. Sainte-Anne-des-Plaines était un pénitencier pour criminels endurcis. Sa population atteignait quatre cents hommes. Tous avaient des sentences de longue durée, variant entre cinq ans et la prison à vie. Tueurs et braqueurs de banques étaient en majorité. On savait donc que bon nombre de détenus n'avaient que la cavale en tête. Espérait-on les faire changer d'avis en leur donnant plus d'avantages et de privilèges ? Tout de suite je compris le piège. Plus l'administration donne à un détenu, plus il a à perdre s'il commet une faute. On n'enchaînait plus leurs pieds pour les empêcher de fuir, mais on domestiquait leur esprit par un confort relatif. L'avenir allait me prouver que je ne m'étais pas trompé.

L'après-midi, nous fûmes tous réunis dans une grande salle qui servait de gymnase. La direction était là au grand complet. Le directeur nous demanda de nous asseoir et y alla de son discours de bienvenue :

— Messieurs, vous avez dû le remarquer, un effort considérable a été fait pour rendre votre détention supportable. Nous avons un centre culturel et des installations de sport pour vous permettre de vous dépenser. Vous êtes tous astreints au travail dans les ateliers. Aucun refus ne sera toléré sous peine de très graves sanctions. Vous devez respect au personnel...

Je ne l'écoutais même plus, j'étais habitué à ce genre de cinéma... Il me faisait marrer, avec son humanisation, lui qui avait fait tuer quelques années plus tôt le cousin d'un de mes amis qui s'était enfermé avec un garde en otage dans sa cellule pour juste réclamer un transfert qui ne venait pas. Il avait fait ouvrir le feu malgré les supplications du garde qui servait de bouclier. Il aurait pu faire donner les gaz. À trois dans une cellule, ils ne pouvaient rien faire. Non, cette salope avait ordonné de tirer. Le gardien avait été tué, le cousin de mon ami aussi et mon ami Michel Marcoux laissé pour mort avec plusieurs balles dans la peau. C'est une fois les corps sortis de la cellule qu'il s'était aperçu que mon ami vivait encore. Si un de ses adjoints ne l'avait retenu il l'achevait... Cela s'était passé bien avant que j'arrive au Canada. Je savais que ce type était une ordure sous des apparences de brave type. Il réussit à nous étonner en innovant :

— Je sais que certains d'entre vous n'ont qu'un but : s'évader. Si je leur reconnais le droit d'y penser, je suis ici pour les en empêcher. Évitez donc ce genre de projet. La sécurité est absolue. Les gardes sont armés et ont l'ordre de tirer. Mais pour ceux que ce genre de sport passionne je tiens à leur disposition le plan du pénitencier ; ça leur évitera de perdre leur temps à en faire le relevé.

Son regard était ironique et parcourut toute la salle, fixant au passage mes amis et moi-même.

— Ne vous faites pas d'illusions, Mesrine, d'ici vous ne partirez pas. On fera ce qu'il faut à ce sujet. Pour ceux que ça intéressera, sachez que nous pouvons toujours vous envoyer à l'unité spéciale de correction, vous savez ce que cela représente.

Oui, on le savait... Des cellules sans fenêtre, une discipline de fer, un bloc de béton où l'on détruisait les hommes moralement. Personne n'avait envie d'aller faire un stage dans ce pénitencier disciplinaire. Je ne savais pas encore que j'allais y aller et y monter une des évasions les plus spectaculaires de ces dernières années.

Le directeur continua son discours. Moi, je me contentais de sourire en pensant : « On verra bien si tu me gardes, Ducon. »

Je travaillais à la menuiserie avec Pierre ; nous avions droit à plusieurs heures de promenade sur un immense terrain qui permettait de s'adonner à plusieurs sports. Il y avait quatre tennis, un terrain de base-ball, une patinoire pour l'hiver et bien d'autres choses aussi. Je ne pus m'empêcher d'admirer le peuple canadien qui savait se protéger de ses criminels de droit commun, sans pour autant appliquer une détention répressive comme on le faisait toujours en France. Celui qui acceptait sa détention était certain de la faire dans des conditions qui ne risquaient pas de le détruire, ni moralement ni physiquement. Plusieurs de mes amis abandonnèrent tout projet d'évasion et me le firent savoir.

Sur les quatre cents, nous étions une bonne trentaine prêts à tout risquer pour retrouver notre liberté ; les menaces du directeur nous laissaient froids. Nous formions un groupe de cinq amis. Nous cherchions le trou, la faille. Un projet germait et avortait parfois aussi vite que l'idée nous en était venue. Petit à petit nous comprenions que la sécurité était sérieuse. Des tentatives avaient échoué et ceux qui les avaient tentées avaient tous été transférés à l'USC. L'hiver allait arriver et nous n'avions toujours rien trouvé de valable. À l'atelier, notre conversation tournait toujours autour du même sujet. Je faisais énormément de sport pour me garder en bonne condition physique. Il y avait parfois des règlements de comptes. Mon ami André Fillion avait été envoyé à l'USC. pour ce motif car on avait retrouvé le corps d'un mouchard avec un tournevis enfoncé dans l'œil jusqu'au manche. « Encore un qui ne pourra plus servir l'administration », s'était contenté de dire André.

Mon procès pour meurtre devait passer début janvier. Nous en avions longuement parlé avec Pierre. Quand je lui disais que j'étais réellement innocent dans cette affaire, il me regardait toujours avec un petit sourire ironique. Puis, en connaissant mieux mon dossier, il avait été obligé de se rendre compte que je disais la vérité. Tout comme moi il était révolté des méthodes employées par la police pour me faire porter le chapeau pour un autre. Car trop de détails prouvaient que je disais vrai et les policiers se refusaient à élucider les contradictions des témoins de l'accusation. Un jour, il me dit :

— Mais pourquoi veut-on s'acharner sur toi pour cette affaire ?

— Je n'en sais pas plus que toi, mais une chose est certaine : ils me le paieront au prix fort. Mais avant je prouverai mon innocence à ces fumiers.

— Dis-moi ! Peux-tu me faire monter avec un de nos amis comme témoins à ton procès ? On pourra toujours risquer un coup là-bas. C'est une petite prison, peut-être que la chance nous sourira.

— Tu sais que si je tente une évasion pendant le procès on en conclura que je suis coupable. Mais je n'en ai plus rien à foutre. C'est d'accord, je vous fais monter, on verra sur place.

Le jour du procès arriva. J'avais revu Jane et lui avais demandé de garder confiance en moi. Elle était toujours aussi admirable. Malgré la détention, elle restait solide et entière. Elle conservait sa dignité, mais avait eu cette phrase de dépit :

— C'est terrible de se savoir innocents quand tout le monde, autour de nous, nous croit coupables. Et si nous étions condamnés, tu t'imagines la peine de tes parents ! Parfois j'ai peur, car je n'ai aucune confiance en la justice. Tout cela est trop bien préparé. Qui nous en veut au point de vouloir notre perte de cette façon injuste et dégueulasse ? Nous vivons un cauchemar.

— Je ne comprends pas plus que toi, mon ange. Mais j'ai confiance. Plusieurs personnes savent que nous sommes innocents de ce meurtre. Daoust me croit et il plaidera avec le maximum d'efficacité et de talent. Le vrai coupable sait que nous n'avons pas tué et, comme ceux qui témoignent contre nous le protègent, c'est par eux que j'attaquerai, car ils sont la clef de ce meurtre crapuleux. Ils se parjurent pour ce seul motif : protéger l'assassin. Ils se sont créé des coupables par des faux témoignages. Si je prouve qu'ils se parjurent, cela suffira à prouver notre innocence. J'ai confiance dans les jurés, car douze hommes ne peuvent pas se tromper. On ne peut tout de même pas être condamnés pour un crime que nous n'avons pas commis. Cela fait dix-huit mois que je me torture l'esprit à savoir pourquoi nous ! J'en souffre, j'en crève de souffrance, j'en deviens dingue.. J'ai fait bien des choses dans ma vie, mais que l'on me croie capable d'une telle saloperie, ah ! non, ça, je ne peux l'accepter. Il faudra bien que je leur fasse payer cette maudite souffrance un jour. Que l'on ne me parle plus jamais de pitié. Toute cette société est pourrie. Si je réussis à m'évader, je ferai couler le sang pour leur faire payer ce qu'ils nous ont fait... Je m'évaderai, j'en fais le serment... Oui, je le jure.

Jane avait souri devant ma révolte. Elle y était habituée. Après un dernier baiser de la main, elle me quitta pour retourner dans sa prison. Nous devions nous revoir dans le box des accusés.

À la prison de Montmagny, dans la province du Québec c'était l'état de siège. Notre procès promettait de faire du bruit. Tout était en place pour le mélodrame : deux accusés criant leur innocence ; une accumulation de fausses preuves contre eux appuyées par le témoignage douteux de quatre femmes bien trop proches de la victime pour avoir les mains blanches ; deux procureurs de la Couronne imbus de préjugés et de suffisance ; qui, loin de rechercher la vérité, se faisaient complices du mensonge en considérant ce procès comme une simple formalité, étant certains d'obtenir notre condamnation à l'emprisonnement à vie ; le flic alcoolique et son adjoint, qui, malgré les contradictions, laissaient faire, ne voyant pas comment il nous serait possible de sortir du piège savamment tissé pour notre perte. Et l'avocat, le maître au vrai sens du terme : l'intelligence, la ruse, la perspicacité faite homme. Le plus grand du Canada. Me Raymond Daoust ! Lui croyait, preuves en mains, à notre innocence ; aujourd'hui, il était certain que je disais la vérité. Il allait se transformer en accusé. Il allait être « nous » et, de ce fait, nous défendre comme si sa propre liberté était en jeu. Il allait souffrir avec nous, comprendre notre colère, se battre comme jamais un avocat ne l'a fait, pour un client. Avec lui à mes côtés, j'étais certain que justice nous serait rendue. Jamais je n'avais par le passé rencontré un tel homme, aux qualités de cœur aussi nobles. Il était de la race des seigneurs, de ces hommes qui imposent le respect total à tous ceux qui ont la chance et l'honneur de les rencontrer.

Et le procès débuta. La salle était comble. Il nous fallait entrer dans l'arène.

C'est dignement, mais avec émotion, que je pris contact avec cette foule. Qu'étais-je pour eux ? L'assassin, le salaud, la « maudite crapule ». Tous les regards se posèrent sur nous. Mes yeux se posèrent à leur tour sur cette foule. Je ne lisais aucune hostilité, seulement une grande curiosité, doublée d'un effet de surprise...

Nous n'avions pas la « gueule de l'emploi ». Mais cela ne suffirait pas pour notre défense.

Arrivés dans le box, nous nous assîmes. Jane m'avait pris la main. Elle tremblait, je la sentais nerveuse. Délicatement je lui caressai la joue et déposai un tendre baiser sur ses lèvres comme si nous étions seuls. Elle me regarda de ce regard qui enchaîne un couple pour le restant de la vie : le serment d'amour devant la souffrance commune, la force de se sentir deux.

— Ne t'en fais pas, mon ange. Je suis prêt à nous défendre. Je vais me battre comme jamais un homme ne s'est battu dans une cour d'assises. Je t'aime. Aie confiance en moi.

Elle avait un début de larmes dans les yeux ; c'est en hochant la tête qu'elle approuva mon message de confiance.

Puis le greffier annonça :

— La cour...

Le président Miquelon se présenta. À lui seul il représentait le plus grand danger pour nous. Il avait une bien triste renommée. Quinze ans plus tôt, il s'était rendu responsable, d'après certains, d'avoir fait pendre un innocent du nom de William Coffin. Il était à cette époque procureur de la Couronne et sa partialité en faisait un juge douteux. Son orgueil démesuré lui faisait trop souvent oublier son rôle d'arbitre des faits. Il me l'avait démontré lors de son passage à Paris. Il était venu pour interroger, sur commission rogatoire, les témoins que j'avais cités afin d'expliquer la provenance des bijoux qui étaient en ma possession, ces bijoux qui, selon l'accusation, appartenaient à la victime. J'avais su que loin de faire son travail son séjour s'était plutôt passé en galante compagnie. La recherche de la vérité le préoccupait peu. Je n'avais pas l'intention de me laisser intimider. Peu m'importait son opinion. J'allais faire beaucoup plus que me défendre... J'étais bien décidé à attaquer sans trêve tous azimuts... J'avais préparé mon procès avec soin ; je connaissais mon dossier de la première à la dernière page. J'étais prêt. Quand mes yeux croisèrent ceux du juge, je soutins son regard et je crois qu'il comprit à cet instant que ce procès allait être mouvementé. Mes yeux lançaient des messages de haine et de dégoût envers ces hommes qui se gratifiaient du titre d'honorable et qui, dans la réalité, n'étaient que de fieffés salauds. Tout au long de mon procès, par leur attitude, ils allaient trahir leur mission qui est de rechercher la vérité.

On commença par le choix des jurés. J'étais en droit d'en récuser. Tout comme le procureur de la Couronne était en droit de récuser mon choix.

Il nous fallut toute la matinée pour réunir les douze hommes qui allaient décider de notre destin. Douze hommes qui, de par leurs réponses, feraient de nous des coupables ou des innocents au nom de la loi. Car nuls autres que nous ne pouvaient avoir cette certitude d'innocence.

La première semaine du procès fut pénible, car uniquement faite de témoignages de l'accusation. Mes deux amis Pierre Vincent et Albert Thibault étaient montés comme témoins, c'est du moins l'explication que j'en avais donnée. La surveillance ne nous permettant aucune évasion, il fut tout simplement décidé de mettre le feu à la prison en pleine nuit, et cela à l'aide d'un système à retardement de ma fabrication. Nous espérions que dans la confusion l'un de nous pourrait tenter sa chance. Le feu se déclencha et créa une telle panique que le renfort de police dépassa tout ce que nous pouvions imaginer. Je fus sorti de ma cellule au moment où la fumée commençait à me suffoquer. Enchaîné des pieds à la tête, je fus conduit dans un poste de police de la ville. Il n'y avait que trois cellules. Janou vint me rejoindre. Nous fûmes, tout au long du temps que dura notre procès, détenus l'un près de l'autre et seulement séparés par une grille. Les policiers qui nous gardaient dans ce poste se conduisirent de façon que je puisse embrasser ma femme, et cela malgré les ordres qui nous interdisaient tout contact. Janou était catastrophée par ma tentative qui risquait de nous coûter cher vis-à-vis des jurés. Il n'en fut rien. Rien ne put prouver la tentative d'évasion. Mais mes amis furent conduits à Québec.

La deuxième semaine apporta la preuve que les bijoux étaient bien les miens. Pendant deux jours j'acceptai de témoigner dans ma propre cause et, malgré le feu de questions du juge et des deux procureurs, je ne me contredis pas une seule fois. Un par un je fis la démonstration que tous les bijoux étaient nôtres. Le juge n'était pas habitué à voir un accusé se défendre d'une telle façon. À chaque fois qu'il perdait le contrôle de ses nerfs, je marquais un point. Toute l'accusation fut mise en difficulté par un contre-interrogatoire. Nous devenions les accusateurs. Les quatre femmes bafouillaient et se contredisaient continuellement. Quand elles affirmèrent que la montre qui se trouvait devant elles appartenait à leur sœur depuis plus de quinze ans et que mon avocat leur montra un papier de la fabrique qui prouvait que cette montre n'était sur le marché que depuis trois ans, il y eut un murmure dans l'assistance. Je savais que j'allais être acquitté.

Mais tout le monde était à bout de nerfs. Me Daoust plaida comme jamais un avocat n'avait dû le faire avant lui... Pendant six heures ce seigneur du barreau fut ma voix, mon âme. Tout était juste, tout était vrai ; et quand, épuisé, il quitta la salle, les larmes aux yeux, je savais qu'il avait tout dit et que ma reconnaissance lui serait éternelle pour avoir cru à notre innocence avant les autres.

Le verdict devait être rendu le lendemain matin, les jurés ayant demandé à revoir les photos et les bijoux.

Quand nous fûmes conduits au tribunal, les couloirs étaient pleins de journalistes. Les policiers se montrèrent cette fois brutaux et l'un d'eux bouscula Janou. Avant qu'il ait eu le temps de comprendre, mon poing lui arriva en pleine gueule et il s'écroula en sang à mes pieds avec une fracture du nez. Tous ses collègues me maîtrisèrent. Le juge ordonna que l'on nous mette les menottes pour entendre le verdict.

Quand les jurés prononcèrent « non coupable », j'entendis Janou murmurer : « Merci, mon Dieu. »

Le juge Miquelon poussa l'odieux jusqu'à la fin. Il était obligé de nous acquitter de par le jugement des douze jurés, qui avaient été unanimes dans leur décision. Il affirma publiquement son désaccord et me dit que pour lui j'étais coupable, qu'il me conseillait d'aller prier sur la tombe de ma victime. Je ne lui laissai pas le temps de terminer. Malgré mes menottes, j'avais bondi par-dessus mon box, bien décidé à lui faire payer mes souffrances. Je n'en eus pas le temps. Une nouvelle fois, les policiers me sautèrent dessus. Janou avait suivi, et c'est dans une confusion totale qu'on nous fit sortir de la salle.

On nous laissa avec notre avocat. Je ne pus lui dire qu'une chose :

— Téléphonez vite à mon père.

Tout au long de mon retour au pénitencier, je compris que je venais de passer les pires moments de ma vie. J'étais acquitté, mais le mal que l'on nous avait fait était incrusté en moi. Je savais que le peu de bon que renfermait mon cœur venait de s'éteindre à jamais. Je savais que mon esprit de vengeance allait me conduire à des actions terribles si l'occasion se présentait. Que tout ce qui porterait un uniforme de flic n'aurait plus aucune pitié à attendre de moi.

L'hiver se passa, toujours en projet de cavale. Pierre était toujours avec moi. C'est au début du printemps qu'il m'annonça qu'il avait une idée valable. Mais il fallait un sacré matériel pour la réaliser.

Le soir, nous étions réunis dans une petite salle conjointe aux cellules. Nous pouvions jouer aux cartes jusqu'à vingt-trois heures. Nous étions un maximum de quarante détenus dans cette pièce. Il y avait deux autres salles avec télévision où les autres détenus de ma division regardaient le programme de leur choix. Nous étions surveillés par le poste de contrôle ainsi que par trois gardiens protégés par des grilles. On nous comptait toutes les heures. Mais, à vingt-deux heures trente, on faisait la distribution des médicaments dans un bureau placé au pied du contrôle. Pendant dix minutes, il y avait un va-et-vient constant des salles au bureau.

Dans un angle, il y avait une porte blindée avec serrure de sécurité à clef plate. Elle donnait dans une cour intérieure, close et entourée des bâtiments servant d'atelier. Elle était presque toujours sous le regard du contrôle. Il nous fallait trouver le moyen d'ouvrir cette porte et cela en fabriquant la clef. Si cette base se réalisait, il nous suffirait par la suite de créer une diversion en sens inverse de la porte pour attirer l'attention du contrôle ; s'introduire dans la cour ; monter sur les toits à l'aide d'un crochet et d'une corde ; ramper sur les toits et nous laisser tomber près des clôtures ; les sectionner et les franchir en évitant les rondes et patrouilles de gardes armés et escortés de chiens.

Il nous fallait pour cela réussir à se procurer l'empreinte de cette clef et tout le matériel. Le plus difficile serait d'éviter les contrôles et le passage de la machine à détecter le métal, car tout viendrait des ateliers et nous étions fouillés à chaque retour en cellule. De plus, les toits étaient plats et éclairés. Les quatre miradors les surplombaient. Même un chat ne serait pas passé inaperçu. Il y avait aussi le système d'alarme possible.

Toutes ces difficultés ne nous rebutaient pas. Nous comptions sur un allié que l'automne nous fournirait : le brouillard. Nous nous mîmes à étudier tous les détails de notre projet. Nous avions cinq mois pour nous préparer. Il fut décidé de partir à quatre. C'est donc à quatre que nous basâmes toute notre attention sur la clef. Elle était devenue l'objectif numéro un. Nous avions remarqué qu'à chaque fois que l'on nous emmenait à la marche dans la cour intérieure la porte qui nous intéressait était ouverte sans l'intervention du poste de contrôle. Il n'y avait donc pas de système électrique signalant son ouverture. Ce détail nous encouragea. À chaque retour de promenade, le gardien se tenait devant la porte et comptait les détenus ; pendant tout ce temps, il gardait la clef à la main. Il nous fallait enregistrer les dents, les écarts, les hauteurs et les espaces de cette clef. Nous faisions exprès de nous tenir près de lui au moment du retour en cellule et laissions passer les autres. Nos yeux enregistraient tous les détails de cette clef. Parfois la situation était comique et je ne pouvais pas m'empêcher de sourire à Pierre d'un air de dire : « S'il savait, ce cave ! » Il fut décidé que nous ferions chacun une ébauche sur papier, et cela à l'échelle réelle, pour procéder à la comparaison au moment où nous penserions avoir atteint la perfection. Il nous fallut deux mois pour que les quatre dessins de clef fussent prêts. Le jour arriva. Nous remîmes nos ébauches à Pierre. Son sourire nous fit plaisir à voir.

— Regarde, Français... Regarde.

— Merde ! C'est trop beau. Au millimètre près, nous avons tous fait la même !

Nous nous félicitâmes, car le reste ne serait qu'une question de retouches. Pierre contacta des amis sûrs de l'atelier de métal, pour y obtenir deux morceaux de laiton ayant l'épaisseur et la hauteur de la clef. De notre côté, nous fabriquâmes en bois des reproductions de petites limes à métal que nous teintâmes à la mine de crayon. Nous y collâmes de la limaille de fer très fine pour donner le change. L'atelier de fer devait nous les échanger contre des vraies.

Nous savions que si la chance nous permettait d'atteindre les clôtures nous avions toujours la possibilité d'un face à face avec les gardes armés et les chiens. Il fut donc décidé de fabriquer trois poignards, car si nous tombions nez à nez il n'y avait pas de cadeaux à attendre ni à faire. La clef, c'était Pierre. Les couteaux, le crochet et la corde, c'était mon travail. Les amis reçurent donc une deuxième commande de trois morceaux de fer de vingt centimètres que je leur demandai de passer à la meule s'ils en avaient la possibilité, pour que je n'aie plus qu'à finir le filet des lames à la lime. Ils prenaient tous un énorme risque : s'ils se faisaient prendre, c'était trente jours de mitard et le retour au vieux pénitencier. Mais je savais que je pouvais compter autant sur leur discrétion que sur le matériel. Il nous fallait aussi une pince coupante pour la clôture. Le problème n'était pas de se procurer tout ce dont nous avions besoin et de le remplacer par des imitations en bois, mais de sortir le matériel des ateliers pour le faire parvenir aux cellules. Restait à le cacher pour qu'il passe au travers des fouilles que nous avions tous les quinze jours.

Tout fut résolu par des amis chargés du ramassage des ordures, qui, profitant de leur fonction et de leurs nombreux passages et déplacements, réussirent à tout faire parvenir à notre bloc. En quinze jours de travail nocturne j'avais confectionné trois poignards et tressé la corde. De son côté, Pierre avait presque terminé sa clef. Il lui fallait faire des essais pour y appliquer les retouches nécessaires. Je sentais la liberté proche, car notre plan était parfait. Nous étions maintenant en début d'automne quand la catastrophe arriva. Dans un autre bloc, d'autres détenus avaient préparé aussi leur évasion, mais d'une façon toute différente. L'un d'eux se nommait Jean-Paul Mercier. C'était un type solide, n'ayant peur de rien dans l'action. Il allait dans l'avenir devenir mon ami, mon inséparable frère de risque ; mais pour l'instant nous ne nous connaissions que de nom et ignorions que chacun de notre côté nous préparions une évasion. La sienne allait faire échouer la mienne. Car, tout comme moi, il avait caché son matériel dans le châssis des tubes d'éclairage de sa cellule. La chose se produisit en pleine nuit. Trois détenus du bloc B réussirent leur évasion en faisant éclater leur châssis avec un cric fabriqué en atelier. La sécurité n'avait rien vu et c'est au matin que nous apprîmes la nouvelle. Nous étions contents pour eux, mais très inquiets des répercussions sur notre projet, car les gardiens étaient fous de rage.

Le directeur avait sa liste personnelle des hommes susceptibles de tenter une évasion. Il ordonna des fouilles totales. Tout fut démonté dans une trentaine de cellules. Je ne fus nullement surpris quand on vint me chercher pour être conduit au mitard.

Mon regard croisa l'officier de quartier et c'est innocemment que je lui dis :

— Pourquoi m'emmenez-vous au mitard ?

Il éclata dans une colère terrible et je crus qu'il allait me sauter dessus. C'est rageusement qu'il me **dit** :

— Mon salaud, des poignards pour tuer mes gardes, tu vas nous payer ça ! Allez... Embarquez-le-moi et soignez-le au gaz.

Je ne pouvais bouger, car, en plus d'avoir les mains entravées, les dix gardiens qui m'escortaient n'attendaient qu'un ordre pour me massacrer. Arrivé au mitard, on me fit mettre complètement nu et je fus expédié dans cet état dans une cellule sans fenêtre. La pièce était petite et n'avait pour seul mobilier qu'un lit de planches et les W-C. Dès que la porte fut fermée, le guichet s'ouvrit et j'entendis le sifflement de la bonbonne de gaz. On m'envoyait des lacrymogènes. Je n'avais absolument rien pour me protéger et mes yeux devinrent de feu. Je crus que j'allais crever étouffé. Les larmes me coulaient sur le visage. La rage au cœur, je me savais totalement impuissant à toute révolte. Ma seule idée intérieure était : « Vous me paierez cela un jour, tas de fumiers. » Ils me laissèrent plus d'une heure dans cet état. J'étais sonné, car ce gaz contenait sûrement un autre produit que j'ignorais. La porte s'ouvrit, on me jeta une chemise et un slip et on me laissa toute la nuit ainsi, sans repas, sans couverture, allongé sur ma planche de bois dur. Toute ma nuit ne fut que pensées vers mes amis. Si la clef n'avait pas été trouvée, tout espoir n'était pas perdu pour eux. Je n'étais pas homme à me laisser abattre par les événements.

Au matin, on m'apporta un bol de café et du pain. L'officier m'annonça que je passais au prétoire.

Vers neuf heures, je fus conduit à la salle des audiences. Une bonne vingtaine de gardiens étaient là. On m'avait enchaîné les pieds et menotté les mains. On me fit entrer dans la pièce. Le directeur avait sa tête des mauvais jours et les deux sous-directeurs me regardaient d'un air vindicatif. Devant eux, sur la table : mes trois poignards, la corde et le crochet.

Le directeur prit la parole :

— C'est à vous, ces engins de mort ?... Alors on se préparait à tuer mes gardiens ! Vous allez me payer ça, Mesrine, et très cher. Vous allez me répondre, nom de Dieu... Pourquoi ces couteaux ? Trois... Pour qui les deux autres ?

Je ne pus m'empêcher de sourire en lui répondant :

— Si je vous disais que les couteaux c'était pour un pique-nique et la corde pour jouer à la balançoire, vous n'allez pas me croire... Alors je préfère vous dire d'aller vous faire foutre...

Il explosa. Sa colère l'étouffait.

— Quoi !... Vous m'avez dit quoi... ?

— D'aller te faire foutre.

Il tapa furieusement sur la table, mais, ne sachant plus que dire, il se tourna vers ses sous-directeurs :

— À l'unité spéciale de correction... C'est là que je vais le mettre. Vous allez me payer ça, Mesrine. Pour commencer, je vous mets trente jours de mitard au régime alimentaire strict et je vous garantis de vous faire la publicité qu'il faudra auprès du chef de la sécurité de l'USC.

J'avais bien entendu. Le mitard, je m'en foutais. Mais l'unité spéciale de correction, c'était l'enfer et l'impossibilité d'évasion, d'après les rumeurs.

Pendant mes trente jours, on chercha toutes les provocations possibles. Je n'avais droit qu'à un seul repas par jour avec un minimum de pain. Le soir, rien d'autre qu'une tranche de pain. Je dormais sur une planche avec une seule couverture. Mais cette souffrance plus morale que physique, loin de m'abattre, me rendait encore plus agressif.

Un autre détenu avait été victime de la fouille. Un ami du nom d'Edgar Roussel, qui lui aussi se préparait une évasion en solitaire. Il était au même régime que moi et bon, lui aussi, pour l'USC.

Mes trente jours terminés, c'est amaigri et révolté à l'extrême que l'on m'enchaîna à Edgar.

— Tu es du voyage ?

— Eh oui, Français ! Et d'après ce que je sais... c'est pas Miami Beach.

— Nous sommes que deux à avoir payé, c'est déjà pas si mal.

— Le plus comique, c'est qu'ils ont cru que nous montions un coup ensemble... Enfin on verra sur place.

Nous n'allions pas tarder à nous en rendre compte. On nous fit monter dans un fourgon et, sous bonne escorte, nous prîmes la direction de l'enfer.

L'unité spéciale de correction, plus simplement appelée USC, avait été construite pour y incarcérer les durs à cuire du Canada ou considérés comme tels par l'administration pénitentiaire. Mais on y enfermait surtout les récidivistes et spécialistes de l'évasion. Des architectes s'étaient penchés sur le problème de la sécurité absolue, en s'appuyant sur l'électronique et le ciment armé pour édifier cette construction. Au mépris de tout sentiment humanitaire, ils avaient tracé jour après jour les plans qui avaient pour but de détruire le psychisme des hommes, des plans qui donneraient au Canada, quelques années plus tard, les criminels les plus sanglants qu'il ait jamais connus. Faite pour détruire, l'USC fit de nous des fauves criminels qui, de dangereux qu'ils étaient, devinrent superlativement dangereux après un stage dans cet établissement.

L'évasion classique étant le sciage des barreaux, il fut décidé d'éliminer ce risque en ne faisant aucune fenêtre. Chaque cellule devint de ce fait un bloc de béton sans aucun espace vers la lumière du jour. Une porte métallique commandée électriquement constituait la seule ouverture. Au plafond, on installa un encadrement de trois pieds sur deux en vitres blindées et absolument incassables, cela pour permettre aux gardiens armés de surveiller les hommes en surplombant les cellules. On fit une petite trappe grillagée pour permettre le gazage de tout détenu qui aurait le moindre geste de révolte. La lumière devait fonctionner vingt-quatre heures sur vingt-quatre. Ce qui équivalait pour celui qui était condamné à vivre dans ces conditions à ne jamais voir la nuit ni la pénombre. Cette lumière constante devenait une obsession. Certains n'en dormaient plus et détraquaient leur système nerveux jour après jour... jusqu'à la folie ou le suicide. Deux bouches d'aération amenaient l'oxygène nécessaire à la vie. Les contrôles étaient absolus. Les gardiens, protégés par des cages de verre blindé, n'entraient que très rarement en contact avec un détenu. Si le cas se présentait, ils n'étaient jamais moins de trois face à un seul détenu. Quatre miradors pourvus d'un armement complet encadraient cet enfer de ciment et devaient dissuader toute tentative d'évasion. Les architectes assurèrent le gouvernement fédéral que d'une telle construction aucun homme ne pourrait jamais s'évader.

Tout au long du trajet qui me conduisait vers l'USC, je n'eus que cette pensée en tête : « Je ne pourrai rien tenter. » La renommée de cette unité n'était pas surfaite. On y détruisait dans l'œuf tout projet en s'attaquant au psychisme de l'homme. C'est avec une certaine appréhension que je vis le fourgon stopper devant l'immense pancarte à vingt mètres de l'entrée et ainsi rédigée : *Halte. Identifiez-vous en parlant dans le haut-parleur. N'entrez pas sans permission.* Du poste de contrôle, un homme armé fit signe au fourgon d'avancer. Nous entrâmes dans une petite cour. Les grilles se refermèrent derrière nous. On nous ordonna de descendre pendant que l'homme armé du mirador ne nous quittait pas des yeux.

Nos chaînes firent un bruit métallique sur le sol de bitume. Le chef qui m'escortait, un sourire mauvais aux lèvres, me dit :

— Vous allez être bien, ici, Mesrine... Essayez de jouer du couteau et vous serez servi.

Je ne répondis pas à cette provocation qui n'avait pour but que de me faire plonger au mitard dès mon arrivée. Je venais d'en faire trente jours et je n'avais pas l'intention de commencer mon séjour de cette façon.

Nous entrâmes dans le bâtiment principal. Il n'y avait pas d'étage. Tout le pénitencier était construit de la même façon et seul le bâtiment administratif avait des fenêtres. Tous les autres avaient les murs lisses sans aucune ouverture, sauf une porte blindée à chaque bout pour le chemin de ronde des gardiens.

Nous fûmes reçus par le chef Gauthier, responsable de la sécurité. Ce type-là était considéré à juste titre comme la plus belle salope de l'administration pénitentiaire. La quarantaine, taillé en force, judoka ceinture noire quatrième Dan étaient ses caractéristiques, disons physiques. Sur le plan moral, c'était un esprit démoniaque ; il haïssait les détenus de façon chronique. Sa toute-puissance lui permettait tous les abus. Un jour, il avait lancé à un détenu :

— L'USC, c'est un cimetière à détenus et je t'y ferai crever.

L'homme en était réellement mort ; par un harcèlement constant, Gauthier l'avait poussé au suicide.

Je savais en plus qu'il avait juré de m'en faire baver au maximum. Dès qu'il m'aperçut, son regard me fixa. Je connaissais sa méthode. Si je le fixais à mon tour, je me retrouvais avec un rapport pour « regard insolent ». Je me mis donc à fixer le mur. Il nous fit enlever nos chaînes et nos menottes. Puis, s'adressant à moi :

— C'est donc vous, Mesrine ?... Ici vous n'aurez pas l'occasion de fabriquer des couteaux pour attaquer mes gardiens. Je vous préviens : à l'USC, on casse même l'acier. Certains rentrent debout avec leur grande gueule. Ils en ressortent comme des moutons. Pour commencer, vous serez isolé pendant deux mois, rien en cellule sauf de quoi vous laver. Interdiction formelle de parler, sauf au moment de votre promenade. Interdiction d'offrir une cigarette à un autre détenu sous peine de sanctions pour trafic. Interdiction de mettre votre drap sur votre visage la nuit ; si on vous laisse la lumière, c'est pour vous voir. Vous avez le droit d'écrire et de recevoir votre avocat. Faites un seul faux pas et je vous ferai regretter d'avoir quitté la France. Vous m'avez bien compris ?

— Oui, monsieur... J'ai même trop bien compris !

— Que voulez-vous dire par là ?

— Je veux dire que si vous êtes en mesure de casser de l'acier il vous est encore plus facile de casser certains hommes.

— Pas certains hommes, Mesrine, mais tous.

Il perçut mon sourire. Vindicatif, il me lança :

— D'ici, personne ne s'évadera. Je suis là pour ça. Celui qui tentera de le faire le regrettera jusqu'à la fin de ses jours.

Puis, s'adressant au gardien :

— Emmenez-le cellule 10, bloc 1.

Pour y arriver, il me fallut franchir trois grilles commandées électriquement. Pas un seul gardien ne traînait dans les couloirs. Ils étaient tous protégés par des vitres incassables, sauf au contrôle central où je fus passé à la machine à détecter le métal. Je devais y passer 1 800 fois au cours de mes dix mois de détention à l'USC.

Arrivé à ma cellule, je compris pourquoi toute tentative était impossible. On était emmuré vivant. La pièce était petite mais très propre. Deux tubes de néon, protégés par une grille, donnaient un éclairage intense qu'il me faudrait supporter jour et nuit. Rien d'autre que des murs à contempler à longueur d'heures, de jours et de mois. Je n'étais plus étonné que certains perdent la tête et préfèrent crever que de survivre dans cet univers fou. Par contre, la nourriture était exceptionnellement bonne. Dans ce bloc nous étions douze détenus. J'y avais cinq amis Sur la porte métallique de ma cellule, il y avait un carreau incassable de petite taille qui permettait au gardien de m'observer. Je pouvais aussi voir le détenu qui me faisait face. On y avait mis Edgar Roussel. Nous ne pouvions parler. Des micros installés dans la détention contrôlaient tous les bruits suspects. Je possédais de quoi écrire. J'écrivis en lettres capitales à l'adresse de Roussel : *QUEL MERDIER !* Il me fit signe que oui et revint lui aussi avec un message : *Demain... promenade.*

Je lui fis comprendre que tout était OK. Ces quelques mots que nous avions échangés n'avaient aucune importance, mais ils étaient comme un défi lancé à notre isolement.

La nuit se passa normalement, mais la lumière m'empêcha de trouver le sommeil. Je me sentais épié constamment. Au matin, un par un, on se rendit à la douche et puis la promenade tant attendue arriva. Nous y allions trois par trois, dans une petite cour. Roussel tomba avec moi et un autre brave garçon, Pierre Lompré, qui lors de sa dernière évasion d'un hôpital avait été gravement blessé par un policier qui l'avait tiré à bout portant bien que sachant Pierre sans arme. Nous étions donc entre types corrects et pouvions de ce fait parler en toute confiance.

— Tu crois qu'il y a des micros, dans cette cour ? me dit-il.

— Avec ces chiens, tout est possible. Parlons doucement.

Tout en marchant, Roussel me dit :

— Cette fois, rien à faire. Tu as vu cette sécurité !

— Oui, pour l'instant, c'est impossible. Laissons passer nos deux mois d'observation. Après, on nous mettra au bloc 2. Nous aurons la possibilité de travailler quatre heures par jour dans un atelier. Il y en a deux : « Bois et Métal ». Qui dit atelier dit matériel. Attendons... C'est surtout de la patience qu'il nous faut. S'il y a une faille, nous la trouverons, mais pour l'instant le mieux que nous avons à faire est de changer de conversation. Rien ne sert de parler dans le vide... OK, les gars ?

— OK, me répondirent mes deux amis.

Les deux mois passèrent. Je savais à quoi m'en tenir sur les gardiens, qui étaient sélectionnés parmi les pires ordures de l'administration pénitentiaire. Durs et répressifs, ils avaient tous les droits sur nous. Les provocations étaient constantes et n'avaient pour but que de pousser l'homme à répondre. Celui qui tombait dans ce piège, celui dont les nerfs craquaient, subissait alors une répression terrible. On le gazait, puis menottes dans le dos, il avait droit à quelques coups de garcette aux endroits qui font mal. Un Canadien anglais, qui avait seulement répondu à Gauthier, était revenu du mitard dans un état lamentable, le visage brûlé par les gaz, le corps douloureux des coups qu'il avait reçus. Ils l'avaient cassé physiquement et moralement. J'étais écœuré, mais je fermais ma gueule, n'ayant pas le choix.

Gauthier m'avait provoqué à plusieurs reprises, mais jamais je n'avais embarqué dans son manège. Il en était furieux car mes seules réponses se bornaient à des : « Oui, monsieur ; non, monsieur. » Je pensais : « Va te faire foutre, enculé, si j'ai ma chance un jour je te ferai payer nos souffrances au prix fort. »

J'avais droit à presque une fouille journalière. Il fallait que je me mette nu. Il n'y avait rien dans ma cellule ; même mes couverts étaient en plastique. Les fouilles n'avaient qu'un seul but : nous abaisser, nous faire comprendre que nous n'étions plus rien.

La nouvelle fit le tour de l'USC. Une évasion venait de se produire au pénitencier de Sainte-Anne-des-Plaines. Pierre Vincent, Coco Mercier et René Gingras, mes trois amis, avaient réussi le projet que nous avions comploté ensemble. La clef avait fonctionné. J'étais fier et heureux, car j'y étais pour quelque chose. Si les couteaux n'avaient pas été découverts dans ma cellule trois mois plus tôt, je me serais retrouvé libre. J'espérais seulement que leur liberté serait longue, car je savais qu'ils ne me laisseraient pas tomber. Tous trois étaient des spécialistes de l'attaque à main armée, ils avaient fait leurs preuves.

Les journaux ridiculisaient le directeur et la sécurité de Sainte-Anne-des-Plaines et cela à ma plus grande satisfaction personnelle. La réussite de mes amis était un peu ma revanche sur les trente jours de mitard que l'on m'avait infligés là-bas.

Notre stage d'isolement se termina. On nous affecta au bloc 2. La détention sur le plan sécurité y était la même, mais le régime en était modifié. La promenade se faisait dans une grande cour dont le sol était presque entièrement recouvert d'herbe. Sur ce terrain, seul un espace de terre battue servait de terrain de tennis. Mais le jeu se faisait avec des palettes de bois fabriquées à l'atelier de menuiserie. Ce détail fut une des bases de notre évasion.

La cour se présentait ainsi : 180 pieds sur 180 pieds. Le côté par lequel nous arrivions des cellules était un mur de béton avec une seule porte contrôlée électriquement. Les trois autres côtés de la cour étaient protégés par deux hautes clôtures de grillage surmontées de barbelés. Ces clôtures étaient espacées de 10 pieds avec du barbelé entre l'espace qu'elles avaient. Un mirador avec un homme en arme sur l'angle gauche, un autre sur l'angle droit, des hommes armés patrouillant avec un chien de l'autre côté. Je regardais ces deux clôtures, seul obstacle à franchir pour retrouver la liberté. La protection en hommes armés rendait toute évasion impossible. De plus, dans notre cour, une ligne blanche avait été tracée à 6 pieds de la première clôture ; interdiction formelle de la franchir sous peine d'être tiré à vue par les gardiens. Impossible de s'évader ?... Je n'en étais pas certain. Les hommes ont des défaillances et prennent des habitudes... Il y avait peut-être une possibilité si l'on acceptait de mettre sa vie dans la balance.

Dans notre cour de promenade, j'avais retrouvé deux chics types, sincères et dangereux. André Fillion, que l'on accusait d'avoir tué un autre détenu mouchard de l'administration ; le type, comme je l'ai dit, avait été retrouvé avec un tournevis enfoncé dans l'œil gauche jusqu'au cerveau. Et Roger Poirier, qui, lui, était condamné à la prison à vie pour avoir tué un détenu d'une bonne dizaine de coups de couteau pour des motifs personnels. On se sentait en famille et pouvions parler sans risque d'indiscrétions. Albert Thibault, mon ami, était du nombre. Nos conversations n'avaient qu'un seul but : trouver le trou, la faille. La grande difficulté était surtout de dénicher du matériel. De nuit, nous ne pouvions absolument pas sortir des cellules. Il ne restait qu'un coup à tenter de jour. Mais nous avions la certitude de l'impossibilité d'un tel projet. Notre concentration allait sur notre entraînement physique, une gymnastique constante nous gardait en pleine forme.

L'hiver arriva. Nous tournions dans la cour quand les mauvaises nouvelles se succédèrent. Jean-Paul Mercier avait été repris. Trois jours plus tard, ce fut le tour de Pierre Vincent et de Coco Mercier... Pour terminer, mon ami René Gingras prit le même chemin. Tous les évadés de Sainte-Anne-des-Plaines avaient été repris et tout ce beau monde allait être expédié à l'USC. J'étais donc certain de les revoir après le stage obligatoire au bloc 1.

Parfois j'entendais un type gueuler qu'il n'en pouvait plus. Il cognait dans sa porte avec la rage du désespoir. Le calme revenait vite, car Gauthier arrivait avec une dizaine de ses gardes, gazait le type et l'expédiait au mitard avec violence. Plus le temps passait, plus je haïssais ce salaud qui me le rendait bien. Il faisait tout pour me provoquer et me piéger. Mais jamais je n'entrais dans son jeu. J'étais d'une politesse exemplaire, ce qui le rendait encore plus furieux.

Depuis quelques temps je travaillais à l'atelier de menuiserie. Je quittais ma cellule après avoir été fouillé. Je franchissais deux grilles et passais au contrôle du détecteur de métal. Je refranchissais deux grilles et arrivais devant la porte de l'atelier. J'étais encore fouillé avant de pénétrer à l'intérieur. Les deux ateliers bois et métal étaient contigus. Sept détenus par atelier. Nous étions sous surveillance armée. Deux gardiens protégés par une grille nous observaient en permanence, le revolver au côté, la grenade de gaz et le masque du même nom de l'autre. Tous nos gestes, toutes nos conversations étaient épiés. Nous n'étions tranquilles qu'une fois les machines en marche. Nous n'avions qu'un seul projet, l'évasion, et cela à n'importe quel prix. Mais plus le temps passait, plus toute tentative nous paraissait impossible ; trop de problèmes étaient insurmontables. La seule solution était de tenter quelque chose de jour pendant la promenade, mais quoi ? Le contrôle auquel nous étions soumis était tellement strict que même une épingle n'aurait pu sortir de l'atelier. Nous étions incapables de trouver une solution et ce manque de possibilités nous rendait furieux. Le courage d'agir n'est rien sans un projet valable.

Vers le 20 février 1972, tous mes amis me rejoignirent au bloc 2. L'hiver était rude. Nous avions plus d'un mètre de neige. Tout de suite, Jean-Paul Mercier devint un inséparable. Nous avions les mêmes visions des choses. Je le savais capable d'aller à la limite de l'incroyable. Je le savais prêt à risquer l'impossible.

Il travaillait à l'atelier de métal avec Pierre. Le matériel était sous contrôle d'un gardien, seul possesseur des clefs de la réserve outils. Il en était de même de mon côté. L'hiver fut dur, mais le printemps nous apporta la fonte des neiges et l'espoir.

Pendant une promenade, je pris Jean-Paul à part :

— Écoute, fils, il faut trouver quelque chose, quitte à y laisser notre peau. Il faut trouver le moyen de franchir ces maudites clôtures.

— Tu veux dire pendant la promenade ?

— Oui, en plein jour.

— Mais c'est un suicide !

— Ici on crève... ça changera quoi ?

— Rien, tu as raison. D'accord, Jacques. Alors fixons-nous une date limite, sinon nous allons devenir dingues à trop réfléchir.

— Avant l'automne, on est dehors ou on oublie tout. OK ?

— OK.

Je le regardai en souriant et lui tendis la main pour sceller notre engagement.

— Dehors ou morts, quitte à s'arracher la gueule dans les barbelés.

Nous allions tenir notre promesse.

Nous avions remarqué que pendant notre promenade certains gardiens des miradors sommeillaient et cela principalement le lundi matin. Nous en avions conclu qu'ils buvaient trop le dimanche. Pendant plusieurs semaines nous étudiâmes cette faiblesse humaine pour vérifier l'inattention des hommes chargés de nous garder. À plusieurs reprises j'avais jeté une balle de tennis près de la clôture et avais franchi la ligne blanche sans provoquer aucune réaction des miradors. La faille était là, à nous de l'exploiter. Nous avions noté cinq noms de gardiens. Jean-Paul était surexcité :

— Tu t'imagines, Jacques, si deux des cinq se trouvaient aux miradors un lundi matin ! Comment vois-tu les choses ?

— Il nous faut du matériel pour couper les clôtures. Tu es à l'atelier métal, à toi de trouver une solution. Penses-tu pouvoir substituer des limes triangulaires ? Si oui, tu me récupéreras de la limaille de fer et je peux te garantir que les fausses que je te ferai seront une imitation parfaite. N'oublie pas que j'ai été maquettiste... Ça sert, d'avoir été honnête ! lui dis-je, tout sourire.

— Et pour les sortir de l'atelier... Là, c'est impossible. Ni toi ni moi n'y arriverons.

— Ce n'est ni toi ni moi qui allons les sortir, mais Gauthier lui-même.

— Tu rigoles ou quoi ?... C'est lui le chef de la sécurité.

— Justement, il ne pensera jamais à ce que je lui prépare. Voilà mon idée. C'est nous qui fabriquons les palettes de bois pour jouer au tennis. Il nous suffira d'en casser plusieurs et de faire une demande pour les remplacer. C'est moi qui les fabriquerai et j'inclurai tes limes dans les manches. Comme le chef d'atelier remettra ces palettes à Gauthier, c'est lui qui nous les apportera dans la cour de promenade. S'il les passe au détecteur, c'est foutu ; mais je suis certain qu'il ne le fera pas... Comment veux-tu qu'il pense à un coup pareil ?

Jean-Paul était écroulé de rire.

— Oh ! Oui ! Celle-là, c'est la meilleure... « La belle » avec la complicité du chef de la sécurité ! OK, Jacques, je vais faire mon possible pour les limes.

Petit à petit notre projet prenait forme. J'en avais parlé à tous nos amis car il nous fallait la complicité totale des deux ateliers pour réussir ce début d'opération. Tout se passa comme prévu.

Le 21 août 1972, nous sortîmes dans la cour de promenade. Mes amis se mirent en place pour surveiller l'attention que les gardiens nous portaient. Chaque geste qui donnait l'apparence d'être naturel était un code et avait une signification pour moi. Un gardien se tenait à l'extérieur des clôtures sur notre droite, son chien était assis à ses pieds. Il était armé d'un calibre 12 à pompe, bourré de chevrotines. Il était en conversation avec le garde du mirador de droite qui, par conséquent, nous tournait le dos. Le garde du mirador de gauche somnolait. J'avais posé le jeu d'échecs sur le rouleau qui servait à aplatir le terrain de tennis. Depuis un mois, je faisais ce geste régulièrement, pour que les gardiens prennent l'habitude de nous voir jouer à cet endroit. Deux de mes amis me faisaient face. Jean-Paul était accroupi derrière eux. Nous étions contre le mur à seulement quinze pieds de la clôture gauche. Lafleur s'était assis sur le tas de sable qui se trouvait face au mirador de gauche et faisait semblant de lire. Un autre ami faisait des mouvements de gymnastique à hauteur du mirador droit ; ses mouvements pouvaient devenir des signes codés en cas de danger. Je fis le tour de la cour des yeux. Tout était OK.

— Maintenant, fils, vas-y !

Jean-Paul, en souplesse, avait franchi la ligne blanche et s'était aplati sur le sol, la face contre la clôture. Il ne faisait pas un seul geste. Sa tenue de couleur verte se confondait avec l'herbe du sol. Aucune réaction des miradors... L'homme au chien était toujours en conversation. Jean-Paul ne devait couper que sur mon ordre... Il était mes mains, j'étais ses yeux. La moindre erreur et c'était l'échec.

— Vas-y, coupe !

Avec sa lime triangulaire, il sectionna maillon par maillon dans le sens de la hauteur. En dix minutes, le passage était suffisant pour laisser passer un homme. Je le vis s'engager entre les barbelés des deux clôtures. Si un seul des gardiens l'apercevait, il était mort, certain d'être abattu sur place. Mais froidement il continuait son travail. À l'instant où il allait entamer la seconde clôture, j'entendis la voiture de patrouille qui arrivait.

— Ne bouge pas... Surtout ne bouge pas.

Elle passa sur la route qui entourait toute la promenade extérieurement. Jean-Paul vit les pneus à moins de 4 pieds de sa figure. Elle continua sa route pour stopper devant le mirador de gauche. Si par malheur un des gardiens de l'auto-patrouille sortait avec le chien qui les accompagnait, tout pouvait arriver. L'homme du mirador se pencha pour saluer le chauffeur. Nos nerfs étaient mis à dure épreuve ; nous étions si près du but !

Quand la voiture repartit, j'attendis un instant, puis dis à Jean-Paul :

— OK, fils, continue.

Il se remit au travail le plus calmement du monde. Puis je le vis ramper vers l'extérieur. Il avait réussi à passer de l'autre côté.

Le corps collé contre la clôture, il me lança :

— À toi, Français.

Mes amis firent une diversion. À mon tour je franchis les deux ouvertures en rampant. Je ne pensais qu'à une chose : j'allais être libre. Nous étions d'accord avec les amis pour partir deux par deux. Le premier départ nous était revenu de droit... Nous en avions accepté tous les risques et ils étaient grands, car si nous étions repérés c'était la mort certaine, abattus comme des chiens par des gardiens vindicatifs. Mais une mort d'homme libre, d'homme qui avait fait son choix. Aucune peur ne m'habitait, seule une grande détermination guidait mes gestes.

Je me retrouvai allongé à côté de Jean-Paul. Nos mains se rencontrèrent, elles scellèrent une amitié qui ne se démentit jamais. Jusqu'à la mort, sa mort trois ans plus tard, abattu par la police de Montréal.

Il nous fallait franchir la route. Nos tenues risquaient de trancher avec sa couleur claire. Une nouvelle diversion fut faite à mon signal. J'apercevais mes amis encore prisonniers, ceux qui avaient cru en notre projet et ceux qui en avaient toujours douté. Je me promettais de ne pas les oublier et de tenir ma promesse d'attaquer ce pénitencier pour tenter de les libérer tous.

En roulant sur nous-mêmes d'une façon rapide, nous réussîmes à atteindre le fossé. L'herbe était haute et nous nous confondions avec la verdure. Le dos tourné au mirador, nous nous mîmes à ramper. J'aperçus le troisième mirador qui faisait angle avec l'entrée. En imaginant la gueule qu'allait faire Gauthier, je ne pus retenir un sourire. Il nous fallut ramper pendant plus de 300 pieds avant d'atteindre un bosquet où nous pûmes enfin nous relever à l'abri des regards. Jean-Paul me tapa la tête amicalement :

— On a réussi, Français... Tu te rends compte, on est libres !

— Faisons vite, fils... Il nous faut une voiture.

À travers les arbustes j'apercevais le pénitencier. Ce mangeur d'hommes n'avait pas eu ma peau. Les hommes tournaient dans la cour comme si de rien n'était. Tout était calme. Le prochain départ serait pour dans quelques minutes. Lafleur Pierre Vincent... puis Imbeau et Ouillet, et les autres s'ils le pouvaient.

Nous nous mîmes à courir. Les arbres nous protégeaient jusqu'à l'autoroute que nous traversâmes pour rejoindre un petit bois. Un ruisseau y coulait, nous le franchîmes. Cela faisait plus de quinze minutes que nous avions quitté le « pen », mais nous étions toujours dans le secteur dangereux. Au moment où nous allions quitter le bois, le bruit d'un hélicoptère se fit entendre. Nous nous jetâmes à terre.

— Merde, l'alerte a déjà été donnée..., dis-je.

— Non, regarde... Il survole l'autoroute, c'est un des hélicos qui donnent des renseignements aux routiers. Maudit, qu'il nous a fait peur !

En effet, il s'éloignait.

Au loin, dans les champs, des paysans travaillaient. Nous leur fîmes un signe de bonjour, qu'ils nous renvoyèrent tout naturellement. Nous arrivâmes au croisement de deux routes. À cet instant, une voiture occupée par deux hommes ralentit pour prendre le tournant. Je me précipitai sur la porte arrière et m'engageai dans le véhicule, à la grande surprise des occupants. Jean-Paul avait fait de même de l'autre côté.

Le chauffeur voulut protester :

— Mais qu'est-ce que vous faites ?

La réponse vint sèche et menaçante :

— Ta gueule... On vient de s'évader de l'USC. Ou tu fais ce que je te dis, ou tu crèves... Au choix.

Ce simple mot d'USC était synonyme de « tueur » pour tous les gens de la région. Le conducteur était affolé. Je m'empressai de le tranquilliser :

— Tu nous conduis à Montréal, rien de plus.

Son copain, beaucoup plus calme, lui fit comprendre que le mieux était de suivre mes ordres. Nous prîmes donc l'autoroute. J'avais obligé le compagnon du chauffeur à ouvrir la boîte à gants pour vérifier qu'aucune arme ne s'y trouvait. Jean-Paul l'avait fouillé et lui avait vidé ses poches. Le type ne disait rien ; la situation avait l'air de l'amuser. Avec humour, je lui dis :

— Je t'emprunte quelques dollars pour le téléphone, tu te feras rembourser à l'USC. Je ne voudrais pas passer pour un voleur !

Et je lui rendis le reste de son argent.

Nous étions très près de Montréal. L'alerte avait sûrement été donnée. Il nous restait le pont à passer, peut-être un barrage de police était-il en place.

— Stoppe ici.

— Mais...

— J'ai dit, stoppe ici.

Il stoppa.

— Toi et ton copain vous descendez... Ça risque d'être chaud dans peu de temps. Nous continuons sans vous, à moins que vous n'ayez envie de vous prendre une balle si la police nous attend au pont.

Son copain lui dit de faire comme nous disions. Physiquement ils n'étaient ni l'un ni l'autre de force à nous faire face.

Jean-Paul prit rapidement le volant et nous démarrâmes en les laissant sur le bas-côté de la route. Aucun barrage ne nous attendait. Rendus en ville, je me précipitai sur une cabine de téléphone. J'eus tout de suite Lizon à l'appareil.

— Allô, Lizon ? Je suis un ami de Pierre... On a réussi... Viens vite nous chercher.

Je lui indiquai où nous étions. Pas une parole de trop.

— Je serai là dans quinze minutes.

Jean-Paul gara le véhicule sur un parking et vint me rejoindre. Nous avions enlevé nos chemises pour rester en maillot de corps. Avec nos pantalons recouverts de terre, on pouvait facilement nous prendre pour des hommes travaillant dans la construction, mais certainement pas pour des évadés en cavale. Il nous fallait attendre Lizon.

Nous entrâmes donc dans un petit restaurant et le plus tranquillement du monde nous commandâmes notre premier café d'hommes libres. La jeune femme qui était au comptoir écoutait son transistor en sourdine. Cela faisait quarante-cinq minutes que nous avions quitté l'USC. Du transistor, un communiqué vint nous surprendre...

— Attention..., attention... Communiqué de la police. Une évasion vient d'avoir lieu au centre de haute sécurité. Six dangereux criminels s'en sont échappés... Ces hommes sont extrêmement dangereux et peut-être armés. Si vous les repérez, ne cherchez surtout pas à les intercepter... Communiquez avec le centre de police de Laval... Nous vous le redisons, ces hommes sont dangereux. Nous vous donnerons d'autres informations dès que nous en saurons plus.

Et la musique reprit sa place.

Jean-Paul me regarda d'un air de me dire : « Six... c'est pas mal, hein, Français ? » Je lui souris.

La petite du comptoir, parlant à sa copine, eut cette réflexion :

— Ils doivent être loin... Pourvu qu'on ne les reprenne pas !

J'avais envie de lui dire que nous n'avions jamais été aussi proches et de la remercier pour son souhait, mais je fis comme si l'information ne m'avait pas intéressé.

À la pendule du restaurant, les quinze minutes étaient passées. Je sortis le premier. Tout de suite, je la reconnus d'après la description que Pierre nous en avait faite. Je lui fis un signe de la tête. Elle me fit de même et se dirigea vers une voiture. Je montai à l'avant, Jean-Paul à l'arrière.

— Salut, les hommes, nous dit-elle. Et Pierrot ?

— Dans la nature... Si tout va bien, il ne va pas tarder à nous rejoindre.

— Il y a ce qu'il faut dans le sac de voyage.

Les deux 38 spécial et la carabine USMI à crosse sciée, accompagnée de trois chargeurs de vingt-cinq balles, étaient les bienvenus. Il y avait aussi plusieurs chemises de couleur. Nous en enfilâmes chacun une. Je regardai Jean-Paul avec satisfaction :

— Maintenant, fils, nous sommes réellement libres.

Lizon nous conduisit à une première planque. Bernard, le frère d'un de mes amis, nous y attendait.

La radio venait d'annoncer qu'un des évadés venait d'être repris, bloqué par un barrage de police. Ils donnèrent son nom. Il s'agissait de Pierre Vincent. Lizon eut sa larme, mais elle savait que cela faisait partie de la règle du jeu. Pierre n'était pas homme à rester longtemps enfermé. Pour lui, il y aurait encore une autre évasion.

Bernard nous donna des perruques, des vêtements et des fausses lunettes. Il nous informa que nous changions immédiatement de planque, celle-ci n'étant qu'un relais. Nous nous installâmes donc en plein centre de Montréal, dans un petit appartement situé au premier étage, parfait observatoire sur la rue. Tout y avait été préparé : nourriture, boissons, radio, télévision ; et surtout un poste ondes courtes pour capter les messages des auto-patrouilles de police. Il y avait aussi des armes et des masques à gaz.

Je pris Lizon par le cou :

— Merci, petite fille, toi et Bernard avez fait du bon travail. Tout est parfait. Maintenant, une chose : nous ne voulons voir personne ici en dehors de vous deux. Vous nous servirez de contact avec nos amis, mais attention ! Car notre peau vaut cher... Personne ne peut vous rattacher à nous ; nous ne nous connaissions pas avant ce jour... Mais, à chaque fois que l'un de vous viendra nous voir, qu'il agisse avec la plus grande prudence. Je vous fais confiance à tous les deux. Nous allons avoir beaucoup de travail et la moindre imprudence peut nous coûter la vie et, pire encore, la liberté.

— Tu peux nous faire confiance, Jacques, me dit Bernard.

Jean-Paul, un verre à la main, regardait par la fenêtre.

— Eh, Français ! Viens donc voir ce qu'il y a en face de nous.

C'était une banque importante. Par la suite, nous allions l'attaquer deux fois de suite en trois jours... Mais je lui répondis :

— Celle-là, fils, c'est peut-être pour plus tard. Pour l'instant, il nous faut rester sans sortie pendant quelques jours... Écoute-les !

Les sirènes des voitures de police hurlaient dans toute la ville. La police voulait montrer à la population qu'elle était en chasse contre les cinq évadés restants. Jean-Paul brancha le poste ondes courtes. Les messages qui s'entrecroisaient nous firent bien sourire. On nous signalait partout à la fois.

Bernard décida de partir. Lizon voulut rester avec nous au cas où nous aurions besoin d'elle. Le soir, nous fîmes une petite fête à trois pour arroser notre victoire. Lizon était libre de tout engagement vis-à-vis de Pierre ; elle n'était pas sa femme, seulement une amie. Le soir même, elle devint la maîtresse de Jean-Paul... J'en étais heureux pour lui, il ne pouvait pas mieux tomber.

De mon côté, j'étais resté longtemps allongé, mes armes à côté de moi, les mains derrière la tête, avec une seule pensée : Janou. Elle devait être heureuse de ma réussite, mais pour elle allait commencer le calvaire de l'attente. À chaque fusillade, elle penserait à moi, en se disant : « Pourvu qu'il ne soit pas blessé ! » Mon intention était d'aller la délivrer, mais je voulais lui en laisser le choix. Il ne lui restait que quelques mois de prison à faire. L'évasion pouvait être un mauvais calcul.

Au matin, Jean-Paul me proposa :

— Si tu veux, Lizon te fait venir une amie à elle... Quelqu'un de sûr.

— Non, fils... D'abord le travail. N'oublie pas que nous avons un rendez-vous au pénitencier dans quinze jours. Je ne veux voir personne ici...

Puis, souriant :

— Je peux bien rester quinze jours sans femme ! Ils ne feront que s'ajouter aux trois ans d'abstinence... Que cela ne vous empêche pas de vous envoyer en l'air, les mômes, dis-je en ébouriffant les cheveux de Lizon qui venait de nous rejoindre.

Et j'ajoutai en la regardant :

— Tu es bien tombée, petite fille. C'est un homme, un vrai.

Elle le regarda, déjà amoureuse, et me dit :

— Je sais, Jacques... Un vrai.

Les journaux du matin ne parlaient que de l'« évasion impossible ». *Du beau travail*, disaient certains qui nous reconnaissaient une certaine dose de courage pour tenter un tel coup en plein jour. D'autres titraient : *Les gardes ont-ils été payés pour fermer les yeux ?* Le solliciteur général du Canada affirmait : *Mes gardes auraient dû tirer !* Le journaliste continuait en précisant que s'ils ne l'avaient pas fait c'est qu'ils n'avaient rien vu. Mais ce qui me fit le plus de plaisir fut la critique faite au chef de la sécurité Gauthier. Il posait en photo, piteux de son échec qui allait lui valoir des sanctions sévères. Je ne pus m'empêcher de fixer sa photo et de dire :

— À très bientôt, fumier !

Quatre jours passèrent. Jean-Paul était heureux. Nous devions nous mettre au travail le lendemain matin. Il fallait absolument que la police nous pense loin de Montréal. Il fut donc décidé que nous attaquerions deux banques de suite dans la région où il habitait avant son arrestation. La police en déduirait que notre planque se trouvait dans ce secteur, qui était à 180 kilomètres de Montréal.

Nous partîmes de nuit avec la voiture volée que Bernard nous avait fournie. Notre armement nous permettait de faire face à toutes les situations. En cas de barrage, nous étions prêts à vendre chèrement notre peau. Jean-Paul et moi avions fait un serment : « On part à deux, on revient ou l'on crève à deux ». Cette fidélité dans l'amitié se démontra et fut totale tout au long des événements qui suivirent. La région que nous avions choisie était en partie recouverte de forêts avec des petites routes qu'il fallait bien connaître pour ne pas s'y perdre. Jean-Paul était chez lui, il en connaissait les moindres recoins. Nous passâmes la nuit en forêt, nous avions amené de quoi nous restaurer. Pour les attaques de banques, j'avais plus d'expérience que lui. Il fut donc décidé que c'est moi qui raflerais l'argent et entrerais le premier dans la banque. Lui me servirait de protection. Au matin, nous prîmes la route...

Les deux banques se trouvaient à dix kilomètres de distance, de quoi amuser toutes les polices de la région. Elles se trouvaient dans deux petites villes, Saint-Bernard-de-Dorchester et Saint-Narcisse-de-Lotbinière. Nous passâmes devant la première. Elle n'était pas encore ouverte. Le gérant discutait avec plusieurs personnes qui se trouvaient devant la porte d'entrée. Il nous fallait faire le plein d'essence. C'est ce que nous fîmes. Le garagiste était loin de se douter de ce que nous allions faire dans les minutes qui allaient suivre.

— La forme, fils ?

— La forme, papa..., me dit Jean-Paul avec bonne humeur.

— Allons-y !

Calmement il stoppa la voiture à côté de la banque. Tout le monde était à l'intérieur. Je descendis, armé de ma USMI à crosse sciée. Je l'avais contre le corps. Jean-Paul me suivait. Tout de suite j'aperçus le bureau du gérant sur ma gauche. Je m'y précipitai, pendant que Jean-Paul intimait l'ordre aux clients et employés de rester calmes. Le gérant, m'apercevant visage non recouvert d'un masque, mais l'arme à la main, me dit, surpris :

— Mais... mais qu'est-ce que c'est ?

— Le Père Noël... Je viens pour un emprunt.

Il ne devait pas comprendre l'humour. Il me fallut le soulever de son siège.

— Au coffre et vite !

Arrivé dans la salle, je dis à Jean-Paul en montrant les caissières :

— Dis à ces petites chéries d'ouvrir leurs tirelires, je vais faire la moisson.

Le gérant m'ouvrit le coffre. Il en contenait un autre avec système d'horloge. Je pouvais faire une croix sur celui-là. Je me contenait de rafler les liasses que j'avais devant moi, en posant une question au gérant :

— Ouverture en combien de temps ?

— Une heure après avoir introduit la première clef.

J'avais vu juste. Rendu dans la salle, je raflai le contenu des trois caisses et sautai le comptoir en disant :

— Pas de folie, les héros. C'est une trop belle journée pour mourir.

Le gérant, qui voulait peut-être se pavaner devant son personnel, répondit :

— J'aurais préféré cela...

Il n'eut pas le temps d'en dire plus. Jean-Paul venait de lui tirer une balle à dix centimètres de la tête et, cette fois méchant :

— Ne demande jamais ça... La prochaine fois, tu seras servi.

Quand nous franchîmes la porte, il était effondré à terre et pleurnichait comme un môme auquel on a enlevé son jouet préféré.

Nous sautâmes dans la voiture et démarrâmes devant deux petites vieilles qui étaient tout étonnées de nous voir sortir de la banque avec une arme à la main.

— À la suivante..., dis-je à Jean-Paul.

Nous roulions depuis deux minutes.

— Content, l'ami ?

— Parfait, le Français... On va s'entendre à merveille dans le travail.

— Pourquoi as-tu tiré ?

— J'aime pas les cons !

C'était une explication comme une autre et je me contentai de sourire. Nous étions proches de l'autre banque. Elle était plus mal placée. Jean-Paul n'avait pas encore totalement stoppé le véhicule que j'étais déjà dehors et que je me précipitais sur la porte d'entrée. Elle était fermée et ne s'ouvrait que par un système électrique actionné de l'intérieur. Je me reculai d'un mètre et tirai cinq balles dans la serrure qui éclata sous les impacts. Rapidement je me précipitai dans le bureau du gérant. Mes yeux croisèrent les siens. Sa main était engagée dans le tiroir de son bureau.

— Pas de ça, dis-je en le visant de mon arme.

— Ne tirez pas, fut sa seule réponse.

Je voulus tout de suite le calmer.

— N'ayez pas peur... Les balles, c'était pour la porte... Tout se passera bien. Au coffre !

Rapidement je raflai son contenu. Lui aussi était équipé du même système que celui que je venais de quitter. Rendu dans la salle, j'aperçus Jean-Paul qui était en train de consoler une caissière en pleine crise de nerfs. Souriant, il me dit :

— T'en as de drôles de façons d'ouvrir les portes !

Tout l'argent que contenaient les caisses était dans mon sac. Après un dernier salut, on tourna le dos et on courut à la voiture.

Jean-Paul exultait :

— Tu es du genre rapide, me dit-il.

— Toi aussi, fils... En route pour Montréal. Tu es certain d'éviter les barrages par les petites routes ?...

— Tu sais, après un coup pareil, cela va être l'affolement général. Ils seront loin de penser que nous venions de Montréal et que nous n'avons même pas changé de voiture. On peut à la rigueur se trouver face à une voiture de police... Cela serait triste pour eux !

Nous roulions très vite. De chaque côté de nous, il y avait la forêt. Au loin j'aperçus une silhouette de femme, mais en nous rapprochant je me rendis compte que c'était une gamine de quatorze ou quinze ans qui faisait de l'auto-stop.

— Arrête-toi, dis-je à Jean-Paul, qui freina à mort.

— On la prend ?

— Pourquoi pas ?

Je me penchai par l'ouverture de ma portière. Elle courait vers nous.

— Vous pouvez me déposer au garage de mon père ? C'est le prochain village.

— OK, monte.

Et Jean-Paul redémarra rapidement. Je pris la parole :

— Tu sais qu'à ton âge c'est pas très prudent de faire du stop dans des endroits semblables ?

Elle me répondit qu'elle avait raté son autocar. Puis, regardant Jean-Paul :

— Il roule drôlement vite, votre copain !

— On est un peu pressés, tu nous excuseras.

— Vous travaillez dans quel métier, monsieur ?

Je lui souris en me retournant pour mieux la voir :

— Je suis banquier, ma chérie... Mon ami aussi !

— Ah ! Bon.

Elle s'était un peu penchée... et ses yeux s'arrondirent en voyant la carabine qui était posée sur mon côté. La situation m'amusait. Je lui dis sur le même ton :

— Ça, c'est pour protéger notre argent. Tu comprends, il y a tellement de voleurs, de nos jours !

Elle me redit un : « Ah ! Bon. »

Nous arrivions dans le village. J'aperçus un poste d'essence. Elle me tapa sur l'épaule.

— C'est là, monsieur.

Jean-Paul stoppa et elle descendit après nous avoir remerciés.

Le lendemain, la presse relatait cet événement pour dire que nous étions pour le moins de vrais gentlemen. Cela lui ferait des souvenirs pour ses petits-enfants.

Jean-Paul me posa quand même la question, à savoir pourquoi je l'avais fait monter. Ma réponse fut simple :

— Imagine-toi qu'il lui arrive quelque chose avec un salopard. Comme nous étions dans la région, nous aurions porté le chapeau... Et puis nous avions le temps, pas vrai, petit frère ?

Rendus à Montréal, nous vidâmes l'argent sur le sol pour le compter. Il y avait 26 000 dollars. Ce n'était pas la fortune, mais largement suffisant pour un début. Mon premier geste fut d'en donner à Lizon et à Bernard. Avec Jean-Paul, nous n'avions plus que dix jours pour préparer l'attaque du pénitencier. Car notre décision était prise. À deux, nous allions tenter de prendre l'unité spéciale de correction d'assaut pour y libérer tous les détenus. Il nous fallait une très grande quantité d'armes, trois voitures et surtout préparer des appartements. Je fis la liste des armes pour Bernard : dix carabines USMI avec des chargeurs de trente balles, cinq mitraillettes, un fusil à lunette et deux calibres 12 sept coups à pompe. Je lui remis l'argent et les adresses pour se procurer le matériel.

Lizon était chargée de louer trois appartements sous de faux noms, ce qui ne posait aucun problème. Chaque appartement avait assez de nourriture pour plusieurs jours. Nous avions acheté aussi des vêtements. Dans le nombre des détenus que nous voulions faire évader, huit étaient des intimes ; la préparation de ces planques était uniquement pour eux. Les autres, si le coup réussissait, recevraient une arme pour deux et tenteraient leur chance comme nous avions tenté la nôtre. Je ne leur devais rien, ils allaient simplement pouvoir profiter de l'occasion. Toute cette préparation nous coûta beaucoup d'argent. Avant l'attaque du pénitencier, nous nous mîmes d'accord avec Jean-Paul pour attaquer une autre banque, mais cette fois dans Montréal.

Le lundi 28 août 1972, à dix heures du matin, nous franchissions les portes de la « Toronto Dominion », banque située dans le centre d'achats Maisonneuve. Nous avions perruques et lunettes de soleil. Notre méthode était de travailler en douceur. Il y avait une bonne trentaine de clients groupés devant les quatre caisses que comportait le long comptoir. La banque était tout en longueur. J'entrai le premier comme un client, l'arme à la ceinture. J'avais uniquement pris deux 38 spécial. Jean-Paul se posta de façon naturelle au bout du comptoir près de l'entrée, sa carabine USMI cachée sous sa blouse. Le directeur de la banque était dans un bureau vitré et téléphonait. Il me tournait le dos. Arrivé au bout du comptoir, je passai à l'arrière tout en sortant mon arme. Personne n'avait rien remarqué.

— Messieurs-dames, hold-up... Restez calmes, il ne vous arrivera rien.

Jean-Paul avait sorti sa carabine. J'entendis une femme dire :
« Oh ! Mon Dieu. »

— Les caissières, ouvrez vos caisses et vos coffres de réserve.
Pour les autres, restez calmes et gardez les mains le long du
corps. Pas de mains en l'air.

Arrivé à la première caisse, la caissière me regarda, figée de
peur. Pendant que je raflais les billets, je lui dis, tout sourire :

— C'est ton premier hold-up, ma chérie ?

Elle me répondit un petit « oui » timide.

— Ça fait moins mal qu'un accouchement, tu verras !

Puis, passant aux autres caisses, j'en raflai le contenu. Nous
n'avions pas le temps de faire le coffre. Le directeur était toujours
au téléphone, le dos tourné, n'imaginant absolument pas ce qui
pouvait se passer dans sa banque. Jean-Paul, voyant que j'avais
terminé, demanda, plein de politesse :

— Veuillez laisser le passage, s'il vous plaît.

Nous quittâmes la banque sans problèmes. Le directeur était
toujours au téléphone...

Après avoir fait cinq cents mètres avec notre voiture, nous en
prîmes une autre et regagnâmes notre planque.

Jean-Paul était content... et moi content de lui. J'aimais travailler de cette façon, sans violence, en douceur. Jamais je ne
faisais lever les mains, pour éviter qu'au travers des vitres les
passants puissent comprendre qu'il y avait attaque à main armée.
Les policiers n'allaient pas tarder à nous repérer, au cours de nos
autres agressions, simplement par notre méthode.

Lizon nous avait loué un autre appartement beaucoup plus
grand, mais nous avions gardé l'autre, car j'avais l'intention de
vider la fameuse banque que Jean-Paul avait regardée avec amour
le premier jour de notre arrivée. Nous avions acheté deux voitures sous de faux noms. La presse et la télévision ne parlaient
que de nous... Lafleur et Ouillet venaient d'être repris par la
police au volant d'une voiture volée, avec deux filles à leur bord.
Je regardai Jean-Paul :

— Pas de chance, il ne reste plus que Imbeau et nous deux.

Nous avions réuni toutes les armes nécessaires pour l'attaque du pénitencier. Tout était prêt. Il ne fut pas question de sortir en ville jusqu'à ce jour. Lizon avait acheté sur ma demande tout un nécessaire d'urgence, allant de la pince au bistouri, du garrot aux comprimés de pénicilline. Elle était un peu triste, car elle aimait Jean-Paul et savait qu'en fin de semaine il allait jouer sa vie. Je la pris par le cou :

— Pas de soucis à te faire, petite fille, il te reviendra.

— Et toi, Jacques ?

— Moi aussi. Tu peux avoir confiance.

Le dimanche 3 septembre 1972, au matin, nous mîmes les derniers détails au point. Nous savions que ce que nous avions décidé d'entreprendre était presque impossible. Depuis l'évasion, la sécurité avait été encore renforcée. Il nous faudrait faire face, en plus des gardiens armés, aux patrouilles de police et aux voitures des gardes armés. L'unité spéciale de correction faisait partie d'un ensemble de quatre pénitenciers : Saint-Vincent-de-Paul, le centre Leclerc et le pénitencier Laval. Dès les premières balles tirées, nous n'aurions pas plus de trois minutes pour agir. Il fallait être fou pour tenter un coup pareil... ou fidèle à ses amis et aux promesses faites. C'était notre cas.

— Tu sais, fils, cela va être la guerre. Pour arriver à la clôture et leur jeter les cisailles et quelques armes, il va nous falloir faire notre passage. Notre seule chance sera l'effet de surprise. Mais, quoi qu'il arrive, on tente le coup, quitte à rester sur place.

Il me regarda et dit avec gravité :

— Tu peux compter sur moi... Je voulais te dire une chose : je suis content d'être ton ami.

Je lui mis une tape amicale sur la tête :

— Moi aussi, fils... Je te considère comme mon frère. Et... pas de soucis, ce soir tu seras à cette même table.

À la vérité, je n'étais même pas certain d'y être moi-même.

J'avais fait savoir à nos amis que nous attaquerions le pénitencier le dimanche 3 septembre 1972 à quatorze heures trente. Il était quatorze heures et nous venions de prendre le départ avec les trois voitures. Lizon était au volant de la première et devait se placer sur l'autoroute à un kilomètre du pénitencier et nous attendre en se mettant en position de retour. De mon côté, je devais laisser la mienne à cinq cents mètres du pénitencier et rejoindre celle conduite par Jean-Paul. Toutes les armes étaient chargées. Nous avions scié toutes les crosses des carabines USMI. Elles étaient toutes équipées d'un chargeur de vingt-huit balles. Jean-Paul et moi avions cinq chargeurs sur le côté gauche du corps. Le réservoir de notre Dodge était presque vide d'essence pour éviter tout risque d'explosion en cas d'impacts de balles.

Nous approchions. Lizon nous doubla... Elle allait prendre sa position. De mon côté, je stoppai, puis montai à l'arrière du véhicule conduit par Jean-Paul. Toutes les armes étaient posées sur le siège arrière et recouvertes d'un drap. Je pris la mienne. Jean-Paul, de son côté, avait deux USMI sur son siège avant, plus les cisailles. Dans ma poche, trois clefs avec chacune une étiquette portant l'adresse de chaque planque.

Quatorze heures vingt-huit minutes. Nous quittâmes l'autoroute. Sur notre droite, nous apercevions l'USC Nous étions dans l'obligation de passer devant, d'aller faire un demi-tour à hauteur du pénitencier de Saint-Vincent-de-Paul et de revenir sur nos pas pour nous mettre en bonne position d'attaque. Nous passâmes à moins de cinquante mètres des clôtures. J'aperçus mes amis qui tournaient dans la cour et aussi le renforcement de la garde. Il y en avait partout ! Sur les trois côtés extérieurs, entre les clôtures et dans les miradors. Jean-Paul me fit cette réflexion :

— Tu as vu ? Ça va être très dur, hein, Français ?

— Aucune importance, fils...

Nous étions arrivés à hauteur du pénitencier de Saint-Vincent-de-Paul. Jean-Paul commençait son demi-tour. C'est à ce moment-là que je vis une voiture de gardes armés qui arrivait sur notre droite et une voiture de police qui nous arrivait par l'arrière... Il ne faisait aucun doute que ces deux voitures venaient pour nous intercepter. La voiture des gardes essaya de nous barrer le passage, mais Jean-Paul accéléra et réussit à passer. Mais la voiture de police nous prenait en chasse... Nous allions repasser devant l'USC. Nous étions repérés. Nous aurions pu fuir car maintenant l'effet de surprise serait nul. Nous étions à seulement trois cents mètres de l'USC. Par la vitre arrière, je voyais la voiture de police et au loin celle des gardes qui, la surprise passée, s'était elle aussi mise en chasse. Jean-Paul me dit :

— Qu'est-ce que l'on fait ?

— On attaque quand même. Je m'occupe des flics, toi des gardes des clôtures.

Tout se passa très vite. Jean-Paul avait stoppé. J'avais sauté de la voiture l'arme à la main et déjà je visais la voiture de police qui m'arrivait de face. Et ce fut le début d'un enfer de feu. Mes balles atteignirent le pare-brise et la portière droite. La voiture quitta la route, se souleva pour retomber dans le fossé. Les deux policiers furent éjectés. Au moment où j'allais tirer la voiture des gardes, elle stoppa et tous les gardes se jetèrent dans le fossé. De son côté, Jean-Paul avait ouvert le feu sur les gardes protégeant les clôtures. Les miradors nous tiraient dessus. Les balles nous sifflaient aux oreilles de partout. Mon arme étant vide, et ne prenant pas le temps de recharger, je la jetai sur le sol et en pris une autre. À ce moment-là, une décharge de chevrotines fit voler en éclats la vitre arrière de la voiture et les éclats de verre me frappèrent le visage. M'éjectant sur le côté, je me mis à tirer le mirador droit. Jean-Paul était complètement à découvert, tirant à la hanche. Les balles traversaient la carrosserie. Une toucha ma chaussure sans me blesser le pied, une autre transperça ma sacoche à chargeur et fit éclater plusieurs balles. Je me crus blessé sur le côté en ressentant le choc. Deux autres balles avaient troué ma veste sans me toucher. J'en étais à vider mon troisième chargeur. Nous n'attaquions plus, nous nous défendions. De son côté, Jean-Paul tirait un feu continu. D'un seul coup, il me cria :

— Je suis touché.

Une balle venait de l'atteindre à la jambe. Au loin, on entendait les sirènes de police. Des renforts arrivaient. Nous ne pouvions plus rien faire, sinon essayer maintenant de sauver notre peau. Cela faisait plus de deux minutes que la fusillade avait éclaté. Notre voiture était trouée de partout.

Au moment où je disais : « On décroche, fils », Jean-Paul reçut une autre balle de 308 qui lui transperça le bras gauche. Malgré ses blessures, il prit le volant. De mon côté, je fis un tir de protection et m'engageai à l'arrière au moment où il démarra. Nous quittâmes les lieux sous une pluie de balles. Nous n'avions pas réussi notre projet. Tous nos amis avaient assisté impuissants à une des pires fusillades que le Québec ait connues. Je saignais du visage, coupé par les éclats de verre. De son côté, Jean-Paul perdait du sang. Personne ne nous donnait la poursuite. Dans la voiture, je remettais toutes les armes dans deux grands sacs de toile. Il n'était pas question de perdre nos armes ! Nous avions rejoint l'autoroute.

— Tu tiendras le coup, fils ? dis-je à Jean-Paul.

— Ne t'inquiète pas. Si je sens que je pars dans les pommes, je te préviens.

J'avais toujours une USMI à la main. Quand Lizon vit arriver notre voiture, elle se précipita vers nous.

— Vite... Mets-toi au volant de la tienne... Aide Jean-Paul, il est blessé. Le coup a raté. Vite, fillette... On va avoir tous les flics de Montréal au cul.

Pendant que je déchargeais les deux sacs d'armes, Jean-Paul avait pris le volant, refusant mon offre de voir Lizon conduire. Nous prîmes le chemin du retour. Sur l'autre partie de l'autoroute, des voitures de police montaient en direction du pénitencier, toutes sirènes hurlantes, et loin de se douter que la voiture qu'ils croisaient était celle de ceux qui avaient déclenché l'alerte générale. Jean-Paul me questionna :

— Tu penses que le pont est bloqué ?

— Je ne crois pas... Si oui, tu stoppes à cent mètres et on les fusille. Tu tiendras le coup jusqu'à chez nous ?

Il me répondit affirmativement. Nous n'eûmes aucune difficulté pour rejoindre notre domicile. Notre voiture s'engagea dans le sous-sol de notre parking. Bernard nous y attendait.

— La radio annonce la fusillade... À les entendre, je ne pensais jamais vous revoir vivants.

— Aide Jean-Paul, il est blessé.

Rendus à l'appartement, et pendant que Bernard et Lizon s'occupaient de remonter les armes, je soignai les blessures de Jean-Paul.

— Tu souffres, fils ?

Il me fit un sourire, tout en me disant « non ».

— Quelle fusillade, et nous sommes encore vivants ! Tu réalises, Français ! C'est pas pensable. Je pensais qu'on ne s'en sortirait jamais ! On a raté notre coup... On a pourtant tenté l'impossible...

— Oui, fils, l'impossible. Pas de soucis pour ta balle dans le bras, elle a transpercé sans atteindre l'os. Pour ta jambe, la balle est restée dedans, je ne peux rien faire.

Je lui fis deux pansements, une piqûre antitétanique et lui fis avaler des comprimés de pénicilline. Puis je m'occupai de moi-même.

Lizon, la tête posée sur la poitrine de Jean-Paul, pleurait. Lui s'était endormi. Bernard était reparti. J'avais un verre de scotch à la main et regardais la télévision. Les nouvelles diffusées ne parlaient que de l'attaque du pénitencier et nos deux noms étaient cités. Un policier parlait d'audace incroyable et disait qu'il fallait être fou pour tenter un coup pareil. Ce n'est pas moi qui lui donnais tort. Toute la nuit je restai éveillé pour surveiller Jean-Paul. Au matin, tranquillisé et certain qu'il ne risquait plus rien, je m'endormis à mon tour.

Il n'était pas question de sortir, au moins pendant quelques jours, car toutes les polices du Canada étaient à nos trousses et avaient juré d'avoir notre peau. On parlait de nous tirer à vue. Jean-Paul se remettait rapidement. Il s'était levé dès le deuxième jour. Et déjà nous refaisions des projets d'avenir... Les banques de Montréal n'allaient pas tarder à recevoir notre visite.

Le dimanche 10 septembre 1972, une semaine après notre fusillade, nous décidâmes d'aller passer notre journée dans une forêt près de Saint-Louis-de-Blandford. Nous avions l'intention d'en profiter pour nous entraîner au tir et, de ce fait, avions emmené plusieurs armes avec nous.

Le même matin, deux gardes forestiers provinciaux quittaient leur domicile pour effectuer leur tournée habituelle. Deux hommes représentant la loi, que le destin allait mettre en face de deux hommes hors-la-loi. Quatre hommes qui au matin s'étaient armés pour des raisons très différentes. Deux d'entre eux, forts de leurs uniformes et de l'arme réglementaire portée au côté droit, allaient commettre l'erreur qui devait leur coûter la vie.

Nous nous étions enfoncés le plus possible à l'intérieur de la forêt pour ne pas être dérangés. Une bonne partie de la journée s'était passée à l'entraînement. J'avais appris à Jean-Paul les bases du tir d'instinct. Son bras ne le faisait plus souffrir, mais j'avais lu une rage dans ses yeux à chaque fois qu'il vidait un chargeur. Lui comme moi étions de très bons tireurs. Après avoir rangé certaines de nos armes dans le coffre de notre voiture, mais gardé nos armes personnelles sur nous, il fut décidé de rentrer à Montréal. Il était dix-sept heures quand, au détour du chemin forestier, je les aperçus. Ils étaient à plus de cinquante mètres de notre voiture. Leur camionnette barrait le passage. Avec leurs uniformes, Jean-Paul et moi on les prit pour des policiers. Nous n'avions aucune possibilité de prendre une autre direction. Ni l'un ni l'autre n'avait sorti son arme, mais ils nous faisaient signe d'avancer.

— Qu'est-ce qu'on fait ? me dit Jean-Paul.

— Laisse-les venir à nous. Ce n'est peut-être qu'un contrôle, nous avons des papiers en règle.

— Regarde ! Ils viennent.

— S'ils te demandent de sortir, sors, mais sans arme. Toi aussi, Lizon... Pas de soucis, je sortirai juste après vous.

— Et toutes les armes du coffre... S'ils me demandent de l'ouvrir ?

— Tu l'ouvres... Pas de soucis, fils.

Les deux gardes étaient déjà à notre hauteur. Le plus vieux des deux, le visage dur, interpella Jean-Paul :

— C'est vous qui avez tiré une bonne partie de la journée ?

— Oui, monsieur... Je ne pense pas que cela soit interdit !

— Descendez... et ouvrez votre coffre.

Aucun des deux gardes ne semblait s'intéresser à moi. Jean-Paul descendit. Il n'avait pas d'arme sur lui. Lizon le suivit, son sac à main contenait un 38 spécial. Tranquillement je mis le mien à ma ceinture derrière mon dos. J'étais en chemise et je savais qu'en me présentant de face aux gardes il leur serait impossible de voir que j'étais armé.

Mon intention était de les braquer si les choses tournaient mal.

Jean-Paul avait ouvert le coffre. Il contenait une bonne dizaine d'armes automatiques, dont un 12 à pompe. Toutes les armes étaient approvisionnées en munitions. Le plus vieux des deux gardes, d'une voix agressive, dit à Jean-Paul :

— Vous ne savez peut-être pas qu'il est interdit de transporter des armes chargées ? Vous allez nous suivre au poste.

J'étais descendu. Je pris la parole :

— Voyons, monsieur. Nous n'avons rien fait de répréhensible. Il n'a jamais été interdit de s'entraîner au tir juste avant la chasse !

Il me regarda d'une drôle de façon, comme quelqu'un qui cherche à se souvenir. Nos yeux se croisèrent. Il mit la main sur la crosse de son arme tout en se reculant rapidement.

— Les évadés !... cria-t-il à son collègue tout en dégainant.

J'avais été plus rapide que lui. Il voulut se jeter de côté, mes balles l'atteignirent en pleine poitrine. Lui n'avait eu le temps de tirer qu'une seule fois, sa balle était partie dans les airs. Jean-Paul avait sauté sur le calibre 12 et, dans un geste rapide, avait fait monter une cartouche de chevrotines dans le canon. L'autre garde, qui le visait, fut soulevé de terre en même temps que la détonation ; Jean-Paul, l'arme à la hanche, réarma et doubla son tir. Le garde s'écroula, déchiqueté par les plombs. Tout s'était passé en moins de trois secondes. Ni Jean-Paul ni moi-même n'avions voulu cela. La seule responsabilité en revenait à Médéric Côté, garde provincial victime de sa connerie. Son collègue, Ernest Saint-Pierre, n'était, lui, victime que des événements. Moins rapides qu'eux, nous aurions pu être étendus à leur place.

Jean-Paul me vit tirer Médéric Côté par les pieds. Je déposai son corps aux côtés de son collègue. J'avais rechargé mon arme et leur logeai deux balles dans la tête à chacun. Ce geste pouvait me valoir la peine de mort. Le coup de grâce n'est accepté par la société que si c'est le bourreau qui le donne... et devient « geste humanitaire ». Dans les mains de l'assassin, il fait figure de « bestialité ». Je voulais être certain de laisser deux morts derrière moi. Nos crimes n'avaient pas été prémédités, ils n'étaient rien d'autre que de la légitime défense. Nous étions en guerre, toutes les polices voulaient notre peau et l'avaient crié sur toutes les ondes de radio depuis l'attaque du pénitencier. Nous venions de donner notre réponse. Ni pitié ni remords... De par notre geste nous venions nous aussi de faire une déclaration de guerre totale à toutes les polices. Cela servirait d'avertissement à ceux qui se sentiraient une vocation de chasseur de prime.

Jean-Paul reprit le volant. Lizon avait les larmes aux yeux et moi je maudissais le destin qui les avait mis sur notre chemin.

Les corps furent retrouvés le lendemain par une des patrouilles de police qui étaient parties à leur recherche. Tout de suite les radios annoncèrent que ce double meurtre portait notre signature. Cette fois, la police jura de venger ses collègues. La prime sur nos avis de recherche augmenta de quelques milliers de dollars, on n'y ajouta pas « mort ou vif »... mais tout policier ne rêvait qu'à nous voir étendus raides morts à ses pieds. Nous aurions pu quitter Montréal, mais Jean-Paul comme moi-même allions relever le défi en attaquant encore plusieurs banques en plein centre de la ville, et cela à visage découvert.

Les funérailles furent nationales. On devient très rapidement héros une fois mort. Le ministre de la Justice y alla de son discours. Ce que j'avais compris comme « victime de sa connerie » fut traduit par « victime de son devoir ». Bien triste consolation pour le môme de douze ans qui pleurait sur le cercueil de son père ! La photo qu'en publiait la presse me toucha. Combien devait nous haïr cet enfant ! Pouvait-il comprendre que du jour où son père avait accepté de porter une arme il était devenu lui-même un tueur légalisé, avec autorisation de tuer au nom de la loi ? Pouvait-il comprendre que du jour où deux hommes face à face sortent leurs armes c'est le plus rapide qui survit ? La loi autorise à tuer, elle ne fournit pas de gilet pare-balles. Je n'avais aucun remords... Mais beaucoup de regrets.

Les conditions de vie à l'unité spéciale de correction étaient devenues intenables pour ceux qui y étaient restés. Je fis donc des enregistrements pour dénoncer les conditions de vie et les fis parvenir à la presse. J'avais donné un très sérieux avertissement au gouvernement. Ou il humanisait les conditions de vie des détenus ou nous allions faire des exemples. Cela déclencha une campagne de presse. Tous les journalistes demandèrent à visiter l'USC. La population, en apprenant ce qui se passait derrière ces murs, prit conscience que, loin de la protéger, l'USC fabriquait les pires criminels que le Canada ait connus. Les mois qui suivirent apportèrent une très grande amélioration et, pour finir, la fermeture de ce centre. Mais nous ignorions qu'un tel résultat allait se produire. Pour l'instant, nous étions au coin de la rue Fleury-Papineau, prêts à attaquer la fameuse banque que Jean-Paul avait repérée le jour de notre évasion.

Tout se passa très rapidement. Après avoir vidé toutes les caisses, j'en fis autant des coffres-réserve des caissières. Au moment de partir, l'une d'elles me fit la grimace. Cela devait lui valoir une surprise trois jours plus tard.

Il était dix heures du matin quand nous entrâmes pour la deuxième fois dans cette banque. Rapidement, je sautai le comptoir. Le directeur m'accueillit par un : « Encore vous ! »... Lui montrant les coffres, je lui répondis :

— Comme l'autre fois.

Puis, avisant ma caissière grimaçante, je lui dis :

— Tiens, petit monstre, prends ce sac et fais les caisses pendant que je vais aux coffres.

Suffoquée, elle me répondit :

— Mais je ne suis pas une voleuse !

— Tu vas le devenir... Allez, au boulot, et vite !

Mécontente, elle commença à remplir le sac. Jean-Paul, la mitraillette à la main, rigolait de la voir agir.

Après avoir vidé les coffres, je pris le sac qu'avait rempli la caissière et en sortis un billet de vingt dollars... Tout sourire, je lui dis :

— Et pas de grimace, sinon on revient une troisième fois, OK ?

Lui tendant le billet :

— Tiens, boudin, c'est ta part et merci pour ton aide !

Je sautai le comptoir et nous disparûmes... Il était temps. Au loin, les sirènes de police donnaient un concert.

Depuis notre évasion, nous avions raflé une très grande somme d'argent. Il était temps de penser à Janou. Je lui fis savoir par des contacts mon intention de venir la libérer. Sa réponse négative me surprit et me contraria. À la vérité, tout un dispositif de police avait été mis en place pour m'attendre et Janou ne voulait pas me voir risquer ma vie. Mais ça, je l'ignorais. N'ayant plus aucune obligation vis-à-vis de personne, je pensais enfin à me distraire.

Des amis de la pègre avaient préparé une réception en notre honneur. Toutes les précautions avaient été prises pour notre sécurité. Je m'y rendis. Il y avait autant de calibres que de bouteilles de champagne ; les femmes étaient jolies. Elles se firent femelles, et quand, au matin, Jean-Paul vint me chercher dans une des chambres, le spectacle qui s'offrit à lui le laissa perplexe.

Au milieu de deux jolies blondes je dormais comme un pacha. Une demi-douzaine de bouteilles de champagne gisaient dans la pièce, avec des sous-vêtements féminins en guirlande. Mes deux 38 spécial sur la table de nuit et ma USMI sur le sol couronnaient le spectacle.

J'ouvris les yeux. Jean-Paul, un verre à la main, me dit :

— Pour un vieux, tu as de l'appétit, sacré Français !

Lui souriant, je lui répondis :

— Elles étaient trop mignonnes... Je ne savais pas laquelle choisir, alors ! Qu'est-ce que tu crois ! J'ai la santé, surtout après trois ans de manque !

Cette soirée nous avait fait du bien. Elle nous faisait apprécier notre liberté. Nos photos étaient constamment publiées dans la presse, ce qui ne nous empêchait pas de sortir pour autant. Nous avions repris tous nos contacts. L'attaque du pénitencier était dans toutes les conversations des amis.

Et puis, un soir, un ami me présenta celle qui allait devenir ma nouvelle compagne d'aventures, sans pour autant remplacer Janou. Mais je savais la nécessité de ne pas être seul. Un couple se remarque moins au passage des frontières. Joyce Deraiche était jolie et ses vingt ans ne lui avaient pas encore apporté l'expérience de la vie. Elle rêvait d'aventures, d'argent facile, de belles voitures... J'avais l'expérience et le reste. Elle devint ma maîtresse. Après les souffrances de la détention, les privations d'amour et d'affection, sa gentillesse transforma mes sentiments. Je lui appris à être femme, à découvrir son corps et le plaisir. Sa transformation rapide m'enchantait. Jean-Paul et Lizon l'avaient adoptée. Joyce était amoureuse de moi. Elle admirait le truand, confondant la cruelle réalité avec ses héros de cinéma. Il fut entendu qu'entre nous « jamais de questions ». Je lui expliquai que ma femme était détenue et que personne à mes yeux ne pouvait prendre sa place quoi qu'il arrive. Il fut décidé de nous procurer des passeports par un contact du milieu. Nous avions changé notre apparence mais cela n'empêcha pas le bureau des passeports du ministère des Affaires extérieures de nous repérer. Cette fois, la police crut nous tenir. Avec l'autorisation du ministre Mitchell Sharp, et cela à la demande de la gendarmerie royale d'Ottawa, il fut décidé d'émettre nos passeports, tout en sachant qu'ils étaient faux, et cela dans le seul but de faciliter notre arrestation. Cela, nous ne le savions pas. Au moment où nous allions commettre notre huitième attaque de banque depuis notre évasion...

Le directeur qui me faisait face était un gros rougeaud à la bedaine proéminente. Du canon de mon arme je lui indiquai la direction du coffre tout en obligeant un des caissiers à nous suivre. Jean-Paul supervisait l'action, la mitraillette à la hanche.

J'avais prévenu le personnel de ne pas déclencher l'alerte indirectement reliée au poste de police.

— Ouvre le coffre ! dis-je.

— Oui..., oui, mais dépêchez-vous.

— Pourquoi se dépêcher, puisque tu m'as affirmé que tu n'avais pas déclenché l'alarme ?

Je le voyais tremblant et soucieux. Ce salaud avait appuyé sur la pédale dès mon entrée dans la banque. Les voitures de police étaient sûrement en route pour nous intercepter. Mais la peur que je lisais dans ses yeux m'amusait. Il devait regretter son geste. Deux cigares dépassaient de la pochette de sa veste. Je les sortis tous les deux. M'en réservant un et lui mettant l'autre dans la bouche :

— Tu as pris un risque, alors il va falloir jouer jusqu'au bout.

Je lui donnai du feu. Il était en sueur. Son caissier tremblait. C'est eux qui avaient déclenché l'alarme. Je voulais leur donner une leçon qu'ils n'oublieraient pas.

Je criai à Jean-Paul :

— Fais attention, l'alerte a été donnée.

Normalement nous ne restions jamais plus de deux minutes. Car la police de Montréal était parfaitement organisée contre le hold-up de banque et se trouvait sur les lieux en moins de trois minutes.

J'avais encore le cigare aux lèvres quand la fusillade éclata. Les vitres de la banque volèrent en éclats. Tous les clients s'étaient jetés à terre. Jean-Paul était sorti sur le trottoir et, tirant à la hanche, arrosait les policiers à coups de balles de 45. J'avais sauté par-dessus le comptoir et tiré sur un policier qui se cachait derrière sa voiture. Jean-Paul était entré de nouveau dans la banque.

Nous ne pouvions plus sortir par la grande porte et prendre la voiture qui nous attendait. Les balles partaient de partout. Avisant la porte de secours, je lui criai :

— Là... Vas-y, fils ; je te couvre.

Il s'engouffra par ce passage. Il donnait à l'arrière de la banque. Je le suivis après avoir tiré encore quelques balles pour protéger notre fuite. De partout les voitures de police arrivaient. Les sirènes hurlaient. Rendus dans un passage qui n'était qu'une ruelle, je m'aperçus qu'aucun policier ne nous suivait. Rapidement nous rechargeâmes nos armes. Des passants nous croisaient et ne semblaient pas comprendre. Parvenus à une rue principale, on arrêta une voiture et, après en avoir éjecté les occupants, Jean-Paul prit le volant. Je lui dis de rouler doucement. On rencontrait des voitures de police qui se rendaient sur les lieux de l'agression sans se douter qu'ils croisaient les hommes qu'ils étaient censés rechercher. Jean-Paul, sourire aux lèvres, me regardant, s'esclaffa :

— Ton cigare...

Je me rendis seulement compte que tout au long de l'action il n'avait pas quitté ma bouche. Je tirai dessus et en laissai échapper un nuage de fumée.

— Bonne qualité... Il ne s'est même pas éteint !

Puis, me tournant vers Jean-Paul :

— Bien joué, fils... Celui-là ne travaillera plus jamais en musique.

À la vérité, nous avions eu de la chance de ne pas y laisser notre peau.

Le lendemain, toute la presse parlait de la fusillade et posait la question : « Que faire contre ces deux-là ? » Notre décontraction et notre détermination écœuraient la police de Montréal. Il était temps pour nous de quitter le Canada. Il fut juste décidé de braquer une dernière banque. Cela fut fait en douceur et cette fois sans musique. Les directeurs de banque s'étaient donné le mot.

Les passeports nous avaient été remis par nos amis. J'organisai notre départ en prenant toutes les précautions. Une fête fut donnée pour nos adieux.

Au moment de notre demande de passeports, nous avions joint aux documents nécessaires, et pour motiver la demande exprès, un billet d'avion pour la France. Les autorités de la gendarmerie royale d'Ottawa croyaient de ce fait avoir toutes les facilités pour effectuer notre arrestation au moment de notre embarquement. Ce qu'ils ne savaient pas, c'est que je leur avais tendu moi-même un piège. Par le billet d'avion, ils avaient une date précise de notre départ et la direction que nous allions prendre, c'est-à-dire la France. À la vérité, nous n'avions pas l'intention de passer une frontière légalement et cela malgré nos passeports, lesquels gardaient toute leur valeur en dehors du territoire canadien. Car les autorités ne s'étaient sûrement pas vantées d'avoir émis de faux passeports aux deux criminels les plus recherchés du Canada. On venait de nous donner toutes les facilités pour notre fuite. Tout n'était qu'une question de temps. Le temps qu'il faudrait au gouvernement d'Ottawa pour se rendre compte que nous les avions roulés. De Montréal, j'avais téléphoné à des amis de New York pour leur annoncer notre arrivée au Waldorf-Astoria. Notre intention était de traverser la frontière par les routes forestières.

Nous avions choisi la région de Covey Hill. Un essai fut fait par des amis accompagnés de leurs femmes et ayant une identité légale. À l'aller comme au retour, ils n'eurent aucun problème. Mais des gardes-frontière, en patrouille, avaient vérifié les papiers d'une voiture qui les avait précédés. Il fut donc décidé que le jour de notre départ une voiture occupée par un de mes amis, sa femme et ses deux enfants nous précéderait de cent mètres. Que derrière nous une autre voiture, avec deux amis ayant bu un maximum de whisky, nous suivrait. Si pour une raison ou une autre nous étions arrêtés pour un contrôle, cette deuxième voiture avait pour but de passer rapidement en se faisant remarquer le plus possible pour attirer les gardes-frontière ; sans aucun doute ils donneraient la chasse en oubliant de nous contrôler. Jean-Paul et moi voulions éviter ce qui était arrivé aux gardes forestiers. Mais nous étions cependant bien décidés à n'accepter aucun barrage à notre fuite. Nous allions passer la frontière fortement armés. Si en cas de contrôle le coup des deux hommes ivres ne marchait pas, les gardes-frontière seraient abattus. Je m'étais procuré un colt 45 avec silencieux en cas de besoin.

Le jour du départ arriva. Jean-Paul tout comme moi avions une très forte somme d'argent sur nous en billets de cent et mille dollars. Lizon avait voulu suivre son amour. Joyce, de son côté, émerveillée de l'aventure et un peu grisée par sa nouvelle vie, me suivait. Avant mon départ, j'avais pris une dernière fois contact avec Janou pour l'informer que j'allais en Amérique du Sud, mais qu'elle pouvait être certaine de me revoir, que j'allais tout faire pour la sortir légalement de sa détention.

Notre passage de frontière s'effectua sans aucune difficulté. Nous ne rencontrâmes ni gardes-frontière, ni d'autres véhicules. Cette facilité à entrer en territoire américain sans aucun contrôle m'étonna et me fit comprendre que les trafiquants en tout genre avaient la partie belle. Rendus à Cannon Corners, nous nous séparâmes de nos amis. Pour nous, c'était cette fois la route de la liberté. Jean-Paul exultait :

— On les a tous baisés..., hein, Français ?

— Oui, fils... Cette fois, on a gagné définitivement.

Pendant que nous prenions la direction de New York, toutes les polices du Canada, nous croyant toujours sur leur territoire, continuaient des recherches intensives. On m'avait accusé d'un meurtre que je n'avais pas commis... J'avais juré de faire payer mes souffrances et celles de Janou. Je venais de tenir parole. La police et les banques avaient payé le prix fort.

Nous arrivâmes dans la soirée au Waldorf-Astoria. Nous avions bon nombre de valises ; quand le portier voulut prendre celle des armes, je déclinai son offre. Rendus à la réception, on prit chacun une « suite » et un coffre personnel pour y enfermer le fruit de notre travail gagné à la sueur du « calibre ». Nous ne devions rester que dix jours, le temps de régler certains problèmes. Le Waldorf-Astoria, c'était le luxe de bon goût ; le super-palace. J'étais certain de ne pas risquer un contrôle de police pendant ce court séjour. Le soir même, mes amis américains nous invitèrent dans une boîte espagnole, le Château-Madrid, et nous fêtâmes dignement notre liberté. Ma pensée alla vers Janou. Seule dans sa cellule, combien grande devait être sa souffrance, mais je la savais, aussi, heureuse de ma réussite. Que Joyce soit avec moi ne faisait partie que de la règle du jeu.

Il nous fallut préparer nos papiers d'entrée en Amérique du Sud. Notre choix se porta sur le Venezuela, car j'avais des relations à Caracas. Il fut donc décidé que je partirais le premier avec Joyce et que Jean-Paul suivrait à quatre jours d'intervalle. Il ne servait à rien de prendre le risque d'une double arrestation à l'aéroport Kennedy. La chance nous souriait ; là encore tout se passa sans aucune difficulté. Nous arrivâmes de nuit à l'aéroport vénézuélien. Un ami nous attendait. Il nous fallut vingt minutes pour atteindre La Guaira qui n'était qu'une bourgade pour touristes. Un seul hôtel de luxe : le Macuto Sheraton ; nous nous y installâmes. Il était situé en bord de mer, le site y était paradisiaque. Une nouvelle vie s'offrait à moi, mais seulement en apparence. Car, une fois bien installé et organisé, mon intention était de remonter en Amérique du Nord pour y commettre avec Jean-Paul quelques attaques de banques, afin d'être financièrement à l'abri du besoin et cela de façon définitive.

Jean-Paul m'avait rejoint. Nous avions acheté une voiture et loué une autre. Nous habitions maintenant une superbe villa avec piscine. Nous en avions acquis la location avec promesse de vente en versant une forte somme au propriétaire. Nous l'avions entièrement meublée à notre goût. J'y vivais sous le nom de Bruno Dansereau, mais pour les gens que j'avais engagés à notre service et les commerçants du village j'étais devenu « Don Bruno ».

Pour notre protection, nous avions acheté deux magnifiques bergers allemands et un chien danois. Tous les trois sortaient d'une école de dressage. Les relations ne tardèrent pas. Mais celles qui m'intéressèrent le plus furent celles que je me faisais du côté policier. Au Venezuela, tout s'achète et tout se vend. Avec Jean-Paul nous avions ouvert un compte en banque. Le directeur ne nous avait posé aucune question quant à la provenance de nos liasses de billets. Nous avions fait courir le bruit de notre intention d'acheter un hôtel et le policier qui croyait être devenu mon ami m'assurait que je pouvais compter sur lui pour la sécurité de mon établissement. Il me présenta à un de ses chefs qui était chargé de la protection des banques à Caracas. L'ambiguïté de la situation nous amusait. Je le reçus à la villa. Le luxe est très souvent un passeport d'honorabilité apparente, surtout pour ceux qui sont prêts à fermer les yeux. Je voulais des armes. Le policier me les fournit... et alla jusqu'à me proposer de venir m'entraîner au stand de la police.

Nous passions nos journées en mer, à la pêche à l'espadon. Le soir, nous allions danser au Macuto Sheraton. Joyce se conduisait en femme amoureuse mais n'arrivait pas à me faire oublier Janou. Notre entente sexuelle était totale et passionnée, mais je savais qu'elle ne faisait pas partie de ces femmes exceptionnelles sur qui on peut compter. Trop loin des vraies réalités de notre situation, elle ne voyait que le côté agréable de l'aventure. Je la savais sincère ; mais elle vivait un rêve, qui risquait de prendre fin si la catastrophe arrivait. Son amour pour moi était comparable à celui d'une geisha qui admire son maître. Pour elle, j'étais le « Caïd », celui qui domine les autres, mais aussi l'amant délicat. Sa passion n'était pas feinte ; elle m'aimait pour lui avoir appris à être femme et à connaître le plaisir sous toutes ses formes. Elle allait me démontrer, deux ans plus tard, que son amour pour moi pouvait aller jusqu'au sacrifice de sa liberté, et cela en préparant et en faisant évader cinq de mes amis considérés comme les plus durs criminels du Canada... Mais à cette époque je ne l'imaginais pas capable d'une telle action, pas plus que Jean-Paul ne pouvait imaginer qu'il allait lui devoir sa liberté et sa rencontre avec la mort. Pour l'instant, nous nous laissions vivre et chaque jour qui passait était un jour volé à la détention que nous aurions dû faire. Un seul jour de liberté valait tous les risques que nous avions pris pour l'arracher à notre destin. Mais ce même destin allait bouleverser tous nos projets...

L'un des bergers allemands ne supportait pas la présence de Lizon. Nous étions tranquillement installés près de la piscine quand il bondit sur elle. Ses crocs se refermèrent sur son visage avant que j'aie pu intervenir. Jean-Paul, plus rapide, avait attrapé le chien par le cou et lui avait fait lâcher prise à coups de poing. Lizon gisait à terre, le crâne ouvert en plusieurs endroits. Pourquoi ce chien, qui était bien traité par nous, avait-il eu cette réaction agressive ? Nous n'en savions rien. Notre personnel s'était précipité pour transporter Lizon dans sa chambre. Elle se croyait défigurée. Jean-Paul, après être revenu dans la villa, en sortit, une arme à la main. Je savais qu'il allait abattre la bête. Je me mis devant lui :

— Ne fais pas cela, fils. Ça te soulagera, mais tu le regretteras.

Je lui enlevai l'arme.

— Mais tu as vu dans quel état il a mis Lizon ? Laisse-moi lui donner une leçon à mains nues.

Le berger était dressé au combat, mais se refusa à mordre Jean-Paul qui le frappait à toute volée. Le chien tueur... avait reconnu l'homme tueur. Jean-Paul stoppa sur mon ordre. Il tendit son poing à hauteur de la gueule du berger allemand dans un geste de défi. L'animal lui lécha la main comme pour implorer un pardon. Il venait de détruire tous les espoirs que nous avions eus par un simple coup de dents.

Il fallut transporter Lizon dans un hôpital. Le climat était néfaste à la blessure faite par le chien. Si la chirurgie esthétique n'intervenait pas rapidement, Lizon risquait de rester marquée à vie. Jean-Paul ne voulut rien entendre. Il décida de remonter sur le Canada pour la faire opérer, et cela malgré mes conseils ; car le risque était trop grand. Son départ fut décidé pour le lendemain matin. Dans la salle de l'aéroport, Lizon, la tête bandée, le visage d'une blancheur cadavérique, faisait ses adieux à Joyce. De mon côté, je discutais avec Jean-Paul sur son retour et les précautions à prendre pour sa sécurité.

— Fais très attention à toi, fils. J'ai téléphoné à nos amis de New York, tu y seras attendu... Mais, je te le redis, tu commets une erreur de vouloir retourner à Montréal. Espérons que je me trompe. Téléphone-moi en cas de besoin, tu sais que tu peux compter sur moi pour absolument tout.

— Pas de soucis à te faire, vieux frère... Dans un mois, je suis de retour.

Quand son avion décolla, je ressentis une impression de vide. Nous ne devions jamais nous revoir. Des lettres allaient être nos derniers liens pendant les deux ans qui devaient précéder sa mort violente, le jour où il fut abattu par la police. Mais, pour l'instant, je croyais à son retour, tout comme je croyais à ma liberté... que je n'allais pas tarder à perdre, tout comme Jean-Paul allait perdre la sienne.

Quatre jours après son départ, je reçus son coup de téléphone. Pour Lizon, tout s'était bien passé. Mais les nouvelles n'étaient pas bonnes pour autant. Dix jours après notre départ du Waldorf-Astoria de New York, le FBI avait déjà été mis sur nos traces. Sans le savoir, nous avions échappé à une arrestation. Mais ce qui m'inquiéta le plus fut que Jean-Paul avait lu dans la presse canadienne que d'après la gendarmerie royale nous étions partis pour l'Amérique du Sud. Ma décision fut vite prise. Je l'informai de mon intention de partir pour la France où j'étais certain d'y retrouver des amis. Il devait m'y rejoindre dès que Lizon serait complètement guérie. Ce départ n'était pas définitif, mais je ne voulais pas me faire piéger dans un pays inconnu. J'avais certains membres de la police vénézuélienne qui m'étaient dévoués ; mais cette protection risquait de ne pas durer, face à un mandat d'arrêt international pour double meurtre d'agents provinciaux. Les choses se précipitèrent quand le flic qui m'avait vendu des armes arriva tout affolé à la villa.

— Don Bruno, me dit-il, mes chefs ont reçu un avis de recherche d'Interpol pour vous et votre ami. On ne pourra rien faire pour vous. Il vous faut quitter le Venezuela au plus vite. Vous pouvez compter sur mon aide pour vous faire passer la douane de l'aéroport sans aucun contrôle. Mais surtout ne restez pas ici. Vous ne m'aviez pas dit, Don Bruno, que toutes les polices du monde vous recherchaient. Tout cela est trop important pour nous.

En moins de vingt-quatre heures j'avais vidé mon compte en banque, revendu la voiture et payé mon personnel pour six mois, car il était malgré tout possible que les choses s'arrangent avec le temps. Joyce était heureuse de quitter le Venezuela, car pour elle la France c'était Paris.

Le policier m'escorta avec plusieurs de ses hommes et le tampon de sortie du territoire s'apposa sur mon passeport sans que mes valises contenant plusieurs armes soient fouillées. Nous avions pris la direction de Madrid. Je préférais faire escale en Espagne et passer la frontière française dans une voiture de location avec l'arme à la ceinture et de nuit. Si les choses tournaient mal, je pouvais toujours tenter ma chance. À l'aéroport de Madrid, tout se passa le plus normalement du monde. Le principe de la douane m'a toujours fait sourire, car j'ai toujours voyagé avec une arme dans ma valise et je n'ai jamais subi de contrôle. La chance ou tout simplement le fait de rester naturel m'ont évité tout ennui.

Après un long voyage en voiture, c'est vers vingt heures que nous passâmes la frontière française à Hendaye. Le douanier me demanda si j'avais quelque chose à déclarer. J'aurais bien voulu voir sa tête si je lui avais lu mon mandat de recherche ! Je me contentai de le remercier au moment où il nous rendait nos passeports.

J'avais quitté la France quatre ans et demi plus tôt. Depuis la mort de Guido, j'avais perdu le contact avec un bon nombre de relations. Mais par son cousin j'étais certain de reprendre ces contacts afin de reformer une bande.

J'étais heureux de retrouver mon pays. J'allais revoir mon père que je savais très malade. Je connaissais le risque d'une telle rencontre ; la police devait surveiller ma famille. Peu m'importait cette surveillance. Je ressentais un immense besoin de voir mon père, de le serrer dans mes bras comme lui l'avait fait, à son retour de la guerre, quand j'étais enfant. Il me fallait lui expliquer pourquoi j'agissais de cette façon. Il ne pouvait être d'accord avec moi, mais je savais qu'il était le seul à pouvoir au moins comprendre mes réactions.

Avant toute chose, il me fallait trouver une ville où vivre. Je fis le choix sur Mantes, très proche de Paris. J'y louai un pavillon. En deux jours, j'avais installé tout un système me permettant d'échapper à la police, si le malheur devait les amener à frapper à ma porte pour une arrestation. Étant parfaitement installé, je repris enfin mes contacts. Ma première visite fut pour Mario, le cousin de Guido. Il fut décidé qu'il me présenterait des garçons sérieux. On en vint à parler de la mort de Guido et de certaines personnes qui n'avaient pas été correctes avec sa femme, et cela juste après sa mort. Je fis la promesse de régler tous les comptes en retard personnellement. Mais, avant, il me fallait reformer une équipe. Presque tous mes anciens amis étaient en prison ou morts. Les choses changent vite en plus de quatre ans ! fut la remarque de Mario. Quand il me présenta Rémy, je sus tout de suite que nous allions devenir des amis. C'était un garçon sérieux, très bon spécialiste en armes, d'une prudence extrême, et qui avait rayé le mot pitié de son vocabulaire pour tout ce qui concernait notre milieu. Le genre d'hommes à aller jusqu'au bout pour un ami. Il me présenta à son tour ses amis et relations. Mes antécédents canadiens étaient une bonne carte de visite. Sans être le patron, j'étais celui qui décidait. Je n'avais personnellement plus rien à perdre et étais bien décidé à jouer très dur pour me refaire une place sur Paris. Je commençai par me reconstituer un arsenal complet. D'autres relations me fournirent des faux papiers. Je me retrouvai avec six passeports différents, dont deux qui sortaient tout droit de la préfecture de police, et j'allai jusqu'à me présenter au guichet pour la signature tout en étant un des hommes les plus recherchés au monde. Ce geste était une bonne preuve de sang-froid et non d'imprudence. Je fis de même pour obtenir des papiers pour Joyce, qui se retrouva avec la nationalité française tout en gardant son bel accent canadien.

Mon père vint au rendez-vous que je lui avais donné. Toutes les précautions avaient été prises pour ma sécurité. Quand je le vis, mon cœur se serra. La maladie le minait et je compris tout de suite que sans mon évasion je ne l'aurais jamais revu vivant. Il avait le cancer, mais ne le savait pas. On lui avait caché la réalité des opérations qui lui avaient déjà fait perdre le son de sa voix. Ses yeux s'illuminèrent quand il m'aperçut venir à sa rencontre. Nous allâmes déjeuner dans un restaurant tenu par un ami. Il ne me cacha pas sa peine de me voir agir ainsi, mais le « tu es quand même mon fils », sans être un pardon, disait sa résignation. Il m'aimait...

Il ne m'apprit rien en me disant que toutes les polices étaient à mes trousses. Mais, quand il me confia que Janou devait revenir vers le mois de juillet 1973 et qu'un mandat d'arrêt l'attendait en France pour attaque à main armée, je compris qu'il me serait impossible de quitter la France en la laissant à son destin. Je devais cela à la femme, par amour, et à l'amie, par fidélité dans l'action. Par contre, mon père me fit comprendre qu'il m'était impossible de voir ma mère et ma fille. Je le quittai avec promesse de nous revoir.

Avec Rémy et la bande, nous commençâmes la ronde du hold-up. Je voulais que l'on travaille à ma façon. Toujours en douceur, jamais de violence, sauf en cas de face à face avec les flics. Je prévins tous mes associés que je ne me rendrais jamais aux policiers au cours d'une affaire ou pendant une fusillade dans la rue.

L'argent ne me manquait pas. Rémy avait pour rôle d'assurer ma protection pendant que je raflais les caisses des banques et que je descendais aux coffres. Mais les attaques de sociétés bancaires étaient devenues courantes en France. Il n'y avait plus autant d'argent que par le passé. Mes nouveaux amis avaient adopté Joyce que je tenais à l'écart de mes activités. Je lui avais fait comprendre que je n'accepterais aucune question. Elle était un peu jalouse de Janou, car elle savait qu'elle ne pouvait être à mes côtés que provisoirement. La place n'était pas libre. La seule femme qui comptait pour moi était dans une cellule à souffrir chaque jour un peu plus, à écouter la radio canadienne en espérant que l'on ne me reprenne pas. Qu'une autre femme soit dans mon lit n'avait pas d'importance, puisqu'elle savait que je l'aimais. Les flics canadiens avaient essayé toutes les pressions et chantages pour la faire craquer, allant jusqu'à lui montrer des photos de femmes, tout en lui disant : « Tu vois bien que maintenant qu'il est libre, et avec toutes ces femelles, il se moque bien de toi et de ce qui peut t'arriver ! » Elle les avait envoyés se faire foutre violemment et ils s'étaient bien gardés de revenir.

Dans le début du mois de décembre 1973, deux attaques à main armée se produisirent dans la région de Mantes. Une paie d'usine fut raflée pour un total de 64 000 dollars [1] et trois jours plus tard une caissière qui allait faire un retrait dans une banque, et bien qu'escortée de policiers se faisait enlever 56 000 dollars [2] après que les gangsters eurent neutralisé son escorte. Le commissaire Tour et ses hommes se rendirent dans la région. Un des témoins d'une des deux attaques avait cru que les hommes, en changeant de voiture après l'attaque, s'étaient engouffrés dans une Taunus. Le commissaire fit relever le nom de tous les propriétaires de voitures Taunus de la région. C'est de cette façon qu'il apprit qu'un certain Bruno Dansereau, de nationalité canadienne et nouvellement installé dans la région, en avait justement acheté une dernièrement. Il apprit aussi très vite, avec l'aide de l'inspecteur Dormier, que ce Canadien n'était autre que

1. 320 000 francs environ.
2. 280 000 francs.

Jacques Mesrine, l'homme qu'ils recherchaient tous les deux pour de nombreux délits. Une circonstance allait me sauver de l'arrestation. Mon instinct allait faire le reste.

Les hommes du commissaire m'avaient pris en filature. Ils me surveillaient dans la ville de Mantes, mais ils voulaient tenter mon arrestation à coup sûr. Ils savaient que j'étais toujours armé et prêt à tout. Malgré ma méfiance, je ne les avais pas repérés. Pourtant, je me sentais mal dans ma peau. Je n'avais pas vu mes amis depuis plusieurs jours, ce qui empêcha qu'ils soient pris en filature eux-mêmes. J'avais commandé, quelques jours avant, une voiture de sport au même garage qui m'avait vendu la Taunus. La seule question était le choix de la couleur. Coup de pouce du destin qui prit forme sous l'apparence du représentant qui vint chez moi à vingt heures un soir avec son catalogue. Je lui demandai s'il pouvait me reprendre la Taunus. Je ne montrai pas mon inquiétude, mais ses paroles me glacèrent le sang !

— Oui, je peux vous la reprendre sans complications. Tiens, il y a des policiers qui sont venus voir mon patron à votre sujet. Justement à cause de la Taunus... Vous n'avez pas eu d'accident, au moins ?

Je lui répondis par la négative. Dès qu'il me quitta, j'appelai Joyce.

— Vite, petite fille. Fais les valises, les flics sont sur ma trace.

Le commissaire Tour avait décidé mon arrestation pour le lendemain matin et n'avait laissé aucun de ses hommes en planque près de mon domicile, de peur que je ne les repère. Je quittai mon pavillon vers minuit, abandonnant une fois de plus bon nombre de choses m'appartenant. J'avais le colt 45 sur les genoux et le calibre 12 canon scié à mes côtés, cinq coups de chevrotines prêts à m'ouvrir le passage en cas de besoin. J'arrivai à Paris sans être inquiété. Après avoir pris toutes les précautions pour être certain de n'avoir pas été suivi, je me rendis chez un ami pour y passer la nuit. Au matin, je réunis tout le monde pour les informer des événements. Je décidai d'employer un de mes passeports pour louer un appartement dans Paris ou dans la banlieue immédiate. Je devins cette fois Nicolas Scaff, architecte. L'appartement que j'avais trouvé au 1, rue Pierre-Grenier, à Boulogne-Billancourt, m'offrait toutes les garanties de sécurité. C'était un juge en poste à l'étranger qui me le sous-loua. J'obtins même que le téléphone reste à son nom. Cette fois, j'avais bon espoir d'être tranquille. Il était temps pour moi de faire venir Jean-Paul Mercier... Je téléphonai au Canada. Bernard était catastrophé.

— Oui..., lui et Lizon... Quand ?... Il y a deux jours.

J'avais bien entendu, Jean-Paul avait été repris par la police sur un hold-up qu'il avait tenté avec Lizon guérie. Si je n'avais pas fui Mantes, j'aurais subi le même sort que lui à peu près à la même heure et à plusieurs milliers de kilomètres de distance. Je dis à Bernard que je ferais tout mon possible pour le sortir du pénitencier mais qu'il me fallait du temps, au minimum six mois. Cette nouvelle m'attrista, car Lizon allait payer très cher sa liaison avec mon ami en étant condamnée à dix ans de pénitencier par la suite. Pour l'instant, j'avais encore l'espoir de les sortir de leur situation. Je n'allais pas tarder à subir le même destin qu'eux.

J'avais commencé à régler quelques comptes et ma froide détermination faisait peur à beaucoup. Plusieurs hommes perdirent la vie pour solde de tout compte. Je savais que la police française était sur ma trace et que tôt ou tard je serais arrêté. Je n'étais pas assez naïf pour penser que cela n'arrivait qu'aux autres. Je pris donc la décision d'organiser mon évasion avant mon arrestation. En cas d'arrestation, je savais que l'on devait me faire passer en justice au tribunal de Compiègne pour une vieille affaire datant du temps où je tenais mon auberge. Je me rendis seul dans cette ville et visitai le palais de justice pour voir où se trouvait la possibilité de cacher une arme. Les W-C des avocats étaient le seul endroit accessible si je devais comparaître un jour. Je fis le plan du tribunal et du palais de justice, des rues environnantes. Trois jours plus tard, j'y remontai avec des amis pour leur expliquer ce qu'il faudrait faire si le malheur faisait que je sois arrêté. Rémy ne put s'empêcher de dire :

— Tu veux tout prévoir, mais tu as raison. Car, moi libre, tu peux compter que tout sera fait comme tu l'as calculé.

Nous étudiâmes les routes de retour et les postes de gendarmerie. Si je me faisais prendre, je n'avais qu'une date à donner pour que tout soit en place pour mon évasion. Cette précaution allait me servir quatre mois plus tard. J'étais loin de me douter qu'il ne me restait plus qu'un mois de liberté.

Depuis mon retour, nous avions commis une vingtaine d'attaques de banques. J'en avais même fait une tout seul pour le plaisir. J'avais profité de la pause de midi pour entrer dans le bureau des directeurs. Après les avoir neutralisés, je les avais obligés à m'ouvrir le coffre. Le peu de clientes qui se trouvaient dans la banque ne pouvaient pas me voir. J'avais attaché les deux directeurs avec une paire de menottes en glissant l'une d'elles par l'espace que laissait la porte ouverte du coffre et en la reliant au poignet de l'autre. Ils étaient ainsi prisonniers. Calmement, je leur dis :

— Restez sages, les mômes, car je vais aller vider la caisse.

Puis, passant devant les clientes comme quelqu'un du personnel, j'entrai dans la caisse et en vidai le contenu, tout en m'adressant à une cliente :

— On s'occupe de vous, madame ?

— Oui, oui, les directeurs sont partis chercher mes dossiers.

— Ils ne tarderont pas, soyez-en certaine.

Puis j'avais quitté la banque en toute tranquillité.

Rémy, qui me demandait pourquoi je l'avais faite seule, entendit cette réponse :

— C'est très bon pour conserver la maîtrise de soi... Et puis, tu vois, fils ! Le passe-temps de certaines personnes, c'est le golf, le ski... Moi, je relaxe sur l'attaque à main armée... Je ne vis que pour le risque. Je sais que c'est con, mais j'aime risquer ma peau. J'ai dépassé le stade de la peur, je ne sais plus ce que c'est... Je suis dangereux pour cette simple raison.

J'avais une très vieille affaire à régler avec un patron de bar indicateur notoire de la police. Il payait ses protections en fric et en renseignements à ses copains de la brigade des mœurs. Je pris donc la direction de son établissement pour lui demander des comptes vieux de six ans. C'était un bar à putes faisant copain-copain avec les flics du quartier. La clientèle y était assez select, le bar étant situé dans les beaux quartiers de Paris. Dès mon entrée, plusieurs têtes se tournèrent dans ma direction. L'éclairage était tamisé. Je commandai un scotch. Une jolie fille me le servit et me demanda, la bouche sensuelle, si je lui offrais quelque chose. Je déclinai sa demande et m'adressai à la caissière :

— Il y a longtemps que je ne suis pas venu dans votre boîte ! Le patron, c'est toujours Marcel ?

Elle me regarda avec ses yeux porcins et son air de se foutre de la gueule du monde. C'était une grosse fille laide et rubiconde. Avant qu'elle ouvre la bouche, je savais que les choses allaient très mal tourner.

— Mon patron... Quel patron ?

— Tu n'as pas de patron ?

— J'sais pas.

— Écoute, gras double, quand je pose des questions, on répond toujours.

Je lui balançai mon verre de scotch en pleine gueule. Un des clients, qui n'était rien d'autre qu'un julot, fit mine d'intervenir. En un geste rapide, j'avais sorti mon colt 45. C'était la panique. Je criai à la fille :

— Je vais lui laisser ma carte de visite, à ton enfoiré de patron !

Je fis le tour du comptoir et commençai la destruction de toutes les bouteilles et glaces qui entouraient le bar. Faire cela en plein jour, dans un des quartiers les plus policiers de Paris, était risqué. Mais je voulais que le patron de la boîte comprenne que je n'en avais rien à foutre de ses protections politiques et policières. Cela faisait moins d'une minute que je me livrais à la destruction totale quand mon instinct m'avertit d'un danger. Un flic était juste dans l'entrée de la porte, prêt à faire feu sur moi avec l'arme qu'il braquait dans ma direction. Il n'en eut pas le temps. Plus rapide que lui, j'avais tiré. Le choc de la balle le fit se soulever de terre. Il s'écroula sur le trottoir. Passant par l'arrière du bar, je rejoignis une petite cour donnant sur un immeuble. Au moment de franchir le portail, j'aperçus un policier assis dans une voiture-patrouille. Il téléphonait pour demander des renforts ; d'après les sirènes que j'entendais, ils arrivaient déjà. C'était gratuit car je ne pouvais plus passer par cette rue qui allait être bloquée. Se retournant, il m'aperçut. Je rigolai. Il fit un geste rapide et me tira deux balles qui frappèrent la porte. J'avais déjà disparu de sa vue et m'engageai dans l'escalier de l'immeuble. Je n'avais pas le choix, car j'allais être encerclé et ma seule chance était d'atteindre un toit qui donnait sur une rue parallèle. Il me faudrait sauter une grille pour me retrouver de l'autre côté. Rendu au premier étage, je fis éclater les vitres d'une fenêtre de palier et m'engageai sur un toit. Tous les habitants étaient à leur fenêtre. Je franchis la grille en l'escaladant. J'étais maintenant sur le toit d'une cour à hauteur du premier étage. De chaque côté il y avait des fenêtres donnant sur des appartements. Je me jetai au travers de l'une d'entre elles. Les vitres éclatèrent dans un fracas épouvantable. Plusieurs personnes hurlèrent. Je tombai nez à nez avec une brave femme tout étonnée de me voir apparaître chez elle. En apercevant mon arme et le sang qui me coulait des mains, elle eut peur. Je ne la menaçai pas.

— Surtout, n'ayez aucune crainte, madame... Restez calme.

— Mais... mais que se passe-t-il ?

Je ne lui répondis pas, mais la pris par le haut de sa blouse sans violence.

— Indiquez-moi la sortie de l'immeuble et n'ayez pas peur, je ne vous veux aucun mal.

Elle avait retrouvé son calme et c'est presque en souriant qu'elle me dit :

— Bon, suivez-moi... Mais vous avez de drôles de façons d'entrer chez les gens.

Elle me conduisit jusqu'à la sortie. Je franchis le portail de son immeuble. Les flics me cherchaient de l'autre côté et leur collègue étendu dans son sang devait calmer leur vocation à l'héroïsme. L'arme à la main, je me mis à courir jusqu'au bout de la rue pour y rejoindre un boulevard. Apercevant un taxi en stationnement, je m'engouffrai à l'arrière. Le chauffeur, surpris, se retourna pour constater que mon arme le braquait. Je lui ordonnai d'une voix dure :

— Vite ! Roule devant toi... Pas de soucis, je n'en veux pas à ta caisse.

Il démarra. Il était temps car des cars de police venaient juste de bloquer la rue que je venais de quitter. Le chauffeur prit la parole :

— On va loin, monsieur ?

— Écoute bien ce que je vais te dire. Il va te falloir oublier mon visage, c'est mieux pour toi. Tu me déposeras une vingtaine de rues plus loin.

Puis, sortant cinq billets de cent francs (100 dollars), je les déposai sur son siège avant.

— Ça, c'est pour tes émotions.

Me retournant pour constater qu'aucune voiture ne me suivait, je lui dis de me déposer là.

— Salut et tu fermes ta gueule, OK ?

— Oui... oui, monsieur, soyez-en certain. Et merci pour l'argent.

Je disparus dans la foule. Il était vingt heures et la nuit commençait à tomber. Une fois de plus, j'étais passé bien près de la mort. Le flic n'avait peut-être pas eu la même chance, mais c'était lui ou moi, je n'avais pas le choix.

Cela faisait trois jours que les événements s'étaient passés. Les journaux m'avaient appris que le flic s'en était sorti. Mais la blessure était très grave. Ma balle lui avait transpercé le cou et était ressortie dans le dos, vu la position qu'il avait prise au moment de me viser. Il faisait partie d'une voiture-patrouille qui passait par là par routine. C'étaient les filles du bar qui les avaient alertées. La femme de l'appartement avait dit aux journalistes que j'avais été très gentil avec elle. Ce qui me fit sourire. Le chauffeur de taxi ne s'était pas manifesté.

Je n'étais pas sorti depuis ce jour. Devant recevoir des amis, je pris la décision d'aller faire des achats. L'appartement était au onzième étage. J'avais pour habitude de toujours regarder, de mon balcon, si rien ne me paraissait anormal. Je ne vis rien. Et pourtant, ils étaient là depuis deux jours à me guetter, à me photographier à chaque fois que j'apparaissais. Le commissaire Tour et ses hommes avaient retrouvé ma trace. Il leur avait fallu moins de deux mois, et surtout l'imprudence de la femme d'un de mes amis, qui, ne se croyant pas suivie, était venue aux nouvelles après ma dernière fusillade avec les flics. Son mari vivait chez moi et allait lui aussi être victime de cette filature. Cela faisait déjà deux fois que j'étais descendu. Mais les policiers en place dans la rue, constatant que j'avais toujours la main droite de libre et non encombrée par des paquets, avaient préféré attendre, comme ils l'avaient fait à Mantes deux mois plus tôt. Ils ne savaient pas que je n'étais jamais armé quand je faisais mes achats dans le quartier. Mes papiers étaient en règle. Tout le monde me croyait architecte et je ne voulais pas qu'un commerçant puisse apercevoir accidentellement mon arme. De plus, je ne sous-estimais pas les capacités des anti-gangs. Si le malheur faisait qu'ils trouvent ma planque, je savais que, cette fois, je n'aurais aucune chance de m'en sortir. Car tout homme de la rue pouvait être un flic. Le peintre, le postier, même celui qui, un pain à la main, promenait son chien. Cette fois, mon instinct n'allait pas m'avertir du danger. Je redescendis une troisième fois. Je ne fis pas attention au jeune garçon qui chez le boucher commanda un steak « comme d'habitude ».

J'avais cette fois les deux mains encombrées en prenant le chemin du retour. Il me fallait passer devant un garage, un arrêt d'autobus se trouvait en face. Arrivé à sa hauteur, six hommes me sautèrent dessus en me braquant leurs armes sur la tête, pendant que d'autres m'avaient saisi les bras et qu'un autre me visait la poitrine. Je n'entendis que l'ordre de l'inspecteur Dormier.

— Bouge pas, Jacques, ou tu es mort.

Mes paquets glissèrent sur le sol. Mes bouteilles se cassèrent en tombant. Beau joueur, je lui dis :

— Bien joué... Vous m'avez eu. Vous êtes plus forts que les flics canadiens. C'est du beau travail. Félicitations. Mais vous avez eu aussi une certaine chance.

Oui, les commissaires Tour et Avazeri, l'inspecteur divisionnaire Dormier et les inspecteurs Allegrini, Darrouy, Caliaros et Albert venaient de faire du beau travail et, malgré ce qui m'attendait, je rendais hommage à mes adversaires. C'est le commissaire Tour qui prit la parole. J'avais les mains menottées dans le dos.

— Tu nous a donné un sacré travail, Jacques, et, crois-moi, je suis content que ça se termine comme cela. Car je m'attendais au pire avec un client comme toi. Je sais que ta Canadienne est chez toi. On va tous monter, alors pas de piège, d'accord ? C'est pour elle que je te dis cela.

Arrivés dans mon couloir d'immeuble, le regard surpris de ma concierge me fit éclater de rire.

— Monsieur Nicolas... Mais que se passe-t-il ?

— Presque rien, madame... Vous direz seulement au juge qui m'a loué son appartement que son locataire était un des hommes les plus recherchés au monde.

— Mon Dieu ! fut sa réflexion.

On me fit monter au onzième étage. Je sonnai à ma porte. Pour Joyce, c'était l'écroulement d'un beau rêve et la prison à coup sûr. Je prévins le commissaire :

— C'est une môme, commissaire ! Elle n'est pas dans le coup..., alors pas de vacheries, OK ?

— Nous le savons, Jacques. Demande-lui d'ouvrir. Tu as ma parole que nous serons réguliers.

Une voix féminine me questionna à travers la porte :

— C'est toi, chéri ?

— Oui, fillette... Mais je ne suis pas seul. Les flics sont avec moi. Je suis arrêté. Ouvre et reste calme.

Elle ouvrit la porte et les policiers se précipitèrent, l'arme à la main, dans toutes les pièces de mon appartement. Mais Tour respecta sa parole et ne lui passa pas les menottes. Il me fit asseoir. Cette fois, il y avait plus de quinze flics dans mon appartement.

— On va attendre tes copains, me dit l'inspecteur Dormier.

Ce qu'il ne savait pas, c'est que normalement on ne montait jamais chez moi sans me téléphoner avant, et cela en utilisant un code bien précis.

— Quels copains ? dis-je. Je vis seul ici !

Il me cita leurs noms.

— Bon ! Comme vous voulez attendre pour rien, autant le faire agréablement. Vous m'autorisez à fêter votre réussite et à vous offrir à boire ?

M'adressant à Joyce :

— Tu nous sers, si le commissaire est d'accord ?

Il acquiesça.

À la vérité, je voulais gagner du temps. Cinq de mes amis devaient venir dîner et j'attendais le premier coup de téléphone. Ma non-réponse allait les alerter du danger.

Quand on sonna à ma porte d'une certaine façon, je compris que mon ami Michel n'avait pas pris la précaution de téléphoner. Il vivait chez moi et devait normalement arriver plus tard. Tous les flics se mirent en position de tir en visant la porte. Le commissaire Tour me prévint :

— Si tu l'appelles, on le descend.

Je savais que Michel n'était pas armé et le fait de vivre chez moi n'était qu'un bien modeste délit. Les policiers ouvrirent la porte rapidement et lui sautèrent dessus. Ils le firent entrer dans la pièce où je me trouvais. Il protestait auprès des hommes qui lui passaient les menottes dans le dos.

Son regard croisa le mien ; j'y lus la surprise.

Les policiers l'avaient installé à côté de moi. Joyce nous faisait boire, car nous ne pouvions tenir nos verres. Les flics, trouvant que la moisson était bonne, avaient l'espoir de prendre une bonne partie de ma bande. J'en voulais à Michel de ne pas avoir téléphoné. Cela lui coûtait sa liberté.

Puis le téléphone sonna. Il était juste vingt heures. Trois coups, puis le correspondant raccrocha, pour aller de nouveau. Je devais normalement décrocher à la quatrième sonnerie. Je regardai le commissaire Tour avec le sourire. Ni lui ni ses hommes ne savaient quoi faire. Même s'ils avaient décroché, cela n'aurait pas été suffisant ; nous avions un numéro code comme début de conversation. Je le regardai et éclatai de rire, car mes amis étaient maintenant prévenus que quelque chose d'anormal s'était passé chez moi et pas un seul ne risquerait de se présenter maintenant.

— La moisson est terminée, commissaire.

Il me répondit, avec flegme :

— Pour cette fois, je crois que oui.

On nous dirigea sur Versailles. Nous n'avions rien à nous dire. L'interrogatoire fut de pure forme. Assis dans leur bureau, j'entendis tout ce que l'on me reprochait. Même certaines affaires où j'étais totalement étranger.

— Dis-moi, Jacques, depuis ton retour on meurt beaucoup dans le milieu.

Il me présenta le cadavre d'un julot qui avait été retrouvé avec quatre balles de calibre 45 dans la tête, cela dans la forêt proche de Versailles au lieu-dit « Fausse Repose ». Même la mort avait de l'humour... ou le tueur, si l'endroit avait été choisi volontairement.

— Voyons, monsieur le Commissaire (j'avais ajouté le « monsieur »). Vous savez que je ne ferais jamais de mal à une mouche.

— À une mouche, non. Mais ne nous prends pas pour des cons. Tu as presque un cimetière privé de par le monde.

Puis, avec le sourire :

— Combien d'hommes as-tu tués dans ta carrière ? Je sais, c'étaient tous des hommes de ton milieu, mais combien ? Dix, vingt ?...

— Pourquoi pas trente-neuf, pendant que vous y êtes !

Joyce, malgré les quarante-huit heures d'interrogatoire, se conduisit bien. Il est vrai que, n'étant pas au courant, il lui aurait été impossible d'en dire plus. Michel ne prit même pas la peine de répondre aux questions.

Nous devions prendre le chemin du dépôt. Avant mon départ, le commissaire me dit :

— Cette fois, Jacques, tu y es pour longtemps.

— Vous voulez parier que dans trois mois je serai dehors ?

— Laisse-moi sourire. On ne s'évade pas de la prison de la Santé.

Je ne lui répondis rien. Mais je pensais déjà à ma préparation au palais de justice de Compiègne. Combien j'avais eu raison de prévoir mon arrestation ! Rémy était toujours libre et sa phrase : « Moi libre, tu es certain que tout sera fait comme tu le désires », me revint en mémoire. Je savais que je pouvais compter sur lui. Il me suffisait de faire les démarches pour comparaître rapidement à Compiègne où j'avais été condamné en 1968 par défaut. En faisant opposition au jugement, j'étais obligé de subir un nouveau jugement. La loi elle-même me donnait les armes pour faciliter mon projet.

Le fourgon nous déposa au dépôt. Tout y était rébarbatif. On me laissa quand même faire mes adieux à Joyce pour éviter une bagarre que je n'aurais pas manqué de faire le cas contraire.

La prenant tendrement dans mes bras, je lui fis comprendre de me faire confiance. Elle ne pouvait rester longtemps incarcérée, n'ayant rien à se reprocher.

— Tu seras libre avant deux mois. Garde courage, petite fille.

Elle pleurait.

— Et toi... Oh ! Mon Dieu, je t'aime, et nous ne nous reverrons jamais.

— Fais-moi confiance, c'est tout.

Il lui fallait rejoindre son quartier, celui des femmes. Un dernier sourire dont la tristesse me fit mal, et elle disparut de ma vue.

Je passais la nuit assis sur un banc dans une cellule avec un gars qui venait de se faire prendre pour une affaire d'armes. Il se présenta :

— Henri le Lyonnais.

C'était un type qui, à l'entendre, en avait bavé et qui totalisait plus de vingt ans de prison. Je n'avais pas envie de parler. Mais je l'écoutai, cela lui faisait du bien de se raconter.

— Et toi, c'est grave ? me dit-il.

Je lui répondis que non et la conversation se termina là.

Au matin, le fourgon vint me chercher pour me conduire à la prison de la Santé. J'avais quitté les prisons françaises il y avait juste dix ans avec la ferme intention de ne jamais y revenir. À cette époque, j'y avais cru. Aujourd'hui, je savais qu'il allait me falloir jouer très serré, faute d'y finir ma vie.

La Santé : une vieille fille lépreuse, fleuron de l'administration pénitentiaire française. Rien n'avait changé dans le régime cellulaire. Six mètres carrés d'une cellule plus ou moins propre pour y vivre vingt-trois heures sur vingt-quatre. L'oisiveté la plus totale. Quand on entre dans une prison, on perd beaucoup plus que sa liberté. On sait qu'on y trouvera le domaine de l'arbitraire, de l'injustice et des abus de pouvoir de toute sorte. On y devient l'« otage pénal » avec le chantage au parloir, le chantage à la grâce ou à la liberté conditionnelle.

En franchissant les portes de cette austère maison d'arrêt, je me fis la promesse de ne pas y moisir longtemps. Nous étions le 11 mars 1973... J'avais dit au commissaire Tour que dans trois mois je serais dehors... J'espérais tenir ma promesse.

Ma première nuit en cellule m'étonna par mes réactions intérieures. Je me savais piégé et pourtant je n'avais nulle crainte pour mon avenir. Ce fatalisme avait quelque chose d'inquiétant. J'en avais trop vu et trop fait dans ma vie pour ressentir la prison. Dès l'instant où l'homme devient « inintimidable », il est extrêmement dangereux. J'étais un « homme de cavale » qui dès qu'il entre en prison ne pense qu'au moyen d'en sortir.

Les premiers jours de détention se passèrent en transferts dans différentes brigades territoriales, pour y être confronté avec des témoins d'attaques de banques. Le témoignage humain est une preuve bien fragile. Je fus reconnu sur des attaques de banques auxquelles je n'avais pas participé et innocenté de certaines dont j'étais l'auteur. Cette image de la société me donnait envie de dégueuler. Qu'un individu par son témoignage positif et pourtant erroné puisse envoyer un homme en prison pour des années et pour un crime ou délit qu'il n'a pas commis a toujours provoqué chez moi une haine meurtrière. Le seul procès pour meurtre que j'avais subi l'avait été pour un meurtre que je n'avais pas commis et j'y avais vu des femmes mentir et jurer sur la Bible, comme si le fait de se garantir de Dieu était une preuve de vérité. Que l'on me reconnaisse ou pas ne changeait rien pour moi. Ma réponse était toujours la même : « Rien à vous dire. » C'était plus par principe qu'autre chose. Car je connaissais ma sentence à l'avance et cela me laissait totalement indifférent.

Des policiers canadiens vinrent me voir avec une montagne d'accusations et un bon nombre de photos d'hommes de la Mafia ou du milieu montréalais qui étaient susceptibles de m'avoir aidé ou d'avoir travaillé avec moi. Ils m'avouèrent connaître mes réponses négatives à l'avance. Et, après m'en avoir présenté quelques-unes et devant le sourire que je leur faisais en me foutant de leur gueule, le détective Fauchon me dit :

— Tu sais, Mesrine, tu nous en as fait baver, au Québec ! On aurait bien voulu avoir ta peau, mais je dois reconnaître que tu es un sacré lascar. On savait très bien que tu te refuserais à toute déclaration, mais c'est pour nous l'occasion de connaître Paris.

La gendarmerie me signifia une condamnation par défaut à deux ans de prison donnée par le tribunal de Compiègne. Je fis opposition et le gendarme s'en étonna. Avec ce qui m'attendait, deux ans de plus ou de moins n'avait aucune importance... et pourtant c'était ma porte de sortie. Tout de suite je donnai l'ordre à mon avocate de faire en sorte que je repasse cette affaire rapidement. Loin de se douter de mes intentions, elle fit le nécessaire.

Mes instructions avaient commencé. J'étais conduit au palais de justice sous très forte escorte. Mon premier contact avec le juge d'instruction fut cordial. En dehors de l'énorme quantité d'armes trouvée chez moi et d'une importante somme d'argent qui étaient la preuve que je me livrais aux attaques de banques, il me fit savoir que j'étais accusé du meurtre d'un proxénète, de tentative de meurtre sur un policier et d'un nombre considérable d'attaques de banques. Il ajouta avec humour : « Pour l'instant... » Le Canada, de son côté, portait des accusations de double meurtre d'agents provinciaux, de plusieurs tentatives de meurtre sur des policiers, de double tentative de meurtre sur des gardiens de pénitencier, d'attaque d'un pénitencier fédéral et de neuf attaques de banques. Devant mon sourire, le policier me dit :

— Cela a l'air de vous laisser froid.

— Plus que froid, monsieur le Juge... Totalement indifférent. Par contre, la jeune Canadienne Joyce Deraiche qui vivait avec moi n'est pas dans le coup.

— Je le sais, Mesrine, et j'ai l'intention de la mettre en liberté provisoire, comme votre avocate m'en a fait la demande.

Joyce fut libérée sous contrôle judiciaire le 18 mai et alla vivre chez des amis.

Les jours passaient et ma tension nerveuse augmentait, car je savais enfin ma date de passage au tribunal de Compiègne. C'était le 6 juin. Mes amis étaient prévenus. Les heures et les jours qui me séparaient de cette action devenaient interminables. En détention, je menais une vie normale et discrète, ne faisant confiance à personne. Les gardiens, dans l'ensemble, étaient des types corrects, sachant très bien que les hommes de mon genre ne cherchent jamais d'histoires en détention.

Je passais mes journées à lire et à faire du sport dans ma cellule pour être en excellente condition physique. Bien des petits gars que je croisais n'avaient rien à faire en prison. Ce n'était pas leur place à ces malheureux, les misérables petits délits qu'ils avaient pu commettre n'exigeaient pas un emprisonnement. Mais la société est ainsi faite : elle prépare, à l'école du crime qu'est la prison, ses futurs ennemis publics numéros un de demain, au lieu d'aider les jeunes délinquants à s'en sortir. J'avais connu cela à une époque où, si la société m'avait donné ma chance, tout aurait été différent pour mon avenir. J'avais fait payer très cher à cette même société son manque de compréhension. Et, bien qu'incarcéré, je ne m'avouais pas vaincu. Je connaissais mes limites. Je n'en avais pas.

Le 6 juin 1973 au matin devait représenter pour moi mon dernier jour de détention à la prison de la Santé. J'étais certain d'une chose : à quinze heures, je serais libre ou mort. J'avais préparé mon plan d'évasion dans les moindres détails. Tout pouvait paraître impossible. Mais, moi, j'y croyais. Une fois de plus, j'allais mettre ma vie dans la balance. Je m'étais longuement préparé à la difficulté de cette action. J'avais étudié toutes les situations qui risquaient de se présenter à moi. Je savais le danger que représentaient les gendarmes, bien capables de sacrifier leur vie pour le devoir de leur mission. J'allais être seul contre tous. Une seule erreur de ma part et c'était une mort rapide, mais certaine. Je préférais cette fin à une longue détention. J'avais même envisagé ma mort avec une certaine philosophie. Car, accepter sa détention, c'est reconnaître que l'on a perdu. J'avais été arrêté le 8 mars et avais fait la promesse au commissaire Tour d'être dehors en trois mois. Il avait pris cela pour une plaisanterie, une bravade. Il n'allait pas tarder à se rendre compte que je ne bluffais jamais.

Le surveillant chef ouvrit ma porte de cellule. Il était neuf heures du matin.

— L'escorte est là, Mesrine.

Je le suivis. On me fit passer à la fouille. Ni les idées ni les intentions ne sont détectables. Le surveillant me dit :

— À ce soir, Mesrine.

— À ce soir, monsieur.

Rendu au greffe, le sous-directeur Carrier m'attendait. J'avais une certaine estime pour lui ; c'était un homme droit et régulier. Quand il m'aperçut, il s'avança :

— Un voyage en vue, monsieur Mesrine...

Puis, se tournant vers le chef d'escorte :

— Faites attention à lui. Sympathique, mais très dangereux.

Le chef d'escorte mit la main sur la sacoche qui renfermait son arme et, goguenard, répondit :

— Avec ça, monsieur le Directeur, il n'y a plus d'homme dangereux.

Mes yeux croisèrent les siens ; il ne comprit pas la lueur ironique qui brillait dans les miens. Je me laissai enchaîner. On me fit monter dans un fourgon qui devait nous conduire à la gare. Là, sous bonne escorte, on me fit prendre place dans un compartiment isolé. Tout au long du parcours, je me mis à étudier ceux qui allaient être mes adversaires. Le chef d'escorte était sans aucun doute le plus expérimenté. Je le sentais méfiant et prêt à toute éventualité. Il me fallait déjà créer le climat du type malade. Toute la réussite de mon évasion était basée sur ma nécessité à aller aux toilettes souvent. Le train roulait depuis vingt bonnes minutes quand je m'adressai à lui :

— Chef ! Le directeur a dû vous dire que j'étais en pleine crise de dysenterie... Excusez-moi, mais il faut me conduire aux toilettes.

Il regarda son collègue et lui ordonna d'aller fouiller les W-C.

Ce premier détail avait son importance. Il me démontrait le climat de méfiance. Au moment de m'y conduire, il m'avertit :

— Attention ! Pas de mauvais gestes.

Il me fit entrer dans les W-C, me détacha une main et m'enchaîna à la sienne. Je fus obligé de faire mes besoins le cul à l'air, assis sur le siège, un gendarme au garde-à-vous à mes côtés. Il ne manquait plus que *La Marseillaise*. J'étais furieux en apparence et je le lui fis comprendre. Tout cela n'était que la préparation de ma future action.

Tout le long du trajet, je ne fis que me plaindre de douleurs imaginaires au ventre. Mes gendarmes commençaient à me croire. Il nous fallut une heure pour arriver à Compiègne. Le train stoppa. On me fit descendre. Plusieurs gendarmes de la ville renforcèrent l'escorte. On devait avant tout me conduire à la brigade, car mon procès n'avait lieu qu'à quatorze heures. En montant dans leur camionnette, j'aperçus un de mes amis. Il fit le geste de lancer sa cigarette. Ce signe me réchauffa le cœur. Tout était donc en place pour mon évasion. Je n'avais plus que quelques heures à attendre. Rémy avait tenu sa promesse comme seuls les vrais amis savent le faire. J'avais pour lui l'affection d'un frère ; il me le rendait bien. On me conduisit aux cellules. J'entendis le chef d'escorte dire à ses hommes :

— Surtout, vous ne lui ouvrez sous aucun prétexte.

Vers treize heures, la porte s'ouvrit. C'était lui avec un sandwich à la main. On ne prévoyait aucun repas sur place pour les détenus. Il l'avait acheté avec son argent personnel. Ce simple geste humanitaire devait peser lourd au moment de mon action et peut-être lui sauver la vie. Il me le tendit.

— Tenez, Mesrine, je vous ai acheté ça.

Je le remerciai. L'heure du départ pour le palais de justice arrivait. Avant mon départ, on me fouilla de nouveau et on me mit deux paires de menottes, ce qui me fit sourire. Une seule, main dans le dos, aurait été plus efficace. Le chef de poste s'adressa à moi :

— Alors, Mesrine... Cette fois, vous y êtes pour la vie.

Il n'y avait aucune provocation dans ses paroles, juste une constatation qui pour lui était l'évidence même. Je lui répondis sur le même ton de plaisanterie :

— Sauf si le juge me donne ma liberté provisoire tout à l'heure.

— Bah ! Vous, au moins, vous avez le moral !

Je voulais détendre l'atmosphère. La conversation provoque toujours un relâchement de la vigilance. J'avançais, pion par pion. Je dirigeais une partie que j'étais seul à connaître. Il me restait moins d'une heure avant l'action. Nous prîmes la direction du palais. Au moment où la camionnette fit son entrée dans la cour, j'aperçus par la vitre de la fenêtre mon amì Rémy. Il mit la main à hauteur de ses lunettes de soleil. Les armes étaient en place. C'était à moi de jouer. Je me sentais calme et en pleine possession de mes moyens.

On me fit entrer dans le tribunal. Mon avocate, Mᵉ Smadja, était loin, loin de se douter qu'elle allait bientôt perdre son client. Elle me fit savoir que nous devions passer dans quinze minutes. C'était à moi de jouer. Me retournant vers le chef d'escorte, je m'adressai à lui d'une voix qui se voulait plaintive :

— Chef, ça me reprend... Il faut me conduire aux toilettes.

Là était tout le problème. Je savais que l'arme qui m'attendait se trouvait sur la chasse d'eau des W-C du premier étage, qui, normalement, étaient réservés aux juges et aux avocats. Les gendarmes m'entraînaient dans la cour où se trouvaient les toilettes publiques. Cette éventualité avait été prévue. Mes amis, juste après mon arrivée, avaient enlevé tout le papier de toilette. Arrivé sur place, le chef m'ouvrit la porte du premier W-C. Il m'avait auparavant enlevé une paire de menottes et attaché un bracelet de l'autre au poignet droit d'un de ses hommes. Je le regardai, comme surpris :

— Il n'y a pas de papier.

Il m'ouvrit la porte du W-C voisin.

Je fis semblant d'être furieux. Ma renommée ferait le reste.

— Oh ! Chef..., vous me prenez pour un con ! Là aussi il n'y a pas de papier, et regardez comme c'est dégueulasse ! Reconduisez-moi au tribunal.

— Mais...

— Il n'y a pas de mais !... Si vous me cherchez, je vous garantis du sport, je n'aime pas que l'on m'emmerde, OK ?

Je le voyais craindre mes réactions. On lui avait dit : « Attention, dangereux ! » Conciliant, il me reconduisit avec ses hommes à l'intérieur du tribunal. Il me fallait à tout prix monter aux toilettes du premier étage. Je ne pouvais lui en faire la demande sans éveiller sa méfiance. Il me fallait trouver un stratagème. Je savais que l'on avait peur de moi. C'est donc d'une voix rude que j'interpellai le greffier du tribunal :

— Vos W-C sont dégueulasses... Il n'y en a pas de plus propres, ici ?

Je le voyais hésiter. Mes gendarmes commençaient de leur côté à s'énerver. Mon avocate s'avança pour demander ce qui se passait. J'en profitai pour dire au greffier :

— Vous avez dit là-haut ?

Je venais de lui rafraîchir la mémoire, sans que les autres ne se soient rendu compte qu'il n'avait en réalité rien dit. Victorieux et trop content de me faire plaisir, il affirma :

— Oui, là haut... Au premier étage... Et c'est très propre.

Me tournant vers le chef d'escorte :

— Il y en a au premier étage... Conduisez-moi.

— On n'a plus le temps, Mesrine.

— Vous allez le prendre... J'ai mal au ventre et je n'ai pas l'intention de passer devant le juge dans cet état. Sinon, pas de procès, je fais le bordel.

Voulant éviter tout esclandre, il accepta.

— D'accord, d'accord... On y va, Mesrine... Mais ne vous énervez pas.

On me fit monter. À chaque marche que mon pied franchissait, l'action se rapprochait. Je ne pouvais pas les braquer là-haut sans provoquer un massacre. Car j'étais certain que, même armé, le chef d'escorte me sauterait dessus, mon instinct m'en avait averti. Je voulais éviter la violence ou le meurtre.

Il y avait deux W-C au premier étage. Je savais que chacun d'eux renfermait une arme. La chasse d'eau était très haute. On ne pouvait voir son dessus. Je craignais que le chef d'escorte ne fouille les W-C comme il l'avait fait dans le train. La porte du premier était ouverte. Rapidement je m'y engouffrai, ne laissant pas le temps à cette initiative.

— Je me dépêche, chef... Vous me détachez ?

Mais les événements ne se passaient pas comme je l'aurais voulu. Non seulement il me laissait toujours attaché à son collègue, mais en plus il laissait la porte ouverte. Dans ces conditions, il m'était impossible de me saisir de l'arme. Me retournant vers le gendarme qui était relié à moi, c'est vulgairement et méchamment que je lui dis :

— Ça commence à bien faire... T'es « pédé » ou quoi ?... À croire que tu aimes respirer la merde ! Allez, pousse la porte.

Son chef, me voyant furieux une nouvelle fois, acquiesça. Si la situation n'eût été si dramatique, elle en eût été comique. On poussa la porte et seul le bras du gendarme menotté au mien se trouvait à l'intérieur des W-C. Je tirai au maximum, car je ne voulais pas qu'au moment où j'allais monter sur la cuvette des W-C pour me saisir de l'arme il ressente mon mouvement. Sans faire de bruit, je réussis à me saisir du Luger 9 mm. Je savais qu'il y avait déjà une balle dans le canon. Les gendarmes, derrière la porte, ne se doutaient de rien. Je ressentis une joie intense, car, une arme dans les mains, je savais que rien ne pourrait m'arrêter, sauf la mort. J'introduisis l'arme dans ma ceinture à hauteur de la hanche. Puis je fis un bruit de papier et tirai la chasse d'eau. Le gendarme ouvrit la porte.

— Terminé ?

— Oui, monsieur, merci. On peut redescendre.

L'arme au côté et escorté de mes gendarmes, je regagnai le tribunal. Rien sur mon visage ne pouvait trahir ce qui venait de se passer. Il restait quelques minutes avant que ce soit mon tour. On me fit asseoir, deux gendarmes sur ma gauche, trois sur ma droite. Il y en avait d'autres dans la salle d'audience, présents pour d'autres détenus. J'espérais que l'on m'enlève les menottes, comme la loi le précise, au moment où ce serait à moi de passer. Le greffier annonça : « Affaire Mesrine. » On me fit lever. Regardant le chef d'escorte et lui montrant ma main gauche entravée, je dis :

— Il faut me détacher... je ne vais pas me présenter comme cela au juge !

— Pas question. C'est lui qui a ordonné que vous restiez entravé.

Je n'avais plus le choix, c'était maintenant ou jamais. J'étais debout, face au tribunal, la main gauche reliée à un gendarme qui n'avait pas plus de trente ans, qui était sûrement entraîné et qui me dépassait de par la taille et de par le poids. J'avais quatre de ses collègues derrière mon dos et à moins d'un mètre de moi. Mon avocate était à mes côtés.

Au moment où le président du tribunal allait commencer son réquisitoire par : « Monsieur Mesrine, vous comparaissez pour... », en un geste rapide je sortis mon arme et la braquai dans sa direction, à moins de quelques centimètres de sa tête. J'avais hurlé mon ordre :

— Tout le monde à terre..., sinon je tue le juge !

Puis, rapidement, je m'étais retourné sur le gendarme qui était attaché à moi et lui avais posé le Luger sur la tempe tout en le tirant à moi et en l'entraînant vers l'estrade. En moins de deux secondes, je me retrouvai derrière le président. Le gendarme s'était couché à terre et me suppliait de ne pas le tuer. Ses collègues, médusés par la rapidité de l'action, ne commençaient qu'à comprendre le drame. J'avais posé mon arme sur la nuque du président et ordonné à celui qui était lié à moi de se détacher la main. Il le fit rapidement.

— Fous le camp !

Il partit à quatre pattes. Les menottes me pendaient au poignet gauche. Mais j'étais maintenant libre de tout mouvement. De ma main gauche j'avais saisi le col de la robe du président. Ses deux assesseurs n'osaient pas bouger. Dans la salle, tout le monde s'était couché à terre, sauf les gendarmes qui avaient tous sorti leur arme, sauf le chef d'escorte. Il leur était impossible de me tirer sans risquer de blesser le juge.

Le chef d'escorte s'avança vers moi. L'estrade comportait trois marches, il avait déjà le pied sur la première. Je lisais la détermination dans ses yeux. Il espérait se rapprocher assez près pour me sauter dessus. J'allais être obligé de le tuer. Je l'aurais fait s'il avait eu son arme à la main. L'homme n'était pas inconscient, mais courageux. Il me fallait faire vite. Braquant de nouveau mon arme sur la nuque du président, je lui criai :

— Un pas de plus et je tue le juge.

Et, pour ponctuer ma menace, je tirai une balle en direction du plafond.

L'affolement fut général. Tous les gendarmes partirent dans tous les sens. Plus un seul n'était dans la salle d'audience. Je soulevai le président, tout en le maintenant par le haut de sa robe.

— En route, Votre Honneur... J'offre le voyage.

— Ça vous avancera à rien, me dit-il.

— Alors tu crèveras avec moi. En route.

Nous traversâmes la salle d'audience au milieu d'une forêt de pieds et de ventres à terre. Mon arme était posée sur sa nuque. Après avoir franchi plusieurs portes, nous nous trouvâmes dans la cour du palais de justice.

Plusieurs gendarmes s'étaient embusqués et me visaient. J'avais une trentaine de mètres à faire pour atteindre la sortie. Sans hésiter j'avançai, mon arme toujours braquée sur la nuque du juge. Si une seule balle était tirée sur moi, je l'abattais sur place. Ma menace était réelle et les gendarmes l'avaient bien compris. J'étais au milieu de la cour quand une fois de plus le chef d'escorte tenta de s'approcher de moi, mais cette fois l'arme à la main. En un geste rapide je lui tirai une balle à quelques centimètres de la tête. Il se jeta à terre. C'était mon dernier avertissement. Il n'était pas question pour moi d'emmener le juge en otage. Je l'avais pris comme bouclier uniquement pour éviter un massacre. Mais je n'avais pas peur de tenter ma chance une fois dans la rue. Je savais le risque que j'allais courir en lâchant le juge. Rendu sous le porche d'entrée, j'aperçus un autre gendarme qui me visait. J'aurais pu l'abattre, mais me contentai de déplacer le juge pour empêcher l'homme de me tirer. Ce n'était que partie remise pour lui. Je venais d'atteindre la rue. Brutalement je jetai le juge de côté et démarrai sur la droite, sachant qu'une voiture m'attendait au bout de la rue. Je n'avais pas fait vingt mètres quand la fusillade éclata dans mon dos. Dans ma course, je ressentis le choc de la balle qui venait de me toucher le bras droit. Je me jetai sur la gauche et traversai la rue en courant ; je n'entendis que les détonations, mais ne me retournai pas. Arrivé au bout de la rue, une portière de voiture s'ouvrit. Rémy était au volant. Au moment où j'allais m'engouffrer dans le véhicule, une camionnette de la gendarmerie venue en renfort arriva sur la gauche. Je reconnus immédiatement le chef qui avait plaisanté avec moi sur ma sentence à vie. L'ignorant, je criai à Rémy :

— Fonce... Je suis blessé.

Mais la camionnette voulut nous couper la route. Rémy accéléra et réussit à se glisser sur la gauche. Le chauffeur accéléra pour nous coincer contre les véhicules en stationnement. Mal lui en prit. J'avais glissé ma main par la fenêtre. Trois détonations retentirent. Je n'eus que le temps de le voir s'écrouler à son volant au moment où Rémy prenait le tournant sur les chapeaux de roues. Je venais de réussir ma troisième évasion. Mais à quel prix !

— Bien joué..., me dit Rémy tout en me tendant un automatique avec chargeur de vingt balles.

Et d'ajouter :

— À l'arrière, dans le sac, tu as une perruque rousse et des lunettes. Il y a aussi deux grenades et une mitraillette Mauser. Ta blessure, c'est grave ?

— Non, ça va. Merci, l'ami... Je n'oublierai jamais.

— Laisse tomber, veux-tu ? C'est normal.

Puis, me tendant un cigare Robt. Burns :

— Tiens, le vieux, tu l'as bien mérité.

J'avais toujours ma menotte au poignet gauche. Cela allait me valoir une inculpation de vol de matériel administratif. Rémy avait amené par précaution notre lot de clefs de menottes. Je n'eus aucune difficulté à m'en débarrasser. Nous avions tout prévu. La chance avait fait le reste.

N'ayant pris que des routes départementales, nous évitâmes tous les barrages que mon action n'avait pas manqué de déclencher. À Meaux on changea de véhicule et on fit une vingtaine de kilomètres avant d'atteindre la propriété d'un ami qui devait m'héberger une semaine, le temps de laisser la police s'essouffler sur les fausses pistes et les faux renseignements qui ne manqueraient pas d'arriver de toutes les directions.

La maison de Robert était isolée. Dès qu'il aperçut notre voiture, il ouvrit son portail. Il se précipita vers moi et poussa un « Merde » en voyant le sang qui coulait de mon bras droit.

— Viens vite, que l'on te soigne ça !... Tu parles d'une histoire ! Toutes les radios parlent de ton évasion. C'est l'alerte générale dans toute la France. Ils disent que t'as flingué un flic et qu'il est entre la vie et la mort. Bon Dieu, que je suis content de te revoir !

Nous étions entrés dans la cuisine. J'avais enlevé ma veste et ma chemise. Robert avait été chercher sa trousse de secours. La balle était restée dans le biceps, mais je ne souffrais pas. Regardant Robert :

— Tu peux me l'extraire ?

— Si elle n'est pas enfoncée trop profondément, oui. J'ai ce qu'il faut pour te faire une anesthésie locale. Tout a été prévu, comme Rémy me l'avait demandé... On savait que tu risquais de prendre du plomb, mais, bon Dieu, ça c'est une belle évasion !

La balle extraite, le bras bandé, le champagne fut servi. Je fis un téléphone à Joyce. Cela ne représentait aucun danger pour l'instant, mon évasion n'avait que deux heures d'existence.

— Allô... Oui, petite fille, c'est bien moi. Oui, tout s'est bien passé.

Elle me demanda de me rejoindre immédiatement.

— Impossible... Quand ?... Dans une vingtaine de jours. Ne te fais pas de soucis, mes amis t'enlèveront le jour venu. En attendant, promène-toi au maximum, tu vas avoir toutes les polices en filature. Cela me rendra service. Non, je ne suis pas blessé... Pas de soucis, OK ? Moi aussi, je t'adore. À bientôt et fais exactement ce que je t'ai dit.

Je raccrochai.

Le soir venu, étant devenu l'homme le plus recherché de France, c'est devant la télévision que j'appris que le flic s'en sortirait. On me décrivait comme un homme extrêmement dangereux et prêt à tout. L'ennemi public numéro un. L'homme à abattre. En compagnie de mes deux amis, je me sentais revivre. La prison de la santé ne m'avait gardé que trois mois... J'avais tenu ma promesse.

Avec Robert et Rémy, nous parlâmes tout de suite affaires. Ils avaient un renseignement intéressant sur une paie d'usine. Une trentaine de millions d'anciens francs (62 000 dollars). Il me fallait préparer le coup qui devait avoir lieu dans une quinzaine de jours. En attendant, je n'avais qu'à me laisser vivre pendant une semaine.

J'étais monté à Paris pour étudier les lieux. Il s'agissait de l'imprimerie Lang, au 17, rue Curial. D'après nos renseignements, quatre hommes quittaient la comptabilité avec la paie emballée dans des paquets. Ils longeaient un mur intérieur de l'usine et devaient traverser la rue Curial sur leur droite pour rejoindre l'autre bâtiment qui se trouvait en face. Sur les quatre, il était possible qu'un soit armé. Ce mouvement devait se faire entre dix heures et onze heures le matin à une date qui nous serait indiquée.

À cet endroit, la rue s'élargissait. Ce qui permettait, en mettant une camionnette à cet emplacement, d'avoir toute la longueur du mur en alignement et de voir arriver les hommes transportant la paie. Une seule chose me posait un problème : il y avait une école juste à ce lieu. Je ne voulais prendre aucun risque d'accident, au cas où les choses tourneraient mal. Je pris donc la décision de ne pas intercepter les quatre hommes au moment où ils traverseraient la rue, mais de les bloquer à l'intérieur de l'usine, et cela du côté du mur. Pour nous, c'était plus risqué. Mais si le travail était fait comme je le prévoyais tout devait parfaitement fonctionner. Pour notre fuite, nous devions prendre le passage Degrais qui donnait sur la rue Curial. Ce passage donnait sur une autre rue et me permettrait de bien contrôler notre fuite, même en cas d'arrivée de la police.

Nous nous réunîmes tous dans la villa de Robert. Rémy m'avait quitté depuis trois jours pour se rendre à l'étranger. Il ne pouvait participer à l'agression. J'avais fait un plan d'ensemble et chacun de mes amis avait été se rendre compte sur place. Depuis mon évasion, j'étais méconnaissable. Je portais une barbe naturelle que j'avais teinte en roux tout comme mes cheveux coupés très court. Avec mes lunettes à faux verres, même ma propre mère ne m'aurait pas reconnu. Il n'était donc pas question pour moi de travailler, pour cette fois, à visage ouvert. Celui qui m'avait indiqué le coup devait participer lui aussi à l'agression. Il fut donc décidé que nous porterions tous les deux des casques de moto bleus et des blouses de même couleur. Les deux autres joueraient les peintres avec des blouses blanches, la casquette sur la tête et le pot de peinture à la main. Les deux faux peintres devaient passer devant les quatre hommes comme s'ils allaient faire un travail dans l'usine. Mon ami et moi-même, cachés dans une Estafette, intervenions à ce moment. Les quatre hommes se trouvaient de ce fait complètement encerclés, n'ayant aucun moyen de fuite. M'adressant à Robert :

— Tu me prépares une Estafette. Tu peins les vitres arrière en bleu. Nous gratterons juste un espace pour nous donner la possibilité de voir venir les hommes de la paie. Les deux peintres resteront dehors le long de la camionnette. Je veux aussi une couverture que tu tendras derrière les sièges avant pour qu'on ne puisse pas voir l'intérieur de l'Estafette. Pour l'armement, que des calibres, pas de mitraillette. Je serai le seul avec un douze automatique à canon scié, le magasin bien chargé en chevrotines neuf grains. C'est moi qui déclencherai l'attaque et qui assumerai la protection de repli. Il n'y a aucun problème à attendre. Le tout peut se faire en trente secondes. Je ne veux aucune violence sur les comptables. Je m'occuperai de celui qui ne portera pas de paquet. C'est sûrement lui qui sert d'escorte et est armé. Nous les collerons au mur et les fouillerons avant notre départ. Je ne veux pas que l'un d'entre eux se sente une vocation de héros.

Tout ayant été réglé, nous nous quittâmes jusqu'au jour venu... qui n'était qu'à quatre jours.

La veille de l'agression, j'avais fait se garer notre voiture de repli à l'emplacement que devait prendre l'Estafette le matin, cela pour être certain que la place serait libre. Car c'était la base même de la réussite.

L'Estafette était garée à trois cents mètres du lieu de l'agression. Tout se trouvait à l'intérieur. Chacun de notre côté, nous prîmes le métro pour nous rendre au rendez-vous, qui était fixé à huit heures du matin. Un par un nous entrâmes à l'intérieur de la camionnette. Robert et un autre ami s'habillèrent en peintres. C'est eux qui devaient occuper les places avant du véhicule. Un autre ami partit à pied pour aller rejoindre la voiture qu'il avait garée la veille. Il devait se mettre au volant et, dès qu'il nous apercevrait, déboîter et nous laisser sa place, pour aller prendre lui-même sa position dans la rue donnant sur le passage Degrais. Tout se déroula comme prévu. Nous étions sur place. Il était maintenant huit heures trente. La rue étant en sens unique, nous n'avions eu aucun problème pour nous garer. Robert coupa le moteur de l'Estafette et descendit avec mon autre ami. Ils avaient toute l'apparence de peintres, debout devant la camionnette, les pots de peinture posés à terre. Il ne restait plus qu'à attendre. Nous avions préféré venir plus tôt, en cas de difficultés imprévues. J'étais à l'intérieur de l'Estafette, le casque de moto sur la tête avec une grande visière de couleur. Il était impossible de me reconnaître. Mon ami était à mes côtés. J'avais posé mon fusil sur un meuble qui se trouvait à l'intérieur du véhicule le jour où il avait été volé. Cela ne faisait que quinze jours que je m'étais évadé et j'étais déjà au boulot. Pendant ce temps-là les flics me cherchaient partout, sauf à Paris.

L'attente était longue. Par l'espace gratté sur la vitre bleue nous pouvions apercevoir toute la longueur de l'usine. Nous étions certains de les voir venir de loin. Dehors, mes amis fumaient et se donnaient une apparence naturelle. Devant eux, des enfants jouaient dans la cour de promenade de leur école.

Des ouvriers étaient à des travaux de maçonnerie. Cela faisait deux heures que nous étions en place. M'adressant à celui qui m'avait indiqué le coup :

— Tu es certain que c'est pour aujourd'hui ?

— Oui... certain, ils ne devraient plus tarder.

À ce même instant, on frappa sur la carrosserie. C'était le signal. Regardant par l'espace de la vitre, je les vis. Ils étaient bien quatre, ils avançaient vers nous. Trois d'entre eux avaient des paquets dans les mains. Ils étaient à cinquante mètres de nous.

— C'est eux, me dit mon ami.

Je ne regardais plus par la vitre. Seul mon ami devait m'annoncer la distance qui les séparait de l'Estafette. Les deux faux peintres devaient avancer sur eux quand ils seraient à trente mètres de nous.

— Les peintres sont partis... Trente..., vingt-cinq..., vingt... Vas-y !

J'avais bondi de l'Estafette, mon ami suivait, un grand sac militaire dans une main, une arme dans l'autre. Les peintres venaient de les doubler. Le piège s'était refermé. Les quatre hommes me virent face à eux, mon arme dans leur direction.

— On ne bouge pas... Le fric à terre... Collez-vous au mur.

Ils n'avaient même pas eu le temps de comprendre ce qui leur arrivait que les deux faux peintres étaient sur eux et les poussaient contre le mur. Les trois paquets étaient sur le sol. Mon ami les ramassait et les mettait dans le sac.

Robert surveillait l'ensemble pendant que je fouillais rapidement deux des hommes. Aucun d'entre eux n'avait d'arme.

— Pas de conneries... Restez calmes.

Des ouvriers qui avaient assisté à l'agression se rapprochaient de nous. Robert alla à leur rencontre, l'arme à la main, et les obligea à rentrer dans un hangar.

La paie était maintenant dans le sac. Je criai à mes amis :

— Terminé... On décroche.

Tous trois traversèrent la rue sur leur droite, pour aller s'engouffrer dans le passage Degrais. À cet instant seulement je les rejoignis en m'étant assuré que personne ne nous donnait la chasse. Un ouvrier qui en avait l'intention vit le geste négatif que je lui fis de la main et n'insista pas. À l'autre bout du passage, la voiture nous attendait. Elle démarra tranquillement. Nous enlevâmes nos déguisements et mîmes le tout dans un sac de voyage ainsi que mon fusil vidé de ses cartouches. Notre chauffeur nous déposa au métro et alla se perdre dans Paris pour y abandonner sa voiture.

Rendus dans une de nos planques, nous ouvrîmes les paquets. La somme était bien là, une trentaine de millions d'anciens francs en billets et une grande quantité de chèques qui n'avait aucun intérêt pour nous.

Robert me tapa amicalement sur la tête.

— Content, Jacques ?

— Oui, très content... C'est du beau travail... Pas de bavures.

— Ils n'ont pas tout perdu, on leur a laissé nos pots de peinture. Ils pourront toujours repeindre le mur.

Nous éclatâmes tous de rire. Après avoir bu un scotch pour fêter l'action, on se sépara.

J'avais une planque dans Paris. C'était le domicile d'un garçon qui était à l'étranger et qui avait laissé ses clefs à un de ses amis. Ce même ami m'avait proposé de profiter du logement pendant l'absence du garçon. Car je ne devais pas m'éterniser sur Paris. On m'avait trouvé une location sur Trouville. J'avais avant tout deux choses à faire : récupérer Joyce que je savais suivie et surtout prendre des nouvelles de mon père que je n'avais pas revu. Ne pouvant téléphoner à son domicile, j'envoyai un de mes amis à son commerce pour organiser un rendez-vous.

Mon ami revint, le visage fermé.

— Ton père est très gravement malade. Il est hospitalisé.

J'avais le cœur serré. Il me fallait le voir.

— J'ai tous les renseignements. Je sais où, mais si tu y vas tu es certain de tomber dans le piège de la police... Ne fais pas le con, Jacques, c'est trop risqué.

— Je n'en ai rien à foutre... C'est mon vieux, il faut que je le voie.

— Tu n'en as pas le droit. Autant pour lui que pour toi. J'irai le voir pour toi si tu le veux, mais ne fais pas cette folie.

— C'est mon problème... Fous-moi la paix. J'irai de toute façon. Réunis deux amis pour m'assurer une protection dehors avec une voiture. Achète-moi une blouse blanche neuve, celles des peintres sont dégueulasses. Tu m'achètes aussi un stéthoscope.

— Non, mais tu es dingue, ou quoi ?

— Écoute, avec ma nouvelle apparence on ne peut pas me reconnaître. En blouse et un stéthoscope pendu au cou, on peut me prendre pour un toubib. J'irai juste pendant l'heure des repas ou juste après. Tu vas aller repérer sa chambre et tu me donneras le plan et les détails. Il est possible qu'il n'y ait aucun flic.

— Tout cela pour voir ton père !

— Oui, tout cela pour voir mon vieux... Il n'y aura jamais d'autre fois, je le sais. Tu ne peux pas comprendre.

— D'accord, Jacques, tout sera fait comme tu le désires. Mais il faudra monter fortement armé.

— Si les flics cherchent à m'intercepter sur place, je tire dans le tas. Personne ne m'empêchera d'y aller, tu le comprends, ça ?

J'avais le regard mauvais et mon ami, qui me connaissait bien, savait que rien ne me ferait changer d'avis.

Deux jours plus tard, revêtu de ma blouse non boutonnée pour mieux saisir mon colt 45 en cas de besoin, je franchis les portes de la clinique. Mes amis étaient sur place et n'avaient rien remarqué de suspect.

Après avoir parcouru plusieurs couloirs, je me trouvai devant la porte de sa chambre. Tout me semblait normal. Je l'ouvris doucement, espérant seulement ne pas tomber nez à nez avec un flic.

Il était là, couché, les yeux fixant l'entrée. Je lus dans son regard la question qu'il se posait : « Ce visage me dit quelque chose. » Puis tout s'illumina.

— Toi ?

Je mis un doigt sur ma bouche pour lui imposer le silence.

Rendu à son chevet, je l'embrassai. Pour ce simple geste d'affection, j'avais pris un bien grand risque. Mais, adorant mon père, je savais que j'avais été malgré tout un mauvais fils et je venais peut-être chercher un pardon des souffrances que ma vie d'aventures lui avait imposées. Comme deux comploteurs, nous parlâmes à voix basse.

— Tu n'aurais pas dû venir.

— Il le fallait, papa.

— Pourquoi, fiston ?

— Pour moi.

Je le regardai. Il avait maigri de plus de trente kilos. Je le sentais épuisé, mais pas vaincu. Je lui pris la main.

— Oui, papa... Pour moi.

Pour la première fois je vis ses yeux s'embuer. Il se retenait pour ne pas pleurer. J'aurais bien donné ma vie pour qu'il vive, mais le domaine du rêve doit être laissé aux enfants. Et pourtant, devant mon père, je me sentais bien petit. Je n'étais plus le redoutable gangster, mais simplement un môme malheureux devant la mort inévitable de la personne qu'il chérit le plus.

Il me tapa amicalement le côté du visage.

— Merci, mon petit... Oui, je comprends... Mais il faut t'en aller, maintenant. Surtout, fais bien attention à toi.

Oui, il me fallait partir. Je le serrai fortement dans mes bras.

— Adieu, papa.

— Oui... adieu, mon petit.

Nous savions l'un comme l'autre que nous ne nous reverrions jamais. En franchissant la porte de sa chambre pour rejoindre le couloir, je ne m'étais pas retourné. Je pleurais... C'est con, un ennemi public qui pleure. Cela ne m'était pas arrivé depuis l'âge de douze ans. Dernier hommage à l'homme, au seigneur, qu'avait été mon père pour moi.

Quand je pris place dans la voiture qui m'attendait, mes amis comprirent qu'il ne fallait pas me parler et démarrèrent sans un mot. Nous abandonnâmes la voiture, qui était volée, dans un parking.

Deux mois plus tard, on m'apprit que mon père était mort... Quelque chose allait mourir en moi et changer certaines de mes réactions ; mais pour l'instant j'espérais encore un miracle.

Les jours qui suivirent ma visite à la clinique se passèrent à préparer la récupération de Joyce que je savais suivie par bon nombre de flics.

Cela se fit sans aucune difficulté, en utilisant un immeuble à double issue, une voiture l'attendant de l'autre côté. Cela faisait vingt et un jours que je m'étais évadé.

Joyce m'aimait d'un amour-passion et ma dernière action faisait de moi un superman à ses yeux. Il me fallut beaucoup de patience pour la ramener à la réalité.

— Écoute, petite fille... Tous les deux, cela a été formidable. Mais il va falloir nous quitter. Si tu restes à mes côtés, ta vie est cette fois foutue. Car les flics ont sûrement reçu l'ordre de me tirer à vue. Je ne veux pas que tu sois là le jour où la fusillade se produira. De plus, Janou va être extradée sur la France pour y répondre d'une vieille affaire d'attaque à main armée. Je resterai pour l'aider et la faire évader si elle le désire. Dès le début, je t'avais prévenue de mes intentions. Je vais te faire préparer des papiers solides. On te conduira en Angleterre et de là tu partiras pour le Canada. Tu auras tout ce qu'il te faut. Pas de soucis à ce sujet...

Je continuai à lui expliquer. Elle ne répondait pas, mais je lisais la souffrance dans ses yeux. Elle ne pleurait pas non plus, trop orgueilleuse pour cela. Sa seule phrase, une fois mon explication terminée, fut :

— Tu ne m'aimes plus.

— Si, je t'aime... Mais je ne te respecte pas.

— Et tu respectes Janou ?

— C'est ça, fillette... Et je ne veux pas être obligé de faire un choix... Janou, c'est ma vie. Toi, tu n'en es qu'un passage. Je n'ai pas triché avec toi, je ne tricherai pas avec elle.

— Combien de temps me reste-t-il à tes côtés ?

— Plus d'un mois, ma belle Canadienne...

— Alors, profitons-en...

Nous nous installâmes à Trouville. Plusieurs de mes amis y étaient montés pour me servir de protection. J'avais pris l'habitude de me rendre dans un petit restaurant de la rue des Bains. J'avais sympathisé avec la patronne qui était loin de se douter de ma véritable identité. Bon nombre de policiers de la ville y prenaient leur repas. C'est de cette façon qu'elle me présenta l'inspecteur Fortier. Ce jeu m'amusait et je pris plaisir à prendre régulièrement l'apéritif avec lui vers l'heure du midi.

Je lui avais fait croire que j'étais dans les affaires. Je n'avais rien de suspect dans mon attitude. Me prenant pour un bon citoyen, il joua au bon policier. Mais c'est son « Si vous avez besoin de moi un jour, ne vous gênez pas » qui m'amusa le plus. Il était le seul policier de France à avoir la photo de l'homme le plus recherché de France dans sa poche et le privilège de lui serrer la main tous les jours. Mais c'est le jour où, me parlant de sa profession et des hommes dangereux, il prononça mon nom qu'il me fit le plus sourire. Mes « oh ! » et « ah ! » admiratifs devant ses explications ne compensèrent certainement jamais le « Ah ! merde, c'est pas vrai ! » qu'il prononça quand, une fois arrêté de nouveau, il apprit ma véritable identité. Mais je n'en étais pas là.

Le 9 août, je remontai sur Paris. Le Crédit lyonnais de l'avenue Bosquet était mon objectif.

À quinze heures, je franchis les marches de la banque. Je n'étais pas masqué, mais juste transformé, mes deux amis de même. L'arme à la ceinture, je me dirigeai vers la caisse qui se trouvait au fond de la banque, sur la gauche.

La caissière me regarda, interrogative :

— Monsieur ?

J'avais sorti mon arme et, par le guichet qui lui servait à distribuer les billets, je la braquai.

— Du calme, ma belle... Tu recules et ouvres ta porte, et pas d'alarme, OK ?

Elle s'exécuta. La banque était importante. Un de mes amis était resté devant la porte et tenait son arme le long du corps sans viser personne. Il pouvait laisser entrer tout le monde, mais ne devait laisser sortir personne. Mon autre ami me servait de protection. J'avais fait le tour du comptoir. Rendu dans la caisse, je commençai à remplir mon sac avec les liasses de billets à ma portée. Il y avait plusieurs casiers fermés à clef. Je fis signe à la caissière.

— Ouvre-moi les réserves.

— C'est que je ne suis pas la caissière principale. Je ne sais si...

— Ouvre ces caisses !

Elle prit les clefs dans un petit pot de céramique posé à côté de sa caisse et s'exécuta. J'aperçus une enveloppe du ministère des Finances. Je la pris.

Au comptoir, un client avait l'air de bien s'amuser de la situation, ce n'était pas le cas du directeur. Je voyais qu'il hésitait à déclencher l'alarme. C'est la caissière qui accidentellement, en m'ouvrant un coffre et en posant le pied sur la pédale, déclencha l'alerte. Plus surprise que moi, elle eut peur de ma réaction. Cela ne m'empêcha pas de rafler les derniers billets.

— N'aie pas peur, ma chérie... J'aime travailler en musique.

Au moment de sortir de la caisse, je vis qu'une femme était à terre et avait perdu connaissance ; ses collègues tentaient de la ranimer. Tranquillement, je donnai le signal du départ. Nous sortîmes de la banque, l'arme à la ceinture, et tout comme les autres badauds regardâmes un peu partout comme pour situer la sirène d'alarme. C'était le grand avantage de travailler à visage ouvert.

Avec mes amis nous prîmes un passage sur notre droite. Cela nous conduisait sur un boulevard où nous attendait une voiture avec un homme au volant. En me retournant, j'aperçus que des hommes nous suivaient. Je reconnus celui que j'avais pris pour le directeur. Ils ne représentaient aucun danger pour nous, mais je les trouvais bien imprudents de prendre de tels risques.

Notre voiture démarra tranquillement. Une fois de plus, je me retournai.

— Ils ont stoppé un automobiliste et nous prennent en chasse, dis-je à mon chauffeur.

Leur poursuite ne dura pas. On les lâcha au premier feu rouge. On abandonna notre voiture quelques rues plus loin et nous prîmes le métro le plus facilement du monde. Une quinzaine de millions d'anciens francs venaient de changer de main. Le soir même, j'étais de retour à Trouville.

Depuis plus de deux semaines, je savais que Janou était incarcérée à la prison de Fleury-Mérogis. Des amis canadiens, avec qui j'étais en contact permanent, m'avaient averti de son départ et fait savoir que Janou me demandait de ne rien tenter pour elle, qu'elle préférait payer une bonne fois pour toutes sa dette à la société. De toute façon, je n'aurais rien pu tenter à l'aéroport d'Orly sans provoquer un massacre. Car le commissaire Tour et ses hommes l'avaient réceptionnée avec tous les honneurs que son passé et ma présence dehors ne manquaient pas de provoquer.

J'avais l'intention de laisser passer deux mois avant de la contacter pour savoir si elle voulait que je la sorte de Fleury. Je n'allais pas en avoir le temps.

On fait souvent entrer le loup dans la bergerie. Il prit forme le jour où l'on me présenta Pierre Verheyden. Il me donnait l'impression d'un garçon correct. Petit à petit, je me pris d'amitié pour lui et on en vint à discuter affaires. Il connaissait très bien le métier de bar. Je lui fis la proposition d'en acheter un à Trouville, s'il voulait me servir de prête-nom. Il fut emballé par ma proposition et ajouta qu'il aimerait bien gagner autant d'argent que moi. J'attendis un peu pour l'affranchir sur mes activités. Je voulais avant tout le mettre à l'épreuve.

Dans le début du mois de septembre, je repris la direction de Paris. J'y avais trois planques et devais m'en faire louer une quatrième. J'en profitai pour braquer une banque du square Jessaint, près du métro La Chapelle... Tout se passa en douceur.

Trente minutes plus tard, pendant que la police faisait les premières constatations, nous attaquions une autre banque du boulevard Gouvion-Saint-Cyr. J'aimais ce principe du doublage. Il allait être la cause indirecte de ma perte.

Pour Joyce, l'heure du départ était arrivée. Elle me supplia de la suivre. Mon ami Robert devait l'emmener en Angleterre et suivre mes consignes pour son départ au Canada.

J'avais prévu pour elle deux jeux de papiers. Elle passait la frontière sous un nom et prenait l'avion sous une nouvelle identité. Je lui avais remis une forte somme d'argent. Je n'attendais que Robert. Il arriva à midi.

Il me tendit les papiers de Joyce sans dire un mot.

— Tu fais une drôle de gueule, aujourd'hui.

— Ton père est mort.

Il m'avait dit ça sans préparation, sachant très bien qu'il n'y avait rien d'autre à dire. Mon père était mort chez lui, dans son fauteuil, d'une crise cardiaque. Il était devenu l'ombre de lui-même et c'est le cœur qui avait lâché le premier, avant que le cancer ne le ronge. Joyce voulut s'approcher de moi pour me dire quelque chose. Sa valise était prête. M'adressant à Robert :

— Emmène-la, veux-tu.

Joyce voulut parler.

— Chéri..., je...

— Non..., ne dis rien. Va-t'en. Allez, Robert, emmène-la et suis bien mes consignes, qu'il ne lui arrive rien.

Je pris Joyce dans mes bras :

— Adieu, petite fille... J'ai besoin d'être seul.

Quand la porte se ferma, je savais qu'elle regretterait toujours ce départ, car son amour pour moi avait été sincère. Mais elle n'était pas de taille pour vivre le mauvais côté de l'aventure.

J'étais seul. Je me couchai sur mon lit pour y pleurer la mort de mon grand ami : mon père. Ma douleur fut terrible. Aucun de mes amis ne vint me voir, sachant qu'il me fallait cette solitude. C'est peut-être à cet instant seulement que je compris combien la mort pouvait faire mal à ceux qui restent. J'avais exécuté des hommes au nom de ma loi. Combien de mères, combien de femmes avaient ressenti cette souffrance qui me torturait le cœur et cela par ma faute : en tuant mes ennemis, ne les avais-je pas tuées aussi ? Il était un peu tard pour me découvrir une conscience. Car je savais qu'il m'était impossible de tricher avec moi-même. J'étais un fauve qui au matin serait le même face à son milieu, c'est-à-dire sans pitié.

Un de mes amis vint le troisième jour.

— Je t'emmène à Trouville. Il faut te changer les idées, me dit-il. Il avait raison. Je le suivis.

J'y avais connu une barmaïd, jolie môme, et le peu de conversation que nous avions eue ensemble me prouvait qu'elle avait la mentalité. Elle se surnommait Francine, mais je l'appelais « Belle Gueule ». Elle avait de l'humour et de la race. Quand elle me vit débarquer au volant de la « SM » que j'avais louée à Paris, son visage s'éclaira. Elle comprit que j'étais venu pour elle. Quand quatre jours plus tard je pris le chemin du retour, elle me suivit.

Une de mes relations m'avait loué entre-temps un appartement rue Vergniaud. Elle s'installa avec moi. Nous nous plaisions et, s'il y avait relations sexuelles entre nous, il n'y avait pas d'amour véritable sinon le plaisir d'être ensemble.

Si j'étais de nouveau dans la capitale, c'était en vue d'y monter un coup sérieux ; et le nouvel appartement loué en était une des bases. J'allais commettre une de ces erreurs qui ne pardonnent pas, et tout simplement par amitié. Robert vint me trouver en me présentant un de ses intimes. Je le reçus comme lui-même.

— Tu sais, Jacques, mon ami est actuellement fauché. Il aimerait bien monter avec toi sur un braquage.

— Écoute, je peux lui avancer de l'argent.

Il refusa. Il voulait le gagner, ce qui était à son honneur. Mais j'étais tout à la préparation du coup sérieux et cela ne m'enchantait pas de refaire un braquage de banque pour y prendre une dizaine de millions d'anciens francs.

— En plus, tu pourrais tester Pierre Verheyden comme chauffeur, me dit-il.

L'attaque de banque était pour moi une simple formalité. Je faisais ça comme d'autres vont faire leurs commissions. Je devais bien des services à celui qui me demandait cette chose-là. Je finis par accepter.

Le soir même, je téléphonai à Pierre pour qu'il monte à Paris. Son travail était plus un cadeau que je lui faisais. Car il est préférable de ne pas avoir de chauffeur dans certaines circonstances. Lui était heureux de venir. Moi, de mon côté, je voyais l'avantage qu'il soit mouillé sur une affaire avec nous avant que j'achète le bar. Pierre connaissait très peu Paris, je lui fis déposer sa voiture porte d'Auteuil et allai le chercher. Le soir venu, j'hésitai à le faire coucher rue Vergniaud. Puis, ne pensant pas prendre un bien grand risque, j'acceptai qu'il passe la nuit chez moi. Nous devions faire notre coup au matin. Belle Gueule était partie chez une de ses amies, ignorant totalement mes activités. Je devais la revoir le soir même.

Quand nous prîmes la direction de la première banque, je sentis comme une appréhension. Mon instinct me disait de ne pas braquer aujourd'hui, qu'il allait y avoir de la casse. Je montais avec deux types qui n'avaient jamais travaillé avec moi. Pour leur rendre service. Mon ami était avec moi pour la même raison.

Tout se passa le plus naturellement du monde sur la première affaire et l'alarme que déclencha le directeur de la banque n'était pas faite pour nous émouvoir. L'homme qui m'avait été présenté était un bon professionnel, calme et travaillant comme j'aimais qu'on le fasse. Après nous être engouffrés dans la voiture, je dis à Pierre :

— Tout est OK, mais c'est léger en fric.

Il n'y avait que cinq millions d'anciens francs et le triple en bons au porteur.

— On double.

J'avais prévu le doublage sur une banque du boulevard Barbès. Un encombrement nous fit perdre cinq minutes, ce qui nous fit arriver devant la banque à l'heure des sorties de bureaux et ateliers de toute sorte.

Pierre gara son véhicule à dix mètres de la banque. Nous y pénétrâmes. Rendu au guichet du caissier, je lui ordonnai, tout en le braquant de mon arme :

— Recule et ouvre ta porte.

Je fis le tour du comptoir et pénétrai dans la caisse. Je commençai à prendre la première liasse et à remarquer le piège du système d'alarme à pince qui se déclenchait si on tirait sur les billets. Ce qui me fit dire :

— Tiens... un piège à cons.

C'est à cet instant que la voix de Robert me surprit :

— Merde, les flics sont là !...

Je relevai la tête pour me rendre compte que mes deux compagnons étaient sortis précipitamment en me laissant seul dans la banque. Ce genre de situation n'était pas pour me rendre nerveux. Calmement je me dirigeai vers la porte. Il n'était pas question pour moi de prendre un otage pour couvrir ma sortie. J'avais participé à trop de fusillades pour en craindre une de plus. De la porte je les aperçus. Un car de flics avait coincé le chauffeur, qui se retrouvait les mains dans le dos et braqué par trois policiers, dont un armé d'une mitraillette. Je compris tout de suite qu'ils pensaient avoir arrêté le chauffeur du premier hold-up et qu'ils étaient loin de se douter que nous étions en train d'en commettre un second. Je ne pouvais abandonner mon chauffeur. Étant à visage ouvert, aucune alerte n'ayant été déclenchée dans la banque, je voulus m'approcher suffisamment près pour les braquer tous les trois et libérer Pierre. J'aurais pu les abattre, car ils ne regardaient pas dans ma direction. Mais j'avais assez d'expérience pour ne pas commettre ce genre de geste aussi stupide que gratuit. Je m'approchai donc doucement d'eux. Mes amis, me voyant faire, étaient revenus sur leur chemin pour m'aider. J'avais mon arme le long de la jambe. Je n'avais plus que six mètres à faire pour être sur eux. C'est l'instant que le directeur de la banque choisit pour se présenter devant sa porte et crier : « Au voleur ! » Les flics, surpris, regardèrent dans sa direction et virent que son doigt était pointé dans ma direction. Mes amis avaient stoppé leur approche. Si je déclenchais la fusillade, c'était le massacre. Car à midi le boulevard grouillait de monde. Ne me voyant pas tirer, les flics en firent autant. Je me mis à courir en direction de mes amis. Cette fois, c'était la fuite. J'entendis les sifflets et les « arrêtez-les » ! Me retournant, je vis qu'on nous donnait la chasse. Le premier policier était à plus de trente mètres de moi, l'arme à la main. Aucun coup de feu n'avait encore été tiré. À un croisement de rues, un contractuel voulut me barrer le chemin en mettant les bras en croix comme un crucifié volontaire pour une médaille du courage ou de la connerie à titre posthume. C'était un Africain. Il ne représentait aucun danger pour moi. Je le pris par le col de sa veste et le collai au mur pour m'ouvrir le passage. J'avais mon colt 45 à la main. En le voyant, ses yeux se révulsèrent de peur.

— Joue pas à ce petit jeu, pépère !

Et je continuai ma route sous les cris des policiers qui se gardaient bien de se rapprocher de nous. Nous avions franchi plus de trois cents mètres ainsi. Arrivés à la quatrième rue qui croisait la nôtre, ce fut une contractuelle qui nous fit face. Mais, nous prenant pour des policiers en civil, elle fit stopper une voiture pour nous laisser le passage. Robert en profita pour éjecter le chauffeur et prendre sa place. De mon côté, j'avais fait le tour du véhicule pour me mettre à la place avant, pendant que notre nouveau compagnon avait pris place à l'arrière. Nous allions démarrer sur notre droite. Au dixième de seconde, je vis qu'un flic caché derrière des voitures visait Robert. Je tirai en même temps que mes yeux avaient enregistré le danger. Mes balles passèrent devant le visage de Robert, car le péril venait de ma gauche. Elles transpercèrent le véhicule par son intérieur. Le flic n'avait pas eu le temps de viser, mais ses balles étaient parties en même temps que les miennes. Notre voiture vira dans un bruit de pneus. Le policier vida le reste de son chargeur sur l'arrière de notre véhicule. L'ami de Robert porta ses mains à son visage ; une balle lui avait éraflé la joue gauche en faisant éclater la vitre arrière. Nous étions maintenant hors de danger.

J'avais introduit un nouveau chargeur dans mon arme. M'adressant à Robert :

— C'est con pour Pierre...

Puis, regardant son ami qui s'était posé un mouchoir sur la joue :

— Montre ta blessure.

Elle n'était que superficielle, il saignait peu, mais était certain de garder une marque en souvenir.

Robert roulait vite. Nous avions grillé plusieurs feux rouges. Il se tourna vers moi :

— Merci, tu m'as sauvé la vie.

— Laisse faire, veux-tu...

Nous stoppâmes notre véhicule devant un garage, car une voiture venait de s'y garer et j'avais l'intention d'en sortir le chauffeur pour prendre sa place. La nôtre, avec ses vitres éclatées et les impacts de balles, était pour le moins voyante. Je m'aperçus qu'une femme était au volant. Me retournant vers mes amis :

— On se tire à pied...

Le garagiste n'avait rien compris. Il regardait notre véhicule, l'air surpris. Comme nous nous éloignions sans courir et très calmement, il nous prenait lui aussi pour des flics.

Nous réussîmes à rejoindre un métro. Quatre stations plus loin, nous nous séparâmes. Je pris un taxi. Il me déposa à deux cents mètres de ma voiture. Je la pris pour rejoindre mon domicile. C'était la première fois que je perdais un homme sur une agression à main armée, la première fois en quinze ans. Si j'avais suivi mon instinct du matin ! Mais on se refuse toujours à croire à ce genre de choses, on met cela sur le compte de la fatigue ou de son imagination. J'étais certain de ne pas avoir blessé le policier, car je n'avais pas cherché à le faire. Mais je plaignais Pierre qui allait subir un interrogatoire en règle. Les flics n'allaient pas lui faire de cadeaux. Il avait fait plusieurs années de boxe. Je supposais qu'il résisterait aux coups et qu'il fermerait sa gueule. De toute façon, même s'il avait couché chez moi, il n'en connaissait pas l'adresse puisque je l'y avais conduit de nuit. Le plus important était de prévenir un de mes amis pour qu'il lui trouve immédiatement un avocat qui n'était pas du milieu. Je fis donc un téléphone. Mon ami m'assura qu'il s'en occupait immédiatement. Pendant que je faisais le nécessaire pour lui, Pierre était en train de me trahir et j'étais loin de me douter que, même s'il ne connaissait pas mon adresse, les renseignements qu'il allait donner suffiraient aux anti-gangs pour retrouver ma trace.

On lui avait mis sous le nez toutes les photos des braqueurs de banques. Il m'avait reconnu sans aucune hésitation... et par la même occasion il avait reconnu des hommes qui étaient supposés me connaître. Les flics avaient insisté, la peur lui avait fait dire « oui ». Il savait pourtant que ces hommes, qu'il désignait, n'avaient pas participé au double hold-up car il ne connaissait pas mes associés, et les flics ne les avaient pas au fichier du grand banditisme... Mais Pierre était un lâche prêt à toutes les concessions pour se sortir d'affaire. Les flics, eux, ne faisaient que leur métier de flic, avec des méthodes de flic.

Le soir venu, j'aurais pu changer de domicile, les planques ne me manquaient pas. Mais je savais que certaines relations que je ne pouvais joindre risquaient de venir me rendre visite à cette adresse. De plus, j'étais certain de l'impossibilité que Pierre parle... Que pouvait-il dire ?

Belle Gueule me rejoignit et passa la nuit avec moi, ignorant totalement ce qui s'était passé dans la journée. Au matin du 28 septembre, je vivais mes dernières heures de liberté.

Toute la nuit, les policiers avaient parcouru Paris et les secteurs ressemblant à la description que Pierre leur avait faite. En leur disant que c'était près de la porte d'Orléans, il leur avait réduit les recherches... Promené de rue en rue, il était tombé sur la mienne et l'avait désignée en sachant qu'il me condamnait peut-être à mort ou pour le moins à finir ma vie en prison. Au matin, les policiers avaient présenté ma photo à la concierge en lui donnant la nouvelle description que Pierre avait faite de moi.

— Oui, je le reconnais... Son logement est loué au nom de M. Lefèvre. Elle indiqua l'étage et la porte.

J'étais déjà piégé. Il ne leur restait plus qu'à attendre que je sorte. Si je l'avais fait, c'était une mort certaine. Car, dans la rue, je prenais toutes mes précautions pour ne pas me faire avoir comme lors de ma dernière arrestation. Mais le destin une fois de plus me fit cadeau de la vie.

Je devais aller chercher deux complets chez mon tailleur. Il était treize heures. Francine me proposa d'y aller à ma place. Je n'avais pas envie de sortir, je la laissai faire. Vers quinze heures, deux de mes relations passèrent me voir. L'un d'eux m'avait aidé à louer mon appartement mais ignorait ma véritable identité... L'autre avait pour habitude de prendre mes jeux pour les courses, car je jouais toujours par son intermédiaire. Je lui confiai un million et demi d'anciens francs pour faire mes paris à Vincennes. Tous deux me quittèrent. Les flics étaient déjà sur place et les virent quitter mon immeuble. Les volets de mes pièces étaient baissés, on ne pouvait donc pas voir ce qui se passait dans ma chambre. Toutes les pièces de l'appartement donnaient sur un jardin. J'étais au deuxième étage et ne pouvais voir la rue principale. Le cas contraire m'aurait permis de repérer le mouvement des flics.

J'avais débouché une bouteille de champagne. Sur mon tourne-disque, une musique chantée par James Brown... À mes côtés, Belle Gueule se faisait chatte. Sans le savoir, en l'entraînant dans une ronde d'amour, je m'offrais par son corps le dernier plaisir du condamné.

Pendant ce temps, les anti-gangs, désespérant de me voir sortir, prenaient les ordres du commissaire Bouvier. Le grand patron avait pris sa décision : on ne pouvait plus attendre, il fallait me « sauter » chez moi... Il avertit ses hommes :

— Attention. Mesrine est un tueur, il ne vous fera pas de cadeaux. Il faut mettre le paquet.

Le commissaire Leclerc, le commissaire Broussard, au commandement de leurs hommes, mettaient tout en place pour ne me donner aucune possibilité de fuite. Le substitut du procureur et la brigade des gaz étaient sur place. Les appartements voisins du mien étaient occupés un par un par des policiers. À chaque balcon, une arme pouvait m'abattre si je tentais une sortie. Dans le jardin à l'anglaise, d'autres anti-gangs avaient pris place dans les coins d'ombre.

Nous nous étions endormis, assouvis de plaisir. On frappa à ma porte. C'était la concierge. Je lui avais ouvert, la main droite que je maintenais derrière mon dos serrait un colt 45.

— Vous désirez, madame ?

Elle partit dans une explication vaseuse : des travaux à faire dans mon logement pour le lendemain matin. Elle me demanda si je serais là. Je lui répondis affirmativement, la saluai par un « bonsoir » et refermai ma porte. À la vérité, les anti-gangs lui avaient demandé de monter pour vérifier si j'étais toujours chez moi. Il était vingt heures. Je m'étais de nouveau allongé sur mon lit... Je relaxais quand on frappa violemment à ma porte.

— Police !... Ouvrez !

Je ne pus m'empêcher de dire : « Merde, c'est pas vrai ! » J'avais bondi sur mes armes, deux de mes colts 45 à la ceinture et une mitraillette dans les mains. Francine sommeillait.

— Vite, réveille-toi... Les flics sont là.

Elle me regarda, étonnée... puis réalisant :

— Oh ! Non, c'est pas vrai... Oh ! Non, chéri.

Je n'avais pas de temps à perdre.

— Couche-toi à terre, je vais tenter ma chance... Adieu, fillette.

Puis j'avais quitté la chambre, pour me rendre dans la cuisine. Je voulais sauter du deuxième étage. En passant dans mon couloir, j'entendis l'avertissement :

— Vous êtes encerclé... Deuxième sommation... Rendez-vous.

J'étais prêt à tirer une rafale au travers de la porte. Toutes mes lumières étaient éteintes. Je n'avais pas prononcé une parole en réponse aux ordres que l'on me donnait. Rendu dans ma cuisine, je jetai un coup d'œil à la fenêtre. Plusieurs policiers avaient pris place dans des coins d'ombre. Mais je réussis à les repérer. J'étais coincé. Si je sautais, c'était une mort certaine.

— Dernière sommation... et nous envoyons les gaz.

J'étais revenu dans le couloir et m'étais plaqué au mur à côté de la porte. La voix redoubla son appel :

— Rendez-vous... Dernière sommation.

J'avais espéré un court instant que les flics ne savaient peut-être pas qui ils venaient arrêter et j'avais juré en allemand pour donner le change. Je m'étais mis en position de tir de façon à pouvoir abattre le premier qui se présenterait si ma porte était enfoncée. Mais j'avais bien compris que cette fois j'étais perdu. Belle Gueule avait rampé jusqu'à moi. Me voyant viser la porte, elle me supplia tendrement :

— Oh ! Non, chéri... pas ça, je t'en supplie.

Je me recollai de nouveau au mur, tout en criant au travers de la porte :

— Vous ne savez pas qui vous venez chercher.

— Si... Tu es Mesrine... Fais pas le con, tu n'as pas une chance sur mille de t'en sortir... Il y a des tireurs partout et...

— Qui es-tu, toi ?

— Commissaire Broussard.

— Broussard..., le mec des anti-gangs ?

— Oui.

— Tu as une photo sur toi ?... Glisse-la sous la porte.

— Pourquoi ?... Tu veux me flinguer au moment où je me baisserai pour le faire ?

— Non... Je veux vérifier si c'est bien toi. Tu as ma parole, il n'y a pas de piège.

— D'accord... Je te passe ma carte d'identité.

Je vis la carte qui dépassait. Je me méfiais autant que lui et c'est du pied que je l'amenai jusqu'à moi. J'avais tout un dossier police avec bon nombre de photos de flics publiées dans la presse. J'avais celle de Broussard. Je fis la comparaison..., c'était bien lui. Je mis l'article dans sa carte.

L'instinct de mort

— Oui, c'est bien toi... Je te rends ta carte.

Il la prit sous la porte.

— Tes intentions, Jacques ?

— Cette fois, je crois bien que je suis fait.

— Oui, tu n'as aucune chance.

— Écoute, flic. Il y a une fille avec moi, elle n'est pas dans le coup et si tu es...

Au ton de sa voix, je compris qu'il avait pensé que j'étais seul.

— Une fille ?... fais-la parler.

Je fis signe à Belle Gueule de s'avancer près de la porte.

— Vas-y... Parle.

Elle ne savait quoi dire et timidement elle prononça :

— Oui, monsieur... Il y a une femme avec lui.

Les anti-gangs n'avaient pas prévu ça. Je pouvais, si je voulais, leur faire croire qu'elle était fille d'un homme important et sortir avec elle comme otage. Mais je n'ai jamais agi contrairement à mes réflexes et principes en mettant une femme devant moi comme bouclier. Je n'avais qu'une idée en tête, la sauver de la prison.

— Écoute, Broussard... Je sais que tu es un homme correct. Pour moi, pas de marché, mais la petite n'est pas dans le coup. Si j'ai ta parole que vous ne la gardez pas plus de vingt-quatre heures et qu'elle retrouve sa liberté, j'accepte de me rendre. Sinon, venez me chercher.

J'entendais Broussard parler à d'autres personnes.

— C'est d'accord, Jacques... Tu as ma parole... mais seulement si elle n'est pas recherchée pour autre chose. Et maintenant, tu décides quoi ?

— Il me faut vingt minutes... Après, je vous ouvre.

— Pour quoi faire ?

— Pas ce que tu crois...

— D'accord... Vingt minutes.

Broussard savait très bien que j'en profiterais pour détruire des documents. Mais le plus important pour lui et ses chefs était d'éviter toute effusion de sang. Car tous savaient que pour

343

avoir ma peau il leur faudrait perdre des hommes, mon passé plaidait pour moi. Le déroulement des événements était inespéré pour eux. J'acceptais de jouer la règle du jeu, il ne fallait surtout pas me brusquer... Un homme piégé a parfois des réactions imprévisibles. J'avais besoin de ces vingt minutes pour détruire les plans complets du coup sérieux qui était en préparation. Je pris une casserole et mis le feu aux documents en les faisant brûler dedans. J'écrasai toutes les cendres et les fis passer par le trou de l'évier en faisant couler l'eau. Puis je me mis à brûler mes faux papiers... Eux, je les laissai dans cet état pour que les flics en récupèrent les cendres, cela n'avait aucune importance. Il y avait de la fumée plein l'appartement. J'avais toujours ma mitraillette près de moi pour éviter toute surprise. Broussard, voyant la fumée passer sous la porte, me questionna :

— Mais qu'est-ce que tu fous ?

— Je brûle ce qui t'aurait intéressé, lui dis-je ironiquement.

— Eh, Jacques... Ça fait vingt minutes.

— Et alors !... Si je veux une heure, je la prendrai.

— OK... Ne t'énerve pas.

Broussard n'avait pas envie de me voir changer d'avis. J'étais calme. Dans quelques minutes, j'allais perdre ma liberté pour toujours. Un baroud d'honneur sans une chance sur mille, je laissais ça aux amateurs... On ne s'évade pas d'un cimetière ; d'une prison, si. Cela me faisait mal au cœur de me rendre... Dans la rue, j'aurais tenté ma chance, même à un contre dix. Mais les anti-gangs avaient fait du beau travail. J'étais bon joueur. Regardant Belle Gueule, je lui dis :

— Prépare le champagne et aussi ma valise.

Puis, la prenant tendrement dans mes bras :

— Tous les deux, cela a été formidable. Pas de soucis à te faire, Broussard tiendra sa parole.

Elle avait les larmes aux yeux, notre baiser avait un goût salé.

— Et toi, chéri, que va-t-il t'arriver ? C'est grave, pour toi.

— Oui..., c'est fini pour moi.

Elle avait blotti sa tête sur mon épaule.

— Merci... Oui, merci de ces quelques jours de bonheur.

Les anti-gangs étaient derrière la porte, armés comme pour la guerre, et moi je faisais mes adieux le plus tranquillement du monde, comme l'amant qui part pour un long voyage... Le mien risquait d'être très long, très, très long. Broussard s'impatientait :

— Alors, Jacques, merde, tu charies !...

— J'arrive, flic, j'arrive.

J'étais toujours armé.

— Eh, Broussard.

— Oui ?

— On dit que tu es un dur de dur.

— T'es pas mal non plus.

— Tu sais que ça m'emmerde de me rendre ?

— Je m'en doute.

— J'aimerais vérifier si tu es aussi gonflé qu'on le dit. Serais-tu capable de te présenter sans arme et sans gilet pare-balles au moment où j'ouvrirai la porte ?

— Pourquoi ? Tu veux me flinguer ?

— Non, mais si tu es là c'est que j'ai été vendu. Je voudrais que tu la gagnes, cette arrestation, en prenant un risque.

— Et toi, Jacques, où seront tes armes ?

— À terre... Tiens, je les désarme.

J'avais enlevé les chargeurs et actionné la culasse de chaque arme pour éjecter la balle du canon.

Broussard, derrière la porte, s'était poussé en entendant le bruit de culasse.

— Voilà. C'est fait... Alors ?

— Quelle garantie tu me donnes, Jacques ?

— Ma parole... Rien que ma parole.

C'est là que l'on voit les grands flics... Face à face, il n'y avait plus l'ennemi public face au patron des anti-gangs mais deux hommes, deux durs qui savent la valeur de la parole donnée. Broussard prenait un risque énorme, mais c'était un homme qui avait calculé l'importance que prendrait son geste à mes yeux. J'ai toujours respecté un adversaire loyal. Dans la rue, un des deux, le moins rapide, aurait perdu la vie... Mais Broussard avait le geste gratuit de gagner mon arrestation : sa vie contre la parole d'un tueur. Le citoyen ordinaire ne pouvait pas comprendre ; lui qui, le cul assis, ne risquait jamais sa peau, qu'aurait-il pu comprendre à une histoire d'hommes ?

— D'accord, Jacques... Je n'ai plus rien.

— Alors j'ouvre.

Je tournai la poignée de porte et l'ouvris.

Broussard était devant moi, tous ses hommes derrière lui. J'avais un cigare aux lèvres. Je lui souris en lui tendant la main :

— Bien joué, commissaire... Pour cette fois, vous avez gagné.

Les flics avaient envahi mon appartement. On m'avait passé les menottes. Le commissaire Leclerc et le substitut du procureur étaient entrés. Il me serra la main.

— Merci, Mesrine.

— Pourquoi ?

— On s'attendait au pire.

— J'ai joué le jeu, monsieur le procureur... Rien que le jeu.

Puis, me retournant vers Francine à qui on avait laissé les mains libres :

— Sers-nous le champagne, veux-tu ?

Les coupes pleines, je trinquai avec Broussard, Leclerc et le substitut. Nous n'avions plus rien à nous dire.

— Emmenez-le..., dit Leclerc.

Je fus conduit à la première brigade territoriale. On me fit passer la nuit dans un commissariat. J'ai toujours eu une haine viscérale des flics en uniforme. On me laissa toute la nuit avec mes menottes. On me refusa tout verre d'eau, même le droit d'aller aux toilettes. Vengeance de minables face à celui qui, libre, leur foutait la frousse. Je les insultai pour provoquer une réaction. Rien n'y fit. Au matin, les anti-gangs vinrent me chercher pour me reconduire à la première brigade. Pendant la nuit ils avaient arrêté deux de mes relations, dont celui qui me faisait mes jeux à Vincennes. Il s'était présenté chez moi, après les nocturnes, pour me remettre mon argent. En voyant des hommes armés lui ouvrir la porte, il avait pris peur et essayé de se sauver. Mal lui en avait pris. Il s'était tout simplement fait assommer.

Je l'aperçus dès mon arrivée. Sa chemise était pleine de sang. Je ne le saluai pas, préférant l'ignorer. Des hommes de Leclerc me demandèrent de me mettre en alignement avec l'autre et deux flics qui servaient de figurants, cela pour une confrontation avec le directeur de la première banque que j'avais braquée deux jours plus tôt. Nous étions ni rasés ni lavés et tranchions dans le tableau. Le directeur me désigna. Mais ce qui me surprit le plus, c'est quand il désigna l'homme qui me faisait mes jeux, comme un de mes complices. Cette erreur provoqua ma colère et me prouva une fois de plus que n'importe quel citoyen peut envoyer un homme en prison sur une erreur d'identification.

Je me refusai à toute déclaration.

Vers midi, Broussard arriva et me salua.

— Salut, beau crâne.

— Salut, beau flic.

— En forme, Jacques ?

— Ça peut aller, commissaire... Et la petite, vous la relâchez quand ?

— Comme promis, elle sera libre à quatorze heures... Tu veux la voir ?

Belle Gueule arriva. Elle avait le visage émouvant de tristesse. On nous laissa seuls, moi dans une sorte de cage, elle assise à mes côtés. Ses yeux se remplirent de larmes.

— Que vas-tu devenir ? Si tu savais comme j'ai mal pour toi !... Tu accepteras que je demande un parloir pour te voir ?

— Non, Belle Gueule... Impossible... La femme que j'aime est en prison. En cavale, je peux tout me permettre... Là, non. Le parloir est pour elle, uniquement pour elle.

— ... Oui, je comprends... On reste amis, c'est ça ?

— Oui..., de grands amis.

Pour moi, c'était l'heure du départ en direction du dépôt. Je la quittai sur un dernier baiser. À quatorze heures, on la libéra. Broussard et Leclerc avaient tenu leur parole. Dans le milieu, je savais qu'ils étaient contestés quant à leurs méthodes par certains truands. L'opinion des autres ne m'intéressait pas. Pour moi, c'étaient deux grands flics qui agissaient peut-être différemment selon qu'ils se trouvaient face à un homme ou une crapule. Les grands flics ne font jamais d'erreurs de jugement sur « leur client ». Or le « milieu » n'est pas le monde de l'honneur et de l'amitié à toute épreuve comme trop de films le montrent à tort. Les hommes, les vrais, sont rares. À la vérité, c'est le monde de l'embrouille, de l'enculade, du m'as-tu-vu, de l'orgueil démesuré, un monde de frimeurs. Sans calibre, certains durs de quartier ne sont que des lâches. Les vrais hommes, on les voit en prison, à leur attitude, à leur façon de savoir payer la tête haute et non le ventre à terre. Si la plupart des femmes voyaient « leurs hommes » en taule et leurs façons de se conduire, elles se feraient lesbiennes, leur mettraient un doigt au cul et les enverraient faire les commissions. J'allais retrouver ce monde en retrouvant la prison de la Santé. J'y étais respecté... puisque craint. Critiqué aussi... dans le dos, jamais de face. Tout le monde n'appréciait pas mes méthodes trop directes et toujours violentes dans mon milieu. Mais la prison est le domaine de la mythomanie, les « garçons » se tiennent ensemble... Les autres s'inventent des amis et des actions pour se donner de l'importance. Tout est déformé dans une prison, on y colporte des rumeurs, des fausses informations dans le seul but de salir un gars qui ne vous plaît pas. On se traite d'enculé à minuit, on se fait la bise à midi. La Santé ne faisait pas exception à la règle, avec son monde de délateurs placés aux meilleurs postes par l'administration... On y gagnait des trois mois de grâce par dénonciation... Ceux qui n'avaient rien à dénoncer s'inventaient des complots d'évasion. C'est cette race d'ordures que je craignais le plus, toujours à épier, toujours à écouter, toujours à balancer. J'allais y retrouver aussi des amis, des hommes, des vrais ; des garçons sincères, des hommes de cavale comme moi. Le fourgon me conduisait vers mon nouveau destin et cette fois l'escorte des policiers qui m'accompagnaient me démontrait que les erreurs du passé seraient évitées. On m'avait repris, on allait tout faire pour me garder.

Quand les lourdes portes de métal se refermèrent sur moi, je compris que je ne retrouverais pas ma liberté avant longtemps. Vouloir s'évader est une chose, le pouvoir en est une autre.

Le comité de réception était là quand on me conduisit au greffe. L'un des chefs me dit :

— Pas de chance, hein, Mesrine ?

Puis, constatant mon changement d'apparence :

— Comme vous êtes là, je ne vous aurais jamais reconnu.

Je n'avais pas envie de parler. On me conduisit à la première division. J'y retrouvai la même cellule que j'avais quittée cent jours plus tôt. Je ne me sentais même pas malheureux. La réalité de ma situation ne m'échappait pas, mais je m'étais évadé trois fois, je savais qu'il y aurait une quatrième fois... Simple question de patience. Janou étant en France, j'allais enfin pouvoir la revoir si mon juge d'instruction m'en donnait l'autorisation. Au matin, nous avions droit à une heure de promenade. J'y retrouvai certains copains dans la grande cour. Il fallut raconter..., ce que je fis pour ne pas les contrarier.

Puis les jours passèrent. J'avais réorganisé ma vie en cellule. La prison de la Santé, malgré son ancienneté, offrait des conditions de vie acceptables. Mais, en comparaison des maisons d'arrêt canadiennes, il y avait un retard de vingt ans. Le principe de laisser un homme enfermé vingt-trois heures sur vingt-quatre dans une cellule de 1,80 mètre sur 3,60 mètres faisait regretter le bagne aux anciens. Même l'Espagne offrait de meilleures conditions aux détenus en les laissant toute la journée dans des grandes cours. Mais la France est le pays de la répression sous toutes ses formes. La prison n'est pas faite pour éloigner certains individus du monde actif et leur faire payer leurs fautes. La prison sous sa forme actuelle n'a qu'un but : détruire celui qui a le malheur d'en franchir les portes. Depuis des années les réformes étaient annoncées... mais les promesses administratives sont des leurres qui ne me dupaient pas. La société française est ainsi faite qu'elle ne veut pas savoir la vérité de ses prisons. Que des hommes s'y suicident, s'y mutilent, soient drogués, y crèvent de misère psychologique ne l'intéresse pas. Les murs sont assez hauts pour qu'elle n'entende pas le désespoir et les cris de haine. Pour elle, l'essentiel est de garder bonne conscience. Il faut voir une prison vivre pour comprendre que la société elle aussi se commet dans les règlements de comptes de la façon la plus lâche et par personnes interposées. Tout cela, je l'avais constaté depuis longtemps, ce qui m'enlevait tout remords d'avoir choisi mon genre de vie. Je savais que la prison ne me détruirait jamais. Car j'étais homme à lutter, à me battre contre l'injustice intérieure... Incarcéré, je me sentais le même que libre.

Mon juge d'instruction, fort de son pouvoir, m'interdit tout parloir. Même avec ma propre mère... Refuser à un homme de voir sa mère ne peut être qu'une action d'homme de justice usant arbitrairement des pouvoirs que la société lui donne. Les lois n'existent que sur le code. À la vérité, elles sont régulièrement bafouées par ceux qui sont chargés de les faire appliquer. Je n'avais plus rien à perdre et mes instructions ne pouvaient en rien changer ce qui m'attendait. On me présenta parfois à des témoins d'agression de banques, sans aucun figurant. Et quand mon juge d'instruction en faisait venir il était courant que les témoins reconnaissent les policiers qui étaient à mes côtés comme les hommes qui les avaient attaqués et oublient totalement de me désigner. Le simple geste qui condamne un homme à passer des années de sa vie en prison, l'erreur dans le témoignage, devrait envoyer ceux qui se trompent à l'ombre. Mais la société peut accuser en toute quiétude... Elle se donne le droit à l'erreur, tout comme le flic se donne le droit à la bavure.

Les accrochages avec mon juge étaient parfois violents. Car, en dépassant son rôle, il perdait toute autorité à mes yeux. À la vérité, il m'amusait... Il était fait pour la pêche à la ligne, pas pour la chasse au tigre. Je l'envoyai se faire foutre à plusieurs reprises.

Et puis les mauvaises nouvelles tombèrent une par une. Rémy s'était fait arrêter en Italie... Je ne l'avais pas revu depuis l'évasion. Lui dehors, je pouvais tout organiser... Son arrestation me privait de la possibilité d'une nouvelle évasion rapide. Il était mon seul véritable ami. Sans lui ou sans moi à leur tête, les autres n'étaient que des soldats sur lesquels je ne pouvais pas compter de façon absolue. Et ce fut le tour de Robert... Pour lui, pas de prison... L'accident... La mort con au volant de sa voiture sur la route de Lisieux. Le destin prenait sa revanche... Mais peut-être valait-il mieux une mort rapide à 150 à l'heure qu'une mort lente offerte par l'administration pénitentiaire.

Midi... Dans ma cellule... Sa première lettre depuis mon évasion du Canada. Le juge avait enfin autorisé Janou à m'écrire... Je déchirai nerveusement l'enveloppe... Cette redécouverte d'elle, ce retour de la femme incarcérée depuis plus de quatre ans... Où en était notre amour ?... Devant mes yeux, les premiers mots se mirent à danser, les « je t'aime » du passé se firent présents. Rien n'existait d'autre que nous. Je la relus.

Fleury-Mérogis, le 18 novembre 1973.

Mon aimé,

Si mes yeux coulent de larmes en t'écrivant, c'est qu'il m'a fallu les retenir pendant si longtemps... qu'aujourd'hui elles se libèrent sur la joie que j'ai de te savoir vivant, moi qui ai tremblé pour ta vie, et sur la tristesse que ressent mon cœur de te savoir de nouveau prisonnier de ces murs. Plus de quatre ans que mon corps est piégé dans ce monde carcéral. Je paie et paierai encore, je le sais..., mais si en plus de mes actes répréhensibles on me fait payer le prix de t'aimer... douce sera ma détention. De te savoir chaque jour en danger de mort a été un calvaire pour moi... Si cette mort séparée avait été ton destin, je n'y aurais pas survécu, car je ne vis que pour

351

*toi et par toi. À chaque fusillade que la radio de Montréal annon-
çait, je coupais le son de mon poste de peur d'entendre ton nom. Tu
ne pourras jamais imaginer cette souffrance. Elle était pire que de
te savoir dans les bras d'autres femmes... Elles n'ont eu que ton
corps, ton cœur m'est réservé, je le sais, mon amour... Pour nous,
rien n'est changé. Il faut que tu comprennes ce que tu fus pour moi.
J'ai souffert par toi, j'ai souffert pour toi. Mais quand, vent de
caresses, tes lèvres en ouragan me donnaient ta passion, aux saisons
de mon cœur tu fleurissais d'amour mes printemps permanents. Si
tu as bu mes larmes en prenant à la source le pardon de mon cœur,
c'est qu'il t'était acquis... Tu es l'homme... et à mes yeux tu seras
toujours le seul que j'aime et respecte de façon totale.*

Sa lettre comportait six pages d'amour et se terminait par :

*Mes lèvres se posent sur les tiennes... Laissons-les se parler. Elles
ont tant de choses à se dire !... Laissons-les conjuguer le verbe aimer
au passé, au présent..., au futur qui sera nôtre un jour. T'aimer
jusqu'à la mort, mon aimé. Ta voyoute..., ta maîtresse..., ta
femme..., ton copain. Ta Janou.*

Elle n'avait pas changé. Toujours cette force de caractère qui
faisait d'elle la femme comme il y en a peu. Pas un reproche,
que de l'amour... Et pourtant combien d'années lui restait-il à
faire ?... On paie très cher le fait d'être la femme d'un Mesrine.
La justice a peur des femmes qui aiment. L'amour peut tout.
Une femme qui aime est une armée à elle seule, l'avenir allait le
démontrer une fois de plus... par Joyce, la petite Canadienne
qui avait retrouvé son pays, et par Martine Willoquet que je ne
connaissais pas encore. Le vrai courage vient des femmes. La
« mentalité » c'est les femmes qui l'ont... Ces femmes-là valent
cent hommes réunis. Mais des hommes, des vrais, combien en
restait-il pour que les femmes en soient réduites à sacrifier leur
vie et leur liberté pour « l'homme » ? C'était ça le milieu actuel :
les jules au tricot, les femmes au calibre.

J'avais répondu à sa lettre. Dans combien de mains allait-elle passer, combien d'yeux allait-il falloir pour que le secret de nos cœurs soit violé au nom de la censure ? Nous ne nous appartenions plus... Nous étions condamnés à faire l'amour devant les voyeurs administratifs.

Deux mois avaient passé... Je n'avais qu'une idée en tête : trouver le moyen de monter mon évasion.

J'étais en contact permanent avec mes amis canadiens qui étaient prêts à faire le voyage pour me sortir de mon trou si je trouvais une solution. Cette fois je me sentais piégé. Je n'avais pas eu le temps de préparer quelque chose comme à Compiègne... et pourtant j'en avais eu l'idée.

Oui, j'avais eu l'idée qui consistait du temps de ma liberté à faire une fausse agression sur des amis censés ignorer qui j'étais. Ces mêmes amis auraient été porter plainte pour agression à main armée en décrivant vaguement mon signalement. En cas d'arrestation, ma photo étant publiée dans la presse, il leur restait juste à me reconnaître et à se rendre au premier poste de police pour me dénoncer, le système judiciaire aurait fait le reste. Il y aurait automatiquement eu confrontation avec mes accusateurs. On ne fouille jamais les témoins de l'accusation... Le juge d'instruction aurait eu droit à la surprise du chef et un voyage gratuit pour prix de ma liberté... Mais je n'avais pas eu le temps de mettre mon idée en application.

Il me restait le coup des faux avocats en plein palais de justice. Deux de mes amis canadiens étaient d'accord pour braquer le tribunal correctionnel si on m'y présentait... Mais je n'avais aucune cause en correctionnelle. Il me fallait donc en créer. La presse ne m'avait pas fait de cadeaux, mais je préférais en sourire car l'opinion qu'elle avait de moi me laissait froid. Bien des erreurs avaient été écrites sur ma vie et mes crimes... Il me fallait exploiter la possibilité d'un procès en diffamation. Je m'imaginais la tête qu'allaient faire les journalistes à qui j'allais reprocher d'avoir mal comptabilisé le nombre des cadavres qu'ils me reprochaient, à la vérité sans preuve ni jugement. Je fis donc déposer quatre plaintes en diffamation contre la presse... Je pensais que tout se ferait rapidement. Je n'étais pas au courant de la lenteur de la justice en France, trop habitué aux systèmes canadien et américain qui règlent ce genre de problèmes en un mois. À la vérité, ces procès allaient mettre deux ans pour venir en correctionnelle et allaient perdre leur but principal. Voyant après plusieurs mois que rien ne se précisait, je choisis une autre solution.

Un policier que les détenus surnommaient « Manix », et qui avait pour habitude de faire des interrogatoires à la Santé, vint me voir. C'était un gars de vingt-sept ans grand et costaud, un peu rouleur. Le surveillant qui vint me chercher à ma cellule me prévint :

— Vous savez, monsieur Mesrine, il a demandé que l'on mette des surveillants devant la porte... Il dit qu'il préfère se méfier avec vous.

— Ah ! Bon.

Je venais de trouver l'occasion de me retrouver en correctionnelle. Il me suffisait de provoquer une bagarre... Un flic, ça porte toujours plainte quand ça prend des coups. Je me présentai devant la cellule qui lui servait de bureau.

Il était debout... À première vue, il donnait l'impression de tenir sur ses jambes. D'entrée, je l'apostrophai :

— Alors, on demande de la protection pour venir me voir ? Tu me prends pour un sauvage ?

Il avait blêmi tout en me répondant :

— Je n'ai pas de risque à prendre avec des gars comme toi.

Puis, voulant faire preuve d'autorité, il me montra un papier qu'il tenait dans la main :

— C'est le juge qui m'a ordonné...

— Le juge, je l'emmerde...

Je ne lui avais pas laissé le temps de continuer et lui avais fait sauter le papier des mains tout en avançant sur lui... Il avait reculé. Sa machine à écrire se trouvait sur la table... De la main

gauche je l'avais envoyée contre le mur. Le flic avait poussé un :
« Mais !... » Sans lui laisser le temps d'en dire plus, ma main lui
avait atterri sur la gueule et l'avait déséquilibré. J'avais fait demi-
tour. Les gardiens s'étaient bien gardés d'intervenir. Le chef, qui
était devant la porte, n'avait rien compris.

— Mais qu'est-ce qui se passe, Mesrine ?

— Rien, chef... Je retourne à ma cellule.

— Mais vous l'avez frappé...

— Oui... J'aime pas les cons... Celui-là, en plus, c'est une
tante, il n'a même pas répondu.

De retour dans ma cellule, j'éclatai de rire... Cette fois, je la
tenais, mon affaire en correctionnelle. Là encore je faisais erreur.
Il y eut bien une plainte, mais jamais de correctionnelle... Manix
s'était fait claquer la face pour rien. C'était à désespérer.

Le juge m'accorda mon premier parloir avec ma mère. Nous
ne parlâmes que de la mort de mon père. Il lui avait caché ma
dernière visite. Ma mère était une femme de caractère, solide
devant l'épreuve. Nous avions toujours eu du mal à bien nous
comprendre, mais elle avait été et était une bonne mère pour
moi. Pas de reproches inutiles sur ma vie... On ne juge pas son
fils, on se contente de l'aimer. Je voulais absolument voir ma fille
Sabrina, cela faisait plus de sept ans que je ne l'avais pas vue.
On lui avait toujours caché la vérité de ma détention, ce qui
était une erreur, car elle s'était crue abandonnée par moi. Elle
avait tout appris par la presse et sa réaction avait stupéfié ma
mère... car « la Puce » avait eu cette réflexion :

— Papa est en prison ?... Chouette, là au moins je vais pouvoir le voir !

Mais le juge d'instruction me refusa ce droit en prétextant
divers motifs. Tout comme il me refusa le parloir avec Janou,
bien que le dossier la concernant soit clos.

Dans les prisons et centrales de France, le mécontentement
était général. Aucun programme de réforme ne voyait le jour
malgré le nombre incalculable de promesses que prodiguait
l'administration pour calmer les esprits. À la Santé, nous avions

un nouveau directeur qui donnait l'impression d'un certain humanisme, mais on ne fait pas une guerre moderne avec de vieux fusils. Il faudrait avant tout changer la mentalité de l'administration pénitentiaire... et certainement celle de certains détenus. Les tentatives de suicide étaient monnaie courante. Certains se tranchaient les veines, d'autres avalaient des barbituriques, par désespoir, par chantage. Certains y laissaient leur peau sous l'œil indifférent de l'administration. Parfois c'était un garçon qui, condamné à une longue sentence, un soir, seul dans sa cellule, ne croyant plus en rien, sans amour, choisissait cette façon de s'évader. Si un surveillant le découvrait à temps, les pompiers arrivaient assez rapidement... Si son cas était désespéré, il devait prendre la direction de l'hôpital le plus proche. Mais la scène à elle seule était motif à révolte. Si le gars était considéré comme dangereux, même s'il se trouvait dans le coma le plus total, on lui enchaînait les pieds et les mains et on attendait une escorte, au risque de perdre un temps précieux dont dépendrait sa vie. Cette image de la société et de l'administration me donnait envie de dégueuler sur les lois et principes dont des êtres humains voulaient qu'ils soient règles de vie. Parfois l'homme mourait à cause de cette négligence. Un de mes copains allait mourir un an plus tard pour cette raison.

Par contre, j'avais de l'admiration pour ces femmes merveilleuses que sont les infirmières de prison. Leur dévouement constant, leur patience, le soin qu'elles apportaient à soulager autant la douleur morale que physique faisaient d'elles à mes yeux des êtres intouchables, dignes du plus profond respect. L'une d'elles, qui était en âge d'être ma mère, du nom de Mme Sitterlin, s'était prise de sympathie pour moi. Elle entrait seule dans ma cellule, très loin de craindre une prise d'otage, sachant très bien qu'un homme dangereux n'est pas obligatoirement une crapule.

Les surveillants de ma division, à part quelques exceptions, étaient des gars sans histoires. Le surveillant de prison n'est pas le garde-chiourme du temps passé. De sa façon d'agir dépend la façon d'agir du détenu. Le « garçon » n'a pas la haine du « maton ». Face à un homme, il agira en homme. Face à une ordure, il le plantera, avec tous les risques que cela comportera pour lui en sanctions disciplinaires. Par contre, les prisons sont peuplées de grandes gueules, de tocards, qui s'imaginent qu'en traitant un « maton » d'enculé, sans motif, ils vont se faire un nom. À la vérité, ceux-là, en dehors d'aboyer, se dégonflent comme des baudruches au moment de faire face. Ils sont malheureusement une grande majorité dans les prisons de France.

Les délateurs et mouchards de toute sorte envoyaient régulièrement des lettres à la direction pour dénoncer des projets imaginaires d'évasion en ce qui me concernait. Cela m'était nuisible, car ça entretenait la tension nerveuse de la direction. L'une de ces lettres annonçait, à tort, que j'avais l'intention de faire entrer des armes à la Santé pour tenter un coup.

Fin avril, on me fit monter au palais de justice en prétextant une instruction. J'y montais toujours avec une escorte à faire pâlir celle du président de la République. J'étais mieux gardé que la Banque de France.

Je n'avais aucune raison de me méfier... et pourtant. Quand, l'instruction terminée, on me fit prendre le chemin du retour, c'est en direction d'une autre prison que je fus dirigé. On avait trouvé cet abus de confiance pour me transférer sans risque de révolte de ma part. C'était, là encore, une des méthodes de l'administration.

On me conduisit au quartier de haute sécurité. Le directeur de cette maison d'arrêt était une ordure intégrale qui associait le mot « chien » au mot « détenu ». Il n'avait de l'homme que son pantalon. Aucune discussion n'était possible avec lui. Tout en lui était arbitraire, incompréhension, illogisme... Il était de ces individus qui, à force d'injustice et d'abus de pouvoir, font éclater une émeute pour le simple plaisir de la réprimer. J'avais demandé à le voir en audience... Il s'y était refusé.

Deux jours plus tard, j'avais collé brutalement un maton au mur à la suite d'un accrochage. Dix minutes plus tard, ce directeur invisible me faisait passer au prétoire pour violence sur un de ses agents. Incapable de me regarder en face, telle une fouine, il déblatérait sur moi ; il croyait m'intimider. Je lui avais coupé la parole et lui avais exprimé le fond de ma pensée, tout en l'envoyant se faire foutre. Il m'avait condamné à une sentence avec sursis.

Par contre, les sous-directeurs étaient hommes de dialogue. Mais très vite c'est une haine véritable que j'eus pour ce directeur, et je conçus le projet de me fabriquer une lame pour la lui enfoncer dans les tripes à la première occasion. Mais les événements ne m'en donnèrent pas le temps.

Le « ras le bol » des détenus allait déclencher des émeutes sanglantes. Quand Clairvaux bouge, tout peut bouger... Et Clairvaux éclata... Dans toute la France les prisons suivirent par solidarité. L'injustice pousse les hommes aux gestes les plus fous. Mais il faut du courage pour se révolter, car la répression, à dix gardes mobiles armés contre un détenu n'ayant que ses mains pour combattre, tourne au jeu de massacre. À Clairvaux, les hommes se firent massacrer pour le respect de leurs droits. Deux d'entre eux perdirent la vie, assassinés par les forces de l'ordre. Et cela sous l'indifférence de la société des bonnes consciences qui oublie trop facilement que les détenus sont aussi des hommes.

Au quartier où je me trouvais, il était impossible de déclencher quelque chose de sérieux. Seul, on peut se révolter, mais pas déclencher une émeute.

J'étais dans ma cellule quand des hurlements venant de la deuxième division éclatèrent. Les garçons avaient tenté un mouvement. De ma fenêtre j'ordonnai aux détenus qui se trouvaient en cour de promenade de monter sur les toits pour soutenir la deuxième division et surtout qu'ils viennent nous ouvrir afin que nous puissions participer à la révolte. De mon côté, j'essayai de défoncer ma porte. Je n'y arrivai pas. Déjà les gardes mobiles étaient sur place... Cela n'avait pas duré trois minutes. À la deuxième division, on se battait. J'étais encore à défoncer ma porte quand elle s'ouvrit. Une trentaine de gardes mobiles en armes, le fusil à la main, prêts à cogner, et une dizaine de gardiens se trouvaient à m'attendre. Le surveillant chef m'interpella :

— Sortez, Mesrine.

C'est en souriant et en regardant d'un œil ironique l'armée qui me faisait face que je lui répondis :

— Je crois que je n'ai pas le choix.

— C'est ça... Sortez.

Au moment de quitter ma cellule, j'aperçus le directeur et voulus lui sauter dessus. Mais il se réfugia derrière les grilles et ses gardes me firent prendre la direction du « mitard » avec les gardes mobiles pour escorte. On ne m'avait pas frappé. Mais je lisais que l'envie de le faire ne manquait pas. Nous étions à la fin du mois de juillet 1974.

On m'enferma dans une cellule. Trois heures plus tard, c'est des hommes du groupe d'intervention de la gendarmerie qui vinrent me chercher. On me fit monter dans une camionnette et, comme on n'avait pas de chaînes pour m'entraver les pieds, on le fit avec une paire de menottes. La cour de la prison était pleine de flics en uniforme. Plusieurs entouraient la camionnette. Je ne pouvais pas faire un seul geste. C'est l'instant que choisit un flic pour jouer au provocateur, en m'apostrophant :

— Vous tous, les chiens de détenus, faudrait tous vous faire crever. Si c'était moi, je t'en mettrais une dans la tête, mon fumier !

C'était bien dans les méthodes des flics en uniforme. Loin de m'impressionner, ce clown m'amusait et c'est vertement que je lui répondis :

— Écoute, guignol... Les balles, on les tire, on ne les promet pas. Avec la tronche que tu te paies, c'est plutôt un « gode » que tu devrais porter à la place d'un calibre... Si tu veux travailler pour moi, je t'offre dix mètres de bitume au coin du boulevard

Barbès... Giron comme tu es, tu feras du fric en te faisant miser par les ratons.

Sur le coup, il explosa. Mais des gardiens présents et les gendarmes de mon escorte se marraient comme des perdus. Il voulut réagir. Mon chef d'escorte lui ordonna de se retirer plus loin.

On me conduisit à la maison d'arrêt de Fleury-Mérogis. Là, on me fit monter dans un fourgon. Quinze hommes responsables de l'émeute de Clairvaux y étaient déjà. Ils sortaient tous du mitard. Nous étions dirigés vers la maison de force de Mende. Plusieurs d'entre eux portaient encore les traces des coups qu'ils avaient reçus. Dans le fourgon, enchaînés des pieds et des mains, à quatre dans une cage ne faisant pas un mètre carré, il fallut faire quinze heures de trajet. Comme du bétail, comme au temps de la Gestapo, au nom de la société irréprochable... Des hommes traités comme des bêtes, des êtres humains malades à cause du mouvement du véhicule et l'odeur d'essence, qui se vomissaient dessus, n'ayant pas la place de le faire ailleurs... Que l'on ne demande jamais à un homme qui a été traité de cette façon d'avoir un jour le respect de la société. Ces instants-là, on ne les oublie jamais. Que l'on ne s'étonne pas que, traités en chiens, des hommes réagissent parfois en chiens. Quatre hommes se vomissant dessus enfermés dans une cage d'un mètre carré, c'est ça le règlement de comptes de la société au nom de sa justice et de ses lois. Mais cette réalité-là... on la cache.

Tout au long du trajet nous nous mîmes d'accord pour faire la grève de la faim dès notre arrivée... Chacun était libre de la stopper quand il le déciderait. Tous étaient des condamnés à de longues peines. J'étais le seul détenu en détention préventive. Le fait de m'envoyer dans une maison de force et de m'éloigner de mes avocats était illégal et arbitraire. Cela me privait de mes droits de défense, mais j'étais certain qu'il ne me faudrait pas longtemps pour obtenir mon retour sur Paris. Je savais pouvoir compter sur l'efficacité de mon avocate, Me Geneviève Aïche, qui avait toujours su défendre mes intérêts dans le respect de la loi.

Les garçons de Clairvaux me racontèrent tout ce qui s'était passé pendant leur révolte. Les gardes mobiles avaient donné l'assaut au matin, après avoir laissé les hommes tout casser pendant la nuit. D'hélicoptère on leur avait tiré un genre de roquette à gaz lacrymogène pour les déloger des toits. D'après leurs dires, un des détenus l'avait reçu en pleine poitrine et était tombé mort sur le sol des cours de promenade. Les gardes mobiles, en chargeant, avaient tiré à la grenade à fusil et, toujours selon leurs dires, un autre détenu avait reçu une grenade en pleine figure, perdant lui aussi la vie. La presse, elle, avait parlé de deux règlements de comptes entre truands pour expliquer ces deux morts. N'étant pas présent, je me gardais bien de porter un jugement, mais cela ne m'étonnait pas... Les forces de l'ordre ont droit au meurtre légalisé quand il s'agit de prisonniers... Et pendant ce temps une certaine presse se faisait l'écho de prétendues prisons quatre étoiles et glorifiait le massacre des détenus par les forces de l'ordre.

Le président de la République nous donnait l'espoir d'un changement en déclarant :

— La prison doit se suffire à elle même, il ne faut pas en ajouter.

Il suffisait d'être détenu à Mende pour comprendre le peu de valeur qu'il fallait accorder à cette déclaration. Chaque homme y était totalement isolé avec une discipline de fer. Interdiction de parler. Une heure par jour, une promenade dans une petite cour grillagée sur son dessus, seul, avec toujours l'interdiction de converser. Condamner un homme au silence total, c'est chercher sa destruction mentale, c'est le pousser au suicide. Dans la cellule, interdiction de se coucher sur son lit pendant la journée. Pour se nourrir, juste une cuillère, pas de couteau spécial prison, pas de fourchette. Ce qui obligeait l'homme qui voulait se nourrir à prendre sa viande avec les mains et à tirer dessus pour la mettre en morceaux. Tous ces détails changent une détention.

L'homme se sent réduit à l'état de bête. S'il ne l'accepte pas et se révolte, c'est la répression : porte ouverte à tous les abus.

Malgré notre grève de la faim, on nous narguait en nous passant deux fois par jour notre repas sous le nez. La nourriture était très acceptable. Mais l'homme qui passait deux ou trois ans dans ces conditions était obligé d'y laisser une partie de lui-même.

Neuf jours plus tard, on me faisait remonter sur Paris. J'avais perdu sept kilos ; mais ma pensée alla aux « garçons » de Clairvaux qui risquaient de vivre dans ces conditions inacceptables pendant trop longtemps et cela pour avoir eu le courage de ne pas tout accepter des abus administratifs.

On me remettait à la Santé. Tout au long du voyage, j'eus droit à une escorte de motards et CRS avec mitraillettes et grenades. Le côté ridicule d'une telle escorte ne m'échappait pas. Un homme seul et enchaîné ne justifie pas un tel déploiement de force.

Dès mon arrivée à la maison d'arrêt, on me conduisit au mitard. Le surveillant chef m'annonça qu'un ordre avait été donné : « Isolement total. » J'étais trop fatigué pour discuter. Je remis cela au matin.

Le directeur vint me voir avec ses adjoints.

— Voilà, Mesrine, nous sommes obligés de vous isoler. Mais cette mesure est provisoire, car cette fois le programme de réforme va être mis en application. Nous allons faire un quartier de haute sécurité en partageant le mitard en deux... Par la suite, d'autres détenus viendront vous rejoindre. Votre situation est provisoire...

Et toute une liste de promesses, de faux projets, sortirent de sa bouche. Peut-être y croyait-il vraiment ? Ou cherchait-il à m'endormir ? Car ma réaction n'avait pas été bonne.

Pendant plusieurs mois, on me laissa dans une cellule du mitard. Je ne pouvais même pas voir les cours extérieures. Je n'avais pour toutes fenêtres que des vitres opaques scellées dans un cadre de fer. Je n'avais aucune possibilité de les ouvrir. Interdit de soleil, interdit de lumière du jour, interdit d'avoir quelqu'un en promenade avec moi. Oui, le président de la République avait raison, la prison devait se suffire à elle-même...

J'allais normalement en promenade seul dans une minuscule cour. Mais il arrivait que des détenus de l'infirmière soient dans celle à côté de la mienne. C'est de cette façon que je fis la connaissance de Jean-Charles Willoquet. Il me raconta son histoire. Les anti-gangs lui avaient tiré six balles dans le dos pour arriver à le neutraliser. À terre, on l'avait achevé d'un coup de crosse dans la face. Mais « Charlie » possédait une résistance physique exceptionnelle. Il était à l'infirmerie en observation. Six balles dans le corps et vivant ! Avec une chance comme la sienne, tous les espoirs étaient permis ! Petit à petit j'avais sympathisé et notre conversation ne fut basée que sur un seul sujet : l'évasion ! Il allait en réaliser une des plus spectaculaires un an plus tard.

Mes contacts avec le Canada étaient constants. Joyce m'écrivait pour me crier son amour. Elle était prête à tous les sacrifices pour que je retrouve ma liberté. Seuls mes amis canadiens étaient capables de tenter un coup de commando pour me sortir de prison. Cela n'était pas dans les méthodes françaises mais bien dans celles des Canadiens, surtout si mon ami Jean-Paul Mercier se trouvait à leur tête. Il était détenu dans un quartier spécial du pénitencier de Saint-Vincent-de-Paul, près de Montréal. Depuis notre évasion de l'unité spéciale de correction et son arrestation, il était passé en jugement et totalisait deux condamnations de prison à vie plus deux cent soixante-dix autres années pour les divers délits qui lui avaient été reprochés. Lizon avait été condamnée à dix ans pour complicité.

Jean-Paul, par des contacts, me fit parvenir son plan d'évasion. Mais il fallait pour sa réalisation que Joyce accepte d'entrer des armes au parloir du pénitencier. Il m'annonçait qu'il était avec d'autres de mes amis dont Pierre Vincent et Edgar Roussel qui avaient été avec moi à l'unité spéciale de correction. Une autre de mes relations était avec lui, un homme parmi les plus redoutables tueurs du Canada : Richard Blass. Jean-Paul me fit la promesse, s'il réussissait, et après avoir attaqué quelques banques, de monter à Paris avec des gars sérieux pour se mettre à ma disposition. Je savais de mon côté qu'avec des hommes comme ceux-là, en suivant mon plan, c'était la liberté.

Joyce savait qu'elle n'avait rien à attendre. Mais elle avait une dette vis-à-vis de moi, et même de mon ami. Jean-Paul reçut mon accord.

Le 23 octobre 1974, Joyce se présenta au parloir du pénitencier. Elle avait obtenu un droit de visite avec Jean-Paul en utilisant un faux nom. Avec elle, une autre femme du nom de Carole Moreau, amie de Pierre Vincent. Richard Blass, Edgar Roussel, Robert Frappier avaient fait venir un membre de leur famille pour se retrouver au parloir en même temps que mes deux autres amis. Plusieurs gardiens les escortaient. Dans le sac de Joyce, deux revolvers... Sur le parking du pénitencier, une voiture le moteur en marche. Tout se passa très vite. Jean-Paul et Pierre firent éclater les vitres de séparation famille-détenu. L'espace était suffisant pour laisser passer les deux armes. Pendant ce temps, Richard, Edgar et Robert avaient sauté sur les gardiens pour les neutraliser. Joyce avait passé les deux revolvers à mes amis. Les cinq s'étaient mis à courir dans le couloir qui menait au contrôle des familles. Les gardiens, les apercevant l'arme à la main, avaient été pris de panique et, bien qu'ils soient eux-mêmes armés, avaient préféré ouvrir les portes. Jean-Paul avait tiré dans leur direction pour forcer leur décision.

L'alerte générale avait été donnée. Arrivés dehors, les cinq avaient essuyé les coups de feu des miradors, mais réussi à sauter dans la voiture qui les attendait. Une fois de plus, la détermination avait payé. Cinq fauves venaient de retrouver la liberté, cinq vrais hommes. Joyce et Carole s'étaient sacrifiées. Pour elles deux, aucune fuite n'était possible. Elles savaient qu'elles resteraient prisonnières du côté parloir famille, mais elles avaient accepté le sacrifice de leur liberté. Joyce l'avait fait pour moi, Carole pour Pierre.

Elles furent toutes deux arrêtées sur place et conduites à la Sûreté du Québec pour y être interrogées. Elles ne donnèrent aucune explication et gardèrent le silence. Malgré la chasse à l'homme déclenchée dans tout le Québec, aucune trace des fugitifs ne fut relevée.

Le 31 octobre 1974, Jean-Paul, en compagnie de Vincent et Frappier, attaquait une banque située entre les rues Pie-IX et Jean-Talon, dans le nord-est de Montréal. Il était onze heures vingt. À la suite d'une information, les membres de la section des enquêtes criminelles de la police, sous la direction du lieutenant-détective Jacques Boisclair, avaient pris place en face de la Banque royale du 4 286, rue Jean-Talon. Au moment où les quatre hommes étaient sortis de la banque après avoir raflé les caisses, la police avait lancé le fatidique : « Rendez-vous, police »... et la fusillade s'était déclenchée sans que l'on puisse dire qui avait tiré le premier. Jean-Paul avait littéralement fusillé les voitures de police pour protéger la fuite de ses amis. Une balle l'avait atteint au bras. Mais, après une course folle sous une pluie de balles, tous avaient réussi à atteindre la voiture de fuite. Au moment où elle démarrait, une rafale la cribla de balles, bloquant la commande de direction, rendant toute manœuvre impossible. Sur sa lancée, ne pouvant virer ni à droite ni à gauche, l'automobile termina sa course en percutant un poteau de téléphone et deux voitures en stationnement. Immobilisés, Jean-Paul et ses amis s'étaient précipités vers l'entrée principale du magasin Handy Store. Frappier tentait de gagner vers sa droite le magasin Miracle Mart, pendant que Vincent fuyait sous les balles en courant entre les voitures en stationnement. Jean-Paul tirait à la hanche, s'ouvrant un passage au milieu des policiers qui s'étaient regroupés. L'un d'eux, couché à plat ventre, ajusta Jean-Paul dans sa ligne de mire. L'une des balles l'atteignit en pleine tête. Il s'écroula mort. À trente mètres de là, un policier essayait de couper la route à Frappier, mais perdait l'équilibre et s'écroulait à terre sur le dos. Frappier, parvenu à sa hauteur, dirigeait son arme sur la tête du policier et appuyait à plusieurs reprises sur la détente mais le magasin de l'arme était vide. Atteint à son tour d'une balle au cou et de deux autres à l'estomac, Frappier s'effondrait après avoir été stoppé par l'avant d'une voiture de police qui lui coupait la retraite. Vincent avait réussi à fuir. Plus de deux cents balles avaient été tirées pour obtenir ce résultat. Mon ami était mort les armes à la main et quand j'appris la nouvelle, en dehors de ma peine, je savais que lui aussi, tout comme moi, avait fait un choix. Il venait d'en payer le prix.

Joyce passa en justice. Mon avocat, Mᵉ Raymond Daoust, réussit à lui obtenir vingt-trois mois d'incarcération. Elle avait par son geste au moins permis à Jean-Paul de mourir en homme libre. Il n'avait rien d'autre à attendre et cela valait mieux que de se voir crever petit à petit dans les cellules infectes du quartier de haute sécurité du pénitencier de Saint-Vincent-de-Paul.

Tous mes projets se trouvaient compromis par la mort de mon ami. Richard Blass, de son côté, réglait ses comptes dans Montréal. Avec l'aide de Roussel, il exécutait deux de ses anciens amis qui l'avaient trahi. Il se présentait au bar Gargantua, un revolver dans chaque main, et leur tirait trois balles dans la tête à chacun, et cela devant toute la clientèle. Mais Blass était un homme craint à Montréal, et aucune personne n'osa témoigner qu'il était le tueur en question. Le système de détention qu'il avait subi, tout comme je l'avais subi moi-même à l'unité spéciale de correction, avait fait de lui un fauve sans aucune pitié. Et pourtant, moi qui l'avais bien connu, je savais que Richard était un type sensible et sentimental. La détention avait tué quelque chose en lui. Du temps de mon évasion au Québec, j'avais lutté pour que les conditions des détenus s'améliorent. Si l'unité spéciale avait été fermée grâce à tout ce que j'avais déclenché, on l'avait remplacée par quelque chose de pire encore. Richard Blass était libre... Il écrivit une lettre ouverte au solliciteur général du Canada, M. Warren Allmond, pour l'avertir de laisser la presse visiter cette usine à fabriquer les monstres criminels qu'était la section du « Cell Block I » du pénitencier de Saint-Vincent-de-Paul. Si rien n'était fait, si la population se refusait à améliorer les conditions de détention en se faisant complice des autorités, Blass prévint que le sang allait couler dans Montréal. Le solliciteur général fit la sourde oreille aux plaintes de Blass... et le sang coula comme il n'avait jamais coulé dans la métropole. Blass retourna au Gargantua avec un de ses amis. Il braqua tout le monde, fit sortir les gens qu'il connaissait, prit tous les autres et les enferma dans un sous-sol. Le patron du Gargantua était un ancien flic. Blass lui tira une balle en plein cœur. Et là, par vengeance contre tout ce que la société lui avait fait subir, il commit le pire crime que Montréal ait connu. Il arrosa d'essence le sous-sol et mit le feu. Froidement il envoya à la mort douze personnes, avec l'ancien flic exécuté... Blass venait d'assassiner treize personnes d'un coup comme réponse au silence du solliciteur général du Canada.

Le Canada fut horrifié par ce massacre, mais chercha à comprendre comment un homme avait pu en arriver là. Les journalistes visitèrent enfin le « Cell Block I » et comprirent que de détenir des hommes dans de telles conditions c'était soit les pousser au suicide, soit en faire des fous criminels... Treize innocents en avaient payé le prix... Roussel n'avait pas participé à ce massacre, ça, j'en étais certain... Quelque temps plus tard, il était encerclé par la police et se rendait.

Le 24 janvier 1975, les policiers, ayant à leur tête le sergent détective Albert Lisacek, encerclaient de nuit un chalet de Val David, dans la région des Laurentides, à une trentaine de kilomètres de Montréal. Ils défonçaient la porte et se précipitaient à l'intérieur des pièces. Blass dormait avec une de ses nombreuses amies. Au cri de « Police, rendez-vous », elle sauta du lit et courut dans une autre pièce. Les policiers coururent en direction de la chambre de Richard. Il avait juste eu le temps d'enfiler un pantalon. Aucune fuite n'était possible. Richard cria : « O.K., je me rends. » Les policiers se présentèrent devant la porte de sa chambre et ouvrirent le feu de deux rafales de mitraillettes... Blass mourut de vingt-sept balles dans le corps, ses dernières paroles à l'adresse des policiers avaient été « mes hosties », ce qui voulait dire « mes enfoirés »... La police l'avait exécuté... On ne reprend pas vivant un fauve responsable d'un massacre de treize personnes... Un des pires tueurs du Canada venait de mourir comme il avait vécu... : dans la violence.

Interpol, qui avait prévenu les autorités françaises de l'évasion de mes amis, pouvait enfin respirer... Quatre étaient hors d'état de m'aider, deux étaient morts... Seul Pierre Vincent était encore libre. Il allait être repris un an plus tard.

Dans ma cellule de la Santé, ma situation s'était améliorée. Chaque fin de semaine, j'avais droit à la télévision pour compenser le cinéma qu'avaient les autres détenus. On m'avait installé une cellule avec fenêtres et construit des parloirs d'avocats à l'intérieur du mitard. En un mot, on avait construit une prison dans la prison. Je n'avais aucun problème avec mes gardiens qui étaient sélectionnés parmi les meilleurs. Dans l'ensemble, j'avais affaire à des chics types, corrects, qui faisaient tout pour rendre mon isolement moins pesant. De mon côté, je ne les provoquais pas, n'ayant absolument rien à leur reprocher, ni rien à prouver.

Le juge m'autorisa enfin un parloir par mois avec Janou.

On la fit venir sous bonne escorte de Fleury-Mérogis.

Assis face à face, séparés par des vitres incassables, nos yeux se lisaient, s'interrogeaient dans le silence... Nous étions restés plus d'une minute sans prononcer une seule parole. Puis, sur le ton de la plaisanterie, pour cacher mon émotion, j'ai rompu le silence.

— Bonjour, mon ange... Tu es en retard...

— Oui, vieux voyou... Vingt-sept mois de retard... Un siècle pour moi.

Depuis mon évasion de l'unité spéciale de correction, je ne l'avais pas revue. Tout en elle était semblable, mais je lisais toutes les souffrances qu'elle avait endurées. Ses cheveux s'étaient mis à blanchir comme pour témoigner de ses années de détention. Cela faisait cinq ans et demi qu'elle était incarcérée. Le juge d'instruction lui refusait toute mise en liberté provisoire. Et pourtant, que lui reprochait-on ?... Rien que l'attaque sur l'industriel à Chamonix et l'affaire remontait à plus de huit ans. On ne pouvait même pas invoquer l'intimidation de témoin en cas de liberté provisoire, car l'industriel était décédé de mort naturelle depuis plus dix mois. La justice lui faisait faire de la détention préventive à titre d'acompte sur la sentence possible... À la vérité, on lui faisait payer mon nom..., on lui faisait payer son amour pour moi. Par contre, celui qui m'avait balancé au flic, Pierre Verheyden, avait été mis en liberté provisoire après un an de détention en récompense de sa délation. Celui qui m'avait loué l'appartement avait lui aussi était incarcéré et libéré en provisoire, mais s'était pendu dans son garage trois jours après sa libération... Peut-être avait-il eu des remords de ne s'être pas bien conduit face aux flics ? Le juge espérait peut-être qu'il arrive la même chose à Verheyden. Celui-là, je me le réservais... Il devait être considéré comme intouchable. En attendant, il vivait comme un homme traqué, la peur au ventre... Chaque femme qu'il rencontrait pouvait être un piège pour le conduire à l'endroit de son exécution, chaque nouveau copain qu'il pouvait se faire pouvait être celui qui était chargé de le tuer... Il vivait avec sa peur comme tous les chiens de sa race.

Avec Janou, notre parloir ne fut qu'amour... Elle devait être mise en liberté provisoire en octobre 1976, après sept ans et trois mois de détention.

À la Santé, malgré mon isolement, je gardais un contact constant avec l'extérieur et l'intérieur de la prison. Jean-Charles Willoquet voulait absolument que nous tentions quelque chose ensemble. Je le savais prêt à tout ; en attendant, il me demanda si je pouvais fournir des armes... Je lui répondis par l'affirmative. Un de ses copains voulait tenter quelque chose au palais de justice de Paris... Je lui fis déposer un « Mauser » avec la balle engagée dans le canon sur la chasse d'eau des W-C se trouvant près du bureau de son juge d'instruction. Le jour venu, il s'empara bien de l'arme et, malgré qu'il n'ait qu'un seul gendarme en face de lui, rata son coup, le gendarme lui ayant sauté dessus... Il avait au moins eu le courage d'essayer et le fait d'avoir raté son coup n'enlevait rien au geste d'avoir tenté sa chance.

À la Santé, il m'arrivait d'être violent. Normalement, aucun autre détenu ne devait entrer dans mon quartier si je me trouvais en dehors de ma cellule. Un Algérien du nom de Tchicou, indicateur de police notoire et informateur de l'administration, commit l'imprudence de le faire. Il était juste midi, ma porte était ouverte pour la distribution du café. J'avais mon bol et ma cuillère à la main... Dès que je le vis, je poussai le garde qui se trouvait devant ma porte pour me précipiter devant lui. Je l'apostrophai :

— Ne viens jamais ici, ordure...

C'était un rouleur, une grande gueule comme tant d'autres. Le regard mauvais, il voulut répondre de façon agressive :

— De quoi...

Je ne lui laissai même pas le temps d'en dire plus. J'avais ma cuillère à la main... Mon bras se détendit, le manche de la cuillère lui transperça la joue gauche à hauteur des maxillaires, lui cassa deux molaires et lui coupa un bout de langue. Il avait tout le manche dans la gueule. Hébété, il regardait mon regard froid. Je cassai la cuillère en lui laissant le manche dans la bouche.

— Si tu reviens ici, je te tue.

Aucun gardien n'avait bougé... Je lui avais tourné le dos et avais regagné ma cellule.

Le lendemain, je passai au prétoire. Le directeur me demanda la raison de mon geste. Ma seule réponse fut : « Pas d'indic à portée de ma main. » Comme il ne manquait pas d'humour, il me fit remarquer que je n'y avais pas été avec le dos de la cuillère... L'incident en resta là.

Avec Willoquet, un projet commençait à prendre forme... Il voulait tenter le même coup que j'avais réussi au tribunal de Compiègne. Il me demanda mon avis. Je lui fis comprendre que s'il était certain d'aller jusqu'au bout il avait toutes les chances de réussir... Il voulait m'associer à son évasion. Pendant plusieurs mois, on prépara tous les détails à chaque fois qu'il nous était possible de nous contacter. J'insistai pour qu'il y ait action avec une grenade quadrillée dégoupillée... C'était l'arme absolue qui pouvait empêcher toute tentative d'opposition de la part des gendarmes. Sa femme Martine était de la race de femme capable de sacrifier sa vie par amour de l'homme qu'elle aime. Elle était prête à tout pour sortir « Charlie » de son trou. Elle savait que, le cas contraire, elle n'avait aucun espoir de le revoir.

Un par un, nous repassions tous les détails... Je lui fournis les armes manquantes. Notre but était simple et l'action devait être précise. Martine se présentait habillée en avocate avec dans son sac deux revolvers ; elle devait brandir la grenade, en menaçant de tout faire sauter, et passer les revolvers à Charlie qui rapidement devait neutraliser les juges et le substitut du procureur en les menottant ensemble. Il devait s'enfermer avec eux dans une pièce et demander qu'on me fasse venir, sous peine d'exécuter un des juges. La grenade était la garantie de réussite. Car les anti-gangs et leurs tireurs d'élite ne pouvaient rien tenter sans faire sauter juges et procureur. J'avais prévenu Charlie qu'il faudrait jouer très dur, car il n'y avait aucune pitié à attendre, donc aucune pitié à avoir. Je lui avais même dit, si on se servait de moi comme bouclier pour l'approcher, d'ouvrir le feu quand même... J'étais certain de la réussite. Il m'affirma que tout serait fait comme prévu. De mon côté, une fois dehors, je lui apporterais toute mon aide pour qu'il trouve refuge aux États-Unis chez des amis qui, en plus de lui fournir papiers et planque, le prendraient dans leurs affaires, son évasion étant une bonne carte de visite. Comme deux amis, nous faisions déjà des projets d'avenir. Je n'avais aucune raison de douter de sa parole.

Tout était prêt... Il ne restait plus qu'à attendre. La chance voulut que je monte au palais de justice le même jour que lui, mais pour l'un comme pour l'autre ce n'était que pour une instruction. Je réussis à me trouver dans la même cellule que lui au dépôt.

— Tout est en place, fils.

— Oui, pas de problème, c'est pour dans trois jours, le 8 juillet.

Charlie ne me devait rien. Nous nous étions connus en prison, mais nous avions fait un contrat... Dans ma vie, j'avais toujours respecté les miens. Lui, malgré son amitié pour moi, n'allait pas respecter le sien. S'il m'avait dit qu'il préférait risquer une sortie directe, je l'aurais compris et aurais organisé la suite d'une autre façon. Mais tout était basé pour moi sur le fait qu'il devait me faire venir quand il se serait rendu maître de la situation... Je n'avais aucune raison de douter de sa parole.

Le 8 juillet, à onze heures du matin, je pris une dernière fois contact avec lui et lui fis passer par écrit les dernières consignes. Je le conditionnai en lui disant que j'étais certain de sa réussite. Charlie était un type redoutable dans l'action. Je le prévenais que les gendarmes étaient hommes à sacrifier leur vie par devoir, je l'avais constaté à Compiègne... À onze heures trente, Charlie termina une partie de volley-ball en disant à ses copains qu'il préférait jouer le quinzième point le lendemain.

Il passa à portée de ma fenêtre de cellule. Son regard croisa le mien.

— À tout à l'heure, fils. Et merde !

Il me sourit.

— À tout à l'heure.

Pendant des mois, j'avais attendu ce jour... Pendant des heures, nous avions préparé cette action avec Charlie, et pourtant... Il me disait « à tout à l'heure », en sachant très bien qu'il n'avait pas l'intention de me faire monter.

Il m'avait caché ce qui lui avait fait changer ses projets.

S'il me l'avait dit j'aurais été le premier à être d'accord pour une action directe comme il allait la faire. La chambre correctionnelle où il devait passer était en travaux... De ce fait, elle était remplacée par une autre qui se trouvait plus près de la sortie... C'est cette raison qui avait fait changer l'action de Charlie. Mais il s'était dit que si le coup ratait et qu'il se retrouvait dans l'obligation de s'enfermer avec ses otages il pourrait toujours me faire venir. À la vérité, il m'avait donné un faux espoir dans un projet commun.

Le 8 juillet 1975, Martine Willoquet entrait habillée en avocate dans la 14ᵉ chambre correctionnelle... Le président Cozette appelait les affaires du jour. Willoquet devait passer pour un simple vol de voiture et se trouvait au milieu d'autres détenus. Tout à coup, la voix de Martine retentit dans le prétoire :

— Si vous bougez, je fais tout sauter !

Elle brandissait une grenade. Tout en s'avançant près du box des accusés, elle passait un revolver et une paire de menottes à son mari, qui, rapidement, sautait en direction du président et lui pointait son arme derrière la nuque comme je l'avais fait à Compiègne. Charlie ordonnait de faire évacuer la salle. Dans le tribunal, c'était la panique... Puis, rapidement, il menottait les deux magistrats ensemble et prenait la direction de la sortie en ayant le président Cozette et le substitut Michel devant lui. Martine suivait en maintenant sa grenade fermement. L'alerte avait été donnée. Le commandant Guillaume, chef des gardes, se présentait devant Charlie dans l'espoir de le stopper. Il n'avait aucune arme avec lui... Charlie tirait un coup en l'air. Le commandant s'avançait pour lui sauter dessus... Deux coups de feu... Le commandant Guillaume s'écroulait, atteint de deux balles dans le ventre. Au même instant, le gendarme Germano sautait sur Willoquet. Celui-ci, sans se retourner, déplaçait son arme par-dessus son épaule et tirait... Le gendarme Germano s'écroulait à son tour avec une balle dans la face. Dans le couloir, tout le monde hurlait. Charlie profitait de l'affolement général pour atteindre la sortie. Une Fiat 126 l'attendait. Il obligeait les deux magistrats à monter à l'arrière du véhicule. Martine montait à l'avant en maintenant toujours sa grenade dégoupillée... Charlie prenait le volant et démarrait en trombe...

Dans ma cellule, j'apprends l'évasion par un flash de la radio. Ma première réaction est un coup de chapeau pour cette action de commando, mais tout de suite je me rends compte que Charlie m'a trompé... Les engagements sont faits pour être tenus... Dans la vie, on doit agir comme on parle et ne parler que si on est capable de respecter ses engagements... J'ai malgré tout un dernier espoir en apprenant qu'il détient toujours les magistrats... S'il demande ma liberté contre leur vie et cela à chaud, surtout après avoir abattu deux gendarmes, je suis certain que les autorités n'auront pas d'autre solution que de me relâcher. Mais là encore, bien que libre, Charlie me laisse tomber. Libre, il redevient un type personnel qui fait passer ses intérêts avant l'amitié, avant ses engagements d'homme. J'apprends que les deux magistrats viennent d'être relâchés... Charlie vient de jeter les clefs qui pouvaient m'ouvrir les portes de la liberté... Je me rends compte que je m'étais trompé à son sujet et que si son action et son courage peuvent provoquer mon admiration il n'en est pas de même sur le côté principes et mentalité. Car on ne prend pas d'engagement vis-à-vis d'un « garçon » qui doit normalement finir sa vie en prison, on ne donne pas un espoir si on triche avec l'amitié. Dehors, mes amis devaient l'aider. Il n'en est plus question. Si Charlie ne me doit rien, je ne lui dois rien non plus.

Par contre, je suis heureux pour Martine qui vient de gagner les instants de bonheur qu'elle va prendre dans ses bras. Une fois de plus, c'est une femme qui vient de se conduire « en homme ».

Deux mois passèrent... Dehors, Charlie avait trouvé une aide limitée... Sans fric..., sans beaucoup de fric, aucune cavale n'est possible... Je n'avais aucune nouvelle de lui quand un de ses amis incarcéré à Fleury-Mérogis me fit savoir qu'il venait de reprendre contact avec lui. Charlie me demandait des consignes pour organiser mon évasion... Sur le coup, je n'étais pas chaud, ayant encore en mémoire son non-respect de ses engagements premiers. Peut-être voulait-il rattraper ce qu'il m'avait fait... Je savais qu'il me portait une très grande estime. De plus, il savait que, moi libre, il était certain de trouver refuge aux États-Unis... Malgré ma rancœur, je lui fis savoir que j'étais d'accord pour lui faire parvenir un plan complet d'évasion... Cette fois, j'étais prêt à mettre le paquet.

J'envisageais les choses de deux façons : le travail réservé à Charlie et le travail réservé à mes amis canadiens. Je pris contact avec Montréal. Deux Canadiens étaient d'accord pour monter sur la France et aider Willoquet le jour de l'action. Je réservais à Charlie le soin de tout préparer avant leur venue. Mes amis ne connaissaient pas la France et avaient besoin d'être guidés. Je croyais à tort que Charlie disposait d'amis sérieux et d'argent.

Fin septembre, je lui faisais parvenir un plan complet avec tous les détails et fautes à ne pas commettre. J'envisageais l'enlèvement de deux personnalités, un magistrat de haut rang et un homme politique de l'opposition. J'avais à ce sujet des renseignements complets pour que tout se passe en douceur, mais je ne devais les lui communiquer qu'après les premiers préparatifs en place. Mon choix d'un homme de l'opposition ne révélait en rien mes convictions politiques. Il était motivé par un calcul bien précis. Le gouvernement était responsable de l'évasion de Willoquet et des actes qu'il pouvait commettre. Il ne pouvait laisser exécuter un membre de l'opposition sans provoquer un scandale politique. D'un autre côté, l'opposition ne pouvait reprocher au gouvernement le fait de m'avoir rendu la liberté en échange de la vie d'un des leurs.

Charlie devait détenir les deux hommes dans un lieu ignoré de moi. Car je savais qu'une telle action une fois déclenchée allait provoquer des réactions très vives du ministre de l'Intérieur. À juste titre, je n'avais aucun cadeau à attendre... Mais j'étais prêt à en courir le risque. Au bout de ma route, c'était ou une balle dans la tête, ou la guillotine, ou la liberté. Moi libre, je me sentais apte à mener une telle évasion à bien. Charlie en était-il capable ?... Car il fallait aller jusqu'au bout !

Une fois les deux hommes enlevés et mis en sécurité, Charlie devait remettre une lettre à un avocat connu qui, de son côté, devait la porter au procureur général. Cette lettre donnait mes ordres et vingt-quatre heures pour que les portes s'ouvrent sur ma liberté. Dès réception, le procureur général devait se mettre en contact avec moi. De mon côté, et suivant un code bien précis, je prévenais Charlie du déroulement de l'action en utilisant une radio périphérique. J'avais choisi Europe n° 1. Trois messages bien précis devaient lui suffire pour connaître exactement où en était le déroulement de l'action. Si mon premier message n'était pas annoncé six heures après que le procureur général aurait réceptionné la lettre, Charlie devait téléphoner à Europe n° 1 par l'intermédiaire du téléphone rouge et annoncer la prise d'otages politiques et ses conditions. Cela pour éviter le silence possible sur une telle affaire. Si, dans un seul de mes messages, une couleur quelconque suivait la phrase, c'était le signal annonçant le refus des autorités à céder. Le magistrat devait être confié à un de mes amis canadiens, mis dans le coffre d'une voiture qui devait être conduite dans un parking souterrain bien précis, et exécuté à titre de réponse aux autorités. Les amis que je devais faire venir n'étaient pas des sentimentaux. Je savais avec certitude qu'en cas de refus le magistrat serait exécuté. Ainsi Charlie devait donner l'emplacement du parking à Europe n° 1 en annonçant le délai qu'il restait sur les vingt-quatre heures. J'étais certain que les autorités paniqueraient. Le seul bluff était dans le fait qu'il n'était pas question d'exécuter un homme de l'opposition. Je savais que le gouvernement céderait. On cède toujours devant la détermination. Avant mon isolement complet en détention, je n'aurais jamais envisagé une prise d'otages politiques. Mais n'étais-je pas moi-même l'otage de l'administration pénitentiaire ? On me refusait une détention normale comme à bien d'autres détenus encagés dans les centres de haute sécurité, et si j'envisageais l'exécution d'un magistrat avec froideur c'est que ces mêmes magistrats se faisaient trop souvent les complices indirects des abus de toute sorte commis par l'administration pénitentiaire, en fermant les yeux sur nos vérités. On voulait faire de moi un fauve par cet isolement. Je réagissais en fauve.

Je savais que si ce plan réussissait la grande difficulté se présenterait au moment de ma sortie de la rue de la Santé. J'étais certain d'avoir les meilleurs flics en filature. Là, j'avais prévu une action que Charlie ignorait. Je lui avais demandé de me préparer une voiture et de la mettre à une adresse bien précise. De plus, je devais rejoindre une chambre pour y prendre des vêtements et des armes. À aucun instant je ne devais casser la filature, au contraire. Je prenais par la suite la voiture que Charlie m'avait préparée pour me rendre à un parking où une autre voiture m'attendait. Cette voiture devait être de couleur blanche et comporter sur son arrière une aile défoncée pour que les policiers puissent bien la reconnaître... car à cent kilomètres de Paris, sur une petite route près de Louviers, une autre voiture semblable avec la même immatriculation, la même couleur et la même aile défoncée, devait m'y attendre avec un homme au volant habillé de la même façon que moi. Du parking, j'attendais la nuit pour prendre le départ en direction de Louviers, les flics en filature. Je prenais l'autoroute de l'Ouest et la quittais en direction de Louviers. Dans la grande descente qui mène à la ville, je prenais une petite route sur la droite qui monte en direction d'une forêt. Cela obligeait les policiers à me suivre de loin. Au haut de cette côte, un chemin entrait dans la forêt qui bordait la propriété de Mendès-France.

L'autre voiture m'y attendait, le moteur en marche, dans un angle invisible aux policiers. C'est à ce moment-là que tout se jouait. J'éteignais toutes mes lumières, m'engageais dans ce chemin que je connaissais bien et stoppais mon moteur. L'autre voiture devait démarrer en même temps et continuer sur la route que j'étais censé suivre... Les policiers ne pouvaient se rendre compte de cette substitution et se retrouvaient de ce fait à suivre un autre que moi. De mon côté, j'abandonnais ma voiture pour m'engager dans la forêt que j'avais parcourue dans tous les sens dans mon enfance. À un endroit précis, une mobylette devait m'attendre, avec des pots de peinture posés sur le porte-bagages et une blouse blanche. De plus, un casque intégral. Avec ce moyen de locomotion, je devais rejoindre une planque que certaines de mes relations possédaient dans la région. Pendant ce temps, l'autre voiture devait prendre la direction de Rouen avec toujours les flics au train. Dans cette voiture, le chauffeur possédait un sac de voyage avec des vêtements de rechange, un sac à provisions, une casquette et un jeune chien. Rendu à Rouen, l'homme s'engageait dans une rue sans issue, ce qui interdisait aux policiers de le suivre. Il devait garer sa voiture et se diriger dans un immeuble. De loin, les policiers, ayant été certains de m'avoir suivi depuis le début, auraient cru me voir entrer dans l'immeuble. Rendu à l'intérieur, l'homme s'engageait dans le couloir des caves. Il se changeait rapidement, mettait sa casquette, prenait son sac à provisions et son chien en laisse... et ressortait le plus tranquillement du monde comme un homme qui promène son chien. Il pouvait passer en toute tranquillité devant les policiers planqués pour assurer ma surveillance. Plus loin, une voiture l'attendait avec tous les papiers en règle. Il pouvait regagner Paris en laissant les flics devant un immeuble où je ne me trouvais pas alors qu'ils étaient certains que je m'y trouvais.

J'étais absolument convaincu de la réussite de ce plan.

Charlie avait reçu la première partie des préparatifs et m'avait fait savoir que tout était OK..., qu'il allait faire le nécessaire. Nous étions au début octobre... Les jours et les semaines passaient sans que Charlie reprenne contact... À la vérité, il n'avait absolument rien préparé, remettant toujours au lendemain le début de préparation. De mon côté, tout était prêt... Mes amis canadiens n'attendaient que mon signal pour monter à Paris. Mes amis de Paris avaient préparé les deux voitures semblables et étaient allés sur place à l'endroit du changement de voiture, puis à Rouen à l'immeuble que je leur avais indiqué. Par contre, aucun d'eux n'était d'accord pour participer directement à la prise d'otages ; le tarif à payer en cas de capture était trop lourd pour eux. Je ne leur avais demandé qu'une chose possible, car l'action que j'envisageais ne pouvait être tentée que par un homme n'ayant rien à perdre. Je croyais que Jean-Charles Willoquet était cet homme. Son évasion m'avait quand même prouvé qu'il était capable d'action jugée impossible. À la vérité, de son côté et au mépris de sa propre sécurité, il commettait un nombre incalculable d'erreurs, comme de quitter un hôtel où il avait dîné copieusement et vécu plusieurs jours sans payer, en partant par l'escalier de service. Bon moyen d'attirer l'attention des policiers. Mais toutes ces fautes étaient dues au manque d'argent, car Charlie, considéré comme l'homme le plus recherché du moment, n'avait pas été capable de se remplir les poches en braquant des banques... Mais ça, je l'ignorais.

N'ayant aucune nouvelle de lui, je compris qu'une fois de plus mon projet était à l'eau. Je me donnais jusqu'à la fin du mois pour annuler toutes les préparations de mes amis. Aucun d'eux ne voulait rencontrer Charlie, de peur de lui amener les flics en cas de filature, éventualité toujours à envisager. J'attendais donc, furieux et déçu... car je croyais à la réalisation de ce projet.

La nouvelle me frappa en pleine gueule. Une fusillade venait de se produire avenue Kléber. Nous étions le 25 octobre. Willoquet avait été repéré par les anti-gangs et avait une fois de plus ouvert le feu. Dans l'action, il était redoutable. Les flics avaient riposté... ou ouvert le feu les premiers, je n'en savais rien. La seule chose qui m'importait était le fait que Martine était restée sur place gravement blessée... Charlie avait pris un couple en otage et s'était une fois de plus sorti d'une situation impossible.

De savoir Martine blessée, gisant sur un trottoir victime de sa fidélité à son grand amour, me bouleversa. J'admirais cette femme pour son courage, pour sa bonne mentalité. En temps de guerre, son action du palais de justice aurait fait l'admiration de tous... Dans toutes les prisons de France, son nom était prononcé avec respect, car elle était « une femme de respect ».

Le lendemain, dimanche 26 octobre, j'allais avoir la surprise de ma vie. Des policiers se présentaient au quartier de haute sécurité avec un ordre de perquisition et saisissaient ma machine à écrire tout en m'annonçant qu'ils avaient trouvé tout mon plan et projet d'évasion dans le sac de Martine. Ils avaient en mains les cinq feuilles dactylographiées qui expliquaient tout dans le moindre détail... Charlie l'avait reçu depuis plus de vingt jou.

Comment avait-il pu commettre une telle imprudence en ne détruisant pas toutes les feuilles après les avoir étudiées ? Je venais de comprendre enfin qu'il n'avait jamais eu l'intention de réaliser mon projet. À la vérité, c'était trop gros pour lui. Il faut une réelle détermination pour passer du projet à l'acte. Willoquet était peut-être un dangereux flingueur, mais pas un organisateur... Il n'avait peut-être pris contact avec moi que pour justifier une aide problématique ou le remords de ne pas avoir tenu ses engagements le jour de son évasion. Je ne lui en voulais même pas. La seule chose qui comptait pour moi était la santé de sa femme Martine et la peine qu'il devait en ressentir, lui qui se verrait sûrement comme un fauve traqué.

Martine Willoquet, enceinte et blessée, seule avec sa détresse de femme amoureuse, malgré les questions des policiers, garda le silence le plus complet...

Les policiers qui m'interrogeaient ne purent s'empêcher de me dire que mon plan, s'il avait été mis en pratique, aurait eu toutes les chances de réussir. Ils me tranquillisèrent sur la santé de Martine, tout en ajoutant :

— Ça, c'est une femme.

J'étais certain que Charlie serait repris avant la fin de l'année s'il ne quittait pas immédiatement la France. Je me demandais qui avait pu renseigner les flics et surtout ce qu'il était venu faire avenue Kléber...

Le 1er décembre 1975, les anti-gangs encerclaient Willoquet dans un appartement du 17, rue d'Oslo, à Paris. Les commissaires Broussard et Leclerc, forts de la façon dont s'était effectuée mon arrestation, récidivèrent, ne laissant aucune chance de fuite à Charlie... Il se rendit. J'appris une fois de plus la nouvelle par la radio. Une phrase qu'il m'avait dite me revint en mémoire... et cela en parlant de ma reddition rue Vergniaud : « Tu sais, Jacques, moi, à ta place, je ne me serais jamais rendu ! » À cette époque, je m'étais contenté de sourire... Malheureusement pour

lui, il venait de se trouver dans la même situation que moi...
Avait-il pensé à ce qu'il m'avait dit au moment où Broussard lui
passait les menottes ? Cette fois, pour lui comme pour moi, la
cavale risquait de se faire attendre. De toute façon, je me fis
la promesse que si je réussissais un jour à m'évader je ne le laisse-
rais pas tomber. On ne laisse pas un homme en prison pour la
vie, même si cet homme n'a pas fait tout ce qu'il devait faire...
Malgré ses promesses, Charlie ne me devait rien. En ne les res-
pectant pas, il en payait, maintenant, le prix fort.

Le directeur de la Santé reçut l'ordre d'isoler Charlie et surtout de faire en sorte que nous ne puissions pas communiquer.
Mon isolement devint plus strict.

On avait parlé d'amélioration dans les prisons de France. À la
vérité, depuis les émeutes de 1974 la répression était totale sur les
hommes condamnés à de longues sentences ou supposés pouvoir
l'être. Personne ne peut s'évader de la prison de la Santé. Depuis
qu'elle existe, ses murs n'ont pas été franchis à ma connaissance.

L'administration engagea des travaux de toute sorte pour ren-
forcer la sécurité. Elle ajouta des miradors un peu partout. Dans
mon quartier, les cellules furent transformées pour être encore
plus répressives. Dans ma mini-cour de promenade, tout fut
recouvert de grillage... Oui, les réformes promises restaient lettre
morte... On encageait un peu plus les hommes considérés
comme dangereux extérieurement, mais qui avaient pourtant
une conduite impeccable à l'intérieur des murs. Le grand danger
des quartiers à sécurité renforcée, c'est qu'une fois construits on
ne peut les laisser vides ; alors on y met n'importe qui... On
s'invente des dangereux... Tout cela fait partie des abus administratifs. J'avais parfois des entretiens à ce sujet avec le directeur
de la prison. Je lui expliquais que la même erreur avait été
commise au Canada... et que la répression abusive avait eu des
conséquences catastrophiques. Elle avait donné naissance à des
Richard Blass..., à des Mesrine. Car, dès l'instant où on interdit
un semblant de vie normale à un homme condamné à une

longue sentence, ce même homme a deux choix : se laisser détruire ou se révolter. L'administration aime la révolte ; elle lui sert d'alibi pour motiver sa répression. Mais une révolte cache toujours une injustice ressentie par un détenu. Un homme ne peut accepter son isolement à vie. Un homme ne peut accepter sa destruction mentale. Sans espoir au bout du couloir de ses souffrances, l'homme est capable des pires excès, des pires actes meurtriers. Je lui prédis qu'avant trois ans un massacre se produirait dans un centre de sécurité renforcée... ou tout au moins des incidents très graves. Six mois plus tard, l'incident se produisait à Lisieux. Segard et ses copains prenaient des gardiens en otages et se faisaient proprement massacrer par les forces de l'ordre. Je savais qu'à titre personnel, si un jour on essayait la répression avec moi, je ne l'accepterais pas. Payer sa sentence est une chose, se laisser détruire en est une autre.

À la Santé, je n'avais pas à me plaindre. Mes parloirs étaient réguliers et dans la mesure du possible on m'accordait une rallonge sur l'horaire. J'étais isolé... mais je supportais cet isolement.

Le ministère de la Justice, craignant que je profite d'un transfert au palais de justice au moment de mes instructions pour tenter une évasion, décida que toutes mes instructions se feraient à la maison d'arrêt. Cette mesure spéciale aboutissait à restreindre considérablement mes droits. Tout autre inculpé est présenté aux témoins mêlé à plusieurs figurants, tandis que j'étais extrait seul et directement présenté aux témoins. Toujours pour des raisons de sécurité, mon juge d'instruction me refusait ce que tous les autres accusés étaient en droit de demander et obtenaient sans difficulté. À chaque instruction, j'avais les anticommandos de la gendarmerie derrière moi. D'avoir cinq « karatémen », le 357 magnum Manurhin à la ceinture, et cela en plein quartier de haute sécurité, me faisait sourire... On en faisait un peu trop. Sans figurant, j'étais plus désigné comme le coupable certain que comme le coupable possible. Tous les témoins qui avaient pénétré dans la maison d'arrêt ressentaient un malaise moral ; il m'était visible. Là, ils avaient l'occasion de voir le monde carcéral, ses couloirs froids et l'alignement des portes numérotées comme les casiers d'une morgue. Plusieurs me reconnaissaient, ce qui dans mon cas n'avait aucune impor tance, mais le ministère leur faisait courir indirectement un risque en les faisant entrer en prison. Que se serait-il passé si une émeute s'était déclenchée à la Santé pendant leur présence ?

Dans ces conditions, mes moyens de défense étaient considérablement réduits. Le juge d'instruction s'obstinait à me refuser toute confrontation. Ces dispositions autoritaires, et qui m'étaient particulières, m'offraient de la Justice un visage partial. Toujours au nom de la sécurité, ce régime très spécial m'était appliqué contrairement aux règles communes et frisait l'arbitraire. Cela me donnait le sentiment que tous mes droits étaient bafoués car je me sentais privé de tout moyen d'intervenir à mon propre procès. Je m'accrochais très vivement avec mon juge d'instruction, mais rien ne changeait. De guerre lasse, je pris la décision de refuser les instructions à venir.

Ma mère m'annonça que ma fille Sabrina avait enfin reçu l'autorisation de me rendre visite. Depuis mon arrestation nous nous écrivions régulièrement. J'adorais ma môme d'un amour-passion. Elle représentait ce qu'il y avait de beau et de propre dans ma vie. J'appréhendais cette première rencontre. J'avais quitté une enfant, je retrouvais une jeune fille. Je savais que ma non-présence en avait fait une enfant difficile et un peu révoltée. Mais mon adoration pour les enfants en général et mon expérience de la vie faisaient que j'étais apte à bien les comprendre. Je lisais beaucoup sur la psychologie de l'enfant. J'espérais devenir l'ami de ma fille, son confident, en qui elle trouverait la possibilité de tout dire, de se confier sur tous ses vrais problèmes. Je l'imaginais déjà ayant confiance en moi. Il me fallait un motif de vivre. Je le cherchais dans et par ma fille. J'avais autant besoin d'elle qu'elle devait avoir besoin de moi. Je craignais que ses yeux m'accusent, car, malgré mon amour pour elle, j'avais couru l'aventure sans trop me soucier de son éducation. Elle était née de l'amour, mais pour cet amour je n'avais pas changé ma vie marginale. Là était mon pire crime. Indirectement ma fille payait mes fautes. En la privant de ma présence, je l'avais privée de l'amour qui lui était dû. J'étais le seul responsable de sa révolte intérieure. Je savais l'importance de la présence du père ; le mien m'avait assez manqué pendant la guerre. J'avais imposé cette même souffrance à ma fille. Je voulais arriver à tout lui dire. Je voulais qu'elle sache toute la vérité sur moi, pour que notre amour ne soit pas basé sur une tricherie.

La redécouverte de son enfant, c'est comme une deuxième naissance. Elle était là devant moi, séparée par la vitre incassable. Je la trouvais émouvante de beauté. Elle était physiquement telle que je l'avais imaginée. Quand mes yeux croisèrent les siens, elle enfouit son visage dans ses mains et se mit à sangloter. Je gardai le silence, mais je compris que ma vraie sentence allait commencer à dater de ce jour. Elle allait représenter mes regrets de ne pas avoir été là pour l'éduquer. Elle releva la tête et d'une voix timide prononça ses premières paroles qui allaient m'émouvoir autant que ses premiers pas :

— Bonjour, mon papa adoré.

— Bonjour, mon ange.

Elle ne put en dire plus et retourna à sa peine qui se mélangeait à la joie de me retrouver. Et puis ses lèvres se firent messagères de tout ce qu'elle avait vécu loin de moi. Pas de reproches, mais des phrases dites tellement innocemment qu'elles font mal comme un coup de poing dans la gueule. Elle me demanda à venir chaque semaine, puis, mutine :

— J'espère, mon papa chéri, que tu ne vas pas encore t'évader... Maintenant que je t'ai retrouvé, je ne veux plus te perdre.

J'avais souri à sa réflexion, mais elle risquait d'être la meilleure chaîne pour me conserver en dedans. Nous nous quittâmes avec promesse de nous revoir rapidement.

Pendant des mois, je refis connaissance avec elle. Elle trouva en moi ce qui lui avait toujours manqué : quelqu'un à qui se confier. Nous parlâmes ensemble de ma vie. Je ne lui cachai rien, tout en ménageant sa sensibilité d'enfant. Il valait mieux qu'elle apprenne de son père ce que la presse ne manquerait pas de lui jeter en pleine face. Sabrina avait connu Joyce, mon amie canadienne, pendant le court temps que celle-ci avait été en liberté provisoire avant mon évasion de Compiègne. Elle me demanda d'aller passer ses vacances au Canada, la famille de Joyce l'invitait. J'étais heureux qu'elle puisse connaître ce merveilleux pays ; c'étaient, en plus, les Jeux olympiques de Montréal. Nous avions parlé de mon ami Jean-Paul Mercier abattu par la police de Montréal. Sabrina, qui était redevenue « la Puce » pour moi, me proposa d'aller fleurir sa tombe, sa façon de me le demander me toucha.

— C'était ton ami, papa... Je le fleurirai de ta part. Joyce me conduira sur sa tombe... Je dirai une prière pour lui.

Je la remerciai tendrement de ce geste de petite femme. À quinze ans, elle avait compris l'importance que sa proposition prenait à mes yeux. Parfois, elle me faisait sourire par l'innocence de ses réflexions. L'une d'elles en particulier :

— Tu sais, mon papa..., je vais bien travailler pour devenir avocate et te sortir de prison.

Comme elle n'en faisait pas lourd en classe, je lui avais répondu que le temps qu'il lui faudrait pour obtenir son diplôme me laisserait largement le temps de finir ma peine. Et puis nous avions éclaté de rire tous les deux. Mon avenir était sombre ; mais, par elle, j'avais le cœur au soleil. Elle me parlait de Janou et souhaitait qu'elle soit rapidement libérée pour vivre avec elle. Mais la justice lui refusait toujours sa liberté provisoire. Elle en était à sept ans de détention.

Sabrina revint de Montréal au moment où je me décidais à écrire un livre sur ma vie en comprenant les graves conséquences qu'il prendrait au moment de mes procès. Mais, ayant atteint le « point zéro » et n'ayant plus rien à perdre, je m'y étais décidé ; et ce qu'elle m'apprit m'encouragea à jeter « ma vérité » à la face de la société qui dans peu de temps serait chargée de me juger. Cette vérité pouvait être interprétée comme un défi. Un tueur décrivant ses meurtres allait révolter plus d'un citoyen... Les dernières pages d'un livre peuvent devenir les premières marches vers la guillotine. Cela n'avait pour moi aucune importance. Une cellule n'est rien d'autre qu'une tombe dont on soulève parfois le couvercle pour voir si le mort-vivant est toujours là.

La Puce vint me voir.

— Je ne sais pas si je dois te le dire, mon papa. Je suis allée pour fleurir la tombe de ton ami, mais depuis sa mort on s'est refusé à rendre son corps à sa famille. Il est enterré au cimetière des prisonniers du pénitencier de Saint-Vincent-de-Paul. J'y suis allée, il n'y avait aucune tombe. Un gardien m'a dit qu'on l'avait mis dans une boîte, sans nom, juste un numéro. J'ai cherché son numéro... J'étais triste, je n'ai pas trouvé. Peut-être que j'étais à côté de lui sans le savoir... Alors j'ai pris mes fleurs une par une et je les ai jetées au hasard. Je les ai tous fleuris... D'où j'étais je pouvais voir le pénitencier. J'ai pensé que tu y avais vécu, que ton ami y avait vécu et qu'il en était toujours prisonnier dans la mort. Alors j'ai pleuré...

Mon ami n'avait pas réussi à s'évader. En s'échappant de la prison à vie, la société l'avait rattrapé par son cadavre pour lui faire terminer sa sentence au-delà de la mort...

Toi qui dors sous terre
Souviens-toi qu'une enfant
Vint poser pour son père
Des fleurs sur ton néant.

Et maintenant j'attends...

Qu'importe ma sentence ?... Elle ne sera que la conséquence de la vie que j'ai choisie volontairement de mener. Face à mes juges, je ne baisserai pas la tête. J'assumerai toutes mes responsabilités en acceptant d'en payer le prix.

Par ce livre, je me suis condamné moi-même. Il est mon pire réquisitoire. En l'écrivant, je me suis refusé à tricher. Aussi dure que soit ma vérité, je n'ai pas peur de la regarder en face. À quel instant de ma vie suis-je devenu ce que je suis aujourd'hui ? Je l'ignore. Quelle cassure s'est produite pour que j'en arrive à ne plus respecter la vie ? Peut-être que certains me trouveront des excuses ?... Je ne m'en trouve aucune. Je ne veux pas faire le procès de la société ; je me contente de faire le mien ; l'homme est parfois son meilleur juge. Je sais que les portes de la liberté me seront fermées à vie. Je préférerais la mort... et pourtant j'ai le goût de vivre.

Dès mon enfance, mes yeux se sont ouverts sur la mort et la violence. J'ai ressenti la guerre que les adultes se livraient au nom des libertés.

À l'âge d'homme, je l'ai faite moi-même. Autre guerre... autre violence. Le meurtre collectif est glorifié s'il se commet au son de l'hymne national. Les guerres vécues, les guerres racontées, les guerres ressenties ne m'ont pas donné l'exemple du respect de la vie. Elles n'ont fait que légaliser l'assassinat à mes yeux. On a armé ma main au son de La Marseillaise *et cette main a pris goût à l'arme. On m'a appris la violence et j'ai pris goût à la violence.*

Depuis que j'ai vu le jour, les hommes se massacrent de par le monde, s'assassinent, se trahissent, se parjurent au nom d'un idéal qu'ils se donnent pour justifier leurs actes... Alors, aujourd'hui, face à mes juges, face à mes accusateurs, je resterai froid s'ils me parlent du respect de la vie. Car l'homme est un loup pour l'homme : et si, parfois, il se met en meute pour rendre sa justice, il n'en reste pas moins un loup, comme celui qu'il s'est autorisé à juger. Je n'ai mené qu'une guerre personnelle dans un milieu qui n'est pas celui du plus grand nombre. Ce milieu a ses lois... À ce jour, je n'ai jamais vu un citoyen pleurer la mort d'un truand. Je ne lui reconnais donc aucun droit de justice en ce qui concerne les comptes que nous réglons entre nous.

Si j'ai volé, je n'ai jamais dépouillé des pauvres. Je me suis attaqué aux banques ou à des entreprises pour la plupart de mes agressions. Je n'ai jamais usé de violence sur un caissier ou un transporteur de fonds et je crois avoir toujours travaillé proprement. Je n'ai ni violé, ni agressé des vieillards, ni exploité la femme. Si j'ai épousé l'aventure, c'est que j'aimais le danger. Si des hommes ont perdu la vie sous mes balles, c'est qu'il m'a fallu faire un choix entre leur vie ou la mienne. En acceptant un face-à-face armé, ils ont pris leurs risques, tout comme j'ai pris les miens.

Dans l'action, je suis toujours passé le premier. Mes vrais amis ont toujours pu compter sur moi. Je n'ai jamais manqué un rendez-vous.

Si j'ai rayé le mot « pitié » de mon vocabulaire, c'est que j'ai trop vu d'injustices, trop vu d'hommes crever en prison, trop vu d'hommes détruire l'homme.

Par deux fois, dans ma vie, j'ai voulu changer ma route et rejoindre la société et ses lois avant d'atteindre le chemin du non-retour. J'ai échoué, car l'homme qui franchit les portes d'une prison en reste marqué à vie quoi qu'il fasse sur le chemin de la réinsertion sociale. La société est vindicative... Un ex-condamné ne sera jamais quitte de sa dette, même après l'avoir payée... On lui imposera l'interdiction de séjour, on lui refusera le droit de vote, mais on lui fera payer ses impôts et on le mobilisera si une guerre se produit. On lui reconnaîtra le droit de payer et de mourir pour son pays... mais pas celui de choisir le genre de société dans laquelle il veut vire. Châtré de ses droits civiques, il restera toujours un « ex-taulard ». L'homme à qui on refuse le droit de décision n'est qu'une moitié d'homme. Il se soumettra ou se révoltera.

Après deux échecs, j'ai choisi la révolte et dès ce jour les refus de la société n'ont plus eu d'importance pour moi. J'ai violé ses lois avec plaisir et vécu en dehors d'elles. Je me suis attribué le droit de prendre. J'ai dépassé toutes les limites, car je n'en avais plus aucune, comme je l'ai déjà dit.

Hors-la-loi... La société a perdu toute emprise sur moi et m'a rendu « inintimidable » à ses sanctions pénales. Si je lui reconnais le droit de me condamner, je ne lui donne pas celui de me juger. À la vérité, je me suis condamné moi-même du jour où j'ai mis une arme dans ma main et que je m'en suis servi. Je n'ai ni remords ni regrets. Mais je fais le vœu que cette même société se penche sur le sort des jeunes délinquants qui pourrissent inutilement en prison ;

le délit ne justifie pas toujours la sanction. La prison est l'école du crime. Actuellement elle s'y fabrique les Mesrine et Willoquet de demain. Pour ces jeunes, il faut un espoir. La main tendue est plus efficace que la chaîne. Fermer la porte d'une cellule ne résoudra pas le problème de la délinquance primaire. Pour eux, il est encore temps ; pour moi, c'est trop tard.

De la prison à vie... à la mort, ma sentence me laisse indifférent. Ma vraie condamnation, je la lirai à chaque parloir dans les yeux de ma fille, et là... je connaîtrai le regret.

LE MITARD

Oui, Madame !
Il tourne, il tourne en des milliers de pas qui ne mènent nulle
part
Dans un monde-béton, aux arbres de barreaux fleuris de désespoir
Inhumain..., rétréci..., sans aucun lendemain.
Sa pitance est glissée sous une grille à terre
Et dans un bol l'eau... pour qu'il se désaltère.
Il est seul..., sans soleil
Et n'a même plus son ombre.
Infidèle compagne, elle s'en est allée
Refusant d'être esclave de ce vivant mort-né.
Il tourne..., il tourne et tournera toujours
Jusqu'au jour où vaincu en animal blessé
Après avoir gémi en une unique plainte
Il tombera à terre et se laissera crever
Pour trouver dans la mort sa seule liberté.
Je vous vois une larme... !
Pourquoi vous attrister ?
— Pauvre chien, me dites-vous !
En voilà une erreur...
C'est un homme, Madame,
Il est emprisonné.

Jacques Mesrine

C'est celui que vos pairs ont si bien condamné
En rendant la justice au nom des libertés.

Fleury-Mérogis...
Un jour de septembre 1976
où j'existais si peu
que je n'étais même pas « personne ».
MESRINE.

Cet ouvrage a été imprimé par
CPI Firmin Didot